KOBE

E LA COMPAGNIA DEGLI ANELLI

LA STORIA DI KOBE BRYANT, SHAQUILLE O'NEAL E PHIL JACKSON

Traduzione di Isabella Polli

JEFF PEARLMAN

NEW YORK TIMES BESTSELLER

Titolo originale:
Three-Ring Circus: Kobe, Shaq, Phil, and the Crazy Years of the Lakers Dinasty

ISBN 978-88-9367-993-0
Per essere informato sulle novità
del Gruppo editoriale Mauri Spagnol visita:
www.illibraio.it

www.magazzinisalani.it

Per gli uomini e le donne che vogliono ottenere qualcosa, non esiste spinta più forte della forza di un ego imprigionato. Ogni tipo di genio proviene da questa classe.

MARY ROBERTS RINEHART

Nota dell'autore

La mattina del 26 gennaio 2020 ero seduto alla Corner Bakery a Irvine, in California. Avevo il computer portatile aperto. Davanti a me c'era una ciotola fumante di porridge, insieme a un bel biscotto zuccherato e croccante e a una tazza di caffè.

Esattamente alle 11:37 il mio iPhone ha mandato un segnale acustico. *Ping*. L'ho sollevato dal tavolo. C'era un messaggio della mia amica Amy Bass...

Al telegiornale dicono che Kobe Bryant è morto

Un attimo.

Un attimo.

Un attimo.

Cosa?

Kobe Bryant non poteva essere morto. A questo mondo ci sono cose possibili e cose impossibili. Questa era impossibile.

Kobe Bryant aveva soltanto quarantun anni. Aveva una moglie e quattro figlie, era imprenditore, allenatore di ragazzi, frequentatore della parrocchia, residente attivo e partecipe della Orange County. I suoi video erano su tutti i social media. Kobe che tirava a canestro con la figlia Gigi, di tredici anni. Kobe che coccolava la moglie, Vanessa, e l'ultima nata. Più di quindici milioni di follower aspettavano i tweet di @kobebryant, e a buon diritto. Era una presenza confortante e stimolante allo stesso tempo.

Kobe Bryant non poteva essere morto.

Non poteva e basta.

* * *

Nel corso degli ultimi due anni avevo lavorato senza sosta a questo libro. Segue la squadra dei Los Angeles Lakers dal 1996 al 2004, ma è anche – in un certo senso – la storia dell'evoluzione di Kobe Bryant sia come giocatore di basket professionista che come essere umano perfettamente maturo.

Quando era entrato in squadra nel 1996, a diciassette anni, Bryant era il tipico adolescente troppo sicuro di sé e praticamente insopportabile. Come tutti noi all'uscita dal liceo, era convinto che tutte le risposte fossero già nella sua testa e che gli adulti fossero sempre in torto e non al passo con i tempi. Pensava di poter fare una media di 30 punti a partita nell'anno di esordio. Pensava che Shaquille O'Neal fosse pigro, Eddie Jones deludente e Nick Van Exel sopravvalutato. Pensava di dover essere in quintetto fin dal primo giorno e che Del Harris – l'esperto capo allenatore– non sapesse quello che diceva.

Nel corso degli otto anni successivi Bryant fu adorato e detestato in uguale misura. In campo sapeva fare magie, ma fuori si comportava da bambino egoista. Trattava molti fan come i suoi migliori amici e molti compagni di squadra (soprattutto i rookie che non provenivano dal draft) come lattine vuote ai bordi di un canale di scolo. Ignorava certi allenatori e dimostrava un rispetto esagerato nei confronti di altri. Era ombroso e vivace, intenso e scherzoso, crudele e amorevole. Fu accusato di stupro, si dichiarò innocente ma andò molto vicino all'arresto.

Jerry Buss, il proprietario dei Lakers, lo vedeva come un figlio, come era stato anche per una precedente stella dei Lakers, Magic Johnson. Jeanie Buss, la figlia di Jerry, lo considerava un fratello. Shaquille O'Neal era scettico e cauto nei suoi confronti. Gli altri giocatori non lo conoscevano al di fuori del campo. Buongiorno e buonasera. Poco altro.

Mi avevano detto: «Non sapevi mai che cosa pensava di te». E mi avevano detto anche: «Sapevi sempre che cosa pensava di te».

Quando fummo costretti ad accettare la realtà della morte di Kobe Bryant – quando scoprimmo che un terribile incidente in elicottero era costato la vita non solo a lui, ma anche a Gigi e ad altre sette persone – mi ritrovai a pensare a lungo e con dolore alla fragilità dell'esistenza e alla fine di un'icona. All'eredità di una persona.

Ho la fortuna di essere amico di molti fantastici giornalisti sportivi e il concetto di eredità lo abbiamo esplorato più volte. In realtà si può dire che sia uno dei difetti del nostro mezzo di espressione. Quando devi scrivere la storia di un'epoca devi stare attento a non cadere nell'agiografia e a fornire invece un resoconto onesto, sincero e dettagliato di un periodo di tempo. Facendo questo però l'autore chiede al lettore di comprendere che un periodo di tempo non è un'eternità.

Oppure, per metterla in un altro modo: un libro congela le persone.

Questo è il mio modo maldestro di dire che il Kobe Bryant dal 1996 al 2004 non è il Kobe Bryant dal 2005 al 26 gennaio 2020. Allora non era l'adulto contemplativo che si godeva le sue quattro figlie. E non era il marito devoto. Non era il vincitore dell'Academy Award.

Non era ancora a suo agio dentro la propria pelle.

Quello che spero di poter offrire qui – nel bene e nel male – non sono soltanto gli alti e bassi di una squadra di basket diventata una dinastia, ma i primi passi e i passi falsi di un giocatore entrato nello sport professionistico da ragazzino e tragicamente morto poco tempo fa da essere umano realizzato. Così come non è possibile spiegare il genio di Albert Einstein senza prima esaminare il periodo giovanile all'ufficio brevetti di Berna e come non si può comprendere Amelia Earhart senza capire la sua infanzia di bambina educata in casa a Des Moines, è difficile se non impossibile apprezzare la ricchezza della vita di Kobe Bryant senza studiare i giorni di testardaggine, esperimenti sociali e sviluppo.

Quando muore una leggenda, ci sentiamo persi.

A volte, spero, si può lenire il dolore sapendo da dove quella leggenda ha cominciato.

Per celebrarlo.

Jeff Pearlman
10 febbraio 2020

Prologo

È il 21 febbraio 2002. Siamo a Cleveland, ma nella Cleveland pre-LeBron, sormontata da cieli plumbei ed eccitante come una fogna a cielo aperto. Non c'è niente di particolare da fare qui, e quindi quando i giocatori dell'NBA vengono in città, non fanno praticamente niente. Restano nelle camere d'albergo, fanno zapping. Mangiano, dormono.

È per questo che Samaki Walker, l'ala grande dei Lakers, un uomo alto due metri e sei centimetri del peso di centonove chili, è nella sua stanza al Ritz-Carlton. Mangia, dorme, sta seduto, fa zapping.

Poi qualcosa attira la sua attenzione. È la spia rossa intermittente del telefono posato sul comodino.

Flash.

Flash.

Flash.

Walker pensa che sia qualche insignificante dettaglio logistico. Magari riguarda il servizio in camera. Oppure è un messaggio destinato all'ospite precedente. Poi però, per curiosità, preme il pulsante dei messaggi e si porta il ricevitore all'orecchio.

Ehi [singhiozzo] *Samaki...*

Ma è...?

Maki [singhiozzo], *senti, tu sei* [singhiozzo] *il mio amico* [singhiozzo]...

Può davvero essere...?

Io [singhiozzo]... *vorrei solo* [singhiozzo]...

Sembra proprio...

Amico [singhiozzo]... *mi dispiace* [singhiozzo] *tanto...*

Kobe Bryant?

Maki [singhiozzo], *davvero io* [singhiozzo]...

E sta piangendo?

Walker è alla sesta stagione di NBA, è stato la stella di Louisville e, anche se non è stato davvero all'altezza del potenziale che lo aveva portato a essere la nona scelta in assoluto nel draft del 1996, ne ha viste tante. Fra cui, in ordine sparso: il padre ha scontato tredici anni di carcere per rapina aggravata. La madre ha combattuto contro una pesante forma di alcolismo. Lui stesso ha saltato l'ultimo anno di basket al liceo Whitehall-Yearling, in Ohio, perché odiava l'allenatore. Ha lasciato Louisville prima del tempo dopo l'accusa di aver usato una Honda Accord che il padre aveva avuto da un ricettatore. Una volta è stato arrestato per aver guidato una moto a più di centosessanta all'ora nelle strade di Columbus, in Ohio. Tutto questo gli ha lasciato dei segni.

Questo, però... questo Samaki Walker non riesce proprio a capirlo.

Continua ad ascoltare.

Yo, Samaki... [singhiozzo] *non so cosa* [singhiozzo] *mi è venuto* [singhiozzo] *in mente. Sei un amico, lo so* [singhiozzo]. *Un buon* [singhiozzo] *amico. Mi dispiace* [singhiozzo] *tantissimo. Davvero* [singhiozzo] *mi dispiace tanto. Sul serio, solo...*

Clic.

Crogiolandosi nel silenzio della sua stanza, Walker ripercorre gli eventi delle ultime ventiquattr'ore, una successione che, quanto a bizzarria, rivaleggia con tutte le altre esperienze dei suoi ventisei anni di vita.

Siamo al giorno precedente. I Lakers stanno facendo una sessione mattutina di allenamento informale alla Gund Arena di Cleveland. Verso la fine, come da tradizione, i giocatori si mettono in fila per tirare da metà campo: il vincitore riceve 100 dollari da ogni partecipante.

La squadra ha vinto due campionati NBA consecutivi e i giocatori sono fra i più famosi del basket moderno. C'è Robert Horry, il tiratore infallibile, maestro dei tiri da tre punti, i cui canestri all'ultimo minuto sono già nella leggenda. C'è Rick Fox, l'abilissima ala piccola diventato beniamino di Hollywood con le sue partecipazioni cinematografiche e il suo matrimonio con Vanessa Williams. C'è Brian Shaw, geniale playmaker e filosofo da spogliatoio. C'è Derek Fisher, vivace e logorroico giocatore proveniente dalla piccola Arkansas-Little Rock. C'è Shaquille O'Neal, il centro alto due metri e sedici per centoquarantasette chili: uno fuori da qualsiasi categoria. C'è Kobe Bryant, la superstar arrivata direttamente dal liceo, ormai al sesto anno, considerato da molti il nuovo Michael Jordan.

Tutti si mettono in fila. Tiro. Fuori. Tiro. Fuori. Tiro. Fuori. Il solito *trash-talking* in sottofondo. Battutacce in slang. Imprecazioni. Alla fine Bryant – centonovantotto centimetri e novantasei chili di muscoli affusolati e robusti – prende un pallone, fa qualche passo dietro la linea di metà campo, prende una rincorsa di quattro passi decisi, allunga le braccia, si spinge in avanti e... e... e...

Swish.

Caaaazzo.

«Datemi i soldi!» abbaia Bryant rivolto ai compagni.

«Datemi i miei maledetti soldi!»

I Lakers gli pagano 12,3 milioni di dollari a stagione e ne riceve altri venti dalle sponsorizzazioni di aziende come McDonald's e Sprite. I 1200 dollari della gara di tiri da metà campo sono spiccioli per lui. Ma non è questo il punto. È l'orgoglio. Lo status. Colpisci o verrai colpito, è il modus operandi di Bryant fin dal suo ingresso nella Lega. Aveva deciso che nessuno gli avrebbe mai messo i piedi in testa. Per alcuni queste gare sono soltanto un gioco. O'Neal partecipa con un sorrisetto sghembo, sapendo di non poter vincere. Lo stesso vale per Mark Madsen, la pesante ala da due metri e sei uscita da Stanford. Ma nel mondo di Kobe Bryant, niente è un gioco. Mai. Né la dama né gli scacchi né Forza Quattro e di certo non una gara di tiri da metà campo con in palio 1200 dollari. Per questo, appena finito l'allenamento, passa da un compagno all'altro con la mano tesa. Prende i 100 dollari di O'Neal, Fox, Shaw e Horry.

Poi guarda Walker. «I miei soldi?» reclama.

«Dovrò darteli più tardi» risponde lui. «Ora non li ho con me».

Bryant lo guarda con sospetto, ma si allontana. Nella squadra dei Lakers c'è una regola non scritta secondo la quale i debiti si pagano entro quarantotto ore. Bryant è giovane e ricco, segna una media di 25,2 punti a partita per una squadra candidata a vincere un altro campionato NBA. Che cos'è un ritardo nel pagamento di 100 dollari nel grande schema delle cose?

Adesso però siamo alla mattina successiva, circa le dieci del 21 febbraio. I giocatori dei Lakers salgono ordinatamente sul pullman della squadra che li riporterà al palazzetto per un breve allenamento prima della partita serale con gli scarsi Cavaliers. O'Neal e Fox, grazie alla loro posizione di veterani, si dirigono verso il fondo del veicolo che chiamano affettuosamente 'il ghetto'. Si lasciano cadere sui sedili dietro a Jelani McCoy, un centro di riserva. Walker li segue e si sistema al solito posto. Tutti ascoltano la musica sui lettori cd portatili e muovono la testa a tempo.

Poi sale a bordo Bryant.

Raggiunge Walker a grandi passi e lo guarda dall'alto in basso. «Yo Maki» gli dice. «Me li dai i miei maledetti soldi?»

Questa volta Walker non si limita a ignorarlo.

Questa volta Walker non si limita a ridergli in faccia.

No, questa volta Walker lo scaccia come un moscerino fastidioso. «Te li darò quando li avrò» dice.

Per Walker è tutto uno scherzo. Lui e Bryant sono entrati nella Lega insieme e la maggioranza dei giocatori considera i recenti tentativi di Kobe con il linguaggio da strada più o meno come il tentativo universalmente sbeffeggiato di MC Hammer con il *gangsta rap*, nel 1994[1]. Bryant è un tipo da «Grazie» e «Non c'è di che», educato, provinciale, istruito, benestante. A dire la verità, è sempre sembrato un po' fuori luogo in questa Lega di superstar venute dalla strada, gli Allen Iverson e gli Stephon Marbury. Le parolacce sono la novità che Bryant ha studiato a tavo-

1 Charles Aaron, di *Vibe*, definì *The Funky Headhunter* come «una delle più incredibili assurdità nate dalla hubris del marketing della musica pop mai perpetrate».

lino per sembrare più duro, e sono credibili quanto una pelliccia da 5 dollari.

«Fu la sua fase alla Beanie Sigel» dice McCoy. «Veramente fasulla».

Però, osservando con attenzione, si può vedere il fumo che esce dalle orecchie di Bryant. Il giocatore selezionato quattro volte all'All-Star si sporge oltre Fox, tira indietro il pugno destro, si scaglia contro la testa di Walker e – *pop!* – lo colpisce all'occhio destro.

Per un momento tutti i presenti restano immobili. Solo per un momento.

Walker, che pesa dodici chili più di Bryant, guarda McCoy, l'amico più caro che ha in squadra. «Questo stronzo mi ha colpito davvero?» dice. «Davvero?»

McCoy annuisce.

Walker si alza, stringe un pugno e... *wooosh!* Jerome Crawford, la guardia del corpo di O'Neal, che assomiglia al wrestler King Kong Bundy e che non lo molla un attimo, arriva di gran carriera da cinque file più avanti. Blocca Walker in un abbraccio soffocante, ma non prima che Walker abbia lanciato il lettore cd contro la testa di Bryant. Data la sua media di tiri liberi sbagliati del 63%, non c'è da stupirsi che lo manchi. L'apparecchio si schianta a terra. Walker comincia a gridare contro Bryant: «Vaffanculo, stronzo!» Bryant urla contro Walker: «No, vaffanculo tu!» O'Neal, il cui rapporto con la giovane guardia è molto celebre e notoriamente pessimo, guarda Walker dritto in faccia. «Devi farlo fuori!» dice con la sua voce baritonale. «Fallo. Fuori».

Walker annuisce, poi guarda Phil Jackson, l'esperto capo allenatore, famoso per la sua capacità di comprendere (e manipolare) la psicologia dei giocatori. «Phil» dice Walker. «Per favore, puoi far fermare il pullman?»

Nelle due stagioni e mezza trascorse a Los Angeles, Jackson ha superato momenti di assoluta follia. Ha guardato gli orridi film di Shaq e ascoltato i raccapriccianti tentativi di Bryant con l'hiphop. Una volta un giocatore si è presentato con una giustificazione per l'assenza agli allenamenti scritta da un impiegato dell'albergo, e si è chiesto se certi uomini non giocassero sotto l'effetto di sostanze psicotrope.

Adesso i Lakers si trovano nel centro di Cleveland. Jackson non è particolarmente ansioso di vedere i suoi due volte campioni NBA che se le suonano su un marciapiede di Cleveland. Però vede in Kobe Bryant quello che vedono anche gli altri giocatori, un essere umano egoista, presuntuoso, egoriferito, le cui abilità sociali sono largamente inferiori al talento atletico. «Ehi» dice all'autista. «Accosta dove puoi».

Il pullman si ferma. Walker guarda Bryant, che ha abbassato gli occhi a terra, e dice in tono piatto: «Allora? Vuoi scendere a sistemare la questione?»

Bryant ignora il compagno di squadra. Il silenzio è palpabile.

«Come pensavo» dice Walker.

Pausa di silenzio.

«Sei uno stronzetto».

A questo punto la vita dell'NBA sembra riprendere normalmente. Il pullman arriva al palazzetto, i Lakers si allenano (senza Walker, a cui Jackson ha detto di restare in una saletta separata e di sbollire la rabbia), i giocatori tornano in albergo per riposare prima della partita serale. Walker continua a immaginare una scena in cui prende da parte Bryant e gliele dà di santa ragione. Immagina di sbattergli il pugno in faccia. Di piantargli un gomito nella pancia. Non vuole soltanto colpire Kobe Bryant. Vuole fargli del male. Walker è un prodotto dei quartieri popolari, un uomo che a Columbus ha imparato a farsi valere. «Lo sistemo io» dice a O'Neal. «Di lui non resteranno neanche le briciole».

È questo che sta pensando Walker, quando nota la spia lampeggiante sul telefono della camera d'albergo, quando ascolta i singhiozzi di Kobe Bryant, quando si rende conto che il compagno di squadra non è precisamente un modello di stabilità emotiva.

Più tardi, quella sera, poco prima della partita contro i Cavaliers, Walker è sul tapis roulant alla Gund Arena. È ancora arrabbiato, anche se si sta calmando. È questo che significa essere un atleta professionista. Metti da parte le distrazioni. Vai avanti. Prosegui per la tua strada. Ti concentri su quello che c'è da fare. Ti...

«Ehi, Samaki».

È Crawford, la guardia del corpo di O'Neal.

«Quello stronzo è qui fuori» dice. «Vuole parlarti».

Pochi minuti dopo arriva Bryant. La sua voce è insolitamente dolce. Ha le spalle incurvate. Sembra ferito, come se stesse di nuovo per mettersi a piangere.

«Maki» gli dice. «Mi dispiace molto. Non mi devi niente».

L'ala si ferma e scende dal tapis roulant. Si stupisce di provare un moto di simpatia per quel ragazzo. Walker – che ha guidato una moto a centosessanta in città – sa cosa significa combinare un casino.

«Senti» gli dice. «Siamo a posto. Sul serio. Però non puoi andare in giro a colpire altre persone. Hai un problema su cui devi lavorare. Non puoi vivere così».

Quella sera i Lakers battono i Cavaliers 104 a 97. Kobe Bryant segna 32 punti, il risultato migliore della squadra, con 13/24 al tiro. Gioca come un ossesso.

«Kobe» dirà in seguito Walker, «era un grande giocatore di basket. Senza dubbio. Ma a volte c'era da chiedersi se si sentisse a suo agio nella propria pelle. Se sapesse davvero chi era».

1
Magic

Quel ritorno era destinato a entrare nella storia.

Come poteva essere diversamente, pensandoci? Il 7 novembre 1991, quattro anni e mezzo prima, Earvin 'Magic' Johnson, la trascendentale guardia dei Los Angeles Lakers, aveva annunciato il suo ritiro dal basket, perché aveva contratto l'HIV. Era stato uno di quei momenti che fermano il tempo, quelli per cui ci si chiede a vicenda «dov'eri tu quando è successo?». Non allo stesso livello apocalittico delle uccisioni di John F. Kennedy e Martin Luther King, ma certamente una cosa al livello dell'esplosione del Challenger, uno dei traumi violenti dell'era moderna, quelli che ti fanno dire «Non ci credo, sta succedendo davvero?».

Adesso, dopo decenni, non è facile spiegare a un millennial quale sia stato l'impatto di Johnson – l'incarnazione dell'NBA, della pura gioia atletica, della buona volontà e del vigore fisico – che davanti ai giornalisti riuniti al Great Western Forum prende il microfono e dice: «Ho contratto l'HIV e dovrò lasciare i Lakers».

Gasp.

Certo, molte altre celebrità erano morte di AIDS davanti ai nostri occhi, ma questo era diverso. Freddie Mercury, Liberace, Anthony Perkins, Gia Carangi, erano persone che condividevano le nostre dimensioni e le nostre stesse leggi gravitazionali. E poi avevamo le scuse già pronte: erano omosessuali. Erano drogati. Scopavano in giro. Vivevano in modo disdicevole. *Se l'erano cercata.*

L'idea di assistere al progressivo declino di un supereroe come Magic Johnson, di vederlo coperto di lesioni, dimagrito, claudicante, di vederlo ridursi in polvere davanti ai nostri occhi... era davvero troppo da sopportare. Gary Nuhn del *Dayton Daily News* scrisse: «Temo che vedremo morire Magic Johnson come la generazione di mio padre ha visto morire Lou Gehrig e Babe Ruth. Lentamente. Dolorosamente. Irreversibilmente».

Quindi, quando Magic Johnson non si ricoprì di lesioni e non perse peso, quando non cominciò a usare un deambulatore e non si ridusse in polvere davanti ai nostri occhi, sembrò quasi un evento biblico. E col passare degli anni, mentre Johnson inaugurava cinema e caffè e stringeva dieci milioni di mani e abbracciava dieci milioni di bambini e continuava a elargire quei suoi sorrisi da dieci milioni di megawatt, cominciò a farsi strada l'idea che se qualcuno poteva ottenere l'impossibile, quello era Magic.

Soprattutto sul campo da basket.

Non che i Los Angeles Lakers fossero così impossibili da salvare. Soltanto che, negli anni seguiti all'abbandono della National Basketball Association da parte di Johnson, la squadra si era trasformata da calice di Cristal freddo al punto giusto a bicchiere di carta con un avanzo di 7-Up sgasata e tiepida. I giorni dei passaggi invisibili di Magic Johnson a Michael Cooper all'ultimo secondo erano ormai svaniti. Svaniti i giorni dei ganci di Kareem Abdul-Jabbar sopra Jack Silma. Fra l'anno di esordio di Johnson, il 1979, e quello del suo addio, non solo i Lakers dello 'Showtime' avevano appeso cinque stendardi del campionato nel Forum, ma lo avevano fatto con stile, eleganza e sfrenato entusiasmo.

Con l'assenza di Johnson tutto cambiò. Sotto la guida di Magic, i Lakers del 1990-91 erano arrivati a cinquantotto vittorie contro ventiquattro sconfitte ed erano entrati alle Finals, ma un anno dopo, senza la loro stella, erano scesi a quarantatré vittorie e trentanove sconfitte prima di concludere la stagione con una fiacca resa al primo turno dei playoff contro Portland. L'anno successivo era stato ancora peggiore (un insipido record di trentanove vittorie e quarantatré sconfitte) e quello successivo (trentatré vittorie e quarantanove sconfitte) era stato ancora più scarso e patetico. Erano gli apatici Lakers di Sedale Threatt. Fatti di figuranti marginali che si sentivano impostori del basket mascherati di viola e oro.

Quando lo stimato Del Harris venne chiamato come allenatore prima della stagione 1994-95, e la squadra ottenne un sorprendente record di quarantotto vittorie e trentaquattro sconfitte, a Los Angeles tornò un po' di ottimismo. Si parlava di giovani interessanti, con l'emergere di un esuberante playmaker, Nick Van Exel da Cincinnati, e di un'agile guardia tiratrice, Eddie Jones da Temple. La campagna acquisti del 1995-96 era partita bene: a metà gennaio la squadra si aggirava sul pareggio fra vittorie e sconfitte e cercava quella scintilla, quella spinta, quell'energia, quel...

Ritorno.

Onestamente, Magic Johnson si annoiava. Si annoiava *molto.* Se non c'è niente di più esaltante che fare il playmaker di una ben oliata superpotenza NBA, ci sono poche cose più deprimenti che aver fatto il playmaker di una ben oliata superpotenza NBA. Soprattutto quando, in fondo al cuore, sai bene di essere più bravo di chi sta giocando. Ed era così che si sentiva Johnson nell'inverno del 1996, mentre baciava bambini e inaugurava cinema ma teneva d'occhio i mediocri Lakers – i *suoi* mediocri Lakers – e si diceva sottovoce «Io sono più bravo».

Quindi, mentre Van Exel gestiva lo spettacolo sotto i riflettori, Johnson si ritrovò a sollevare pesi nell'ombra, a fare scatti e salti pensando che forse, ma forse, era il momento di rientrare. Aveva girato l'Asia, l'Australia e la Nuova Zelanda con una squadra simile ai Globetrotters fatta di ex giocatori universitari ed ex NBA, e la sua abilità era sempre la stessa. E poi l'atteggiamento nei confronti dell'HIV e dell'AIDS era cambiato, no? Prima della stagione 1992-93 il primo rientro di Johnson nella Lega era stato bloccato quando diversi giocatori – fra cui la star degli Utah Jazz Karl Malone – avevano espresso inquietudine all'idea di dover giocare contro un avversario affetto da HIV. Nel tempo che era trascorso però si erano scoperte molte cose. E in particolare che la trasmissione da giocatore di basket a giocatore di basket durante una partita era probabile quanto la trasmissione da uomo a sasso.

Il 17 gennaio 1996 *USA Today* pubblicò un titolo in prima pagina che diceva MAGIC: NON HO INTENZIONE DI TORNARE AI LAKERS, in cui un giornalista di nome Jerry Langdon riportava che Johnson si stava allenando con la squadra ma soltanto per tenersi in forma. Nove giorni più tardi Ken Peters dell'Associated Press intercettò Johnson per chiedergli conto delle voci secondo cui «non c'era alcuna garanzia» che tornasse.

«Diciamo solo che non ho ancora deciso» disse Johnson a Peters.

Ma aveva deciso eccome.

«Jerry West un giorno mi chiamò e mi disse: 'Allora, Magic vuole tornare'» ricordò poi Del Harris, riferendosi all'executive vice president della squadra. «Jerry mi disse che Magic pensava di poter giocare, che era in ottima forma e che voleva rendersi utile. Però disse che la decisione spettava soltanto a me».

Harris chiese di parlare con Johnson. Si incontrarono presso gli uffici dei Lakers e l'allenatore veterano disse al giocatore veterano che non avrebbe potuto (a) fare il playmaker (Van Exel era fantastico ed emotivamente fragile), (b) fare la guardia tiratrice (Jones era fantastico ed emotivamente fragile), e nemmeno (c) aspettarsi di giocare da titolare. Ad Harris piaceva l'idea di avere Magic Johnson nel roster, perché via, a chi non piacerebbe avere Magic Johnson nel roster? Ma era importante per lui come allenatore sottolineare che i tempi erano cambiati e che non c'era più Pat Riley a gestire le cose. Johnson avrebbe dovuto adattarsi e forse anche cedere. Se era possibile, per Harris andava bene.

Il 29 gennaio 1996 Magic Johnson fece l'annuncio ufficiale, firmando un contratto annuale da 2,5 milioni di dollari, cedendo il suo 4,5% della squadra e riunendosi a un gruppo che era sinceramente contento del suo rientro. Harris, il capo allenatore, disse: «Stiamo acquistando un pezzo fantastico, un elemento meraviglioso». Jones, la guardia tiratrice al secondo anno di successi, commentò: «Abbiamo bisogno di lui. Ci renderà una squadra migliore». Il playmaker Van Exel dichiarò: «Con il rientro di Magic siamo di nuovo tra i favoriti».

Johnson iniziò il suo eroico secondo atto ai Los Angeles Lakers il 30 gennaio 1996, in casa, contro i Golden State Warriors: ai botteghini i biglietti si vendevano a prezzi da All-Star Game. John Black, il direttore delle pubbliche relazioni della squadra, distribuì trecento pass per la stampa. Alle 19:20, mentre dagli altoparlanti passava a tutto volume *I love L.A.* di Randy Newman, Johnson entrò in campo con la divisa da riscaldamento viola e oro. C'era qualche differenza rispetto al passato: a 36 anni era invecchiato e con dodici chili in più sembrava appesantito. Ora il suo ruolo era quello di ala grande, con Van Exel come playmaker. L'incantesimo però era lo stesso. «L'atmosfera era elettrica» disse John Nadel, che seguiva i Lakers per l'Associated Press. «Era l'eroe venuto a salvare la situazione».

Nello sforzo di dimostrare ai giocatori che – *davvero, davvero, dico sul serio* – le loro vite non sarebbero cambiate poi tanto, Harris inizialmente tenne Johnson in panchina come riserva, accanto a George Lynch e Derek Strong. Però al minuto 2:21 del primo quarto, dopo il secondo fallo di Elden Campbell, Harris fece un cenno al figliol prodigo e gli disse: «Andiamo». Johnson andò verso il tavolo dell'ufficiale di campo. I 17.505 spettatori si alzarono in piedi e poco dopo Johnson segnò il primo punto con un avvicinamento a canestro alla vecchia maniera che superò senza sforzo un certo Joe Smith, ruolo ala. La serata fu una magica abbuffata di passaggi raffinati e cinque battuti e standing ovation, e alla fine la nuova-vecchia star dei Lakers aveva segnato diciannove punti con 10 assist e 8 rimbalzi in un vittoria 128-118.

«È fantastico» disse più tardi Vlade Divac, il centro di Los Angeles. «Riaverlo con noi è grandioso. Non riesco neanche a descriverlo. Con lui in squadra tutti giocano meglio. Un giocatore che fa giocare meglio tutti non può essere un problema per la chimica della squadra».

Per un po' tutto sembrò andare per il meglio. I Lakers vinsero otto partite consecutive e gli spalti a casa e in trasferta erano sempre gremiti. Era di nuovo una squadra spettacolare e Magic Johnson era di nuovo in sella.

Solo che... ehm... insomma... non è del tutto chiaro se gli altri membri dei Lakers rivolessero Magic Johnson alla guida. Certo, all'apparenza lo volevano eccome. Non si accoglie un giocatore che è stato dodici volte un All-Star, la cui maglia celebrativa è letteralmente appesa sopra la tua testa, senza volerlo seguire. Ma i Lakers non erano più *quei* Lakers e per quanto Kareem Abdul-Jabbar e

James Worthy fossero sempre disposti a soprassedere o ad accettare l'amore di Johnson per i riflettori, ormai Johnson sembrava diventato più uno zio molesto che un compagno di squadra. Due giorni dopo il rientro, Johnson spiegò a Wendy E. Lane dell'Associated Press che meritava di essere preso in considerazione per la squadra olimpica degli Stati Uniti («So che posso andare là fuori e fare il mio»). Poi informò i media che – se per qualche motivo nel sud della California il suo rientro non fosse stato gradito– avrebbe giocato con gioia la stagione successiva per i New York Knicks o i Miami Heat. C'era sempre un microfono, una telecamera, un taccuino pronto e Johnson non perdeva mai un'occasione per raccontare la sua storia, condividere le sue convinzioni, proporre le sue idee. Inoltre non dimostrava quasi alcun interesse verso i compagni: sembrava pensare che dovessero considerarsi fortunati a vivere in sua presenza. Erano accessori. Accessori belli e accessori utili. Ma in definitiva nient'altro che accessori, perfetti per gli spogliatoi dove Johnson si sentiva in dovere di ripetere ogni volta la vecchia battuta «Ho questi cinque anelli e non so cosa fare, ho le dita troppo pesanti». Se passava del tempo con qualcuno era Jerry Buss, il proprietario della squadra, che considerava Johnson come un figlio. Appena rientrato in squadra, Johnson andò dritto al suo vecchio armadietto – che era occupato dalle cose di George Lynch, l'attaccante al terzo anno proveniente dalla North Carolina – e pretese di riaverlo. Non fece una richiesta né offrì dei soldi. Semplicemente se lo prese.

Alla quarta partita dopo il rientro, Johnson insisteva di dover essere in campo nei momenti critici. Alla quinta partita gli avversari ricominciarono a chiedersi sottovoce se fosse sicuro giocare contro un uomo affetto da HIV. Quando Johnson parlava, usava 'io' il novantanove per cento delle volte e 'noi' l'uno per cento. Peggio ancora, la sua presenza cominciava ad avere effetti negativi sui compagni di squadra. Il 17 marzo Los Angeles perse contro Orlando in una partita punto a punto che finì 97-98 perché Van Exel, di solito molto spavaldo, non prese il potenziale tiro della vittoria, cosa che non avrebbe mai fatto se Magic non fosse stato in campo. Fu un incidente spiacevole, ma il giocatore che reagì peggio alla presenza di Johnson fu Cedric Ceballos, l'ala piccola titolare il cui minutaggio aveva subito un contraccolpo enorme da quel cambio nel roster.

Ceballos era un veterano con sei anni di esperienza uscito dalla Cal State Fullerton e la sua presenza in squadra era stata problematica fin dal suo arrivo, tramite uno scambio con Phoenix nel settembre del 1994. Era il classico atleta professionista egocentrico a cui era stato ripetuto fin troppo spesso quanto fosse grande, meraviglioso e incredibile, quando in realtà non era nessuna di queste cose. L'intensità difensiva di Ceballos era inesistente. Passava una o due volte al mese. Quello che non gli mancava, invece, era la faccia tosta. Nella stagione 1994-95 con i Lakers aveva segnato una media di 21,7 punti a partita e si era autoconferito il soprannome di 'Chise' – abbreviativo di 'Franchise', squadra, come dire 'uomo-franchigia'. Forse avrebbe ancora potuto avere senso se Ceballos avesse giocato, per esempio, negli innocui (e appena fondati) Minnesota Timberwolves. Ma con i Lakers, nella cui rosa erano comparsi nomi come George Mikan, Jerry West, Wilt Chamberlain, Elgin Baylor, Gail Goodrich, Jamaal Wilkes, Kareem Abdul-Jabbar, James Worthy e (appunto...) Magic Johnson, suonava assurdo.

«Gli abbiamo riso in faccia» disse Eddie Jones. «Nessuno può scegliersi il soprannome. Non esiste».

«Si era dato un soprannome da solo» commentò Corie Blount, un'ala dei Lakers. «Pensate soltanto all'arroganza. *Uomo squadra*? Sul serio? Saresti tu l'uomo squadra? Ok amico. Lascia perdere...»

Mark Heisler, il fantastico editorialista per il basket del *Los Angeles Times*, definì Ceballos «un pavone che fa la ruota», e aveva ragione. Ceballos vinse lo Slam Dunk Contest NBA del 1992 e fu convocato all'All Star Game del 1995. Incise un album rap di grande successo. In generale, si considerava una leggenda. E le leggende non cedono il passo a nessuno.

Il 20 marzo, dopo aver giocato per 12 minuti (il minimo della stagione) in una partita vittoriosa disputata in casa contro i Sonics, sentì Magic dire che pensava di dover giocare come ala piccola titolare e si diede alla macchia, non presentandosi all'imbarco del volo per Seattle e alla partita, persa per 104-93. Fred Slaughter, l'agente di Ceballos, non aveva sue notizie. E nemmeno Mitch Kupchak, il direttore generale della squadra. Ceballos perdeva 27.378 dollari a partita e dato che a nessuno dei compagni importava granché di lui, nessuno aveva idea di dove fosse. L'unico indizio sulla sua ubicazione venne da Dean Messmer, proprietario dei Boat Brokers di Lake Havasu City, in Arizona. «L'ho appena visto fare sci d'acqua, si divertiva un mondo» disse a un giornalista. «L'ho appena visto: ha noleggiato una moto d'acqua e stava aspettando che gli riparassimo la barca. Cosa che abbiamo fatto[2]».

Finalmente, cinque giorni dopo essere sparito, Ceballos ricomparve con una scusa ridicola («dovevo occuparmi di problemi molto personali, questioni di famiglia»), senza sforzarsi particolarmente di nascondere la sua esasperazione verso la convivenza con Magic Johnson, che viveva come una sottomissione. Tutti i compagni di squadra criticarono la sua sparizione e qualcuno arrivò a mettergli un cartone del latte nell'armadietto con la scritta 'DOV'È CEBALLOS?' appiccicata sopra. «Era un ipocrita di prima categoria» disse Scott Howard-Cooper del *Los Angeles Times*. «Poteva insultarti nei modi più coloriti, ma quando passava una telecamera era sempre sorridente. Nessuno dei compagni si fidava di lui». Era il capitano più improbabile e peggio qualificato della storia dello sport moderno e durante un volo di quattro ore e mezza verso Orlando fu privato del titolo e ignorato da tutti. Ma fu soltanto quando Johnson disse la sua che la situazione cambiò registro. A differenza degli altri Lakers, che si lamentavano per l'effetto che il comportamento di Ceballos aveva avuto sulla squadra, Johnson espresse rabbia per quello che la vicenda aveva fatto a lui. Disse che gli stava rovinando la stagione del rientro, che gli toglieva il suo momento di gloria. «È il momento peggiore per una cosa del genere» disse. «Sono veramente stufo. Forse la prossima

2 Mike Penner del *Los Angeles Times* scrisse ironicamente che l'assenza di Ceballos contro Seattle sarebbe stata registrata come «DNP [*Did Not Play* – Non ha giocato N.d.T.] per decisione dello skipper».

stagione non ci sarò. Non lo so. Per me è molto difficile affrontare tutto questo. Sono troppo vecchio».

Quello che un mese prima era sembrato il ritorno più felice nello sport professionistico, si stava guastando a vista d'occhio. Sull'onda di una serie di quattro vittorie consecutive, i Lakers il 28 marzo ottennero un posto nei playoff, ma due settimane più tardi persero Van Exel, che spintonò un arbitro a Denver e fu sospeso per sette partite. Johnson si comportò da Johnson: criticò immediatamente il compagno per aver perso la calma, poi colpì un arbitro e fu sospeso per tre partite durante una vittoria con Phoenix. Ira Berkow, il principale editorialista del *New York Times*, rimproverò l'NBA per aver lasciato che Johnson se la cavasse con poco e aveva ragione. Era stata una cosa assurda.

«Era diventato un circo» commentò Harris anni dopo. «Magic aveva criticato Nick e poi aveva fatto la stessa cosa. Ced si attribuiva soprannomi insensati e poi se ne andava, ritornava, metteva il muso. Avevamo dei giocatori fantastici, ma tutto è crollato nel momento peggiore».

Dietro le quinte, Jerry West era sbalordito. Il leggendario ex giocatore dei Lakers poteva accettare (in generale) che la squadra perdesse, se sentiva che stava andando nella direzione giusta. Nel corso della stagione precedente, ad esempio, aveva interpretato la crescita e la maturazione di Van Exel e di Jones come segni che il futuro della franchigia sarebbe stato sempre più luminoso. Ora invece dovette concludere che il rientro di Johnson – pur glorioso in un primo momento – era stato un errore. Era l'uomo sbagliato nel momento sbagliato; un matrimonio mal combinato fra una superstar degli anni Ottanta tirata fuori dalla naftalina e un gruppo di teste calde degli anni Novanta (fra cui un tizio che si era soprannominato 'Chise' da solo). Quando, il 18 aprile 1996, i Lakers persero 103 a 100 a San Antonio sprecando un vantaggio di ventun punti nel terzo quarto, divenne evidente che non poteva funzionare. Due settimane più tardi, i Los Angeles Lakers della stagione 1995-96 smisero di soffrire uscendo dai playoff al primo turno, dopo aver perso a Houston la terza di quattro partite.

In seguito chiesero a Johnson – sempre lui, in prima fila –

quale fosse stato il problema di quella stagione perdente. «C'era troppa carne al fuoco, non riuscivamo a capirci, non riuscivamo a essere uniti» rispose. «Sprecavo gran parte [della mia energia] a combattere contro la mia squadra. Era come se in ogni partita ci fosse qualche altro problema in sospeso, in ogni riscaldamento, in ogni allenamento. Ecco che cosa succedeva. Voi non ne avete idea. Non riuscivamo a concludere niente. La nave aveva troppe falle».

Il giorno successivo tre giocatori – Van Exel, Threatt e l'ala Anthony Miller – saltarono l'incontro di fine stagione con Harris. Van Exel e Miller non salirono nemmeno sullo stesso volo di rientro da Houston con il resto della squadra.

«È stata la mia ultima partita?» chiese Johnson ai giornalisti riuniti, seduti davanti a una fila di armadietti allo Houston Summit. «Io voglio tornare. Voglio vincere. A L.A. dobbiamo risolvere questa cosa».

Il 14 maggio, meno di due settimane dopo l'ultima sconfitta a Houston, Johnson fece una breve dichiarazione in cui annunciava il suo ritiro definitivo dal basket professionistico. «Sono stato contento del mio ritorno in NBA, anche se avevo sperato di arrivare più avanti nei playoff» scrisse. «Ma adesso sono pronto ad abbandonare. È ora di andare avanti. Me ne vado alle mie condizioni, cosa che non avevo potuto fare nel 1992 quando non ero riuscito a rientrare».

Da qualche parte nei sobborghi di Philadelphia uno studente all'ultimo anno del liceo, che già progettava di dominare l'NBA, si chiedeva che cosa poteva significare quella notizia per lui.

E da qualche parte a Los Angeles, camminando avanti e indietro nel suo ufficio, Jerry West stava progettando un piano che avrebbe cambiato il basket professionistico.

Senza Magic Johnson.

2
Il Prescelto

Dopo la deludente conclusione della stagione 1995-96, Jerry West aveva capito che le cose dovevano cambiare. L'executive vice president dei Los Angeles Lakers apprezzava il suo allenatore, il solido anche se poco spettacolare Del Harris, e si fidava della competenza dei propri collaboratori (il direttore generale Mitch Kupchak, il consulente Bill Sharman, gli scout Gene Tormohlen e Ronnie Lester). Sapeva che avevano una profonda conoscenza dello sport e che sarebbero stati in grado di ricostruire una dinastia. Ma quando guardava il roster e scorreva i nomi dei giocatori, West vedeva un problema. Il suo preferito, il playmaker Nick Van Exel, aveva carisma, talento e forza fisica, ma non sapeva controllare la rabbia e perdeva le staffe troppo facilmente. Si poteva vincere *con* Van Exel, ma non si poteva vincere *guidati da* Van Exel, perché a un certo punto avrebbe finito per picchiare un arbitro o mandare affanculo l'allenatore. Lo stesso valeva per Eddie Jones, l'agile guardia che era stata prima scelta della squadra nel draft del 1994. Veniva dalle strade malfamate di Pompano Beach, in Florida, e poi dalla Temple University, e poteva essere una terza opzione offensiva per qualsiasi squadra NBA di buon livello. Nel 1995-96 aveva segnato una media di 12,8 punti a partita. Ma, come Van Exel, non era un leader, neanche lontanamente.

Senza più Magic Johnson, il nome di richiamo dei Lakers era Cedric Ceballos, l'autonominato 'uomo-franchigia'. Non c'era niente nel suo stile di gioco e nel suo comportamento che piacesse a West. Anzi, il vice presidente dei Lakers lo considerava l'archetipo di tutto ciò che c'era di sbagliato nei moderni giocatori di basket: egoista, egoriferito, incapace di passare, non disponibile a giocare in difesa, alla fine dei 48 minuti misurava le partite non in base ai risultati della squadra ma alle proprie statistiche personali. La maggior parte dei punti che segnava venivano da canestri inutili e palloni recuperati a fondocampo. «Ced era strano» disse Kurt Rambis, la potente ala grande dei Lakers negli anni Ottanta, che si era appena ritirato per diventare assistente allenatore. «A un certo punto della carriera il suo ego ha preso il posto del cervello».

E il resto del roster? Bah. Vlade Divac era uno dei centri che passavano meglio in tutta l'NBA. Elden Campbell era un'ala grande limitata ma affidabile. L'ala George Lynch e la guardia Anthony Peeler erano due buone aggiunte. Ma Fred Roberts, Sedale Threatt, Derek Strong, Anthony Miller...

Non era il massimo, insomma.

West era realista. I dirigenti sportivi mediocri sono famosi per la tendenza a vedere i lati positivi dei giocatori anche quando una squadra è piena di scarti e discordie. West invece era ossessionato dai difetti, dalle debolezze, dai nei, dai buchi. Era così che era sopravvissuto durante un'ineguagliata carriera da professionista lunga quattordici anni coi Lakers, che lo aveva visto segnare una media di 27 punti a partita ed essere convocato quattordici volte all'All-Star Game, pur essendo raramente (forse mai) soddisfatto di se stesso. Se in campo metteva a segno 13/14 al tiro, si concentrava su quell'unico sbaglio. Se un compagno di squadra sbagliava un tiro all'ultimo secondo, West si rimproverava per avergli passato la palla troppo a sinistra. Da dirigente riusciva a malapena a guardare le partite, spesso si aggirava nervosamente da solo nei corridoi. Non che fosse incapace di gioire, ma era incapace di costruire la propria felicità. C'era sempre qualcosa che avrebbe potuto fare meglio.

Quindi, nel riesaminare la rosa dei giocatori, West rimproverava se stesso. Il ritorno di Magic Johnson, in particolare, era una cosa che avrebbe potuto (e dovuto) evitare. Era stata più una trovata di marketing che un'iniziativa solida e tutta quella giostra aveva ostacolato il progresso della squadra.

Non appena terminò la stagione 1995-96, West – che come scrisse una volta Jim Murray «poteva riconoscere il talento dal finestrino di un treno in corsa» – cominciò a guardare avanti. Grazie a un record di cinquantatré vittorie contro ventinove sconfitte, i Lakers avrebbero scelto per ventiquattresimi al draft NBA successivo, posizione poco soddisfacente per una franchigia che aveva bisogno di linfa nuova. Fin dalla fondazione nel 1947 il draft aveva avuto annate buone e annate pessime. L'edizione del 1984 aveva donato al mondo quattro future stelle da Hall of Fame: Hakeem Olajuwon, Michael Jordan, Charles Barkley e John Stockton. Quella del 1986 era stata piena di criminali e fallimenti, e in più la seconda scelta Len Bias, dal Maryland, era morto per overdose di cocaina. Per ogni Lew Alcindor prima scelta in assoluto (Milwaukee, 1969) c'era un LaRue Martin (Portland, 1972), anche lui prima scelta. Per ogni draft che portava alla ribalta Cazzie Russell e Dave Bing (1966) ce n'era uno con Joe Barry Carroll e Darrell Griffith (1980). «Non si poteva mai sapere» commentò West, «finché i giocatori non entravano nella Lega».

Ciò detto, la maggior parte degli scout concordava sul fatto che il draft del 1996 avrebbe potuto essere la più grande concentrazione di nuovi talenti da decenni. Certo, non c'erano giocatori come Kareem Abdul-Jabbar o Wilt Chamberlain che potessero cambiare la dinamica di una squadra con la sola forza fisica. Ma grazie ai diciotto giocatori la cui destinazione era già decisa, e all'ingresso di stelle straniere, era ragionevole pensare che la decima scelta non fosse decisamente peggiore delle prime due. Fra i nomi più in vista c'erano tre guardie – Allen Iverson da Georgetown, Stephon Marbury da Georgia Tech e Ray Allen dal Connecticut – che avevano illuminato le rispettive conference e che occupavano la maggior parte dei titoli dei giornali. I Lakers non provarono neanche a chiedere informazioni su di loro. Che senso aveva? Iverson, Marbury e Allen sarebbero stati presi ben prima del ventiquattresimo giro.

Tuttavia questo non significava che West non potesse essere creativo.

Il 29 aprile 1996, un giorno prima che i Lakers perdessero Gara Tre al primo turno dei playoff contro gli Houston Rockets, un giocatore all'ultimo anno del liceo Lower Merion, nei sobborghi di Philadelphia, fece un'assurda conferenza stampa per fare un assurdo annuncio in merito a un'idea del tutto assurda. L'evento si svolse nella palestra del liceo, solo che non si trattava della solita assemblea scolastica. L'inviato del giornalino della scuola, il *Merionite*, sgomitava con quelli del *Washington Post* e di *Sports Illustrated*. I quattro membri del gruppo 'Boyz II Men', che poco dopo avrebbero lanciato uno degli album più venduti nella storia, restarono sullo sfondo, incuriositi dalla storia del momento. Il ragazzo – allampanato, spalle larghe, testa rasata – entrò con un completo troppo largo e un paio di occhiali da sole di marca in bilico sulla testa nuda. «Dio, era così arrogante» commentò John Smallwood, che seguì l'evento per il *Philadelphia Daily News*. «Anche soltanto il look. Sul serio, è stata una delle cose peggiori che abbia mai visto».

Davanti a due dozzine (più o meno) di giornalisti ammassati, il ragazzo dallo strano nome di Kobe Bean Bryant – di *diciassette anni* – si avvicinò a un tavolo al centro della sala, si accomodò al suo posto, si sfregò il mento, si chinò verso il microfono, fece un sorriso un po' agitato e disse: «Kobe Bryant ha deciso... di saltare il college e portare il suo talento all'NBA».

Ehm...

«Kobe Bryant?»

Gli studenti presenti andarono in visibilio, cominciarono a urlare e applaudire come forsennati.

Gli adulti, un po' meno.

«C'era questo ragazzino del liceo, vestito come un membro del Rat Pack» ricordò in seguito Jeremy Schaap di ESPN, che era presente. «Che cosa diavolo stava succedendo? Aveva gli occhiali da sole. Gli occhiali da sole! Magari li aveva presi al supermercato, ma su di lui sembravano di Armani. Era difficile accettare la mancanza di umiltà e quell'aria hollywoodiana. Avevo frequentato Michael Jordan, avevo frequentato Charles Barkley, ma non avevo mai visto una tale ostentazione».

Con il suo metro e novantotto, Bryant vantava l'altezza di una guardia da NBA e suo padre – Joe (Jellybean) – Bryant aveva giocato otto stagioni nella Lega prima di trasferirsi in Italia e giocarne altre otto in varie squadre europee. Diamine, a cinque anni Kobe tirava a canestro insieme a Magic Johnson. Quindi le misure erano giuste, e anche il pedigree.

Ma in realtà era una follia.

Bryant aveva totalizzato una media a partita di 30,8 punti, 12 rimbalzi, 6,5 assist, 4 palle rubate e 3,8 stoppate guidando la squadra del Lower Merion al titolo statale della Classe AAAA, ma giocava con Robby Schwartz e Dave Ronseberg e una banda di ragazzetti di buona famiglia con un futuro radioso nel campo della legge o della contabilità. E poi le guardie non saltavano direttamente dal liceo all'NBA. Non funzionava così. Nella storia del basket soltanto altri cinque liceali erano entrati direttamente nella Lega ed erano tutti ali o centri. L'ultimo in ordine di tempo, uno studente della Farragut Career Academy di nome Kevin Garnett: una macchina da rimbalzi e stoppate di due metri e undici. E con tutta la sua forza e la sua altezza, era entrato nei Minnesota Timberwolves nel 1995 e aveva segnato soltanto 10,4 punti a partita. «È stata molto dura» aveva commentato più tardi.

Apparentemente, non c'era nulla di logico nella mossa di Bryant. Era uno studente con la media dell'otto e un punteggio ai SAT di 1080. Era stato accettato da tutte le università, e l'approdo più probabile sembrava Duke. Non si era ancora presentato a nessuno scout dell'NBA e molti non lo avevano mai sentito nominare. «Si sta prendendo in giro da solo» disse Marty Blake, il direttore degli scout dell'NBA, al *Los Angeles Times*. «Sicuramente gli piace stare sotto i i riflettori. Anche io vorrei essere una star di Hollywood. Non è pronto».

«Guardando Kobe Bryant non vedi nulla di speciale» disse Rob Babcock, il responsabile dei giocatori di Minnesota. «Il suo stile non dice 'Sono un talento molto speciale'».

«Credo che sia un grave errore» disse Jon Jennings, direttore dello sviluppo del basket per i Boston Celtics. «Kevin Garnett era il miglior giocatore liceale che avessi mai visto e non gli avrei consigliato di fare il salto. E Kobe non è Kevin Garnett».

Quello che molti non avevano capito – *che non potevano capire* – era che il treno 'Kobe Bryant in NBA' era già partito, molto prima di quell'annuncio in palestra. Già dalla seconda metà degli anni Ottanta, con l'ascesa della Nike e delle varie accademie sportive d'eccellenza, gli atleti americani di talento venivano scoperti fin da piccoli e sviluppati, etichettati, marchiati, identificati, perseguitati e metabolizzati. Non bastava più lasciar giocare i bambini e far crescere i ragazzini. No, un abile palleggiatore di sei anni oggi poteva – forse e dico forse – essere l'Isiah Thomas di domani e doveva essere cresciuto il prima possibile. Sotto molti aspetti era stata questa tendenza a spiegare il passaggio di Garnett dal liceo all'NBA. Già enorme da ragazzino, era diventato un prodotto di largo consumo prima ancora di capire che cosa significasse.

Bryant, d'altra parte, sembrava più come un tesoro nascosto, ancora lontano dai radar.

Anche se Joe Bryant era un ex giocatore dell'NBA ed era stato scelto al primo giro del draft del 1974 dai Golden State Warriors, era uno di quei rarissimi giocatori che arrivava al palazzetto, giocava e poi sfuggiva i riflettori. In otto stagioni giocate con tre squadre diverse aveva totalizzato una poco entusiasmante media di 8,7 punti e 4 rimbalzi a partita. Aveva disputato trenta partite di playoff, ma mai da titolare. Da giocatore professionista il momento in cui era arrivato più vicino alla fama era stato quando, il 5 maggio 1976, la polizia di Philadelphia aveva cercato di farlo accostare per un fanalino di coda rotto. Bryant era fuggito ed era andato a schiantarsi contro tre auto parcheggiate. Era stato arrestato e gli agenti avevano trovato diverse bustine di cocaina nella sua auto. «Avrebbe potuto essere molto più forte di come fu in realtà» disse Dick Weiss, il decano dei giornalisti di basket di Philadelphia. «Joe aveva doti atletiche eccezionali, aveva molte delle capacità di un Kevin Durant molto prima di Kevin Durant. Ma non è mai riuscito a sfruttarle».

Quando aveva lasciato l'NBA, era stato salutato da un'alzata di spalle collettiva. Fred Hartman del *Baytown* (Texas) il 7 agosto 1983 aveva riportato che «Bryant ha concluso il contratto l'anno scorso ed è adesso un free agent». Nient'altro.

Kobe a quei tempi aveva poco meno di cinque anni – era il più piccolo dei tre figli di Joe e Pam Bryant (aveva due sorelle, Sharia e Shaya). Un paio di mesi prima i genitori lo avevano iscritto a un corso di karate presso un dojo di Houston. Stava rapidamente procedendo dalla cintura bianca alla cintura gialla quando un giorno il maestro lo fece combattere contro una cintura marrone. L'avversario era un bambino più grande, più alto, più pesante e molto più esperto. Kobe si mise a piangere e l'istruttore gli disse: «Combatti!» Il piccolo Kobe si fece avanti e ce la mise tutta.

La resilienza era tipica dei Bryant. Più o meno in quel periodo Joe aveva cominciato a lavorare come venditore di auto in un concessionario di Houston, ma non era per niente adatto. Era un nero altissimo, di soli ventotto anni, che era nato per giocare a basket e che cercava in tutti i modi di convincere quei clienti bianchi che lo guardavano con sospetto (era alto, muscoloso e chiaramente infelice) a comprare una Ford. Quando gli avevano prospettato l'idea di giocare oltreoceano, all'inizio era stato scettico. Lo avrebbero pagato abbastanza? E Pam – nata e cresciuta a Philadelphia – avrebbe accettato di traslocare un'altra volta per colpa del basket ? E il livello di gioco sarebbe stato vagamente superiore alla mediocrità?

Pochi mesi dopo i Bryant si ritrovarono a Rieti, una cittadina di quarantamila anime a ottanta chilometri da Roma. Joe era l'ultimo acquisto della AMG Sebastiani Rieti, che gli avrebbe fornito una casa, una macchina e un ricco stipendio per essere il suo Dr.J. Incredibilmente, funzionò. Joe Bryant segnò una media record per la squadra di 30 punti a partita, e via via riscoprì l'amore per lo sport. Che importava se giocava contro dei ragazzini italiani di neanche diciotto anni? Nell'NBA stava in panchina a marcire e a lamentarsi, mentre compagni di squadra meno bravi di lui gli rubavano minuti di gioco. In Italia era libero, esuberante, allegro. Come ha notato Roland Lazenby nella sua biografia di Kobe Bryant, *Showboat,* i tifosi di basket italiani arrivarono a usare una sola parola per descrivere il gioco di Joe: «Bello».

Nei successivi otto anni la famiglia Bryant si sentì a casa in Italia e lo stile di gioco del giovane Kobe acquisì una precisa sfumatura europea. Andava agli allenamenti col padre (che giocò con quattro diverse squadre italiane) e faceva riscaldamenti e sfide 1 contro 1 con i compagni di squadra di Joe. «Ho palleggiato fin dal primo giorno» raccontò Kobe Bryant. «Pensavo semplicemente che il basket fosse il massimo del divertimento. Non era solo per guardare mio padre che giocava. Era il fatto di poter palleggiare dappertutto. Potevi giocare da solo, immaginare varie situazioni». Kobe parlava perfettamente italiano, si iscrisse a un corso di danza, organizzò partite di calcio, sviluppò una passione per la bruschetta e la panzanella. Il basket in Italia esisteva ma non era al centro della scena sportiva. Quindi, quando i Bryant montarono un canestro in fondo al vialetto, fu un'iniziativa insolita. Mentre i compagni italiani guardavano *Mio Mao* e *Quaq Quao*, Kobe si beveva i VHS spediti dal nonno, quelli con Magic e Bird e una giovane stella dei Chicago Bulls di nome Michael Jordan. «Adoravo la sensazione [del pallone] fra le mani» ricordò un giorno. «Adoravo anche il suono. Il tap tap tap dei rimbalzi sul legno. La chiarezza, la precisione, la prevedibilità».

Quando Kobe fu più grande, Joe e Pam lo iscrissero a una squadra di basket giovanile. Era sempre il giocatore migliore, e il meno amato: era così superiore ai compagni che raramente li degnava di un'occhiata. I compagni gridavano: «Kobe, passa la palla!» e lui rispondeva semplicemente «No». Come molti figli di genitori famosi nati in condizioni di agiatezza, Kobe era arrogante, brusco e sprezzante nei confronti degli altri ragazzi. Non era tanto odiato, quando disprezzato. L'unica freccia al loro arco era una cosa che gli ripetevano spesso: «Sei bravo qui, ma non lo sarai molto in America!»

Ogni estate, quando finiva la stagione di Joe, i Bryant tornavano a Philadephia. Ma per Kobe, il ragazzino afroamericano con l'aria da europeo e un vago accento italiano, non era facile integrarsi.

Nel luglio del 1991, poco prima del suo tredicesimo compleanno, Kobe Bryant venne iscritto dal padre alla Sonny Hill Community Involvement League, dove i migliori giovani giocatori di basket si sfidavano sul campo della McGonigle Hall di Temple. Lo stesso Joe ci aveva giocato ai suoi tempi e pensava che il ruvido atteggiamento dei cestisti più promettenti della città avrebbe fatto bene al figlio. Così compilò il modulo di iscrizione e lo diede al figlio perché inserisse alcune informazioni personali. Quando Kobe si presentò il primo giorno, un consulente lesse le sue risposte.

NOME: KOBE BEAN BRYANT

ETÀ: 12

CITTÀ: PHILADELPHIA

DOVE VORRESTI LAVORARE DA GRANDE: NBA

«Dici sul serio?» gli chiese.

Bryant annuì. Era davvero serio e questo attirò l'attenzione degli allenatori su quel ragazzino presuntuoso dal nome strano. Lo trovarono ridicolo. In Italia i giocatori usavano le ginocchiere da pallavolo in partita. Quindi Kobe, pensando che fosse normale, portò quello stile (o quella mancanza di stile) anche a Philly. «Sembravo il tecnico della tv» ricordò in seguito. In Italia era inarrestabile, infilava layup senza problemi. In America era un pesce fuor d'acqua senza alcuno stile, afflitto dal morbo di Osgood-Schlatter, che gli causava fitte lancinanti alle ginocchia. In venticinque partite non segnò neanche un punto. «Non segnai un solo canestro, un tiro libero, niente» ricordò. «Alla fine piansi come un vitello».

Kobe Bryant faceva schifo, ma non aveva intenzione di fare schifo a lungo. L'estate successiva tornò alla Sonny Hill, giocò dignitosamente, segnò qualche punto in attacco e fu ammirevole in difesa.

I Bryant lasciarono l'Italia dopo la stagione 1991-92 e il ritorno a tempo pieno in America per Kobe iniziò dalla terza media, quando si iscrisse alla Bala Cynwyd Junior High, nei frondosi sobborghi occidentali di Philadelphia. Gli studenti erano al settanta per cento caucasici e Kobe non riuscì a integrarsi. Non era bianco. La sua identità nera sembrava forzata. Parlava italiano, e *nessuno* parlava italiano. Non c'era una sola faccia nota. Era molto più posato degli altri e questo lo faceva sembrare distaccato e arrogante. Grazie al suo talento atletico e alla condizione di straniero, Kobe aveva trascorso gli anni precedenti come un outsider e adesso, tornato finalmente negli Stati Uniti, si sentiva ancora diverso. Come se in qualche modo fosse migliore.

E infatti lo era.

Alla Bala Cynwyd non era possibile ritrovare la concentrazione di talenti che si riuniva alla Sonny Hill ogni estate e Kobe – armato di un'abilità maggiore, di una solida esperienza, di una genetica da sogno (non solo il padre era un ex giocatore dell'NBA, ma il fratello di Pam, Chubby Cox, aveva giocato una parte della stagione del 1983 con i Washington Bullets) e di un'incrollabile fiducia in se stesso – dominava su tutti. Ormai era alto un metro e ottantacinque, giocava con la squadra delle medie e possedeva il campo, segnando una media di 30 punti a partita. Era quasi ridicolo vedere l'agile Bryant dominare in quel modo i ragazzini che lo circondavano. Gregg Downer, l'allenatore della prima squadra del liceo Lower Merion, sentì parlare delle sue imprese e lo invitò a partecipare a un allenamento. Kobe entrò in palestra accompagnato dal padre, alto due metri e otto. «Porca vacca, ma è Joe Bryant» sussurrò Downer a un assistente. «Jellybean Bryant».

Downer, che aveva giocato nella Terza Divisione al Lynchburg College (in Virginia) aveva ventisette anni e capì immediatamente che il ragazzo che aveva davanti non era un giocatore qualsiasi. Bryant non aveva paura di nulla. Si fece valere con i giocatori della prima squadra del liceo. Dopo cinque minuti di allenamento Downer si girò verso qualcuno e disse: «Questo ragazzo è un professionista».

«Capii immediatamente di avere in mano qualcosa di molto speciale» disse Downer. «Aveva tredici anni ed era così bravo, pensai che poteva diventare soltanto più alto e più forte».

Al primo anno al Lower Marion, Bryant entrò da titolare nella prima squadra allenata da Downer, segnando una media di diciotto punti a partita per una squadra che vinceva quattro partite su venti a stagione. Quello che si notava subito era il suo feroce agonismo. Non solo non gli piaceva perdere, ma aborriva l'idea della sconfitta. Non si limitava ad agitarsi per qualche tiro libero sbagliato, ma si tormentava per la loro stessa esistenza. Gli altri giocatori liquidavano con una risata le prestazioni insufficienti, i passaggi approssimativi, le palle perse. Bryant no. Lui credeva nella perfezione e non si accontentava mai di nulla di meno. Una volta durante un allenamento Downer gli urlò contro perché non aveva attuato lo stile difensivo del Lower Merion. «Be'» rispose Bryant, «non è quello che farò in NBA!»

Durante una gita di classe a Hersheypark, una studentessa di nome Susan Freedland gli chiese aiuto per vincere un pelouche a uno stand dei tiri liberi. I compagni si riunirono intorno al canestro ridacchiando, ma Kobe prese stoicamente un pallone, si mise in posizione, fissò il bordo e tirò: *ciuff*.

Tirò ancora, *ciuff*.

Tirò ancora, *ciuff*.

Susan vinse un elefante blu con le zanne verdi e ringraziò Kobe per l'aiuto. Ma lui non aveva finito. Tornò allo stand e pagò altri 3 dollari.

Tirò ancora, *ciuff*.

Tirò ancora, *ciuff*.

L'uomo che gestiva il baracchino – agitato e sconfitto – gli diede un altro elefante e gli disse di andarsene.

Quello per Kobe non era divertimento. Non lo era affatto. Per lui aveva un significato profondo. Essere il migliore. Essere grande. Rifiutare di arrendersi. Nel corso dei vent'anni successivi la gente si chiese da dove nascesse quel desiderio, che cosa avesse reso Kobe Bryant un killer del basket alla Michael Jordan. La risposta autentica si può trovare al Lower Merion, dove nel relativo isolamento e nella solitudine si dedicò completamente al suo migliore amico: il basket.

Kobe Bryant era uno strano ragazzo. Bello e intelligente, eppure anche insicuro e maldestro. Non riusciva mai a cogliere il ritmo delle conversazioni, era impacciato e goffo nelle relazioni con l'altro sesso, non riusciva ad appassionarsi alla cultura e alla musica pop. Non è facile essere uno dei pochi ragazzi afroamericani in una scuola a prevalenza bianca. Si crea l'aspettativa (ingiusta) verso determinati comportamenti, determinate scelte linguistiche. La strada. Il cappuccio. Kobe Bryant non era quel tipo di ragazzo. I suoi sforzi per mimetizzarsi nei lunghi corridoi del liceo erano ammirevoli, sotto un certo punto di vista, ma in gran parte fallimentari. Anche più avanti, quando cominciò a comparire sulle copertine delle riviste, gli amici e i compagni di squadra trovavano ridicoli quegli sforzi. Ecco Kobe Bryant, uno che poteva finire sulla copertina di *Sports Illustrated* o *Slam* ed essere un modello di successo maschile, e in realtà era un coglione. La conseguenza di quel disagio fu una dedizione totale per raggiungere l'eccellenza in un campo preciso, quello dei tiri, dei passaggi, dei rimbalzi, delle palle rubate e delle stoppate. Il giovane Kobe correva per le strade del quartiere fino a vomitare, sollevava pesi finché non gli bruciavano i muscoli, controllava ogni caloria e goccia d'acqua. Inseguiva la grandezza, non soltanto perché suo padre era grande ma perché quella ricerca era – al di là di una famiglia molto unita – tutto ciò che aveva.

Le voci su Bryant cominciarono a circolare durante il secondo anno del liceo quando, con ventidue punti e dieci rimbalzi per partita, portò gli Aces fino al record di sedici vittorie e sei sconfitte. «Giocava come se avesse sempre una spada di Damocle sopra la testa» ricordò Shadeen Holloway, un playmaker del liceo St. Patrick High di Elizabeth, New Jersey. «Sembrava sempre che dovesse dimostrare qualcosa. Probabilmente in parte era perché viveva in un bel quartiere e andava a scuola in un liceo di quei quartieri. Quindi gli altri pensavano che fosse deboluccio. Be', quel ragazzo in realtà era un killer a sangue freddo». Grazie alle statistiche favolose e ad alcune schiacciate spettacolari, il nome di Bryant cominciò a comparire sempre più spesso sulle pagine del *Philadelphia Inquirer*, ma fuori dalla sua zona in pochi lo prendevano sul serio. Era diffusa la convinzione che fosse l'ennesimo giocatore sopra la media ma non particolarmente speciale che si cibava delle carcasse di appassionati borghesi fissati con le statistiche.

Per questo, ciò che accadde dopo fu così importante. Nell'estate del lontano 1972 Joe Bryant, diciassettenne che un anno più tardi si sarebbe iscritto all'università di La Salle, era stato nominato MVP nel torneo All-Star Dapper Dan dei licei, tenutosi a Pittsburgh. L'organizzatore dell'evento era Sonny Vaccaro.

Ventidue anni più tardi, Joe Bryant venne ripresentato a Vaccaro da una conoscenza comune, il famoso allenatore della AAU Gary Charles. Bryant ricordò a Vaccaro il loro incontro precedente e il modo in cui il Dapper Dan gli aveva cambiato la vita. Gli disse che aveva lasciato l'NBA per l'Italia e che poi era tornato negli Stati Uniti. Poco tempo prima, Joe era stato assunto come assistente allenatore alla La Salle e se la cavava alla grande, e sua moglie se la cavava alla grande, e tutto andava alla grande, e...

«Ho un favore da chiederti» gli disse.

«E cosa sarà mai?» rispose Vaccaro.

Vaccaro era famoso soprattutto per aver fatto firmare a Michael Jordan il primo contratto di sponsorizzazione per le sneakers (cambiando così per sempre il marketing sportivo) quando lavorava alla Nike. Ora lavorava per Adidas e dirigeva l'ABCD All America Camp, una vetrina di eccellenza per i centoventicinque migliori giocatori dei licei di tutta la nazione. Aveva cominciato nel 1984 per assicurarsi (a sé e a chiunque lo pagasse) la futura generazione di sovrani del basket. E qualunque fossero le sue motivazioni iniziali, in breve l'ABCD era diventato il posto dove dovevano essere i migliori fra i migliori.

«Sonny» disse Joe. «Ho un figlio, Kobe. È veramente bravo. Volevo sapere se puoi dargli un posto all'ABCD».

All'inizio Vaccaro esitò. Quante volte se l'era sentito dire? *Mio figlio è fantastico, dominerà il tuo campo, ha solo bisogno di un'occasione...* E quante volte poi il ragazzo aveva fatto schifo? «Non avevo mai sentito parlare di Kobe Bryant» disse anni dopo. «Nessuno sapeva chi fosse, che cosa poteva fare. Ma sentivo che io e Joe avevamo un legame e che forse stava dicendo la verità. Quindi risposi: 'Ok, lo farò entrare'».

Il 7 luglio 1994 Kobe Bryant si presentò alla Fairleigh Dickinson University a Teaneck, New Jersey, per una settimana di basket ad alto livello per la quale molti pensavano non fosse pronto. C'erano solo quattro studenti del terzo anno e la maggior parte dell'entusiasmo si concentrava su una coppia di guardie di New

York City: Stephon Marbury, del Lincoln High, e Shammgod Wells dalla La Salle Academy di New York City. All'ABCD, i giocatori meno conosciuti si aggiravano con la testa bassa e gli occhi incollati a terra. Era un'esperienza difficile, ansiogena: «Ti trovi insieme a ragazzi che fanno cose mirabolanti» disse Holloway. «Sei il migliore a casa tua, ma andare là ti apre gli occhi».

Fin dal primo giorno Bryant si comportò come se fosse a casa sua. Giocò duro, giocò veloce, si rifiutò di inginocchiarsi davanti a Marbury o Wells o al favoloso Tim Thomas di Paterson, New Jersey. Aveva tre scimmie da togliersi dalla spalla: il ragazzino venuto dall'Italia che nessun si filava, il ragazzino delle zone residenziali che nessuno si filava, il figlio di un giocatore dell'NBA. La stella del momento era Marbury, che a un certo punto si liberò di Holloway, saltò dalla linea dei tre punti e portò il suo metro e ottantacinque contro un difensore di due metri e cinque e centotto chili di nome Patrick Ngongba. Con un forte grugnito Marbury schiacciò in faccia al gigante, atterrò, urlò: «*Woooooooo!*», fece un sorriso a trentadue denti, attraversò tutto il campo, uscì dalla palestra e salì sulla navetta che portava i ragazzi avanti e indietro dal palazzetto.

Gli altri giocatori applaudirono e gridarono di entusiasmo.

Bryant si unì al coro schiamazzante, ma dentro si rodeva di invidia. Avrebbe dovuto essere lui a farlo. E *sarebbe* stato lui. Alla fine della settimana, quando Marbury e Thomas vennero nominati MVP, Bryant andò a battere sulla spalla di Vaccaro.

«Mister Vaccaro» gli disse, «vorrei farle le mie scuse».

«In che senso?» chiese Vaccaro.

«Volevo solo dirle che l'anno prossimo sarò io il giocatore migliore. Mi dispiace di averla delusa».

Vaccaro restò senza parole. Kobe Bryant non gli doveva nessuna scusa. Ma non aveva mai visto una tale integrità e intensità nella storia dell'ABCD. «Non l'ho mai dimenticato» disse anni dopo. «Il suo atteggiamento non era 'Ehi, grazie per l'opportunità. È stato fantastico e non vedo l'ora di tornare'. Era 'Fanculo. Sarò io il migliore'. Chiamatela come volete: sicurezza, arroganza, presunzione. Sapeva che sarebbe stato grande e in quel momento lo seppi anch'io. In quel momento – in quel preciso momento – seppi anche che l'Adidas avrebbe sponsorizzato Kobe Bryant».

Nei due anni successivi Kobe Bryant passò dalle minuscole alle maiuscole. Al terzo anno del Lower Merion raggiunse una media di 31,1 punti, 10,4 rimbalzi e 5,2 assist a partita e venne nominato Giocatore dell'Anno della Pennsylvania. Esprimeva ferocia in tutto quello che faceva. Arrivava in palestra alle cinque del mattino per allenarsi da solo e la sera restava due ore dopo gli allenamenti. Compensava la mancanza di abilità sociali con la determinazione. Con valanghe di determinazione. «La gente pensa che la cosa più spettacolare fossero le sue doti atletiche, ma si sbaglia» ricordò Emory Dabney, il playmaker del Lower Merion. «Erano le motivazioni. Non era psicotico, ma ci andava vicino». In particolare Dabney ricordò un giorno d'estate in cui c'erano trentacinque gradi e si era allenato con Kobe sulla pista della vicina Saint Joseph's University, poi erano andati dall'altra parte della strada, all'Episcopal Academy, per una partitella. «Dopo la corsa Kobe salì in macchina e alzò il riscaldamento a trentadue gradi perché non voleva che gli si raffreddassero i muscoli» disse Dabney. «Chiunque avrebbe pensato 'Wow, è matto da legare'. Ma questo lo distingueva da tutti. Non voleva soltanto essere il migliore. Lo voleva con tutto se stesso».

Bryant tornò all'ABCD per un'altra estate e come promesso fu nominato MVP totalizzando una media di 21 punti e 7 rimbalzi. Quell'anno si era radunato quello che fu forse il più grande gruppo di talenti nella storia dell'ABCD: non c'era soltanto Bryant, ma anche Thomas, Jermaine O'Neal del liceo Eau Claire High (South Carolina) e Lester Earl del Glen Oaks (Louisiana). Durante una partita, in un momento che vent'anni dopo Vaccaro trovava ancora divertentissimo, Kobe si era slanciato verso il canestro e aveva schiacciato con potenza inaudita sopra un avversario sbalordito. Mentre il pallone sbatteva contro il cerchio, Bryant era atterrato e aveva gridato sorridendo a Vaccaro: «Era meglio di quella di Stephon?»

«No» aveva risposto Vaccaro, «Ma era molto buona».

Se la sicurezza di Bryant era stata gonfiata dall'esibizione all'ABCD, un paio di esperienze più vicine a casa la portarono a un livello completamente diverso. Anche se era soltanto un liceale, Bryant passava molto tempo a giocare partitelle nella palestra della Temple University, la Pearson Hall. Non erano normali sfide con i ragazzi delle confraternite. No, i suoi avversari erano le star degli Owls, fra cui i futuri giocatori dell'NBA Rick Brunson, Aaron McKie ed Eddie Jones. «Dio, era così elegante per essere così giovane» ricordò poi Jones. «Talento puro. E la cosa più impressionante è che non aveva paura. Noi eravamo famosi nel basket universitario nazionale e Kobe ci sfidava senza battere ciglio. Si capiva subito che era destinato all'NBA. Non c'era proprio storia».

Più o meno in questo periodo, i Philadelphia 76ers stavano svolgendo la preparazione estiva alla Saint Joseph. Poiché a livello locale era famoso e c'era bisogno di gente (e poiché Tarvia Lucas, la figlia dell'allenatore dei 76ers, andava al Lower Merion), a Bryant e a Dabney fu permesso di giocare. Erano i Sixers da diciotto vittorie e sessantaquattro sconfitte di Shawn Bradley e Sean Higgins, di Elmer Bennett e Greg Graham. Ma erano comunque una squadra dell'NBA e Kobe Bryant era ancora uno studente alla fine del terzo anno del liceo.

Il racconto di ciò che accadde è fatto della materia di cui sono fatte le leggende. In gran parte perché è *effettivamente* una leggenda. Secondo la storia eternamente raccontata da dieci milioni di testimoni oculari (in quella palestra non c'erano più di trenta persone), Bryant asfaltò Jerry Stackhouse, la fantastica giovane guardia tiratrice di Philadelphia. Lo portò a destra, lo portò a sinistra, schiacciò su di lui mangiando un panino al prosciutto e cantando tutti i musical di Peter Cetera[3].

A dirla tutta, Bryant giocò molto bene contro Stackhouse, così come contro altri solidi giocatori dell'NBA come Vernon Maxwell, Richard Dumas e Sharone Wright. Non era il giocatore più raf-

3 Ho contattato Stackhouse, un simpatico personaggio di cui ho scritto il profilo per il *Wall Street Journal*. Lui mi ha scritto: «Come va fratello. Spero tutto bene. Probabilmente non sono il più adatto a parlare di Kobe, ad amplificare il mito che mi aveva fatto a pezzi quando stava al liceo, ma a suo merito devo dire che non gliel'ho mai sentito dire direttamente, però non l'ha neanche negato. Quindi in pratica che si fotta».

finato in campo e neanche il decimo. Era indisciplinato, approssimativo, sbadato. Faceva tiri che non avrebbe dovuto fare e cercava palle perse che in una partita regolare lo avrebbero fatto finire in panchina. Ma era assolutamente intrepido e questo lasciò un'impressione duratura. Inoltre, anche se non asfaltò davvero Stackhouse, riuscì a fargli perdere le staffe. «Stack era piuttosto irascibile» disse Dabney. «Non la prese bene quando fu attaccato da un diciassettenne». John Nash, general manager dei Washington Bullets, chiese aggiornamenti a Lucas.

«Come va Stack in allenamento?» chiese Nash.

«Bene» rispose Lucas, «ma è la seconda guardia migliore in campo su due».

Nash fece un elenco mentale delle guardie tiratrici dei Sixers. Non era una galleria particolarmente esaltante. «John» chiese alla fine. «Chi è la guardia migliore?»

«Kobe» rispose Lucas.

Wow.

Shaun Powell, un giornalista di *Newsday* che si occupava molto di NBA, un giorno stava passando dagli spogliatoi dei New Jersey Nets quando venne fermato da Rick Mahorn, un'ala grande affidabile ma mediocre. «Sai di chi dovresti scrivere?» gli disse Mahorn. «Del figlio di Jellybean».

«Il figlio di Jellybean?» rispose Powell.

«Già» disse Mahorn. «Si chiama Kobe. Ha giocato con noi quest'estate, e non era sicuramente il peggiore».

Più o meno in quel periodo Bryant cominciò ad allenarsi ogni giorno con Joe Carbone, un personal trainer ed ex sollevatore di pesi professionista assunto dalla famiglia per trasformare il ragazzo da arbusto a quercia. L'obiettivo era far diventare un fisico che era stato definito «asciutto» in una macchina capace di sopportare una stagione da ottantadue partite contro dei giganti. In breve Bryant divenne un frequentatore assiduo della sala pesi e cominciò con gli addominali, gli squat, i curl. «Mise su circa nove chili» disse Carbone. «Non metteva su peso facilmente, quindi i chili arrivarono via via che si irrobustiva».

Quando tornò al Lower Merion per l'ultimo anno del liceo, Bryant

– sostenuto dall'esperienza all'ABCD, dalle partitelle alla Temple, dal gioco con i Sixers e dagli allenamenti in palestra – sapeva che non sarebbe andato all'università. «Me lo disse quell'estate» riferì Dabney. «Così, seccamente: l'anno prossimo vado nell'NBA».

Se Bryant lo sapeva già, per chi sperava il contrario era una specie di segreto. Le lettere di offerta delle varie università arrivavano a pacchi: dalla Duke e dalla North Carolina, dall'UCLA e dall'USC, dalla Delaware e dalla Drexel e da Villanova e da Temple. Era l'autunno del 1995 e a quei tempi Joe Bryant era al secondo anno come assistente allenatore alla La Salle University, lì vicino, la sua alma mater. Era stato assunto nel 1993 da Speedy Morris, il capo allenatore, e la motivazione ufficiale era che il programma aveva bisogno di sostituire Randy Monroe, che se ne era andato da poco, ma la realtà era molto diversa. «Avevo pensato che ci avrebbe aiutato ad accaparrarci Kobe?» disse Morris decenni dopo. «Sì. Naturalmente. Joe non era un bravo assistente allenatore. Non lavorava sodo, e non ne sapeva un granché. Era un tipo simpatico. Ma era lì per farci avere suo figlio».

Kobe Bryant si godette quelle attenzioni, fece qualche visita ai campus, finse di essere davvero combattuto sul proprio futuro. Gli piaceva pavoneggiarsi con tutte le offerte che aveva ricevuto ed ebbe la presunzione di dare buca all'allenatore di Kentucky Rick Pitino, non presentandosi a un appuntamento programmato. Si comportò come se l'università fosse un'opzione plausibile. Solo che in realtà non lo era. Dato che non aveva firmato con nessun agente né accettato un penny da un'azienda di sneaker, quella possibilità gli rimase aperta, se mai avesse cambiato idea. Ma non avrebbe cambiato idea. Le lettere di offerta finirono in fondo al cestino della spazzatura della famiglia Bryant, insieme agli avanzi degli hamburger e ai vasetti di yogurt vuoti. Durente il mese di giugno aveva partecipato alla 'War in the Wood', un torneo all'aperto che si teneva a Penns Grove, in New Jersey. Mentre Kobe illuminava il campo, il padre lo guardava seduto accanto a Gary Charles, allenatore veterano della AAU e confidente di Sonny Vaccaro. Ogni volta che Kobe segnava un tiro da tre punti, Joe si girava verso Charles e diceva: «Visto?» E a ogni schiacciata: «Fantastico, no?» Alla fine della partita Joe si fece serio. «Gary» disse. «Credo che mio figlio voglia andare in NBA direttamente dal liceo. Ma noi, come famiglia, siamo preoccupati perché non ci sarebbero garanzie».

Charles sorrise. «E se vi aiutassi a ottenere delle garanzie?»

Joe Bryant non capiva.

«Se riuscissi ad aiutare Kobe a ottenere una sponsorizzazione per le scarpe?»

«Aspetta, puoi farlo davvero?» rispose Bryant.

«Sai, credo di sì» disse Charles.

Quella sera Charles telefonò a Vaccaro.

«Sonny» disse. «Kobe Bryant potrebbe essere quello giusto».

Con 'quello giusto' intendeva il Numero Uno. Fin da quando era entrato in Adidas, all'inizio degli anni Novanta, Vaccaro era alla ricerca del nuovo Michael Jordan, il gigante del marketing sportivo. A quei tempi l'immagine dell'azienda era noiosa e priva di fantasia, un brufolo sulla schiena della Nike. Le esibizioni di Bryant all'ABCD avevano aperto gli occhi a Vaccaro, e c'era molto da vedere. Bryant era maturo, Bryant era furbo, Bryant era bello, Bryant giocava da dio, Bryant aveva l'NBA nel sangue. «E il nome, 'Kobe Bryant'» disse Vaccaro. «Ha qualcosa. 'Kobe Bryant dall'Italia': è intrigante, è un po' misterioso».

Musica per le orecchie di Vaccaro. Si mise in contatto con Joe Bryant per assicurarsi che ci fosse un reale interesse. Poi si mise comodo e guardò Kobe mettere insieme una delle migliori stagioni nella storia del basket liceale, portando il Lower Merion al suo primo campionato statale dal 1943. Concluse la carriera liceale con il record assoluto della Pennsylvania sudorientale, 2.883 punti, e fu nominato Naismith High School Player of the Year, Gatorade Men's National Basketball Player of the Year e fra i McDonald's All-American. «La cosa più incredibile è che non ha mai perso una sfida» disse Jeremy Treatman, un assistente allenatore degli Aces. «Quattro anni, e Kobe non ha mai perso un 1 contro 1, un'amichevole, uno scatto. Non concepiva la sconfitta». All'inizio della stagione si era sparsa la voce che Bryant stava pensando all'NBA e gli scout della Lega (quelli almeno che lo prendevano sul serio, perché molti non lo facevano) cominciarono a comparire sugli spalti del Lower Merion durante le partite giocate in casa. Pete Babcock, general manager degli Atlanta Hawks, arrivò in aereo e vide un ragazzo che «faceva tutto quello che voleva senza che nessuno sapesse come impedirglielo». Larry Harris, uno scout dei Milwaukee Bucks, venne tre volte, sempre chiedendosi se quello che vedeva fosse reale. «Aveva il numero 33 e mi fece subito pensare a Scottie Pippen» disse. «Aveva l'altezza e la disinvoltura atletica di Pippen. Quando la partita cominciava non c'era più niente da fare, non c'era tempo da perdere. Era roba seria. Mi saltò all'occhio immediatamente».

Vaccaro era più deciso che mai a fare di Bryant il volto dell'Adidas. A metà della stagione liceale convinse l'azienda a spendere 75.000 dollari per trasferirlo dalla California del Sud a New York City, in modo da essere più vicino alla supernova dei licei. Non andò mai a vedere le partite del Lower Merion per paura che la Nike o un altro concorrente scoprissero i suoi piani, ma mandò Charles come intermediario. Le parti parlarono di fama, gloria e talento. Ma soprattutto di scarpe. La famiglia Bryant voleva una garanzia economica e Vaccaro e Adidas erano pronti a offrirgliela. Avrebbero pagato a Kobe Bryant 48 milioni di dollari, altri centocinquantamila a Joe Bryant, e fatto di Kobe il volto dell'Adidas. In gioco, in un certo senso, c'era Michael Jordan. Dissero a Bryant che sarebbe diventato il nuovo Michael Jordan, cominciando con una scarpa firmata e una grande campagna di marketing basata sullo slogan 'Feet You Wear'. Faceva appello al suo ego e al suo amore per la storia del basket.

L'università? E chi aveva bisogno dell'università?

Kobe Bryant aveva deciso di portare il suo talento nell'NBA.

Quando un giocatore si lega a un'azienda che produce sneaker, e quando quell'azienda paga il giocatore milioni di dollari per promuovere il marchio, le cose possono diventare complicate.

Soprattutto se il giocatore è uno studente del liceo.

Soprattutto se il giocatore è più che disponibile a giocare con qualsiasi squadra dell'NBA.

Soprattutto quando l'azienda di sneaker ha dei progetti di marketing su specifiche aree geografiche.

In seguito all'annuncio di Kobe Bryant sul fatto di voler andare direttamente nell'NBA, un sacco di squadre lo invitarono nelle proprie strutture per partecipare a un provino. È così che funzionano le cose nel basket professionistico e un giovane giocatore dovrebbe essere stupido, disinformato o eccezionalmente sicuro di sé (diciamo pure arrogante) per rifiutare un invito del genere. Soprattutto un giovane giocatore senza alcuna esperienza di basket universitario.

Kobe Bryant rifiutò un sacco di inviti.

Per la guardia diciottenne non era questione di preferire il sole o lo sci, il fuso orario del Pacifico o quello della costa orientale. No, era questione di vendere scarpe. Non appena Vaccaro convinse Adidas a spendere milioni di dollari su di lui, si instaurò immediatamente una fedeltà reciproca. Quando Bryant (e i genitori) cominciarono a cercare un agente, scelsero Arn Tellem, il potente broker con ufficio a Los Angeles che annoverava fra i suoi migliori amici Vaccaro e il vice presidente dei Lakers Jerry West. Tellem, come Vaccaro, sapeva quanto era importante una grande città per Kobe sia come giocatore di basket sia come venditore di scarpe.

I Toronto Raptors, privi di talento, anonimi e titolari della seconda scelta assoluta nel draft del 1996, chiesero a Bryant di andare a trovarli. No. I Vancouver Grizzlies, privi di talento, anonimi e titolari della terza scelta assoluta nel draft del 1996, chiesero a Bryant di andare a trovarli. No. Una dopo l'altra, Bryant ringraziò sinceramente la maggior parte delle squadre che volevano osservarlo in un ambiente controllato, ma declinò gli inviti. Il 24 giugno doveva prendere un volo per Charlotte e giocare per gli Hornets, titolari della tredicesima scelta in assoluto. Annullò la mattina stessa, senza preavviso. Il giorno successivo riservò lo stesso trattamento ai Sacramento Kings. Nessun avviso, nessun avvertimento.

Bryant si preoccupava della propria reputazione e del fatto che le squadre gliel'avrebbero fatta pagare al momento del draft. Tellem, fra i cui clienti figuravano giocatori di baseball come Nomar Garciaparra e Mike Mussina e la star del basket Reggie Miller, gli promise che le cose sarebbero andate per il verso giusto. «Dobbiamo essere selettivi» gli disse. In effetti le squadre che avevano visto Bryant di persona erano estasiate. Barry Hecker, l'assistente allenatore dei Los Angeles Clippers, quando i suoi capi gli avevano annunciato che Bryant sarebbe venuto per il provino, disse che non voleva avere niente a che fare con un liceale. «Ero molto scettico» dichiarò. «Non pensavo che la nostra organizzazione fosse il posto giusto per un ragazzo così giovane e davo per scontato che non sarebbe stato pronto per un gioco da uomini. Be', quanto mi sbagliavo!» In piedi accanto a Bill Fitch, il capo allenatore, e all'assistente Jim Brewer, Hecker si era preparato al peggio. E poi, WHOOOSH! Chiesero a Bryant di fare il vecchio Mikan Drill, che prevede una raffica di ganci sotto canestro. Invece dei ganci, però, Bryant schiacciò. Bam! Bam! Bam! Bam! «Dieci di fila: sinistra, destra, sinistra, destra» disse Hecker. «Gesù Cristo».

Hecker era molto colpito. E così furono i New Jersey Nets, detentori dell'ottava scelta in assoluto. Ufficialmente invitarono Bryant nella loro struttura per tre provini diversi. Ufficiosamente, in realtà furono quattro. O anche, ehm, cinque. «Il che probabilmente è contro le regole dell'NBA» disse Bobby Marks, l'assistente alle operazioni dei Nets. «Ma va bene lo stesso». Marks aveva il compito di prenotare i voli o i treni di Bryant. Lo andava a prendere all'aeroporto o alla stazione, lo accompagnava al palazzetto, organizzava una serie di sfide. In quel periodo i Nets erano allo stesso tempo molto giovani e molto scarsi, e non era difficile raccattare un paio di giocatori inesperti che tastassero il polso delle reclute. Quindi un giorno Marks chiese alla guardia Khalid Reeves e all'ala Ed O'Bannon di arrivare prima e di maltrattare il novellino. Entrambi vantavano un pedigree di tutto rispetto. Reeves era stato una prima scelta dei Miami Heat dopo una carriera da All-American in Arizona. O'Bannon era stato una prima scelta dei Nets dopo una carriera da All-American alla UCLA.

Kobe Bryant li asfaltò.

«Era sempre una sfida 2 contro 2 o 3 contro 3, e Kobe faceva quello che voleva» ricordò Marks. «Era il miglior giocatore in campo, tutte le volte, contro solidi atleti dell'NBA».

In breve si diffuse la voce che New Jersey era una destinazione probabile per Bryant. Per questo Jerry West non lo considerò più di tanto. I Lakers avevano la ventiquattresima scelta. Il ragazzo sarebbe già stato preso da tempo. E poi era un liceale, e Los Angeles cercava talenti in grado di dare una svolta da subito. «Non sapevo molto di lui» disse West più tardi. «Non eravamo focalizzati su Kobe Bryant».

A Tellem invece piaceva molto l'idea di Los Angeles, il grande mercato, la franchigia storica. Chiamò West e gli chiese di invitare il suo cliente dai Lakers per un provino. E così fecero. Bryant era in città per girare uno spot pubblicitario e arrivò all'YMCA di Inglewood nello stesso momento di Dontae' Jones, l'ala di Mississippi State che poco tempo prima aveva portato i Bulldogs alle Final Four.[4] Nei successivi quarantacinque minuti, Bryant ridusse il giocatore di due metri e tre a una vaschetta di gelato sciolto. Sotto la supervisione di Larry Drew, un assistente allenatore dei Lakers, Bryant e Jones giocarono una serie di 1 contro 1 che lasciò il giocatore all'ultimo anno di università completamente senza fiato. «Non potevo credere» disse Jones più tardi «che un diciassettenne potesse lontanamente provare a fare tutto quello che faceva lui».

Nei suoi tre decenni e mezzo nel mondo del basket professionistico, West aveva visto di tutto. Elgin Baylor, Kareem, Magic, Bird, Jordan, Yinka Dare. Ma questo era diverso. «Oh mio Dio» raccontò poi. «Non potevo crederci. Senza offesa per nessuno, ma non appena lo vidi fu chiaro che non c'era assolutamente discussione. Giuro su Dio, era talmente bravo che l'avrei preso per primo al draft al posto di Allen Iverson. Era bravo *a quei livelli*».

Un paio di giorni dopo, i Lakers chiesero a Bryant di partecipare a un ultimo provino, questa volta al liceo di Inglewood. Doveva giocare un 1 contro 1 con Michael Cooper, la ex star dei Lakers che era poi stato assunto come assistente allenatore. Anche se si era ritirato da cinque anni, il quarantenne Cooper assomi-

4 Un'interessante nota a margine: Bryant andò a Los Angeles subito dopo una visita ai Nets. Il volo glielo aveva prenotato Bobby Marks, che lo aveva messo in un posto centrale in classe economica. Tellem si infuriò e Marks si chiese per sempre se fosse stato questo a fargli abbandonare l'idea del New Jersey. «O se almeno abbia contribuito» disse più tardi.

gliava ancora molto al Cooper trentenne. Era tonico e muscoloso, in forma perfetta. West chiese al suo ex giocatore di distruggere Kobe Bryant. «Fallo sudare» gli disse West.

Cooper annuì. «Non c'è problema».

Per trenta minuti Bryant asfaltò Cooper come aveva asfaltato Jones. Fintava a sinistra, girava a destra, schiacciava, scivolava. West interruppe la sfida prima della fine e si girò verso John Black e Raymond Ridder, due degli addetti alle pubbliche relazioni della squadra. «Ok, ho visto abbastanza» disse. «Prendiamolo. È più bravo di chiunque abbiamo in squadra al momento».

Concluse: «Il miglior provino che abbia mai visto».

Più tardi, quel giorno stesso, West si mise in contatto con Tellem. «Kobe Bryant» gli disse «ha appena giocato come non ho mai visto giocare nessuno. Ovviamente saremmo felici di averlo nei Lakers. Non so bene come fare, ma...»

Il draft NBA del 1996 si tenne il 26 giugno nella Continental Airlines Arena, il palazzetto di East Rutherford, New Jersey, dove i Nets giocavano in casa. Verso le otto di sera il commissario David Stern annunciò che con la prima scelta i Philadelphia 76ers avrebbero preso Iverson, la superlativa guardia di Georgetown. La squadra aveva visionato Bryant: «E lo abbiamo adorato» disse Brad Greenberg, il general manager. «Ma non ci servivano due guardie. Quindi non lo abbiamo preso davvero in considerazione». Poi Toronto scelse il centro della UMass Marcus Camby e Vancouver Shareef Abdur-Rahim della Cal. Mentre i giocatori venivano selezionati uno dopo l'altro, John Nash, il nuovo general manager di New Jersey, cominciò a entusiasmarsi. Il giorno prima West lo aveva chiamato offrendogli il centro dei Lakers, Vlade Divac, in cambio della scelta al draft. I Nets ci avevano messo tre secondi per rifiutare e altri tre secondi ci erano voluti a Nash per rivolgersi al nuovo capo allenatore, John Calipari, e dire: «Se Jerry West pensa che Kobe Bryant sia una star, allora è una star». Qualche ora più tardi Nash e Calipari cenarono con Joe e Pam Bryant. A un certo punto Nash batté le mani per attirare l'attenzione e dichiarò senza preamboli: «Se Kobe è ancora disponibile all'ottava scelta, lo prenderemo noi». E poi: «Che cosa ne pensate?»

Che cosa ne pensavano? I Bryant erano estasiati. Il figlio avrebbe giocato a meno di cento miglia da casa, in un grande mercato, per una squadra che lo voleva a tutti i costi. «Sarebbe magnifico» rispose Joe.

Il pomeriggio del giorno del draft, Nash e Calipari pranzarono con Joe Taub, uno dei proprietari della squadra, e gli dissero che il piano era di prendere Kobe Bryant e di costruire i Nets intorno al suo genio.

Taub si accigliò. «Il ragazzino del liceo?» chiese.

«Sì» rispose Nash. «Kobe Bryant diventerà una star nella Lega».

«Ma è così giovane» rispose Taub. «E se investiamo tutta questa energia per farlo crescere e quando diventa bravo ci molla per diventare free agent? Sarebbe un disastro».

Nash guardò Calipari in cerca di sostegno. Non ne trovò. «Joe» disse Nash, «fidati di me. Un talento del genere non capita spesso».

Il pranzo terminò e Nash si ritirò nel suo ufficio, ancora convinto che il piano stesse andando avanti. Ciò che seguì fu abbastanza assurdo. Calipari ricevette una telefonata da Kobe Bryant che gli disse che voleva allontanarsi dai genitori, che il New Jersey era troppo vicino a Philadelphia e che aveva bisogno di spazio. Nash ricevette una telefonata da Tellem che creò – nelle parole di Nash – «una storiella senza senso a proposito di Kobe che non andava d'accordo coi genitori e voleva andare a ovest». Calipari poi ricevette una telefonata da Tellem che era seduto accanto a uno dei suoi clienti, l'ala dei Nets Kendall Gill. «Ascoltai tutto» ricordò poi Gill. «Cal disse ad Arn Tellem che i Nets volevano prendere Kobe. E Arn gli disse – e sono esattamente le sue parole – 'John, giuro su Dio, se lo prendi ci tireremo indietro. Ho un accordo già in essere fra gli Hornet e i Lakers e farete meglio a non mettervi in mezzo, o la pagherete'».

Un Calipari livido e uno sfinito Nash si incontrarono nel corridoio dell'ufficio e l'allenatore trentasettenne chiese al dirigente quarantottenne che cosa pensasse di tutta la vicenda. «Dammi un'ora» rispose Nash. «Qui c'è sotto qualcosa». Subito dopo chiamò Bob Bass, il general manager degli Hornets, che detenevano la tredicesima scelta al draft. Anche prima che Calipari lo informasse della conversazione con Tellem, Nash aveva sentito le voci secondo cui Charlotte e Los Angeles stavano organizzando qualcosa di grosso. «Bob» chiese Nash, «hai un accordo con i Lakers?»

Bass cominciò a dire *oh* e *ah*, *ah* e *oh*. Parlò molto senza dire nulla.

«In quel momento mi fu ben chiaro che stavano complottando alle nostre spalle» disse Nash.

Mentre si svolgeva tutto questo Calipari ricevette una chiamata da David Falk, l'agente che rappresentava Kerry Kittles, guardia All-American di Villanova. Dato che aveva trascorso la sua carriera universitaria a un tiro di schioppo, Kittles ci teneva molto a finire in New Jersey. Per questo Falk, che notoriamente era tenace come un bulldog, disse a Calipari che se i Nets non prendevano il suo cliente nessun altro giocatore da lui rappresentato avrebbe mai preso in considerazione l'idea di giocare per la sua squadra.

«Insomma, John si precipita nel mio ufficio e mi riferisce queste cose» ricordò Nash. «Io risposi: 'John, andiamo. Non crederai a queste stronzate, vero? È tutta una montatura. La famiglia, gli agenti. Sono tutte stronzate, credimi'».

Calipari non gli credette. Non aveva ancora molta esperienza nel basket professionistico. Non aveva ancora molta esperienza nel basket in generale. Il suo unico incarico precedente come capo allenatore era stato alla UMass e prima di allora era stato assistente alla Kansas University e a Pittsburgh. Non aveva ancora allenato una squadra di professionisti e conosceva a malapena i nomi dei giocatori del roster di New Jersey. La minaccia di Falk lo aveva terrorizzato. E comunque Calipari non era mai stato convinto al cento per cento di scegliere Bryant al draft. Aveva preso in consegna una squadra che aveva chiuso la stagione precedente con trenta vittorie e cinquantadue sconfitte, e c'era molta pressione per un giovane allenatore che aveva fama di risolvere le cose in fretta. I Nets gli pagavano uno stipendio di tre milioni all'anno e il suo ruolo comprendeva l'ultima parola su ogni decisione relativa al campo. «Non vinceremo con un ragazzino del liceo» disse a Nash. «Lo sai, vero?»

«John» rispose Nash. «Hai un contratto garantito per cinque anni. Lo sanno tutti che è un processo di costruzione».

Due ore prima dell'inizio del draft, Nash accettò di vedere se i Nets potevano scendere di qualche posizione nella scelta. In quel modo la squadra avrebbe forse guadagnato una scelta in più e magari si sarebbe aggiudicata Bryant un po' più tardi. Chiamò una serie di squadre per organizzare lo scambio, ma nessuna accettò. Alle diciotto e trenta Nash e Calipari si incontrarono con il gruppo dei proprietari della squadra al ristorante del palazzetto.

Si sedettero a tavola. Furono servite delle bistecche, accompagnate da bottiglie di vino. C'erano stati molti passi indietro e molte fughe in avanti, ma Nash era complessivamente soddisfatto. Era abbastanza sicuro di come sarebbero andate le prime sette scelte, e che New Jersey si sarebbe aggiudicato Kobe Bryant senza tante scene. Sarebbe stata la prima volta in assoluto in cui i Nets avrebbero scelto un giocatore appena uscito dal liceo e ci sarebbe stato un po' di clamore, ma i media avrebbero adorato il ragazzo fin dalla conferenza stampa di presentazione. Era posato, saggio e sveglio, molto più dei ragazzi della sua età. E poi c'era la storia del papà che aveva giocato in NBA su cui fare leva. Era fantastico. No, meglio che fantastico. Era...

«Ho un annuncio da fare!»

Cazzo.

Calipari si alzò in piedi. Tutti smisero di parlare. «Se Kerry Kittles è ancora disponibile sceglieremo lui. E se no prenderemo Kobe Bryant».

Il cuore di Nash mancò un colpo. Kittles era un giocatore molto solido, che avrebbe raggiunto una media di 14,1 punti a partita per otto stagioni in NBA. Era bravo ma non sarebbe mai stato un grande, era costante ma non sarebbe mai stato spettacolare. Anzi, Kittles e Bryant avevano fatto qualche partitella insieme un paio di volte alla Saint Joseph's University, e la stella di Villanova era rimasta impressionata. «Kobe era favoloso» disse Kittles più tardi. «Se dovessi decidere io, probabilmente sceglierei lui invece di me».

Ripensandoci più tardi, Nash riconobbe che tutte le forze del male dell'NBA avevano cospirato contro di lui. Calipari era un allenatore giovane, ingenuo e facilmente manipolabile, che non sapeva di cosa stesse parlando. Falk voleva che il suo cliente fosse felice. I proprietari di New Jersey non volevano fare da babysitter a un ragazzino. Kobe Bryant voleva vendere sneaker e Arn Tellem (attraverso Sonny Vaccaro) pensava che il posto migliore per farlo fosse Los Angeles. I Charlotte Hornets volevano accaparrarsi un centro in piena forma e i Lakers volevano accaparrarsi la migliore promessa che i loro scout avessero mai visto. «Non riesco ancora a credere che Cal si sia lasciato mettere i piedi in testa da un ragazzino del liceo» disse più tardi Jayson Williams, l'ala grande dei Nets. «Voglio dire, Cal stesso era un po' prepotente. E invece si è lasciato portare via uno dei cinque migliori giocatori della storia dell'NBA per qualche minaccia? Be', fu piuttosto debole. Maledettamente debole».

Poco dopo l'arrivo di Kittles a New Jersey («Ero entusiasta!» dichiarò anni dopo), West telefonò a Bass, il general manager degli Hornets. Se tutto andava secondo i piani e i Mavs, i Pacers, i Warriors e i Cavaliers non sceglievano il fenomeno del liceo, gli Hornets lo avrebbero preso con la tredicesima scelta e poi lo avrebbero ceduto a Los Angeles in cambio di Vlade Divac, che aveva raggiunto una media di 12,9 punti e 8,6 rimbalzi a partita nella stagione 1995-96. A soli ventotto anni restava uno dei migliori centri dell'NBA («Gli avevamo offerto Elden Campbell» disse Harris, «ma alla fine abbiamo dovuto cedere Vlade»).

West aspettò.

E aspettò.

E aspettò.

«Non avrei potuto essere più nervoso» disse più tardi. «Ci stavamo giocando molto».

Quando, con la dodicesima scelta, Cleveland prese il centro della Wright State Vitaly Potapenko, West lanciò un grido di giubilo. Compose il numero di Bass.

«Bob, abbiamo un accordo?» chiese.

«Certo che ce l'abbiamo» rispose Bass.

West chiamò immediatamente Jerry Buss. «Che tu ci creda o

no» si vantò, «credo che ti sia accaparrato il giocatore migliore del draft».

Quella sera, al termine della selezione finale, Nash fu avvicinato da Rod Thorn, l'executive vice president of basketball operations dell'NBA. «Pensavo proprio che avreste preso Kobe Bryant» disse. «Lo pensava anche Jerry West».

Nash riuscì a malapena a nascondere il dolore.

«Lo pensavo anch'io» rispose trascinandosi verso l'uscita. «Cazzo, lo pensavo anch'io».

3
Kazaam!

L'11 febbraio 1995 Paul Michael Glaser incontrò Shaquille O'Neal.

Il cinema non sarebbe più stato lo stesso.

Famoso soprattutto per la sua interpretazione del detective Dave Starsky nella serie tv di successo degli anni Settanta *Starsky e Hutch*, Glaser era a Phoenix per assistere insieme al figlio Jake all'All-Star Game dell'NBA, che si sarebbe svolto il giorno successivo. L'incontro fra l'attore e l'atleta avvenne in un ristorante vicino all'America West Arena, e fu organizzato da un comune amico che sapeva quanto O'Neal desiderasse ottenere una certa credibilità a Hollywood e quanto Glaser volesse far divertire il figlio.

Dopo una stretta di mano e uno scambio di convenevoli, l'attore alto un metro e ottanta, che stava passando dietro la macchina da presa, alzò gli occhi su O'Neal e disse senza mezzi termini: «A me sembri un genio della lampada».

Ed è così che cominciò la dinastia dei Lakers negli anni Novanta.

Più o meno.

Un anno prima O'Neal aveva fatto il suo debutto cinematografico, interpretando Neon nel film sul basket *Basta vincere (Blue Chips)*, il cui protagonista era Nick Nolte. Il film non era né particolarmente bello né particolarmente brutto e la prova di O'Neal (che senza doversi sforzare troppo aveva interpretato uno strapagato giocatore di basket) era interessante più o meno come una lampada da scrivania. Glaser però vide qualcosa di speciale in quell'omone dotato di prestanza fisica e di un sorriso abbagliante. In realtà, già da qualche mese era alla disperata ricerca di qualcosa di speciale, fin da quando la moglie Elizabeth era entrata nelle ultime fasi della sua battaglia contro l'AIDS durata tredici anni. La vita di Glaser era stata un susseguirsi di tragedie: Elizabeth aveva contratto l'HIV per una trasfusione di sangue al momento del parto. Il virus era passato alla figlioletta Ariel, che era morta sette anni dopo. Jake era nato nel 1984 e anche lui aveva contratto l'HIV da Elizabeth durante la gestazione.

«Paul aveva tante ombre» disse lo sceneggiatore Roger Soffer. «Stava cercando qualcosa di luminoso».

Shaquille O'Neal era luminoso. E spavaldo. E potente. E perfetto. Nonostante l'enorme stazza e il cipiglio minaccioso che sfoderava in campo, faceva venire voglia di abbracciarlo come un orsacchiotto gigante di FAO Schwarz. Durante gli ultimi giorni dell'agonia della moglie (che era morta nel dicembre del 1994), Glaser era stato rapito da un'idea che continuava a girargli in testa, una storia che parlava di un immaginario genio hip-hop vecchio di tremila anni e di un ragazzino. Era diventata quasi un'ossessione, un'ode alla gioia della giovinezza, all'estasi di una vita vissuta al massimo, al potere della bontà, dell'amore, della compassione e della felicità eterna. Glaser non voleva soltanto creare quel film. Ne aveva bisogno.

E quindi, poco tempo dopo, O'Neal si ritrovò scritturato per la parte del protagonista da cui il film prendeva il nome – *Kazaam, Il gigante rap* – un pezzo di cinema ben intenzionato e ricco di messaggi motivazionali... al cui confronto *Ishtar* sembrava *Casablanca.*

Kazaam fu un coacervo di disastri. I due autori della sceneggiatura, Soffer e Christian Ford, ricevettero un programma per le riprese con partenza immediata prima ancora di scrivere una sola riga (Ford ricordò poi: «Mi sveglio un sabato mattina alle sei e mi trovo fuori dalla finestra il maledetto Starsky che grida 'Sveglia! È ora di mettersi al lavoro!'»). Glaser era un candelotto di dinamite ambulante che passava le giornate sul set allestito a Los Angeles a ridere e gridare, oppure a piangere. A un certo punto era stato licenziato dallo studio, poi riassunto, poi rilicenziato e poi riassunto. «Era un periodo della mia vita in cui... non c'ero tanto con la testa, capite?» disse Glaser anni dopo. «Voglio dire, portavo avanti il lavoro meglio che potevo. Ma mio figlio aveva appena perso la madre, io avevo appena perso la moglie. E quindi facevo quello che potevo per non annegare».

Francis Capra, il dodicenne che faceva da spalla a O'Neal nella parte di Max, aveva rifiutato una parte accanto a Robin Williams in *Jack* per poterci essere, e poi una mattina sul set prese fuoco accidentalmente prima dell'inizio delle riprese. O'Neal dovette cantare versi rap come questi: «My name is Kazaam / I've got the whole plan / So listen to the man / 'Cause I'm the Sultan of Slam».[5] In una giornata particolarmente brutta James Acheson, l'attore che doveva interpretare Nick, annunciò: «Al diavolo queste stronzate!», abbandonò il set e percorse nove miglia a piedi fino al Los Angeles International Airport. «Divenne tutto veramente assurdo» ricordò Ally Walker, che interpretava la madre di Capra. «Ve-ra-men-te assurdo».

Se anche il progetto era destinato al fallimento, qualcuno dimenticò di avvertire Shaquille O'Neal. Fra ostacoli e incidenti, urla e strepiti, la star del film si divertì un mondo. La Interscope gli aveva dato 7 milioni di dollari per impersonare un genio in pigiama e gli aveva concesso la libertà di movimento per partecipare agli allenamenti della pausa estiva. Sul set era radioso. Regalava sneaker, magliette e cd agli attori e ai collaboratori del film, e spesso dopo la fine delle riprese andava a casa di Capra per mangiare pollo fritto e giocare a *Tekken* sulla PlayStation1. La moglie di Soffer, Martha, in quel periodo era incinta e un giorno O'Neal prese un pennarello e le disegnò un pallone da basket a grandezza naturale sulla pancia. «Era come avere il tuo fratellino al lavoro» disse la Walker. «Era simpatico ed entusiasta, anche se stavamo facendo un film piuttosto brutto».

Kazaam uscì nei cinema nell'estate del 1996 e i risultati non fu-

5 «Mi chiamo Kazaam / ho un piano perfetto / e quindi ascoltami / perché sono il Sultano dello Slam». [N.d.T.]

rono grandiosi. Incassò 18,9 milioni di dollari e Barry McIlheney dell'*Empire Magazine* parlò per tutti quando scrisse che il film era «Semplicemente tremendo. Non si salva niente, a meno che non vi piacciano gli omoni vestiti da genio della lampada».

Eppure... a O'Neal non importava. Si era goduto l'eccitazione, i costumi, gli effetti speciali. Si era goduto il red carpet alla prima di Hollywood. Vedersi sui manifesti era il suo più grande sogno di bambino diventato realtà. «È stato fantastico, tutto quanto» disse anni dopo. «Adoravo Los Angeles, anzi ci avevo vissuto al primo anno di università. Durante la pausa estiva L.A. era il posto dove andare per il marketing, la pubblicità. E c'erano tutti. Ho visto Eddie Murphy entrare in un ristorante vestito di pelle da capo a piedi. Di pelle nera, cazzo. Stando a Los Angeles si impara come essere una superstar. Vedevo le star a L.A. e pensavo: è questo che voglio!»

Insomma, i riflettori amavano Shaquille O'Neal quanto Shaquille O'Neal amava i riflettori.

E i riflettori erano nella California del Sud.

Era così che la vedeva Leonard Armato, agente di O'Neal con ufficio a Hollywood, e non c'era molto da discutere. Aveva avuto l'illuminazione – 'devo fare in modo che il mio cliente diventi un fenomeno globale che stia al livello degli altri fenomeni globali' – già nella primavera del 1992, poco dopo che O'Neal aveva chiuso il suo terzo anno a Louisiana State e aveva deciso di entrare nel draft della NBA. A quei tempi O'Neal era salutato come il più potente centro nel basket universitario dai tempi di Kareem Abdul-Jabbar, una forza rapida, potente e inarrestabile che viaggiava a una media di 24,1 punti e 14 rimbalzi a partita per i Tigers. Le schiacciate di O'Neal finivano negli highlight di ESPN tutte le sere. «Era il giocatore più unico che avessi mai visto» disse Dale Brown, l'allenatore della LSU. «Sapeva fare un sacco di cose sorprendenti».

Nonostante il canto delle sirene di decine di agenti che gli promettevano ogni sorta di ricchezze, O'Neal aveva scelto Armato per la sua integrità e la sua reputazione impeccabile. Per tutta la sua carriera universitaria Armato aveva assistito a qualche partita, ma soltanto per farsi vedere e ribadire il suo interesse per il futuro. Non c'erano stati pagamenti sottobanco, complimenti adulatori, falsa sincerità. «Dissi ai suoi genitori che ero sempre disponibile per dare consigli, ma che non potevano darmi nulla di valore in cambio» raccontò Armato. La decisione di O'Neal fu presa la mattina del 30 novembre 1991, poco prima della partita fra LSU e UNLV a Las Vegas. Armato era in città per veder giocare quello che sperava sarebbe diventato il suo futuro cliente e mentre si sedeva sul letto della camera al Mandalay Bay, vide un biglietto spuntare da sotto la porta. Ricordò poi: «Lo aprii e sorrisi». Il biglietto diceva: «Ciao. Per favore non dire a nessuno che ti ho scritto questa lettera, ma dopo il terzo anno voglio andare nell'NBA e voglio che sia tu il mio agente. Però sul serio, non dirlo a nessuno».

Armato aveva le vertigini. Con l'approssimarsi del draft decise di sviluppare un piano iper specifico, su misura per l'ultimo cliente acquisito. Per la maggior parte delle persone il testimonial di prodotti sportivi più grande di sempre era Michael Jordan, la guardia dei Chicago Bulls che guadagnava milioni su milioni ogni anno in sponsorizzazioni da aziende che andavano da Nike a McDonald's. Armato ammirava il lavoro fatto da David Falk, l'agente di Jordan. Ma ci vedeva anche un piccolo difetto. «Jordan era il re e faceva un sacco di soldi» disse Armato. «Ma non possedeva nulla. Non aveva nulla di suo. Quindi dissi a Shaq 'Facciamo di te un marchio di cui avrai la proprietà intellettuale, così ciò che farai sarà tuo e potrai spaziare nell'intrattenimento, nello sport, nella tecnologia'».

Il 24 giugno del 1992 gli Orlando Magic usarono la prima scelta in assoluto per scegliere O'Neal e lui nelle prime quattro stagioni superò ogni aspettativa. Fu selezionato quattro volte per l'All-Star Game e realizzò una media di 27,2 punti, 12,5 rimbalzi e 2,8 stoppate a partita. In una lega piena di lunghi dominanti (Patrick Ewing, David Robinson, Hakeem Olajuwon, Alonzo Mourning, Dikembe Mutombo), O'Neal emerse come un re. «Quando andava a schiacciare mi ricordava un albero di Natale, con i difensori che gli pendevano addosso come decorazioni» commentò Greg Kite, il centro di riserva di Orlando. «Oppure erano come birilli del bowling e lui era un'enorme palla da centotrentacinque chili. Non avevo mai visto niente del genere». All'arrivo di O'Neal, i Magic esistevano solo da tre anni e non avevano mai avuto una stagione davvero di successo. La situazione cambiò all'istante: con lui al centro, la squadra vinse quarantuno, poi cinquanta, poi cinquantasette e infine sessanta partite, arrivando alle Finals del 1995. Ancora meglio, O'Neal era il sogno di ogni esperto di pubbliche relazioni. I Magic lo piazzarono in prima fila in tutte le campagne di marketing, gli fecero fare un'infinita serie di apparizioni e discorsi. Il suo soprannome – Shaq – valeva milioni, ma l'immensa allegria che accompagnava la parola era inestimabile. Nella stagione 1991-92 la brutta divisa a righine bianche e nere di Orlando era più o meno a metà classifica nelle vendite totali dell'NBA. All'arrivo di Shaq diventò splendida, seconda nelle vendite soltanto a quella nera e rossa dei Bulls resa famosa da Jordan. «Viaggiare con la nostra squadra diventò come viaggiare con i Beatles» disse Alex Martins, il direttore delle pubbliche relazioni dei Magic. «A prescindere dall'orario, quando andavamo in trasferta trovavamo centinaia di persone ad aspettarci fuori dagli alberghi. Si usa spesso il modo di dire 'larger than life', più grande della vita stessa, ma in questo caso era letteralmente vero».

O'Neal adorava tutto questo. Lui e Dennis Tracey, amico e compagno di università, vivevano in una tenuta sul lago da tremila metri quadri a Isleworth e quando non giocava a basket e non passava il tempo coi vicini (fra cui Tiger Woods e Ken Griffey Jr.) lo si poteva trovare nella sua piscina, o su una moto d'acqua, o in un locale notturno, oppure nello studio di registrazione del suo album di debutto nell'hip hop, *Shaq Diesel*, pubblicato nel 1993 dalla Jive Records. «Ricordo che ricevevo telefonate dai suoi vicini che mi dicevano di chiedergli di abbassare il volume» dice Selena Roberts, giornalista dell'*Orlando Sentinel*. «Io chiedevo se volevano sporgere un reclamo ma loro rispondevano sempre 'No, tutti gli vogliono bene qui intorno'».

Intanto il piano di marketing di Armato stava comiciando a fruttare. O'Neal firmò un contratto da 20 milioni di dollari per le sneaker della Reebok, e un altro accordo multimilionario per promuovere la Pepsi. Nel frattempo manteneva i diritti su quello che chiamava il 'Dunkman logo', una sagoma di Shaq appeso a un canestro piegato. «Ogni volta che Shaq compariva in una pubblicità l'azienda doveva usare uno dei loghi che avevamo creato» disse Armato. «E questo lo rese molto ricco».

Col passare degli anni, però, il fascino di Orlando – una città in mezzo al nulla, priva di attrattive, che ospitava soltanto Disney World e 12.471 centri commerciali – cominciò a svanire. «Non c'era niente da fare» disse Susan Slusser, giornalista specializzata dell'*Orlando Sentinel.* «Niente di niente». La stagione dopo l'arrivo di O'Neal, i Magic presero un playmaker esordiente di nome Anfernee 'Penny' Hardaway da Memphis State e per quanto lui e Shaq formassero una delle migliori coppie dell'NBA, cominciarono a esserci frizioni sempre peggiori su chi dovesse condurre lo show. Era una conseguenza della legge del 'pesce grosso in un piccolo stagno', nel quale i media avevano poco da pescare e si avventavano su qualsiasi dramma riuscissero a trovare. «Shaq non tollerava che l'attenzione si spostasse su un giocatore bravo quanto lui, o magari di più» disse Brian Schmitz, giornalista del *Sentinel.* «Anche se Penny era un tipo tranquillo, aveva molto talento e Shaq non lo sopportava».

Più tempo la famiglia di O'Neal, che viveva in New Jersey, passava a Orlando, meno la stella dei Magic sembrava apprezzare la città. I riflettori erano fiochi. L'esposizione ai media era limitata. Il rapido collegamento aereo con il New Jersey portava un flusso ininterrotto di parenti, e cioè un flusso ininterrotto di persone che chiedevano favori e attenzione. C'erano zie, zii, cugini primi, cugini di secondo, terzo e quarto grado, non-cugini che fingevano di esserlo. «Tutti volevano qualcosa» disse Tracey. «Non sto dicendo che Shaq avesse sempre voluto andarsene a Los Angeles, ma il trasferimento divenne interessante. Arriva un momento, quando l'ennesima persona si aspetta di ricevere dei soldi da te, in cui cominci a pensare *Ne ho abbastanza*».

Era musica per le orecchie di Armato, che – fin dal giorno in cui O'Neal si era presentato al draft dell'NBA – voleva il suo cliente stellare più vicino a Disneyland che a Disney World. «Leonard Armato gli faceva costantemente il lavaggio del cervello» disse Tracey. «Ogni anno 'L.A., L.A.,L.A.' Era come quando sei un bambino e tua madre continua a ripeterti quanto è cattivo il papà e quanto vuoi stare con lei. Alla fine cominci a crederci. Era sempre 'Shaq, vieni a L.A.'»

Ai tempi del draft del 1992, O'Neal e Tracey erano a casa dell'agente a Brentwood, in California, quando era stato stabilito l'ordine di scelta. Le squadre in lizza erano tre – Orlando, Minnesota e Charlotte – e quando i Timberwolves erano stati estratti per terzi O'Neal e Tracey avevano esultato. «Sì!» aveva gridato Tracey. «Non andremo a congelarci le palle!» O'Neal aveva detto che gli sarebbero andate bene sia Orlando che Charlotte, e Armato aveva risposto: «Non preoccuparti, alla fine ti porteremo a Los Angeles».

Cosa?

«Shaq» gli aveva detto l'agente. «Tu devi stare a Hollywood. Sei una star».

Adesso, sulla scia dell'esperienza di *Kazaam*, O'Neal cominciava a prendere in considerazione i discorsi di Armato. Ma c'era di più delle luci della ribalta e del fatto che Armato diceva 'Hollywood' ogni poche (*Hollywood*) parole quando (*Hollywood*) parlava con (*Hollywood*) lui. Nell'estate del 1996, nell'accordo collettivo della Lega non esisteva un tetto massimo per le provvigioni dei giocatori e questo significava che, nonostante ci fosse un tetto salariale di 24,3 milioni di dollari, una squadra poteva spendere ciò che voleva per tenersi un giocatore.Visto che, oltre a essere un free agent, era anche il giocatori più dominante dell'intera NBA sul piano fisico, O'Neal (logicamente) pensava che Orlando avrebbe fatto tutto ciò che era in suo potere per riportarlo indietro. Dopotutto la squadra era giovane, esaltante, costruita per diventare una potenza stabile nella Eastern Conference. Oltre a O'Neal e Hardaway poteva vantare uno dei tre migliori tiratori da tre punti disponibili (Dennis Scott), una pericolosa guardia tiratrice (Nick Anderson), un'ala grande con tre anelli vinti a Chicago (Horace Grant) e una panchina lunga e di buon livello. Certo, i Magic erano stati asfaltati dai Bulls alle finali della Eastern Conference del 1996, ma quella era la dinastia di Jordan, Scottie Pippen e Dennis Rodman. Non c'era da vergognarsi di quella sconfitta e Orlando era in ottima posizione per diventare una squadra d'élite nel decennio successivo. «Eravamo a tanto così dal realizzare qualcosa di fantastico» disse Scott, il migliore amico di O'Neal nella squadra. «In base al talento, all'età, ai soldi, gli Orlando Magic avrebbero dovuto dominare l'NBA per il decennio successivo».

Tutto quello che la squadra doveva fare era pagare a Shaquille O'Neal quello che si meritava.

Non era una proposta complicata. Anche se si potrebbe discutere dei vantaggi di scaricare una valanga di soldi su, diciamo, una guardia tiratrice di un metro e novantatré che segna una media di 18 punti a partita, o un robusto centro capace di buone stoppate ma poco agile in post, c'era un unico Shaq, e lui valeva qualsiasi prezzo.

Per questo quando Orlando fece un'offerta iniziale di 54 milioni di dollari per quattro anni, O'Neal e compagnia si misero a ridere e a piangere contemporaneamente. «La proprietà era così ingenua da far star male» disse Schmitz. «Non riuscivano a concepire l'idea di dare 100 milioni di dollari a un ragazzo di ventiquattro anni». Quell'offerta era ridicola. Prima di tutto perché nel 1996 non era una cifra poi così alta per una superstar che stava per raggiungere l'apice della sua carriera. E in secondo luogo perché sia Alonzo Mourning dei Miami Heat che Juwan Howard dei Washington Bullets stavano per ricevere offerte da sette anni e 105 milioni di dollari dalle rispettive squadre. Erano giocatori eccellenti: Mourning sarebbe poi entrato nella Hall of Fame ed era uno dei migliori cinque centri della Lega, Howard aveva ottime percentuali in post e un buon repertorio di movenze, oltre ad aver appena giocato un All Star Game. Ma nessuno di loro era al livello di O'Neal. «Ascoltai le prime fasi della trattativa con i Magic e trattavano Shaq come un qualsiasi free agent, non un talento generazionale» disse Joel Corry, l'assistente di Armato. «Ricordo di aver pensato *Ma non ci arrivano? Non capiscono la magnificenza di questo giocatore?*» Durante una di quelle conversazioni John Gabriel, il general manager di Orlando, insultò ripetutamente le abilità di O'Neal in difesa e nei rimbalzi. «Era assurdo» disse Corry. «Non ti rendi conto di quello che hai? Non capisci quanto è bravo

Shaquille O'Neal? Si comportavano come se fosse un ricevitore secondario di una squadra di football».

Appena chiusa la conversazione, Corry si rivolse a un collega e commentò: «Ma lo vogliono oppure no?»

Era una buona domanda.

Orlando era una squadra gestita in modo bizzarro: sottolineava i valori della famiglia e della comunità, ma spesso aveva uno strano modo di dimostrarlo. «Possiamo metterla così» disse Tracey. «Gli Orlando Magic non distinguevano il proprio buco del culo da un buco nel muro». Il proprietario della squadra, Rich DeVos, era il multimiliardario co-fondatore della Amway, un'azienda che sposava gli ideali del fondamentalismo cristiano ma veniva accusata di gestire una truffa con schema piramidale. DeVos credeva molto nella lealtà. Sentiva che i dipendenti dovevano lealtà assoluta all'azienda, e che i giocatori dovevano essere fedeli alla squadra, senza ombra di dubbio.

Mettere in pratica quegli ideali era però complicato. All'inizio di aprile O'Neal aveva lasciato i Magic per alcuni giorni dopo che la nonna, Odessa Chambliss, era morta di cancro. Per lui era stato un grave trauma. Chambliss era una donna timorata di Dio che aveva contribuito ad allevare il piccolo Shaquille. Dopo aver firmato il suo primo contratto da professionista O'Neal le aveva costruito una grande casa a Newark, in New Jersey. Quando venne a sapere che era morta, «andai al piano di sotto e piansi da solo per tre ore» ricordò O'Neal. «Non avevo mai perso una persona cara. Piansi e piansi».

Il funerale si tenne di giovedì e i Magic dovevano giocare la domenica successiva. O'Neal non chiamò per specificare il momento preciso del suo rientro e la dirigenza si scatenò, accusandolo di essere immaturo e inaffidabile. «Da quel momento mi passò la voglia di giocare per i Magic» ricordò poi O'Neal. «Completamente».

Riuscì a passare oltre, ma gli restò il segno. E c'era anche la sensazione diffusa fra i giocatori che la squadra fosse un po', be', razzista. Oppure se non proprio razzista, incurante del problema del razzismo. La dirigenza era tutta bianca. I componenti dello staff erano tutti bianchi (a parte Tree Rollins, giocatore-allenatore nella stagione 1994-95). I tifosi erano al novantanove per cento bianchi. Anche se è famosa per lo spirito scintillante del Magic Kingdom, Orlando è un angolo di America piuttosto conservatore, dove la parola con la N (almeno a metà degli anni Novanta) veniva usata un po' troppo liberamente. Nella squadra non si accusavano apertamente DeVos e la sua famiglia di estremismo, ma negli spogliatoi se ne era parlato più di una volta. C'era un'aria di 'noi quassù e loro laggiù', come se quegli omoni neri con un certo talento atletico dovessero considerarsi fortunati per essere stati scelti dalla banda di DeVos.

O'Neal lo sentiva.

E quindi, quando i Magic offrirono cinquantaquattro miseri milioni, non la considerò semplicemente come la mossa di apertura delle contrattazioni. No, per O'Neal, Armato, Tracey e tutto il clan di Shaq, era uno sforzo per rimettere al suo posto una superstar. Peggio ancora, i Magic spiegarono l'esitazione a ricoprirlo di soldi dicendo che l'anno successivo Hardaway sarebbe diventato free agent e che i Magic avevano bisogno di lui. Secondo O'Neal, Gabriel gli disse letteralmente: «Non possiamo darti più soldi che a Penny. Non vogliamo turbarlo».

«A quelle parole, me ne andai» ricordò O'Neal. «Dentro ero furioso. Mi sono detto: *Non ho tempo da perdere con questa gente. Si preoccupano di ferire i sentimenti di Penny?*» (Anni dopo, Gabriel disse che aveva sempre sospettato che O'Neal avesse usato il riferimento ad Hardaway come scusa per andarsene. «Dovevamo dividere la torta fra due superstar che avrebbero chiesto cento milioni. Shaquille non voleva sentirne parlare. Ma era molto più complicato di quello che ha fatto credere alla gente»).

Anche se Armato puntava alla California, chiese a O'Neal di elencare le squadre per le quali avrebbe voluto giocare. Ce n'erano cinque: i Lakers, i Knicks, i Pistons, gli Heat e gli Hawks.[6] La preferita era Los Angeles. Il 30 maggio 1996 O'Neal fu visto pranzare con la guardia dei Lakers Nick Van Exel sulla Sunset

6 Stranamente Atlanta gli interessava per la presenza della guardia Mookie Blaylock e dell'ala Christian Laettner: O'Neal considerava entrambi (a torto) dei giocatori fondamentali.

Strip e due settimane più tardi fece un giro a Rodeo Drive, dove il pubblico sbalordì nel vedere un cliente alto più di due metri. L'*Orlando Sentinel* sentì parlare delle gite in California della superstar e uscì con il titolo DITECI CHE NON È VERO! SHAQ FA SHOPPING IN RODEO DRIVE, OHI CHE DOLORE. Nello stesso periodo O'Neal cominciò a cercare casa, il primo segnale concreto che i Lakers potevano aspettarsi di accaparrarselo. I media non ne parlarono ma Jeanie Buss, la figlia del proprietario della squadra Jerry Buss, stava vendendo la proprietà di Manhattan Beach. «Shaq venne a vederla» ricordò Jeanie. «Credo non sapesse neanche che era casa mia, io non c'ero, in quel momento. Però pensai *Oh mio Dio deve essere un segno!*»

Negli uffici di Orlando i dirigenti furono presi dal panico. Non gli era mai passato per l'anticamera del cervello che O'Neal se ne potesse andare sul serio. I Magic avevano scelto Shaq al draft, lo avevano cresciuto e avevano costruito un prodotto di qualità intorno a lui. La squadra non gli doveva niente. Era lui che doveva tutto alla squadra. Era così che la pensavano a Orlando, una squadra che prima di O'Neal non aveva mai avuto una stella di prima grandezza da coccolare, curare e ammansire[7]. DeVos possedeva la squadra, ma sembrava che credesse di possedere anche i giocatori. «Non ci arrivava proprio» disse Dennis Scott. «Qualcuno avrebbe dovuto dirgli 'Hai fatto i soldi vendendo sapone e detersivo per i piatti, ma questo è il basket professionistico e lui è un talento unico e non ha ancora raggiunto il suo massimo. *Pagalo*'». Dal punto di vista degli Orlando Magic, forse l'offerta iniziale era un po' bassa, ma era così che andavano le negoziazioni. *Offerta, controfferta, un'altra offerta, un'altra controfferta.* Brian Hill, il capo allenatore dei Magic, aveva avvertito i proprietari che Armato insisteva con il suo cliente perché entrasse nel grande mercato di Hollywood, splendido e multimediale, ma era come una voce che gridava nel deserto.

Se glielo chiedevano, O'Neal rispondeva che era disposto anche a restare a Orlando. Ma in realtà non lo era, a meno che la squadra

7 Le mie scuse a Mark Acres e Morlon Wiley.

gli offrisse una quantità di denaro astronomica. Ufficialmente diventò free agent il 9 luglio 1996 e i Lakers non persero tempo. Gli offrirono un contratto di sette anni a 95,5 milioni di dollari, con una clausola di uscita dopo il terzo anno.

I Magic – minacciati, sbalorditi, in preda al panico, presi in contropiede – risposero con un'offerta da cento milioni, una mossa patetica che fece infuriare la star. Fallita quella, DeVos cercò di raddrizzare la barra offrendo 115 milioni di dollari per sette anni. Jerry West, l'executive vice president dei Lakers, fu preso dallo sconforto all'idea che le quotazioni della sua squadra fossero improvvisamente scese. Quando Los Angeles aveva accettato di mandare Vlade Divac a Charlotte nello scambio con Kobe Bryant, aveva pensato che O'Neal avrebbe sostituito il serbo al centro dell'attacco dei Lakers. Già, probabilmente era stato troppo ottimista. Ma West mirava alto e credeva nel potere del viola e oro. Adesso però, con i Magic che si erano uniti al gioco di lanciare cifre spropositate verso un lungo, Los Angeles sembrava meno inevitabile.

E poi, accadde.

La mattina del 16 luglio 1996 i lettori dell'*Orlando Sentinel,* il quotidiano di riferimento della città, trovarono in prima pagina una domanda da sondaggio: SHAQUILLE O'NEAL VALE 115 MILIONI PER 7 STAGIONI? Quella frase poco creativa («Da dilettanti» disse Brian Schmitz, «non c'è altro da dire») era un parto di Lynn Hoppes, giornalista che voleva coinvolgere i lettori nel dibattito sempre più acceso che si stava diffondendo nella Florida centrale. Nel mondo dei sondaggi pre-internet, i consumatori dovevano chiamare il numero 420-5022 per votare sì e il 420-5044 per votare no.

Alla chiusura del voto il 91,3% di 5.111 partecipanti aveva votato no: Shaquille O'Neal non meritava centoquindici milioni per sette anni. L'intera operazione era madornale, disonesta e di infimo livello. Non c'era il minimo contesto. Shaquille O'Neal valeva centoquindici milioni per sette anni? Certo che no, perché nessun essere umano sul pianeta vale centoquindici milioni per sette anni. Né Pamela Anderson, né Bill Clinton, né Stanley Herz, il miglior recruiter americano. Erano cifre assurde, e perfino O'Neal e Armato lo ammettevano (in privato).

Ma nel contesto della National Basket Association, dove Alonzo Mourning e Juwan Howard ne guadagnavano centocinque, Shaquille O'Neal ne valeva centoquindici? Sì, li valeva tutti.

Più tardi, quello stesso giorno, Rex Hoggard, un cronista ventisettenne del *Sentinel* assunto soltanto da un paio di mesi, ricevette l'incarico da Hoppes di scrivere un pezzo sui risultati del sondaggio. «Guardai la domanda soltanto dopo pranzo e pensai 'Oh, sarà un disastro'» ricordò Hoggard. «Era troppo negativo». In particolare, raccontò poi Hoggard, un sacco di partecipanti al sondaggio avevano lasciato messaggi razzisti nella segreteria telefonica. Roba disgustosa: *Come osa quel negro presuntuoso non essere riconoscente per tutto quello che gli abbiamo dato.* Il 17 luglio il pezzo di Hoggard, intitolato SHAQ ATTACK: IL SONDAGGIO DICE NO, uscì sul giornale. L'autore sapeva che ci sarebbero state ripercussioni. I lettori che volevano che O'Neal restasse ai Magic erano furiosi. I dirigenti dei Magic anche (Gabriel chiamò il giornale per insultare la redazione sportiva). Peggio ancora, O'Neal era fuori di sé dalla rabbia.

«Fu un brutto colpo» disse anni dopo. «Davvero brutto. Non voglio dire che mi abbia ferito, ma non mi piace essere sottovalutato».

Quell'estate O'Neal faceva parte della squadra olimpica maschile di basket degli Stati Uniti. I Giochi, che si svolsero ad Atlanta, dovevano cominciare il 19 luglio e nei giorni precedenti la squadra si era allenata a Orlando. Quando uscì il pezzo di Hoggard sul sondaggio, i compagni di squadra di O'Neal – veterani dell'NBA che sapevano quanto erano importanti i compensi – si scatenarono. In particolare Charles Barkley, ala dei Phoenix Suns e provocarore professionista, si rifiutò di trattenersi. «Mi stai prendendo in giro?» disse a O'Neal. «Tu porti la gloria a questa città di bifolchi, a questo buco schifoso, e questo è ciò che pensano di te? Vattene di lì il prima possibile. Fanculo a questi stronzi».

Piuttosto duro, ma anche piuttosto corretto.

«A un certo punto ho preso il telefono e ho chiamato John Gabriel» disse Dennis Scott. «E mi sono messo a urlare 'Che cosa diavolo stai facendo? Che cosa diavolo fanno i tuoi?' Era un delirio. Ma per quanto i Magic avessero gestito male la trattativa, quel sondaggio fu l'ultima goccia. Shaq può sopportare molte cose. Davvero. Ma quando l'intera città dice che non vale la pena... no. Era troppo. E non posso biasimarlo».

I Magic pensavano ancora di poter ammansire O'Neal. E fra l'altro lo pensava anche Jerry West, che non ci teneva affatto a passare alle seconde scelte della squadra, un eccentrico Clipper di nome Brian Williams e Dale Davis degli Indiana Pacers. Più o meno nel periodo del sondaggio del *Sentinel*, West si mise in contatto con Stu Jackson, general manager di Vancouver, e gli fece un'offerta che pensava non potesse rifiutare. In cambio di due Diet Pepsi, una gift card di Tim Horton da 25 dollari e due future scelte al draft al secondo turno[8], i Lakers gli avrebbero ceduto George Lynch e la guardia tiratrice Anthony Peeler.

Entrambi erano giocatori di talento e disciplinati, di circa venticinque anni. Entrambi avrebbero automaticamente sollevato le sorti di una squadra che l'anno precedente aveva segnato il record peggiore della Lega con quindici vittorie e sessantasette sconfitte. E dal punto di vista di West, la loro uscita gli avrebbe fatto risparmiare altri 3,63 milioni di tetto salariale da aggiungere all'offerta di O'Neal. «Erano bravi giocatori» disse West. «Non erano super giocatori ma erano bravi. Erano giocatori da NBA. Ma noi avevamo bisogno di Shaquille e quello era l'unico modo. Usare la creatività per recuperare soldi».

I Grizzlies esitarono a tirare il grilletto. Poi Del Harris chiamò Larry Riley, che era stato suo assistente allenatore a Milwaukee ed era ora il responsabile dei giocatori a Vancouver. I due si conoscevano da tempo: Riley aveva allenato due figli di Harris, Harris aveva fatto un discorso al funerale del figlio di Riley. «Ero a un telefono a gettoni a Long Beach» ricordò Harris. «Gli dissi 'Larry, non c'è storia. Tu stai cercando di creare una squadra e noi ti stiamo consegnando il sesto e l'ottavo uomo di una squadra che ha vinto cinquantatré partite. Non ti impuntare'».

Lo scambio si concluse la mattina del 16 luglio. Uno dei primi a sapere di quel possibile accordo fu Gabriel, che chiamò l'ufficio

8 In realtà non c'entravano le Diet Pepsi e la gift card. Solo le scelte al draft.

di Jackson a Vancouver sperando che le voci che aveva sentito fossero false. Gli rispose l'assistente del general manager.

GABRIEL: «Sono John Gabriel, da Orlando. C'è Stu?»
ASSISTENTE: «Mi dispiace, al momento non è disponibile».
GABRIEL: «La prego, non mi dica che è a una conferenza stampa. La prego no...»
ASSISTENTE: «Mi dispiace, John».

Le conseguenze furono drammatiche. Jackson, che cercava di creare una squadra vincente partendo da una melma informe, venne massacrato per aver tolto due giocatori dal libro paga dei Lakers, permettendo a Los Angeles di offrire (gulp) centoventi milioni. «Ma che cosa potevo fare?» disse anni dopo. «Avevo così pochi talenti. Non volevamo arrivare alle finali, dovevamo soltanto migliorare». Lynch, un professionista al terzo anno in NBA che aveva totalizzato una media di 3,8 punti e 2,8 rimbalzi come riserva, stava percorrendo in auto la 405 per tenere un campus di basket a Palos Verdes. La fidanzata lo chiamò e gli disse: «Lo sapevi che ti hanno appena scambiato?»

«Per dove?» chiese lui.

«Vancouver» rispose lei.

Lynch era furente. «Jerry avrebbe dovuto dirmelo di persona. Fu traumatico».

Con tutta la rabbia che ne seguì, la reazione peggiore fu quella dei dipendenti degli Orlando Magic, che avevano capito lo scopo della cessione di Lynch e Peeler a Vancouver. Poco dopo la conclusione dell'accordo i Magic mandarono Alex Martins, direttore delle pubbliche relazioni che aveva un ottimo rapporto con O'Neal, al Disney Institute dove la squadra olimpica si stava preparando a partire per Atlanta. DeVos aveva scritto una lettera a O'Neal e l'aveva messa in una busta con l'offerta finale della franchigia: centoquindici milioni per sette anni. Martins aveva l'incarico di consegnarla a mano. Così fece. «Lo implorai di leggerla» ricordò poi. «Lui la prese e uscì per salire sull'aereo diretto in Georgia. Onestamente non so se l'abbia aperta».

Gabriel non voleva arrendersi senza fare un ultimo tentativo. Chiamò DeVos e disse: «Dobbiamo far decollare un G4 il prima possibile!» Armato era già ad Atlanta con la fidanzata, la stella del beach volley olimpico Holly McPeak. DeVos tentennò un po' davanti a quella richiesta. Qualche ora prima aveva dichiarato a un giornalista dell'*Orlando Sentinel*: «Se stanno cercando di spremere qualche altro milione da questa storia, possono pagarli i Lakers». Era stufo marcio di quella manfrina. Alla fine però, con la sua benedizione forzata, Gabriel e Bob Vander Weide, il presidente della squadra, fecero il volo di un'ora e venticinque minuti fino al 'Peach State' e trovarono Armato sulla sabbia, in riva a un lago, in maglietta e calzoncini, che raccoglieva i palloni vaganti che la sua amata schiacciava sottorete.

Gabriel era in giacca e cravatta. Attraversò la spiaggia e disse ad Armato che i Magic avrebbero pagato centoquindici milioni a Shaquille O'Neal.

L'agente ascoltò, senza ascoltare veramente.

Era troppo tardi.

«Grazie lo stesso» gli disse Gabriel congedandosi.

«Perché dici così?» chiese Armato.

«Perché so già che è finita» disse Gabriel.

Il 17 luglio 1996, precisamente alle 2:15 del mattino, O'Neal accettò di giocare per Los Angeles per centoventi milioni in sette anni, il contratto più ricco nella storia del basket professionistico. La notizia esplose come una bomba. C'erano grossi contratti e contratti ancora più grossi. Quello era al livello di Reggie Jackson che andava ai New York Yankees e Nolan Ryan che passava agli Houston Astro. L'Associated Press rilasciò una notizia dal titolo DA KAREEM A KAZAAM. I LAKERS RIALZANO LA TESTA. Dato che l'accordo era stato chiuso il primo giorno delle Olimpiadi, O'Neal scelse di non commentare. I suoi compagni di squadra, invece, non la smettevano di chiacchierare. Penny Hardaway sentì la notizia e si nascose la faccia fra le mani. «È devastante» ammise, poi fece una pausa malinconica: probabilmente pensava alla prospettiva dei Magic con Jon Koncak al centro. «Ma dobbiamo augurargli il meglio».

Il pomeriggio successivo West e O'Neal convocarono una conferenza stampa ad Atlanta presso il tendone della Reebok, vicino al Centennial Olympic Park. Il nuovo acquisto dei Lakers sarebbe passato dal numero 32 (che era solo di Magic Johnson) al 34. I prezzi dei biglietti al Forum sarebbero aumentati un po'. Era entusiasta di giocare con Nick Van Exel ed Eddie Jones. Gli piacevano i colori viola e oro. Sorrise molto e salutò con la mano.

E... mentì.

«È stata una decisione molto, molto difficile» disse con aria convinta. «Avevo sempre detto che Orlando era la mia prima scelta, ed è stata una delle decisioni più difficili della mia vita. È stata molto dura, ma credo di aver preso la decisione giusta». Aggiunse che non era dovuta al sondaggio sul giornale (falso). O ai soldi (falso). O alla celebrità (falso). O al fatto che Orlando era noiosa (falso). Ma pensava che il sistema dinamico e veloce dei Lakers fosse più adatto alle sue qualità rispetto al sistema dei Magic che era, ehm, rapido e dinamico e che si adattava perfettamente al suo talento.

«A mio parere era tutta una frottola» disse George Diaz, l'editorialista dell'*Orlando Sentinel*. «Se ne è andato perché la California gli ha offerto qualcosa che Orlando non poteva dargli.

«Se ne è andato per la gloria».

4
Formazione

Il mito cominciò lì.

Quel giorno.

In quel momento.

Soltanto che nessuno lo sapeva.

Via via che gli anni passavano e la leggenda cresceva, diventò sempre più difficile separare la realtà dalla fantasia, i fischi dai fiaschi. È questo che succede quando consacriamo i nostri eroi con soprannomi e aspettative, attribuendogli una grandezza generalmente riservata ai grattacieli e ai canyon.

Ma lì dentro, in quello strano edificio di Long Beach, California, ne sapevamo ancora troppo poco per capire che cosa sarebbe successo dopo. Era il 18 luglio 1996, ventidue giorni dopo che i Los Angeles Lakers avevano preso al draft uno studente del liceo chiamato Kobe Bryant e una settimana dopo che la squadra lo aveva presentato ufficialmente al mondo in una conferenza stampa esuberante e stracolma di pasticcini (durante il tragitto verso l'evento, qualcuno sull'aereo chiese a Bryant se fosse un atleta. «Be', gioco per il liceo Lower Merion» rispose lui, poi si corresse in fretta. «Cioè, gioco per i Los Angeles Lakers»). Era in corso al Pyramid l'annuale NBA Fila Summer Pro League, nella struttura del Long Beach State, e per le prime tre partite l'opinione comune fu che il rookie dei Lakers avesse giocato bene ma nulla di trascendentale. Al suo debutto contro i Pistons segnò 27 punti, e altri 22 in un'amichevole contro la squadra nazionale cinese. In uno strano scontro con una squadra ibrida Warriors/Pacers ne aggiunse altri 15.

Tutto molto bello ma – quanto a disciplina e senso del campo – lasciava molto a desiderare.

«Subito prima dell'arrivo d Kobe, Jerry West mi chiamò nel suo ufficio» raccontò poi l'ala Corie Blount, appena arrivato ai Lakers dopo due stagioni a Chicago. «Mi disse 'Senti, il ragazzino viene in città. Aiutalo ad ambientarsi e fallo sentire a suo agio.' Ma non credo che ne avesse bisogno. Kobe sapeva quello che faceva».

Questa volta i Lakers giocavano contro i Phoenix Suns, che vantavano giocatori immortali come Russ Millard, Paul Lusk e John Coker. Era un esempio di come andava l'offerta nella pausa estiva dell'NBA: semiprofessionisti usciti da scuole come Bucknell e Delaware che combattevano per uno sguardo, un attimo di attenzione, quel minimo di statistiche per prendere un volo di 14 ore per Kiev e firmare un bel contratto con l'SK Mykolaiv. Certo, era una speranza concreta, ma era anche illusoria. I giocatori come Lusk (lenta guardia da Southern llinois) e Millard (lenta ala grande da Iowa) non avrebbero passato anni a scontrarsi con Scottie Pippen e Clyde Drexler come membri dei Suns. Erano i sacchi da boxe del basket e la Summer League era un'occasione per farsi colpire.

A parte questo, comunque, il torneo estivo era anche una specie di festa di benvenuto. O, per essere più precisi, un annuncio formale, post-conferenza stampa, davanti al mondo professionistico. Diciassette anni prima, una guardia di Michigan State di due metri e sei centimetri di nome Earvin 'Magic' Johnson era stato la prima scelta in assoluto dei Lakers al draft. Era famoso quanto poteva esserlo un giocatore universitario, una superstar nazionale, una faccia da copertina di *Sports Illustrated*, un mago del canestro che aveva portato gli Spartans a un indimenticabile titolo NCAA contro Larry Bird e Indiana State. Come con Kobe Bryant, c'erano state la conferenza stampa, le interviste, le aspettative. Eppure perfino Johnson – sorriso a trentadue denti, stazza alla George McGinnis – non divenne un autentico giocatore dei Lakers fino al 27 luglio 1980, quando trotterellò in campo nella palestra della Cal State di Los Angeles per una partita estiva e segnò 24 punti, con 9 assist e 4 palle rubate. Quel momento voleva dire una cosa sola: «Sono qui e faccio sul serio!»

E così anche Kobe Bryant non diventò un autentico giocatore dei Lakers finché non trotterellò in campo per affrontare Phoenix e gridò: «Sono qui e faccio sul serio!»

Per la maggior parte la rosa di Los Angeles era un'accozzaglia di strani giocattoli che non andavano d'accordo fra loro. C'era David Booth, ala venuta dalla DePaul, alla sua quinta inutile stagione a inseguire il sogno NBA. C'era Blount, anonima ala appena venduta ai Lakers da Chicago per un pugno di dollari. C'era Juaquin Hawkins, specialista difensivo dalla Long Beach State che condivideva il nome (e le stesse possibilità di scendere in campo alla partita inaugurale) con l'ex pitcher dei St. Louis Cardinals Joaquín Andújar. C'era Derek Fisher, lo sconosciuto playmaker da Arkansas-Little Rock selezionato da Los Angeles al primo giro con la ventiquattresima scelta.

Quindi quel pomeriggio, mentre l'attesa cresceva e circa quattromiladuecento tifosi si infilavano sugli spalti male illuminati del palazzetto da cinquemila posti, c'era una domanda che aleggiava nell'aria, anche dopo le prime tre partite del torneo estivo. Che cosa sapeva fare davvero quel ragazzino del liceo?

«Sul serio, nessuno ne aveva idea» disse Booth. «Era tutto una novità».

Furono annunciati i nomi dei giocatori, cominciando da Booth, poi l'ex ala di Temple Derrick Battie. Nessuno dei due strappò più di un applauso di incoraggiamento. Blount, che al suo attivo aveva 19 partenze in quintetto in NBA, fu presentato come «L'uomo nel centro!», e il suo nome era abbastanza familiare da suscitare un certo entusiasmo in tre o quattro spettatori. Fisher, con la maglia numero nove e un taglio di capelli perfetto, ricevette applausi più convinti.

E poi...

«E l'altra guardia, dal liceo Lower Merion in Pennsylvania, un metro e novantacinque, numero trentadue, Kooooobeeee Bryyyyyant!»

Indossava una maglietta azzurra sopra la divisa e un'enorme polsiera bianca all'avambraccio sinistro, e probabilmente il motivo per cui indossava una maglietta azzurra sopra la divisa e un'enorme polsiera bianca all'avambraccio sinistro era che nessuno degli altri giocatori indossava una maglietta azzurra sopra la divisa e un'enorme polsiera bianca all'avambraccio sinistro. Kobe Bryant, come ripetono i compagni di squadra passati e futuri, era fatto così. Si distingueva. Lo faceva in modo deliberato, ma voleva che sembrasse spontaneo. Batté il palmo degli altri quattro titolari dei Lakers, che si strinsero rapidamente in cerchio, scambiò qualche parola con il capo allenatore Larry Drew (il primo assistente di Del Harris nella stagione regolare), si leccò le labbra, si tirò i larghi pantaloncini dorati, si sfilò la maglietta azzurra e se ne andò tranquillamente in campo, dove i giocatori dei Suns lo stavano aspettando.

Essere un giocatore di basket professionista significa sembrare un giocatore di basket professionista e quindi i titolari di Phoenix salutarono Bryant con disinvoltura, come avevano fatto con Booth e Battie e gli altri: *ehi, ehi, slap, slap.* Ma non era reale. Darryl Wilson, il playmaker dei Suns, solo tre mesi e mezzo prima aveva portato Mississippi State alle Final Four. Aveva segnato il maggior numero di punti per i Bulldog per tre stagioni consecutive e fatto fare una figuraccia a molte delle guardie migliori del basket universitario. «Sarò onesto al cento per cento. Pensavo 'Questo ragazzino è appena uscito dal liceo e io vengo dritto dalle Final Four: non esiste che venga qui a dominare'» ricordò Wilson anni dopo. «Almeno non su di me».

Brian Green, guardia tiratrice dei Suns titolare per due anni a Nevada, sapeva che il pubblico era lì per Bryant, così come la troupe televisiva che si stava attrezzando per usare le riprese nel futuro spot pubblicitario della Sprite. Era molto fastidioso. «Io ho ventidue anni, molto più di diciotto» disse Green. «Pensi di meritarti un po' del rispetto riservato a quel ragazzino. Se volevo rimetterlo al suo posto? Certo che volevo».

Nessuno dei Suns sapeva che cosa aspettarsi e quando Blount si aggiudicò la palla a due lanciando il pallone verso Bryant, il senso di attesa nell'aria divenne palpabile. Il pallone finì nelle mani di Fisher, che palleggiò otto volte prima di passarla bassa a Bryant, che attaccò in post Green. Quel ragazzino appena diplomato prese la palla con la sinistra, abbassò la spalla, palleggiò, palleggiò, palleggiò, spinse all'indietro il torso, allargò il gomito, si appoggiò a Green... e subì fallo. Durante il possesso di palla Booth era completamente libero sotto canestro, Blount era libero a sinistra. Battie era tutto solo nell'angolo. Bryant non se ne accorse, o finse di non accorgersene.

Al successivo possesso dei Lakers, Bryant palleggiò per tutta la lunghezza del campo, ignorando un Fisher smarcato che correva alla sua destra. Si mise davanti a Green, che aveva segnato pochi secondi prima, e palleggiò, palleggiò, palleggiò, palleggiò. Palleggiò, palleggiò, palleggiò ancora un po'. I compagni aspettavano, scivolavano, tagliavano, scrivevano lunghe lettere alle famiglie e consumavano pasti da diciassette portate. Finalmente, Bryant usò il blocco di Hawkins per tagliare al centro e sbagliare un layup. Mario Bennett, il centro dei Suns, gli fece fallo, e Bryant procedette a centrare entrambi i tiri liberi, entrando ufficialmente nelle statistiche della giornata.

Dalla parte di Phoenix caddero tutte le mascelle. Wilson non poteva credere alla rapidità di quel giocatore. Green, un sedicente ottimo difensore, vide solo una scia dorata che faceva tutto ciò che voleva. «Ho giocato con pochissime persone che mi hanno fatto pensare 'Maledizione, questo è più bravo di me'» ricordò poi. «Ma è così che mi sentivo. Aveva diciotto anni e aveva senso della posizione, lavoro di piedi, controllo del corpo. Era un ragazzo e io ero un uomo, ma era più bravo. Semplicemente più bravo. Non riuscivo a fermarlo e lo odiavo».

Bryant toglieva il fiato, era brillante e più sicuro di quanto fosse stato nelle tre partite precedenti. Non aveva nessun senso logico. Uno studente del liceo che giocava contro uomini adulti avrebbe dovuto essere timido e deferente. Doveva pur esserci un certo livello di incertezza, no? Eppure con Bryant quella timidezza non esisteva. Non era soltanto convinto di essere nel suo elemento. No, era convinto di essere in assoluto il miglior giocatore in campo, nella Lega, sul pianeta. Sapeva di poter segnare trenta punti a serata, *in una giornata no*. «Si capiva dal modo baldanzoso in cui si muoveva» ricordò Drew. «Era un ragazzo sicuro di sé che non esitava, che non aveva nessuna paura ad affrontare giocatori professionisti». Contro i Suns ci furono zero pause o ritardi. Sembrava aver deciso solennemente che quel giorno avrebbe segnato per primo, per secondo e per terzo, e che avrebbe passato soltanto se fosse precipitato in campo un muro di mattoni.

Brian Tolbert, una vivace guardia dei Suns proveniente da Eastern Michigan, divise il ruolo con Wilson, suo compagno di stanza durante la Summer League. Iniziò il terzo quarto concentrandosi su Bryant e pensò che forse – forse – avrebbe potuto rallentare il giocatore dei Lakers usando alcuni dei giochi di mano che aveva imparato al college con Ben Braun, l'esperto capo allenatore degli Eagles. Tolbert vedeva Bryant nello stesso modo degli altri, come un ragazzo in un mondo di adulti. C'era una certa sfacciataggine nel suo atteggiamento. Chi si credeva di essere quel ragazzino che entrava in un campo di professionisti? Quindi Tolbert si mise davanti a Bryant, assunse la sua migliore posa difensiva e...

Fu tremendo.

«La palla arrivò a Kobe» ricordò Tolbert. «Lui la prese in punta, forse un passo dietro la linea dei tre punti. Io aspettavo che si muovesse e prima che me ne rendessi conto – *whoosh!* – era sparito. Tagliò a sinistra, palleggiò due volte e schiacciò fortissimo in faccia a Mario Bennett».

Bennett, scelto dai Suns al primo turno la stagione precedente, lanciò a Tolbert un'occhiata di fuoco e gridò: «Chi cazzo doveva marcarlo?»

Tolbert chinò la testa. «Fu imbarazzante» disse. «Non sapevamo che Kobe Bryant sarebbe diventato *Kobe Bryant*. Era un ragazzino che ci faceva sembrare degli idioti».

Ormai la Summer League della NBA esiste da cinquant'anni e mai prima di allora – né dopo – c'è stata una partita così completamente dominata da un singolo giocatore. Bryant liberava l'area dei tre secondi dai lunghi per avere spazio di tiro. Bryant ignorava i compagni che agitavano le braccia per inventarsi qualcosa. Tirava da ogni angolazione, da ogni inclinazione, da ogni condizione gravitazionale. Da sotto. Laterale. Anche se la schiacciata su Bennett fu favolosa, la sua azione più spettacolare in realtà arrivò nel terzo quarto, quando schizzò oltre Tolbert, fece due passi nella zona pitturata, andò in sospensione e schiacciò a una mano – in tomahawk – sopra l'inerme Coker, un centro di due metri e tredici proveniente da Boise State che aveva trascorso in tutto undici gloriosi minuti sul campo con i Suns nella stagione 1995-96. Coker agitò le braccia fiaccamente mentre il pallone finiva nella retina e anche se il canestro fu annullato per fallo su Tolbert, la folla esplose. Quello non era un atleta come gli altri. Sembrava di rivedere il Michael Jordan del 1985. Segnò 36 punti con 9/22 al tiro (17/21 da tre), insieme a 5 assist e 7 palle perse.

Con tutta l'energia cinetica che invase il Pyramid, però, essere un giocatore dei Lakers nella Summer League e non chiamarsi Kobe Bean Bryant significava vivere in un'isola deserta nel mare della pallacanestro, in solitudine, esasperato e lontano da tutti. I compagni consideravano Bryant distaccato e arrogante. Stava per conto suo, mangiava con i genitori (Joe e Pam Bryant si erano trasferiti in California per vivere con il figlio, che aveva comprato una casa da due milioni e mezzo di dollari con sei camere da letto a Pacific Palisades), riceveva una paghetta settimanale da mamma e papà, passava il suo tempo in palestra ad allenarsi ai tiri in sospensione oppure in sala pesi a irrobustirsi. Gli piacevano gli Shirley Temple e l'hip-hop. Per il resto, niente. «Era mentalmente preparato a evitare ogni distrazione» disse Booth. «Era un estremista. Si capiva che il padre gli aveva detto 'Senti, andrai nell'NBA. Concentrati'».

Ma la cosa davvero irritante era il suo rifiuto di coinvolgere i compagni *sul campo*. Bryant era svelto a segnalare agli altri giocatori di liberare l'area sotto canestro e a lanciare occhiatacce quando non approvava la scelta di un tiro. Abbaiava e sbraitava, gemeva e si disperava. «E non passava *mai* la palla» ricordò Blount. «E non è un'esagerazione. Quando gli arrivava il pallone, non lo mollava più». Kurt Rambis, l'ala grande che si era appena ritirata per diventare assistente allenatore della squadra, sentì le lamentele dei giocatori per quell'egoismo. Cercavano di costruire la squadra e Bryant non gli dava occasione di brillare. Rambis non volle sentire altro. «Siete voi che passate a lui» rispose. «Se non gli passate il pallone, non avrete problemi».

Per tutte le quattro partite del torneo estivo Del Harris – lo stoico capo allenatore dei Lakers – rimase seduto sugli spalti con un taccuino in mano a esaminare le azioni e a chiedersi che cosa esattamente si poteva fare con una bomba nucleare senza manuale di istruzioni. Certo, era curioso di vedere Fisher e sperava che magari un'ala o due si sarebbero guadagnate un invito al ritiro della squadra, ma il centro delle sue riflessioni era lo studio di Kobe. Harris stava per iniziare la sua dodicesima stagione come capo allenatore in NBA e non aveva mai dovuto inserire in squadra un fenomeno appena uscito dal liceo. La sua prima conclusione: quel ragazzino aveva un talento straordinario, ma non era neanche lontanamente pronto.

«Era chiaro che l'abilità c'era» disse in seguito Harris. «Ma non era pronto per la Lega. In quel momento non era adatto al gioco in NBA».

«Kobe richiedeva un sacco di lavoro».

I Los Angeles Lakers avrebbero inaugurato ufficialmente il training camp il 4 ottobre 1996, e se il piano era quello di fare una specie di presentazione in grande stile – con un nuovo centro titolare grandioso, un rookie entusiasmante, una nuova speranza di rinverdire le glorie degli anni Ottanta – non era proprio il modo giusto.

Il dottor Jerry Buss, che a quei tempi era proprietario della squadra da nove anni, aveva insistito che dal 1988 gli allenamenti si svolgessero alle Hawaii[9]. Serviva sia ad allontanarsi dalle distrazioni che a mettere in mostra la gloria e il prestigio della miglior franchigia dell'NBA. Che i Pistons si allenassero in Michigan, che i Bucks se ne andassero in Wisconsin. I Lakers stavano con le ragazze hula sotto le palme.

Però in quel momento, mentre i giocatori si preparavano al

9 Ci fu un anno di interruzione, il 1991, in cui il training camp dei Lakers si svolse a Palm Springs.

soggiorno presso lo Sheraton Waikiki, la fase di rinnovamento sembrava complicata e incerta. Per prima cosa c'era la questione di Shaquille O'Neal, l'uomo da 121 milioni di dollari. Quando si firma un contratto di quel genere, le aspettative sono alte. Bisogna arrivare presto, comportarsi in modo professionale, esercitare il proprio status con classe, dignità e anche un pizzico di umiltà.

Invece O'Neal trascorse parte di quell'estate sottotraccia, senza rispondere alle telefonate dei Lakers, allegramente inconsapevole delle responsabilità che accompagnavano la celebrità. Quando finalmente riuscirono a raggiungerlo, disse alla squadra che si aspettava che tre membri del suo entourage personale (fra cui la guardia del corpo di sempre, Jerome Crawford) entrassero a libro paga. Larry Guest dell'*Orlando Sentinel* scrisse: «Benvenuti nel mondo di Shaq, Lakers. I dirigenti degli Orlando Magic in questi giorni hanno in faccia dei sorrisi saccenti». O'Neal poi disse che, ehm, il ritiro quell'anno avrebbe forse dovuto cominciare con qualche giorno di ritardo, a meno che la squadra non volesse noleggiare un elicottero e mandarlo sul set del suo ultimo film, trasferirlo all'aeroporto e caricarlo ogni giorno su un jet privato per le Hawaii (pagato dalla squadra).

Perché?

Perché il canestro doveva aspettare che finisse di girare *Steel.*

Già, *Steel.*

Erano passati quasi tre mesi da quando *Kazaam* era arrivato nei cinema e le reazioni ondeggiavano fra «Questo è il peggior film di sempre» e «Vi prego rapite Shaquille O'Neal in modo che non reciti mai più». Dopo un weekend inaugurale che aveva incassato 5 milioni di dollari, il film era svanito nel nulla. Più tardi Shaq ammise che non era stata la decisione migliore della sua carriera, dicendo a GQ che «Ero un delinquente giovanile di mezza tacca venuto da Newark che aveva sempre sognato di fare un film. Qualcuno mi aveva detto 'Ehi, ecco sette milioni, vieni a fare il genio della lampada'. Che cosa dovevo dire, no?»

Adesso invece Shaq era tornato e stava creando il tipo di film che si credeva lo avrebbe proiettato nella stratosfera degli eroi d'azione come Stallone e Schwarzenegger, il tipo di film che sognava

Leonard Armato, il suo agente, quando lo scongiurava di mollare la Florida centrale per Hollywood.

Stava creando *Steel.*

(Glub).

La sceneggiatura era incentrata su John Henry Irons, un soldato gigantesco che indossa un'armatura di ferro e diventa un enorme supereroe. Erano passati solo sette anni da quando Michael Keaton aveva reso *Batman* un fenomeno cinematografico mondiale e Kenny Johnson – autore e regista – vedeva una grande opportunità di agganciarsi a quel successo. Quincy Jones, il produttore, aveva affidato il progetto a Johnson e poi gli aveva detto quello che aveva in mente.

«Un supereroe nero. Ecco quello che voglio. Un supereroe nero».

Johnson si era entusiasmato.

«Chi ci vedresti nel ruolo di protagonista?» aveva chiesto Johnson, già immaginando Denzel Washington, o Blair Underwood, o Wesley Snipes...

«Shaq!» aveva risposto Jones.

Shaq?

«Mi dicono che è un ragazzo simpatico» aveva detto Johnson, «ma non è una star, Quincy. Non può reggere questo film».

Jones non fu d'accordo e O'Neal fu scritturato.[10] Le riprese cominciarono poco dopo che Shaq aveva firmato con i Lakers e nel corso del mese successivo il cast e i tecnici girarono per Los Angeles per creare un capolavoro cinematografico che avrebbe incassato (sì, proprio così) 870.068 dollari contro un budget di sedici milioni. La coprotagonista di O'Neal, Annabeth Gish (famosa soprattutto per *Mystic Pizza* e *Wyatt Earp*) ricordò un 'gigante gentile' che compensava la legnosità con il calore e il fascino personale. «Era un po' sotto il livello degli Oscar» commentò impassibile, «ma ci ha provato».

10 Fino a una settimana prima delle riprese la Warner Bros. era seriamente tentata di sostituire Shaq con Snipes. Quando Johnson, più tardi, chiese perché avessero confermato il cestista, gli risposero: «Il marketing pensava di vendere più giocattoli con Shaq rispetto a Wesley Snipes».

Un giorno Venita Ozols-Graham, una delle assistenti alla regia, portò sul set Brigitte, la figlioletta di cinque anni. La ragazzina era attaccatissima a un geco di seta che teneva in una scatola e fra un ciack e l'altro O'Neal si avvicinò, si chinò su di lei e le chiese con dolcezza: «Che cosa c'è lì dentro?»

«È il mio geco» sussurrò lei.

«È vero?» disse O'Neal.

«No» disse Brigitte.

Aprì la scatola e O'Neal – con quelle manone gigantesche – accarezzò l'animaletto.

«Brigitte» disse, «ti piacerebbe averne uno vero?»

Il giorno dopo la Ozols-Graham era al lavoro quando arrivò la figlia di corsa. «Mamma, mamma! Vieni con me!» gridò. Le prese la mano e la trascinò nel camper di O'Neal, dove trovò un enorme terrario stracolmo di rocce e piante che ospitava una coppia di gechi africani. «È tutto tuo» disse O'Neal. «L'unica condizione è che uno dei due lo chiami Shaq».

Brigitte lo fece.

«Più tardi mia figlia tornò sul set con la scatola del geco finto» ricordò la Ozols-Graham. «La aprì e regalò il pupazzo a Shaquille. Fu un momento molto dolce».

L'unica richiesta che O'Neal fece alla Warner Bros. fu di avere sul set una palestra mobile con attrezzi da allenamento e un canestro. Fra una sessione di riprese e l'altra faceva sollevamento pesi e tiri a canestro, ma il 4 ottobre – quando si presentò puntualmente a Honolulu, grazie a un'accelerazione nel programma delle riprese – non era certo al massimo della forma.

Quello comunque non era niente rispetto alla spina nel fianco principale dei Lakers.

In seguito alla rutilante serie di partite della Summer League, Bryant si aspettava di entrare in squadra da subito come una superstar. Soltanto che, be', fece una cosa straordinariamente stupida. Dato che era giovane e ingenuo e fissato con la pallacanestro, il pomeriggio del 2 settembre era andato ai famosi campetti da basket di Venice Beach per fare qualche tiro. Dopo aver schiacciato era ricaduto sul cemento e aveva cercato di sostenersi con il polso sinistro. Il corpo da novanta chili era crollato sopra le braccia e pochi secondi dopo aveva visto tre punti sotto la mano che si gonfiavano.

Il polso era rotto e Jerry West era sbalordito. Accolse la notizia dell'infortunio in un silenzio annichilito, accordando a Gary Vitti, il preparatore atletico della squadra, soltanto uno sguardo vacuo.

«Che cosa stava facendo?» chiese West.

«Giocava a basket a Venice» gli spiegò Vitti.

«Un attimo» disse West. «Un attimo, un attimo. Un attimo. Che cosa?»

Sarebbe stata una delle ultime volte che i Lakers non inserivano una clausola NIENTE PARTITELLE DI BASKET nel contratto di un rookie.

Anche se non ci fu bisogno di un intervento chirurgico, Bryant dovette restare fermo per tutto il training camp e perse un totale di un mese e mezzo. Non aveva desiderato altro che andare alle Hawaii e dimostrare quanto valeva. Invece andò alle Hawaii a guardare gli altri.

«Non avete idea di quanto sia grave una cosa del genere per un giovane atleta» disse Harris anni dopo. «Soprattutto per un ragazzino che passava dal liceo all'NBA».

La sera prima della prima sessione di allenamenti nella palestra della University of Hawaii, Harris riunì la squadra nella sala conferenze dello Sheraton Waikiki, il quartier generale del ritiro. Guardò i sedici giocatori che aveva davanti, una strana mescolanza di mediocri residuati, reclute molto pubblicizzate e qualche essere umano. Poi cominciò a parlare.

E parlare.

E parlare.

E parlare.

E parlare.

Harris parlò di impegno.

Harris parlò di strategia di tiro.

Harris parlò della propria infanzia nell'Indiana.

Harris parlò di quando aveva portato gli Houston Rockets alle finali NBA nel 1981.

Harris parlò della moglie e dei figli, degli amici e dei colleghi. Parlò delle splendide spiagge di Honolulu e di quali ristoranti era meglio evitare. Parlò della strategia di tiro di Nick Van Exel, della determinazione di Eddie Jones, dei rimbalzi dell'ala grande Elden Cambpell.

Parlò.

«Non lo chiamavano 'Harris Noia Mortale' per niente» disse Scott Howard-Cooper, il giornalista sportivo del *Los Angeles Times*.

E parlò.

«Era un uomo così simpatico» disse Mark Heisler, lo specialista di basket del *Los Angeles Times*. «Aveva tante cose da dire».

E parlò.

«Mi piace Del» disse Van Exel. «Ma le riunioni... non erano brevi».

E parlò.

«A volte era come sentir parlare tuo nonno» ricordò O'Neal.

E parlò.

«Chuck Daly aveva un detto quando allenava i Pistons» disse Brendan Suhr, assistente allenatore veterano in NBA. «Diceva 'Bisogna imparare a parlare ai giocatori per aforismi'. Del poteva parlare per quarantacinque minuti di un pressing difensivo. Chuck ci avrebbe messo trenta secondi».

E...

Ci sono forse una dozzina di persone nella storia dell'NBA che ne sappiano di più sulle sottigliezze del basket rispetto ad Harris, un uomo dai capelli grigi che somiglia più a un economista di Princeton che a un capo allenatore. Nell'estate del 1996 aveva cinquantanove anni ma sembrava più vecchio, conseguenza dei capelli, dell'aria solenne, dell'approccio lento e un po' borbottante al dialogo. Nato e cresciuto a Plainfield, nell'Indiana (popolazione 2.585), Harris trasudava semplicità provinciale. Era un tipo da sagre, da passeggiate a cavallo, da picnic sul prato della chiesa, da limonata, da venticello primaverile. Era stato ordinato ministro della Chiesa Cristiana di Plainfield e dopo la laurea in studi religiosi al Milligan College (Tennessee) nel 1959 aveva allenato le squadre di basket dei licei nella Johnson County, in Tennessee, poi era tornato a casa per dirigere la squadra maschile al liceo di Roachdale, a quarantacinque chilometri dalla sua casa natale. Aveva trascorso cinque anni in tre diversi licei dell'Indiana. Il suo grande momento era arrivato nel 1965, quando era stato assunto come capo allenatore di basket e di baseball all'Earlham College, una scuola della National Associaton of Intercollegiate Athletics (NAIA, associazione atletica delle università più piccole) famosa per essere uno dei migliori istituti quaccheri dell'Indiana.

Nei sessantanove anni di storia del basket universitario precedenti all'arrivo di Harris, L'Earlham aveva avuto soltanto ventiquattro stagioni vincenti e aveva un disgustoso record generale di quattrocentoquarantacinque vittorie a cinquecentotrentasei sconfitte. Harris – che insegnava anche teoria dell'allenamento, educazione fisica e preparazione atletica – aveva portato i Quackers a un record di centosettantacinque a settanta in nove anni e nel tempo libero aveva scritto un paio di bestseller sulla teoria del basket per la Prentice Hall, allenando fra l'altro per sette stagioni nella lega professionistica estiva di Portorico (aveva portato i Federico a tre titoli consecutivi). Era un uomo interessante da avere come allenatore, calmo ma esigente. Aveva un'occhiata assassina ed era un genio della strategia. «Era sempre stato un allenatore molto rispettato» disse Howard Beck, esperto di basket. «Non credo di aver mai sentito nessuno mettere in dubbio la sua abilità di insegnare il gioco».

Nel periodo di Portorico aveva conosciuto Tom Nissalke, capo allenatore degli Utah Stars dell'Americal Basketball Association. Un giorno, quasi per caso, Nissalke si era girato verso Harris e gli aveva chiesto: «Perché non vieni nello Utah come mio assistente?»

Di sicuro era meglio che un altro anno all'Earlham.

«Non si può mai sapere quando arriva il tuo momento, o da dove arriverà» disse Harris. «Alleni una squadretta universitaria semisconosciuta. E poi finisci fra i professionisti. Così, in un secondo».

Trascorse un anno al fianco di Nissalke e quando l'ABA crollò i due uomini fecero il salto in NBA, negli Houston Rockets. Harris divenne capo allenatore nel 1979 e condusse la squadra tre volte ai playoff e a una finale, persa contro i Boston Celtics nel 1981. I Rockets però si autodistrussero nella stagione 1982-83, quando la proprietà cedette la stella della squadra, il centro Moses Malone, ai 76ers e poi affondò tentando di accaparrarsi le prime scelte al draft del 1984. «Volevano che arrivassimo ultimi» ricordò Harris. «Fu terribile. Avete idea di come si possa allenare quando la proprietà vuole farti perdere?»

Con una rosa inesistente, composta da alcuni che erano ex giocatori e altri che giocatori non lo sarebbero mai stati, i Rockets di Harris nel 1982-83 arrivarono a quattordici vittorie e sessantotto sconfitte. Alla fine della stagione venne licenziato e poi attese quattro anni prima che Milwaukee lo chiamasse per un'altra opportunità come capo allenatore. Le quattro stagioni di Harris con i Bucks portarono a un record di centoottantatré vittorie e centoquarantacinque sconfitte, ma quando la squadra iniziò la stagione del 1991 con otto vittorie e nove sconfitte venne di nuovo mandato a spasso. Dicevano tutti le stesse cose di lui: grande persona, intelligente, ben intenzionato. Ma non ha carisma, non ha immaginazione, e poi chiacchiera troppo.

«In questo mondo ci sono persone logorroiche» disse Corie Blount, ala veterana in NBA, «ma Del è a un altro livello. È simpatico a tutti, ma i giocatori di basket vogliono giocare. E Del voleva discutere ogni possibile variante. E poi riesaminare la discussione».

Un altro personaggio che tendeva a farla lunga era Jerry West, l'executive vice president of basket operations dei Lakers, che nel 1994, quando era general manager, era arrivato all'esasperazione per la mancanza di produttività della sua amata squadra. Nei sei anni da quando Pat Riley li aveva lasciati, i Lakers erano passati da squadra di élite dell'NBA a tristi comparse. Mike Dunleavy Senior aveva portato due stagioni vincenti, poi Randy Pfund aveva portato un periodo negativo e Magic Johnson (che dopo il ritiro era piuttosto irrequieto) aveva fatto ancora peggio (cinque vittorie e undici sconfitte in sedici tristi partite del 1994).

West e Harris erano amici fin dagli anni Settanta, quando avevano passato insieme una settimana al training camp di basket della Auburn University per fare un favore al capo allenatore, Sonny Smith. «Giocavamo a golf, andavamo a pescare, parlavamo di basket» disse Harris. «C'era davvero un bel legame».

Nell'estate del 1994 Harris era vicinissimo ad accettare la posizione di general manager dei Sacramento Kings. Era già nella capitale della California per negoziare il contratto, ma si era bloccato su un punto: Jim Thomas, il proprietario della squadra, insisteva che il suo primo compito fosse quello di licenziare Garry St. Jean, l'allenatore dei Kings.

«Jim» aveva detto Harris «Non posso fargli questo. Non glielo farò».

Mentre accadeva tutto questo, West lo chiamò per chiedergli se avesse già firmato con Sacramento.

«No» rispose Harris.

«Be', non farlo» disse West. «Vogliamo che tu venga ad allenare i Lakers».

Del Harris non dovette pensarci due volte.

E adesso, due anni più tardi, Harris era alle Hawaii e parlava. E parlava. E parlava.

La collezione di talenti che aveva davanti era incredibile. Finalmente, dopo il monologo durato diciassette anni e mezzo, Harris chiese a ciascun giocatore di alzarsi in piedi e presentarsi. O'Neal, allegro e ridanciano, ai alzò per primo, fece un cenno con la testa, disse: «Come va? Sono Shaq. Diamoci dentro!»

Gli altri seguirono uno alla volta.

«Ehi, sono Derek Fisher. Rookie. Dal buon vecchio Arkansas. Pronto a mettermi al lavoro».

Il prossimo.

«Nick Van Exel. Sono al quarto anno in questa squadra».

Il prossimo.

«Eddie Jones. Vengo dalla Florida. Sono andato alla Temple...»

Il prossimo.

«Mi chiamo Trev. Trevor Wilson. Non per vantarmi, ma ho giocato a Sioux Fall l'anno scorso. Abbiamo vinto il campionato della CBA».

Il prossimo.

«Sono Jerome Kensey. Questo sarà il mio – cosa? – tredicesimo anno nella Lega. Assurdo».

Il prossimo.

«Sono Ced».

Il prossimo.

«Yo, sono Kobe. Kobe Bryant. Vengo da Philadelphia –, andavo al liceo Lower Merion, ho dominato tutto». *Pausa.* «Volevo solo che sapeste tutti, che nessuno mi metterà sotto. Non permetterò a nessuno nell'NBA di mettermi sotto. Siete avvisati».

Imbarazzante.

«Avrei voluto dire, 'Yo, Kobe, rilassati'» ricordò David Booth, che aveva ottenuto un invito al ritiro dopo aver fatto molto bene nella Summer League. «Cercava di farsi valere, e lo capisco. Ma non funzionò molto bene».

«Non fu il modo migliore di cominciare» disse Blount. «Ma dobbiamo ricordarci che era un ragazzino».

In un certo senso l'infortunio di Bryant fu un vantaggio, sia per lui che per la squadra. Anche se il nonnismo contro i rookie nell'NBA raramente ha raggiunto il livello di quello della Major League Baseball o della National Football League, certamente esisteva nei Lakers. Oltre a Bryant c'erano altre due nuove reclute al ritiro: Fisher, che veniva dall'università di Arkansas-Little Rock, e un allampanato centro della UConn di due metri e tredici per centosette chili di nome Travis Knight. Era stato scelto al primo giro al draft da Chicago e poi era diventato free agent quando i Bulls – che avevano troppi giocatori e non erano interessati a offrire a Knight il contratto minimo di tre anni – avevano rinunciato al diritto di prelazione. «Avevo potuto scegliere io la squadra, ed era stato fantastico» ricordò Knight. «Ero cresciuto a San Diego, avevo iniziato a giocare a basket alla AAU di L.A., ero un sudcaliforniano fino al midollo».

Arrivando alle Hawaii il giorno prima dell'inizio del ritiro, Knight si era fermato in un centro commerciale a prendere un panino. Si era seduto a mangiare e aveva sentito un frastuono in fondo a uno dei corridoi. «Ho alzato gli occhi dal pranzo ed era

Shaq. Naturalmente c'era un codazzo di gente. Me ne sono rimasto lì a guardarlo, come tutti gli altri. Non volevo disturbarlo».

Meno di ventiquattr'ore dopo Knight era il rookie di O'Neal, cioè aveva il compito di portargli le scarpe agli allenamenti, di rimetterle nell'armadietto subito dopo e di prendersi sberle sulla nuca se tirava dal basso invece di schiacciare. «Era molto rilassato» disse Knight. «Con Shaq non c'era mai niente di troppo serio». Fisher, accomodante e gentile, ricevette incarichi simili da Van Exel e Jones: andare a prendere il pranzo, assicurarsi che le loro bevande fossero ghiacciate. Roba da niente.

A differenza dei due compagni, Bryant era un bersaglio attraente. La sua presentazione del primo giorno era stata presa male e nel corso del ritiro i veterani dei Lakers rimasero di stucco davanti alla sua sfacciata spavalderia. Quando Van Exel era entrato ai Lakers da Cincinnati, nel 1993, era stato umile e silenzioso. Quando era arrivato Jones, un anno più tardi, era stato umile e silenzioso. Knight era umile e silenzioso. Fisher era umile e silenzioso.

Bryant non era né umile né silenzioso. Ma era intoccabile per via del polso rotto. Quindi era considerato più o meno off limits. «Non lo tormentammo più di tanto» ricordò Cedric Ceballos. «Gli facevamo ordinare le ciambelle, portare le borse e cose così. Shaq gli aveva fatto fare delle cose stupide, come creare un rap per ciascuno di noi».

«[Kobe] era diverso. La maggior parte dei rookie ci teneva a guadagnarsi l'approvazione dei veterani. Lui non era così».

Se Bryant avesse partecipato agli allenamenti, avrebbe rovinato il ritiro, lo confermarono più tardi quasi tutti i veterani. O se non lo avesse proprio rovinato, lo avrebbe *seriamente danneggiato*. Van Exel, Jones e Ceballos, i tre veterani con le maggiori responsabilità in attacco, dovevano già adattarsi al dominio di O'Neal in post basso e l'aggiunta di un adolescente che non mollava il pallone e si riteneva il migliore di tutti non sarebbe stato un ingrediente utile. A bordocampo e nei pochi esercizi che poteva fare, Bryant si divertiva a mostrare layup in rotazione e tiri in sospensione in disequilibrio. Voleva farsi notare, voleva disperatamente che i compagni vedessero perché era tanto osannato. O'Neal cominciò a soprannominarlo 'Showboat' e, se di per sé non era un soprannome particolarmente offensivo, di certo non era nemmeno un complimento.

Quello che ad alcuni Lakers sembrò più strano fu lo sforzo di imitare Michael Jordan, il leggendario giocatore dei Bulls di cui aveva guardato le videocassette in Italia. Non era solo per il modo di giocare a basket. Era per il modo di fare *tutto*. Bryant si leccava le labbra come Jordan, scrollava le spalle come Jordan, cercava di parlare come Jordan. Una cosa era l'omaggio, un'altra lo stalking. «Chiaramente all'inizio voleva essere Michael Jordan» disse Knight. «In tutti i modi immaginabili».

Mentre Bryant stava a bordocampo, la squadra si cementava in fretta. I Lakers inaugurarono la preseason il 10 ottobre con una partita serale contro i Denver Nuggets all'Honolulu Special Events Arena e chiunque si aspettasse dei dolori di crescita e una partenza graduale si sbagliava di grosso. Con la nuova divisa viola e oro col numero 34, asciugato da una settimana di lavoro in palestra, O'Neal giocò 26 minuti, segnò 25 punti con 11/13 al tiro e 12 rimbalzi e, come disse Mike Fitzgerald dell'*Honolulu Star Bulletin* «diverse schiacciate telluriche, che avrebbero potuto causare un'allerta tsunami». Durante un'esaltante sequenza nel secondo quarto segnò 6 punti in meno di sessanta secondi, aggiungendo tanto per gradire una stoppata e un rimbalzo. Los Angeles vinse 111 a 101, una vittoria insignificante che fu tutto tranne che insignificante. Con 10.225 spettatori sugli spalti, Van Exel e Jones sembravano a loro agio nel passare sotto canestro e fare spazio, lasciando che O'Neal dettasse il passo. Perfino Ceballos, egoista di prima categoria, si tenne alla larga dalla zona pitturata lasciando spazio al grande uomo. Dopo la partita O'Neal si alzò nell'allegro spogliatoio e si vantò della propria grandezza.

«Nessuno mi può cavalcare! Sono la Big Kahuna!»

Sei giorni dopo, quando i Nuggets e i Lakers si scontrarono di nuovo prima di tornare sulla terraferma, Bryant finalmente divenne un effettivo giocatore della NBA: a diciotto anni e cinquantacinque giorni era il giocatore più giovane nella storia della Lega.

I Lakers andarono nell'amena Frenso, in California, per affrontare i Dallas Mavericks in un'amichevole e prima del fischio di inizio Bryant era come un cucciolo che cerca gli avanzi sotto il tavolo. Andava su e giù per lo spogliatoio, per i corridoi. Poco prima dell'inizio del ritiro i Lakers avevano assunto Byron Scott con un contratto da free agent di un anno per la miseria di 247.500 dollari. Ormai trentacinquenne e reduce da una tormentata stagione da 10,2 punti a partita con i terribili Vancouver Grizzlies, Scott era un pezzo chiave nella storia della squadra. In dieci stagioni come spalla di Magic Johnson aveva segnato una media di 15,9 punti a partita e contribuito a far vincere alla squadra tre titoli. Non era più particolarmente veloce o fisico ed era tornato ai Lakers per (a) ravvivare un po' la panchina e (b) fare da babysitter e mentore a Kobe Bryant.

Non in quest'ordine.

Era l'uomo perfetto per quel compito. Uscito dalle strade malfamate di Inglewood, Scott era cresciuto all'ombra del Forum, annusava l'aria ma non poteva permettersi i biglietti. Dopo essere stato la stella di Arizona State per tre stagioni, era stato la quarta scelta in assoluto al draft NBA del 1983, quando lo avevano preso i San Diego Clippers. Dato che esitava all'idea di giocare per la squadra più triste della Lega, era stato scambiato con Norm Nixon, il talentuoso playmaker dei Lakers. Lo scambio non era stato preso bene a Los Angeles. *Byron Scott? E chi diavolo è Byron Scott?* Erano seguiti fischi e boati, nonché una giostra di dubbi nella testa del rookie. Era già difficile fare il salto in NBA, ma con quell'attenzione aggiuntiva sembrava impossibile.

In breve tempo però Scott era diventato un elemento fondamentale per la dinastia dello 'Showtime'. Il giorno del 1993 in cui aveva lasciato i Lakers, Los Angeles aveva pianto.

E adesso era tornato, per curare, educare, spiegare attraverso l'esperienza diretta al più giovane dei Lakers che cosa significava essere il più giovane dei Lakers. Durante i riscaldamenti prima della palla a due, Scott rimaneva accanto a Bryant a ripetergli di stare calmo, rilassarsi, godersi il momento. Scott apprezzava la passione e la determinazione del ragazzo, ma riconosceva un'impazienza molto familiare: voleva correre prima di imparare a camminare. «Arriverà il tuo momento» era un mantra che conosceva anche troppo bene. «Arriverà il tuo momento».

Harris considerava Bryant una riserva che avrebbe giocato pochissimi minuti. Lo lasciò entrare in campo quando mancavano 7:49 minuti alla fine del secondo quarto, e i 10.274 tifosi alla Selland Arena di Fresno cantarono: «Ko-be! Ko-be!» La prima volta che toccò il pallone, Bryant – nervoso e un po' maldestro – lo controllò male. Poi si riprese e lo passò in post al centro Sean Rooks, che segnò rapidamente. Pochi secondi dopo la sua scarpa (l'Adidas EQT Elevation che indossava dietro pagamento di svariati milioni) si sfilò e mentre l'azione riprendeva cercò goffamente di rimettersela. Più avanti, dopo aver segnato il suo primo tiro da tre punti, seguito da un tiro in sospensione, una schiacciata e un tiro in sospensione da quasi cinque metri, Bryant cominciò a palleggiare, palleggiare e palleggiare ancora, finché il pacato Harris non gli gridò: «Ehi, passa la palla! Non siamo più al liceo!»

Tutto sommato fu un debutto forte: 10 punti in 4/4 al tiro. Nello spogliatoio dei Lakers i compagni gli fecero soprattutto complimenti. Capivano che il debutto in NBA di una guardia del liceo era la storia da raccontare, quindi Van Exel disse che Bryant aveva «tirato molto bene. È molto attivo». Harris aggiunse che aveva «fatto degli errori ma anche delle buone cose».

Quando O'Neal uscì dagli spogliatoi gli chiesero il suo parere, e lui cominciò a cantare: musica di Whitney Houston, parole di Shaquille O'Neal.

«Credo che Showboat sia il futuuuuuuro...»

Sarebbe stata una stagione interessante.

5
Nick the Quick

Quando Nick Van Exel aveva cinque anni e cresceva nelle case popolari di Kenosha, in Wisconsin, suo padre lo portava spesso in giro in macchina.

I due si recavano a vari eventi – partite di basket, tornei di vario tipo – dove la gente parcheggiava l'auto per periodi di tempo prevedibili. Per esempio, se al liceo di Kenosha le partite di basket cominciavano alle sette di sera, padre e figlio arrivavano alle sette e un quarto.

Poi, senza fallo, Nick Senior apriva la portiera, si chinava sul figlio e diceva: «Aspetta qui». Poi andava a svaligiare varie vetture. «Fregava le radio e roba del genere» ricordò Nick. «Io andavo in macchina con lui. Fin da piccolo avevo paura».

Due anni dopo Nick Vax Exel Senior fu arrestato e finì in prigione. Da quel momento sparì dalla vita del figlio. Non gli scrisse mai, non lo chiamò mai. Non ci furono visite, nessun discorso ottimistico del tipo «Quando uscirò...» oppure «Non vedo l'ora di...»

No.

Nick Van Exel Senior era sparito.

Il figlio rimase praticamente solo, in un minuscolo appartamento con una madre single, Joyce, che faceva due lavori, fra cui il turno dalle tre del mattino all'una di pomeriggio alla catena di montaggio della vicina fabbrica della Chrysler, la Kenosha Engine. Nick tornava a casa da scuola e in qualche caso riusciva a incrociare la madre per mezz'ora, ma per la maggior parte delle volte trovava soltanto il cupo silenzio di uno spazio vuoto e un televisore da ventiquattro pollici. «Non avere mai nessuno con me mi rese un solitario» disse in seguito.

Alla fine degli anni Ottanta Nick finalmente uscì di prigione, e il figlio era entusiasta all'idea di rivederlo. Soltanto che invece di tornare a Kenosha Nick Senior divorziò da Joyce e si trasferì in Georgia.

«Non ho mai avuto una figura paterna nella vita, qualcuno che mi si sedesse accanto e mi dicesse 'No, questo non lo farai' oppure 'Sì, questo lo farai'» commentò più tardi Nick Junior. «Non l'ho mai avuto. Non ho mai avuto qualcuno da cui prendere ordini».

Il risultato dell'isolamento mescolato all'abbandono fu la ferocia. Van Exel – il cui nome completo è Nickey Maxwell Van Exel e che fino all'università veniva chiamato Nickey – era un ragazzino piccolo e magro, che semplicemente si rifiutava di tirarsi indietro o di farsi mettere i piedi in testa. A scuola e a casa sembrava tranquillo, quasi timido. Ma sul campo da basket, rabbia pura. Padre assente? Solitudine spaventosa? Tristezza? Cuore infranto? Al diavolo tutto quanto. «Nick aveva quell'aria pericolosa» disse Wagner Lester, un suo rivale nelle categorie giovanili. «Era tranquillo, ma non di una tranquillità placida. Era più che altro qualcosa come 'Mettersi contro quel tizio sarebbe una pessima idea'».

La vita non gli aveva dato altro che calci nei denti. Un giorno, così dal nulla, il padre lo chiamò e gli offrì un biglietto aereo per andare a trovarlo in Georgia. Nick era estasiato, finalmente avrebbero avuto il rapporto che tanto sognava. Nick Senior gli disse di andare al General Mitchell International Airport, a Milwaukee, e che ci sarebbe stato un biglietto a suo nome per Atlanta al banco della Delta. «Quando arrivai là» ricordò Nick «Non c'era niente».

Grazie al talento atletico e alla condizione economica svantaggiata, Nick ottenne una borsa di studio per la St. Joseph Catholic Academy Kenosha, una scuola privata dove quasi tutti gli studenti erano bianchi, vestiti alla moda, e guidavano BMW e Mercedes. «Pensi che tutti ti guarderanno» disse. «Pensi che tutti rideranno di te».

Van Exel era un ragazzo riservato ma affettuoso, che nascondeva l'insicurezza con i gioielli. Fu uno dei primi ragazzi a scuola a sfoggiare un orecchino d'oro, che accompagnava con uno spesso strato di catene arrotolate intorno al collo. Si rasò due linee diagonali sulle sopracciglia. In campo era un gigante. Da guardia tiratrice, al quarto anno, Van Exel portò St. Joseph al campionato del WISAA Classe A, con il record statale di 29,8 punti segnati a partita. Il suo exploit da 42 punti contro il liceo Marquette si racconta ancora. Eppure, a causa dei voti bassi, le due università cestisticamente più potenti dello stato, Marquette e Wisconsin, lo ignorarono. Quindi, non sapendo dove andare, si rifugiò al Trinity Valley, un college nel mezzo delle lande desolate del Texas, ad Athens. Glielo aveva consigliato Jerry Tarkanian, il corrotto allenatore dell'UNLV che aveva detto a Van Exel che avrebbe avuto un'occasione con i Runnin' Rebels, e poi lo aveva ignorato per tutto il tempo della sua permanenza all'università. Athens era un posto dove nessun essere umano sano di mente avrebbe voluto andare, ma dove tendevano a finire i futuri campioni con problemi di media scolastica (quando era andato a visitare il campus, Van Exel era stato accolto da Shawn Kemp, che in futuro sarebbe stato convocato sei volte all'All-Star dell'NBA). Nick chiamò Joyce infinite volte implorandola di lasciarlo tornare a casa, di portarlo via da quello che chiamava «il posto peggiore del mondo», di salvarlo dall'inferno. «Voleva mollare tutto e tornare a casa» ricordò poi Joyce. «Io rispondevo 'Lo vedi quanto lavoro io? Se torni a casa dovrai farlo anche tu'. Gli parlavo. Voglio dire, gli parlavo sul serio. Gli dicevo 'Queste cose non capitano a tutti. È la tua occasione'».

In un paio di stagioni universitarie il povero Van Exel riuscì a totalizzare una media di 19,2 punti e 6 assist a partita, abbastanza per far dimenticare i suoi problemi (si dice che avesse preso a calci un compagno di squadra privo di sensi durante una rissa) alle scuole della Prima Divisione e per ottenere proposte di borse di studio da parte delle univesità di DePaul, Oklahoma, Nebraska, South Alabama, New Mexico State e Cincinnati. Scelse i Bearcats, una squadra in ascesa guidata da Bob Huggins, un allenatore che si circondava di emarginati e reietti.

Van Exel era il suo tipo ideale: «Dovevi guadagnarti la sua fiducia» ricordò Huggins. «Non te la regalava. Dovevi lavorare sodo per ottenerla». Durante gli allenamenti Huggins era solito chiedere ai giocatori: «Se avessi una sola fetta di torta, l'ultima rimasta, chi credete che la prenderebbe?»

La risposta era sempre l'affamato Van Exel.

Nel primo anno ai Bearcats, Van Exel studiò sociologia e segnò una media di 12,3 punti a partita. «Bob Huggins mi raccontò delle storie veramente tristi su Nick» disse Tony Dutt, il suo agente. «Disse che un weekend era tornato a casa a Cincinnati e la famiglia lo aveva chiuso fuori di casa. Quindi se ne era tornato a scuola». Una sera durante la stagione, Van Exel era seduto nella sua stanza al dormitorio a guardare un programma televisivo su bambini abbandonati e – in particolare – su un figlio che ritrovava il padre dopo tanto tempo. Stava singhiozzando disperatamente, con un fazzoletto smocciolato in mano, quando suonò il telefono.

«Nick?» disse una voce sconosciuta.

Sì, chi parla?

«Sono papà».

Cosa?

«Sono papà».

Sì, dall'altra parte della linea c'era davvero Nick Senior, che cercava di riconciliarsi col figlio. Il ragazzo e il suo vecchio parlarono a lungo. Nick scoprì di avere due sorellastre e che il padre rigava dritto. Verso la fine della conversazione Nick Junior invitò Nick Senior alla partita che i Bearcats avrebbero giocato contro Alabama-Birmingham al Sud. Ma anche quando il padre si presentò a bordocampo, Nick Junior non si sentì tranquillo. «Sembrava che a quel punto avesse un secondo fine» ricordò anni dopo. «Cioè, sapendo che potevo avere una possibilità di giocare in NBA, sapendo che potevo avere la possibilità di prendere una bella casa, una bella macchina. Non mi sembrava giusto».

Tutto ciò servì ad alimentare la sua determinazione. Huggins era un allenatore notoriamente scontroso, che portava i giocatori allo sfinimento e Nick non chiedeva altro. Tesaurizzava il dolore, la rabbia, la frustrazione. Voleva che gli tirasse un pugno alla mascella per poter ricambiare col doppio della forza. Nel primo anno ai Bearcats entrò da playmaker titolare e guidò la scuola alle Final Four per la prima volta in ventinove anni. La stagione successiva fu il primo per punti segnati (18,3 a partita), assist (4,5) e palle rubate (1,8), fu convocato nella terza squadra dell'All-American e portò i Bearcats fra gli Elite Eight. «Era il miglior tiratore che avessi mai avuto» disse Huggins. «Se ti serviva uno che facesse l'ultimo tiro – fra tutti quelli che avevano mai giocato a basket nella vita – il tuo uomo era Nick Van Exel».

Gli scout dell'NBA vicini e lontani vennero a vederlo giocare e le valutazioni furono... ambivalenti. Anche se era registrato come un metro e ottantacinque, Van Exel era più vicino all'uno e ottanta, e aveva più ossa che muscoli. Era vero che non aveva paura di fare l'ultimo tiro, ma sarebbe riuscito a segnare contro le grosse guardie professioniste? E poi aveva un carattere ombroso e irascibile, imprevedibile e scontroso, perfino un po' autolesionista. Alla fine della stagione Van Exel fu invitato ai provini da un sacco di squadre. A Seattle gli dissero di partire da fondocampo e di scattare fino alla linea dei tiri liberi per sei volte. Sotto gli occhi dell'allenatore dei Sonic George Karl, al primo scatto Van Exel trotterellò.

«Nick» ringhiò Karl. «So che puoi fare meglio di così».

Van Exel scrollò le spalle, ridacchiò e disse. «Il prossimo è il defaticamento».

Sapeva che i Sonic avevano già diversi playmaker e che probabilmente non lo avrebbero preso.

«Vedemmo un individualista» commentò Karl.

I Sonic non furono l'unica squadra scoraggiata dall'atteggiamento di Van Exel. Saltò due volte il provino a Charlotte. «Avevo cominciato a leggere le riviste che dicevano che ero uno dei playmaker migliori a livello nazionale» spiegò Van Exel. «E mi aveva dato alla testa».

«Nick è l'unico cliente che abbia mai avuto che si eliminava da solo al primo turno» disse Dutt. «Era una questione di fiducia. Non si fidava di nessuno».

Quando si aprì il draft, il 30 giugno 1993, precipitò al secondo giro, dove gli allegri Lakers se lo accaparrarono come trentasettesima scelta in assoluto.[11]

Anche se in parte se l'era voluta, Van Exel la prese sul personale. «Si capiva che aveva voglia di rivalsa» disse Erikk Aldridge, l'assistente alle pubbliche relazioni dei Lakers. «'Avrei dovuto essere scelto al primo giro e adesso ve la farò vedere': Nick aveva quell'aria da quartiere malfamato. Aveva un cipiglio, una smorfia da duro. Era capace di intimidirti perché non sapevi bene che cosa pensava». Van Exel iniziò da rookie come playmaker titolare, realizzando una media di 13,6 punti e 5,8 assist a partita, poi al secondo anno migliorò arrivando a 16,9 punti e 8,3 assist. Nell'epoca del post-Showtime divenne un motivo per guardare una squadra che altrimenti non avrebbe meritato attenzione. Giocava con cuore, con sentimento. I Lakers diventarono i *suoi* Lakers, e come andava Nick Van Exel, così andava Los Angeles.

Adesso però le cose erano cambiate. Shaquille O'Neal era la nuova superstar in città e prima ancora che mettesse piede in campo i Lakers erano la *sua* squadra. O'Neal compariva sulla copertina dell'annuario delle squadre per i giornalisti del 1996-97, accanto alle maglie di Kareem Abdul-Jabbar e Wilt Chamberlain, i due grandi centri di Los Angeles del passato. La sua faccia sorrideva dai manifesti in tutta la città. Per il suo arrivo in squadra aveva comprato una Ferrari da 350.000 dollari e ogni volta che compariva in Rodeo Drive con la sua macchina di lusso, erano urla e strepiti.

Van Exel era un giocatore di basket. Un eccellente giocatore di basket, ma un semplice giocatore di basket.

O'Neal era un'azienda.

I nuovi Lakers con il volto di Shaq aprirono la stagione il primo novembre al Forum e i 17.505 spettatori del tutto esaurito affollarono le gradinate per assistere all'inizio di una nuova era. Gio-

11 Quell'anno, durante i draft, gli Orlando Magic avevano contattato Shaquille O'Neal. La squadra aveva la ventiseiesima scelta e avevano chiesto al proprio centro se gli sarebbe piaciuto giocare con Van Exel. «Non me ne frega un cazzo» aveva risposto O'Neal, e la squadra aveva scelto Geert Hammink, che giocò in totale cinque partite con la squadra.

cando contro la mediocre squadra dei Phoenix Suns, Los Angeles schizzò sul +15 già nel primo quarto. Le statistiche di O'Neal (23 punti, 14 rimbalzi) non furono sbalorditive, ma la sua presenza sì. Nessun giocatore così fisicamente magnetico aveva mai indossato la divisa viola e oro, e se la sua esistenza rendeva i Lakers migliori come squadra, faceva anche sembrare più piccoli i compagni.

A meno di tre minuti dall'inizio della partita, quando Van Exel commise il secondo fallo, Del Harris lo rimpiazzò con Derek Fisher, il playmaker rookie, e nessuno fece una piega. I Lakers vinsero 96 a 82 e il nome di Nick Van Exel non appariva quasi mai nei servizi sul 'Debutto di Shaq' distribuiti in tutta la nazione. Due giorni dopo Los Angeles vinse ancora con un largo 91 a 85 contro Minnesota, e le cronache si incentrarono ancora sulla prova devastante di O'Neal (35 punti, 19 rimbalzi, 3 stoppate). La seconda notizia della giornata fu il debutto in stagione regolare di Kobe Bryant, che a diciotto anni, tre mesi e undici giorni aveva sostituito Stanley Brown di Philadelphia (che aveva diciotto anni e quattro mesi nel 1947) come giocatore più giovane nella storia dell'NBA. Bryant entrò quando mancavano 2:58 minuti alla fine del primo quarto, ricevette una standing ovation, scrollò la polvere dalle suole delle sue Adidas, poi si infilò in una folla di giocatori, si trovò intrappolato e fece passi. Pochi secondi dopo il centro Cherokee Parks stoppò il suo tiro e la palla rimbalzò in campo. In sei minuti di azione Bryant aveva fatto zero punti con un tiro, un rimbalzo, un fallo, una palla persa e una stoppata. «È stato uno di quei momenti» commentò Harris: codice da allenatore per dire «È un ragazzino che non è ancora pronto per questo».

Anche se la stagione era appena iniziata, si stava già formando uno schema. O'Neal era il fulcro della storia, sempre. Poi c'era una nota a margine, un racconto secondario: il debutto di Bryant. Harris che urlava più del solito. Eddie Jones che sfondava. Elden Campbell che si metteva in luce come rimbalzista. Fisher, il rookie sconosciuto, che stupiva tutti. In quel regno Van Exel aveva il suo posto. Quando giocava bene i media lo riportavano. Ma non era più lui il giocatore di riferimento. Perché, soltanto il 5 novembre 1996, il *New York Times* aveva pubblicato un articolo intitolato O'NEAL PUÒ ARRIVARE AL TITOLO CON QUEL SORRISO?, *USA Today* un altro dal titolo I TIFOSI DEI LAKERS SARANNO PRESTO MATTI DI SHAQ e *Newsday* un articolo dal titolo UNA PARTITA PIENA DI RISENTMENTO: SHAQ A L.A. ABBASSA I TONI. Van Exel non era il tipo da esprimere apertamente la sua frustrazione, però era frustrato. La sua carriera era in ascesa, era stabilito che l'attacco sarebbe stato roba sua. Con Eddie Jones che curava i lati e lo spavaldo Van Exel che sparava tiri da ogni angolazione, i Lakers erano esplosivi. Adesso invece c'era un idrante in mezzo al campo e la prima direttiva era di portare palla sotto canestro.

«Adoro Shaq» disse Van Exel anni dopo. «Ma c'è voluto un bel po' di adattamento».

Nelle prime tre settimane e mezzo della stagione i Lakers furono incostanti. Bryant giocò raramente, Ceballos era fuori per una lacerazione parziale del tendine della rotula, gatti di marmo come Travis Knight e Corie Blount giocavano una quantità sorprendente di minuti, Harris non la smetteva di parlare. Nella tarda serata del 12 novembre, dopo una vittoria a Houston con doppi tempi supplementari, O'Neal – deluso dalla squadra e furioso a causa dell'uscita per falli – entrò nello spogliatoio e divelse dai cardini una porta dei gabinetti, poi strappò uno specchio dal muro (un dipendente della squadra disse: «Dal rumore sembrava che stesse distruggendo l'intera stanza»). Cinque giorni più tardi a Phoenix, Bryant giocò quattordici minuti, segnando il suo massimo in carriera: 16 punti con 5/8 al tiro. Durante un timeout O'Neal si lamentò con il nuovo arrivato perché non gli passava la palla.

«Fanculo» rispose Bryant. «Cerca di prendere il rimbalzo se io sbaglio, fratello». O'Neal schiumava di rabbia. Il 26 novembre, in seguito a una vittoria 100 a 88 a Philadelphia che portò il record della squadra a dieci vittorie e cinque sconfitte, Van Exel non riuscì più a contenere la rabbia. Aveva passato tutto il tempo in panchina, a parte novantatré secondi del quarto quarto, a guardare Fisher che guidava l'attacco, e la frustrazione fu troppa. Quando Scott Howard-Cooper del *Los Angeles Times* gli chiese se non si stupiva di aver giocato soltanto ventuno minuti in totale, Van Exel sbottò. «Non c'è nulla che mi stupisca, con l'allenatore che ci ritroviamo» disse. «Nulla».

«Che cosa vuoi dire?» chiese Howard-Cooper.

«Mi dice che si aspetta che sia il fulcro del campo, il quarterback, e poi mi tiene fuori» rispose Van Exel. «E io sto lì a chiedermi, tipo 'Che cosa posso fare?' Ma è lui l'allenatore. Bisogna seguire le sue regole».

I Lakers avevano troppo talento per essere una cattiva squadra. E non lo erano. Erano solo... be'... bravini. Il 28 novembre, un giorno dopo il suo sfogo contro Harris, Van Exel organizzò una riunione per soli giocatori in fondo all'aereo che li portava da Boston a Detroit. Quando furono tutti riuniti vicino ai gabinetti Van Exel – che aveva solo venticinque anni ma era il secondo per tempo di permanenza in squadra – cominciò a insistere che le cose dovevano cambiare. Non c'era comunicazione fra i giocatori. La rotazione di Harris era incoerente. La distribuzione del minutaggio non aveva senso. Si parlava di usare come ala piccola titolare Jerome Kersey, un veterano alla tredicesima stagione che ormai si reggeva a stento in piedi, e questo creava ancora più confusione. «Un sacco di compagni si stavano esasperando» disse Byron Scott. «Parecchi avevano dei sassolini da togliersi dalle scarpe».

Dato che gli incontri per 'parlarsi chiaro' vengono sempre (senza eccezioni) definiti un successo negli sport professionistici, anche quello fu decretato un successo (Van Exel: «Trovammo nuove energie»). Il pomeriggio seguente i Lakers sconfissero Detroit, poi vinsero sette delle otto partite seguenti. Eppure sembrava sempre che le cose non quadrassero. In una conversazione privata con un amico dei tempi di Orlando, O'Neal ammise che era stufo marcio di Van Exel e che gli mancava molto Penny Hardaway, il favoloso playmaker dei Magic. «Adesso ho capito di che cosa parlavano tutti» disse a proposito dei difetti di Van Exel.

L'unica cosa su cui i giocatori erano tutti d'accordo era che Harris era l'allenatore sbagliato al momento sbagliato. Nessuno lo detestava, soprattutto perché Del Harris è eminentemente impossibile da odiare. Ma dal primo all'ultimo, i Lakers lo consideravano rigido, privo di immaginazione e arido. La squadra si allenava esattamente quanto le altre ventotto dell'NBA, ma le interminabili conferenze dell'allenatore facevano sembrare eterna ogni sessione.

Il matrimonio Harris-Van Exel era particolarmente in crisi. L'ostilità non era del tutto nuova. Dopo l'ultimo anno di università a Cincinnati, Van Exel aveva partecipato a un campo pre-draft a Phoenix. Harris era presente all'evento come allenatore e durante le partite usava come playmaker primario Rex Walters, da Kansas. Van Exel rosicava in panchina. «Nick aveva molto più talento, ma non ascoltava mai» disse Harris. «Neanche allora. Si offese a morte. So che non l'ha mai dimenticato».

I due provenivano da ambienti diversi e avevano visioni diverse del basket. «Del aveva provato di tutto per andare d'accordo con Nick» raccontò poi Jones. «Ma Nick si era già fatto un'idea su di lui e non ci fu mai niente da fare. Nick non avrebbe mai battuto un cinque a Del, o fatto un colloquio con lui. Di solito un allenatore e il leader in campo collaborano in tutto. Ma non da noi». Durante un allenamento, Harris ebbe l'impressione che il suo playmaker non si stesse impegnando al massimo, che giocasse con lentezza e senza convinzione.

«Nick» gli chiese alla fine, «che cosa c'è che non va?»

Van Exel non ne volle sapere. «Senti, so quello che faccio, cazzo» rispose. «Lasciami in pace».

Harris era stato ordinato ministro del culto e aveva una laurea in studi religiosi. Imprecava con la stessa frequenza con cui si smaltava le dita dei piedi[12]. «Che cosa cazzo hai detto?» abbaiò il capo allenatore dei Los Angeles Lakers al suo playmaker titolare, poi gli diede una spinta alla spalla.

«Non provare mai più a toccarmi» rispose Van Exel. «*Stronzo*».

Nick Van Exel aveva appena dato dello stronzo a Del Harris?

«Ti spacco il culo, cazzo!» gridò Harris. «Togli quella faccia da cazzo dal mio campo!»

12 Cioè mai.

Van Exel andò a passo di marcia verso la porta, la aprì e poi se la sbatté alle spalle con un sonoro *slam!*

I giocatori erano senza parole.

«Penso che Del avesse guardato un sacco di tv e volesse provare a parlare il linguaggio da strada» raccontò poi O'Neal. «Devo ammetterlo: fu divertente».

Nonostante i problemi interni, i Lakers arrivarono alla sosta per l'All-Star Game con un record di trentacinque vittorie e tredici sconfitte, che valevano un vantaggio di due partite e mezzo sui Seattle SuperSonics nella Pacific Division e il terzo miglior record della Lega. Anche se negli spogliatoi erano in pochi a essere felici, Mitch Kupchak, il general manager, e Jerry West, l'executive vice president of basketball operations, erano entusiasti del lavoro di Harris. Quello che li entusiasmava di più era l'approccio a Kobe Bryant, la cui combinazione di impazienza e arroganza rendeva la vita difficile a tutti.

Dato che era molto giovane e altrettanto maldestro nelle relazioni sociali («Era nato senza un'antenna» disse Mark Heisler del *Los Angeles Times*), Bryant era incapace di prendere tempo, aspettare il suo turno, lasciare che la partita venisse a lui. «Non era pronto» ricordò Eddie Jones. «Era soprattutto una questione difensiva. Poteva segnare come i più forti, ma la parte più difficile della partita per i giocatori giovani è quella della difesa. Del non voleva che lui perdesse sicurezza e a quei tempi nella Lega le squadre emarginavano chiunque non sapesse difendere. Penso che Del abbia fatto un lavoro perfetto con Kobe».

Non passava quasi giorno senza che Bryant implorasse Harris o qualcuno degli assistenti per qualche minuto di gioco in più. Dalla panchina racimolava la miseria di quindici minuti e mezzo a partita e doveva stare a guardare le altre guardie tiratrici, sapendo di essere più bravo. Dopo gli allenamenti tormentava i compagni perché si fermassero e giocassero con lui ai dieci. Quegli scontri erano elettrizzanti, un inno ai numeri da circo che sfidavano la gravità. Bryant, però, ancora non capiva che le schiacciate a una mano negli uno contro uno non avevano nulla a che fare con il successo nel cinque contro cinque in NBA. Cinque anni prima i Miami Heat avevano sprecato una scelta al primo turno per una guardia dell'USC di nome Harold Miner, con un curriculum di schiacciate che lo aveva reso per un brevissimo periodo uno di cui tutti parlavano. Poi era arrivato nella Lega, pensando di potersi librare al di sopra delle masse, non aveva sviluppato nessun altra capacità ed era sparito come una meteora dopo aver giocato quarantasette partite da titolare in quattro stagioni. Harris non voleva che lo stesso destino toccasse a Bryant. «Kobe pensava di poter giocare da titolare da rookie, davanti a Eddie o Nick» disse Brad Turner, giornalista specializzato del *Riverside Press-Enterprise*. «Aveva quel genere di sicurezza in se stesso. Ma Del fu irremovibile».

Bryant implorava, Harris lo ignorava.

Bryant lo implorava di più, Harris lo ignorava di più.

«Una volta, da rookie, chiese a Del perché non poteva gestire lui qualche situazione in post, anziché Shaq» disse Heisler. «Proprio non ci arrivava».

All'inizio di dicembre Bryant non entrò in due partite su tre, fatto che lo umiliò profondamente. Ogni volta che toccava il pallone, la prima mossa di Bryant era sempre la stessa – metterla a terra e inventarsi qualche magata. Aveva funzionato magnificamente contro Julian Risco del liceo Devon Prep e Chad Hopenwasser del New Hope-Solebury. Ma in NBA era semplicemente spazzatura. «Ricordo di aver giocato contro Kobe per la prima volta in quella stagione e lo vidi arrivare palleggiando come un pazzo in mezzo alle gambe» disse l'ala dei Nets Kendall Gill. «Nick [Van Exel] mi guardò e alzò gli occhi al cielo. Come dire, 'Già, dobbiamo farci andar bene questa merda'». Quando Bryant aveva dei minuti di gioco, quasi sempre verso la fine delle batoste inflitte agli avversari, non era bello da vedere. Metà delle volte finiva nei raddoppi e come era successo nella Summer League continuava a ignorare i compagni per trovare occasioni di tiro per sé.

«Non sono mai davvero piaciuto a Kobe» disse Harris. «Sentiva che lo trattenevo, ed era vero, ma avevo i miei buoni motivi. Avrebbe voluto giocare tutto il tempo, non uscire mai dal campo». Nel corso di un momento particolarmente fastidioso, in cui Bryant si stava lamentando apertamente con i compagni, l'allenatore prese da parte quel ragazzino troppo cresciuto. «Senti» gli disse, «hai deciso tu di non giocare coi ragazzi dell'università e di competere con i grandi. È stata una tua scelta. E va bene. Ma io devo poterti trattare da uomo. Non posso insegnarti delle cose come a un ragazzino. Pensa di essere un pugile che vuole diventare campione dei pesi massimi. Non puoi accontentarti di un pareggio e prenderti la cintura. Devi buttare fuori qualcun altro. E adesso come adesso non sei pronto».

Un momento di sollievo da quella stagione piena di spine venne con l'All-Star Weekend, che si tenne a Cleveland l'8 e il 9 febbraio. Due Lakers (O'Neal ed Eddie Jones, che aveva una media di 17,2 punti segnati a partita) furono selezionati per la partita, ma Bryant – adorato dai riflettori – sarebbe uscito dalla Gund Arena come la star dell'evento.

Il sabato sera Bryant conquistò lo Slam Dunk Contest con un'incredibile esibizione di atletismo e stile. Per la schiacciata che gli garantì la vittoria, si lanciò a canestro, veleggiando nell'aria, si passò la palla in mezzo alle gambe e concluse con un windmill di destro in stile Dominique Wilkins. Dopo l'atterraggio andò verso la panchina dove erano seduti i partecipanti all'All-Star Game del giorno successivo e mostrò i muscoli, arricciando le labbra. Fu un gesto arrogante e assurdo, ma il pubblico lo adorò.

Un paio d'ore prima Bryant aveva giocato il Rookie Challenge nella squadra della Western Conference. Quella gara, al quarto anno di esistenza, fu un'ode ai talenti ultraterreni del draft del 1996. Quattro partecipanti (Bryant, Allen Iverson di Philadelphia, Ray Allen di Milwaukee e Steve Nash di Phoenix) sarebbero finiti nella Hall of Fame e negli anni successivi i sedici giocatori in campo avrebbero accumulato cinquantuno presenze agli All-Star Game. Per gli appassionati di passaggi, difese e basket intelligente e strategico quella partita fu come un pannolino sporco, ma per Bryant fu l'occasione per esplodere. Scatenò tutta la rabbia e la frustrazione represse in sei mesi di inattività e passò tutti i ventisei minuti (più di tutti gli altri) in cui fu in campo deciso a farsi notare. Segnò 8 su 17 dal campo e 13 su 16 ai tiri liberi. Anche se con 31 punti segnati fu il migliore in campo, la sua esibizione fu esattamente quello che Harris odiava in lui. Era affiancato da una fantastica giovane ala, Shareef Abdur-Rahim di Vancouver, ma sembrava divertirsi a ignorare i ripetuti inviti al post sotto canestro del giocatore dei Grizzlies per andare invece a cercarsi maldestri tiri da tre punti. Più tardi i compagni di squadra convennero che si era comportato in modo indegno. Hubie Brown, che commentava la partita per la TNT, alla fine esasperato da tanto egoismo dichiarò: «Kobe Bryant sta dimostrando un'incredibile energia, ma credo che dovrebbe provare a giocare con gli altri quattro tizi sul campo». Bob Neal, che commentava con lui, ridacchiò, ma l'esperto allenatore era mortalmente serio.

«Se non sai passare la palla» disse più tardi Brown, «non puoi avere successo a questi livelli».

***

La sera del 5 gennaio 1997, nel quarto quarto della partita che la sua squadra stava perdendo contro Boston 109 a 102, l'ala dei Phoenix Sun Robert Horry tirò un asciugamano in faccia al proprio allenatore.

Se oggi può sembrare quasi un gesto pittoresco, dati gli standard moderni di violenza nelle squadre, se torniamo indietro di due decenni quando pace, amore e armonia erano la parola d'ordine, vedremo che gli atleti professionisti non erano così pronti ad andare all'attacco. Era quasi un anno prima che Latrell Sprewell dei Golden State Warriors provasse a soffocare P.J. Carlesimo, quasi sette anni e mezzo prima che Ron Artest di Indiana si arrampicasse sugli spalti del Palace di Auburn Hills per malmenare un tifoso dei Detroit Pistons particolarmente molesto.

E quindi sì, buttare in faccia a Danny Ainge un rettangolo di stoffa cento per cento cotone non era uno scherzo.

Horry però si sentiva giustificato. Due volte campione NBA con gli Houston Rockets, cinque mesi prima era stato scambiato con Phoenix e aveva totalmente disprezzato l'operazione. Non gli piaceva la città, non gli piaceva giocare per Ainge e di certo non gli piaceva essere passato da una delle squadre di élite della Lega a una che aveva cominciato l'anno con 13 sconfitte consecutive. Horry era famoso per i tiri decisivi, ma come si fa a prendere tiri decisivi quando la tua squadra non si avvicina neppure lontanamente alla vittoria?

A 7:12 dalla fine della partita con Boston, in vantaggio per 89 a 84, Ainge sostituì Horry (che aveva appena tentato un tiro da tre punti che non era arrivato neanche vicino al canestro) con Rex Chapman. Tornando verso la panchina, l'ala aveva abbaiato una colorita serie di insulti verso l'allenatore. Alcuni compagni lo avevano allontanato ma Horry aveva continuato a insultarlo. Ainge, ex guardia dei Celtics noto per essere piuttosto duro, ribatté senza misurare troppo le parole. Horry rispose con, nelle parole dell'opinionista dell'*Arizona Republic* E.J.Montini, «una cascata di parolacce contro Ainge». Poi, senza preavviso, prese l'asciugamano che aveva al collo e lo sbatté in faccia ad Ainge. Infine voltò le spalle all'allenatore, che più tardi commentò: «Sono nell'NBA da quindici anni. Ho visto un sacco di episodi peggiori che hanno coinvolto giocatori molto più forti e con una reputazione migliore».

La mattina dopo l'*Arizona Republic* titolava HORRY AGGREDISCE AINGE. Che, per quanto un po' esagerato, era tecnicamente vero.

Appena la partita finì, Horry entrò nello spogliatoio dei Suns e fu rimproverato da Joe Kleine, centro veterano che aveva passato diversi anni a Boston prendendo lezioni di leadership da Larry Bird e Kevin McHale. «Sarò onesto: a Phoenix Rob non mi piaceva» ricordò Kleine. «Non credo che sia cattivo, ma non voleva essere lì ed era difficile da trattare». Sotto gli occhi degli altri giocatori, Kleine si infuriò dicendogli che le sue «stronzate da dilettanti» non si potevano vedere in NBA. Con i suoi due metri e undici per centosedici chili, con Kleine non c'era da scherzare. Guardò Horry, quasi aspettandosi un pugno in testa.

«Invece lui si scusò» ricordò poi.

Già. Horry si scusò con Kleine, con il resto della squadra e con Ainge. «Con l'allenatore, gli assistenti, con tutti» dichiarò ai media. Poi però, prima di essere sospeso per due partite, mentì ai giornalisti e disse che l'allenatore dei Suns si era preso una parte di responsabilità per quel litigio. «Non è vero» ribatté Ainge. «Capisco che Robert sia frustrato, ma io non ho mai detto una cosa del genere e non ho mai pensato neanche per un secondo che fosse colpa mia».

E questo praticamente fu tutto per Robert Horry a Phoenix. Jerry Colangelo, il general manager della squadra, cominciò a chiamare a raffica le altre ventotto squadre chiedendo un paio di pezzi di carne fresca in cambio di quel ventiseienne scontento. La risposta fu il silenzio radio. Anche quando era contento, Horry era considerato poco più che un discreto figurante. Ma chi avrebbe mai voluto accollarsi un giocatore con quel tipo di atteggiamento? Quel tipo di rabbia? Quattro anni prima Horry si era attirato il disprezzo di tutta la Lega per aver buttato a terra con una spinta Bob Kloppenburg, sessantaseienne assistente allenatore dei SuperSonics, per poi prenderlo in giro dicendo che era «un vecchietto».

Ed ecco che entra in campo Jerry West.

Jerry non si era mai tirato indietro davanti a un rischio e vedeva un possibile doppio vantaggio. Quanto Phoenix voleva liberarsi di Horry, tanto Los Angeles non vedeva l'ora di dare via Ceballos, che aveva segnato soltanto 10,8 punti a partita nelle ultime otto e la cui reputazione non si era mai ripresa da quando aveva abbandonato la squadra un anno prima per andare a fare sci d'acqua. West pensava che i tre rookie della squadra (Bryant, Fisher e il centro Travis Knight) avessero bisogno di modelli positivi e Ceballos era tutto il contrario. Inoltre, con la presenza di O'Neal, i Lakers non si sentivano più obbligati a sopportare le assurdità egoistiche del veterano, fra cui lo sguardo perso durante i discorsi di Harris a bordocampo e la distanza dai compagni quando era seduto in panchina. Una volta, in un momento che si commentava da solo, Ceballos aveva chiesto a Lawrence Tanter, l'annunciatore del Forum, che lo nominasse sempre per ultimo quando elencava i giocatori. «Da quando era stato selezionato per l'All-Star [nel 1995] era cambiato» disse Erikk Aldridge, assistente alle pubbliche relazioni. «Ced non pensava ad altro che a Ced».

Il 10 gennaio Los Angeles e Phoenix si scambiarono i problemi: Ceballos e il poco usato Rumeal Robinson vennero spediti a Phoenix in cambio di Horry e di (proprio lui) Kleine, l'unico dei Suns che aveva osato affrontare il compagno di squadra. «Stavo riportando a casa i bambini da scuola quando mi chiamò Ainge» disse Kleine. «Io a Phoenix ero felice. Non volevo andare a Los Angeles. Ero soltanto stato buttato sul piatto della bilancia e lo sapevo benissimo. Robert aveva bisogno di ricominciare altrove. Io no».

Nello spogliatoio dei Lakers la reazione fu di euforia repressa. Ceballos era insopportabile e viziato, non sapeva difendere e spariva spesso senza preavviso.

Horry, d'altro canto, era un ottimo tiratore dalla lunga (che aveva avuto per tutta la vita una media da 3 del 34%) e un ottimo difensore in post basso, che si univa a una squadra che aveva bisogno di tiratori dalla lunga e difensori in post basso.

Era uno scambio che dal punto di vista dell'NBA non attirò grande attenzione.

Ma fu uno scambio che cambiò tutto.

All'improvviso, invece di essere un tizio insopportabile che lanciava asciugamani in una squadra da undici vittorie e ventiquattro sconfitte che non andava da nessuna parte, Horry era diventato un elemento importante di una squadra di prima grandezza, con un record di ben diciassette vittorie in più rispetto alle sconfitte. Nelle prime quattro stagioni di NBA, tutte con i Rockets, Horry aveva imparato a giocare insieme a Hakeem Olajuwon, il centro nigeriano da due metri e tredici e centosedici chili. Sapeva che il suo compito era quello di vivere all'ombra di un lungo e che se Olajuwon segnava 30 punti e Horry 12, di solito significava che Houston vinceva. Ora, con i Lakers, era più che felice di riconoscere il posto di O'Neal al centro dell'universo del basket.

Horry debuttò con i Lakers il 14 gennaio, segnando 11 punti in ventisei minuti di gioco in una vittoria per 91 a 81 contro i tristi Grizzlies. Nei tre mesi che seguirono si dimostrò l'aggiunta perfetta a una squadra indirizzata nella giusta direzione. Collezionò in media 9,2 punti e 5,4 rimbalzi nelle prime ventuno partite e chiunque si aspettasse un piantagrane che lanciava asciugamani si sbagliava. Mentre Ceballos a Phoenix agitava uno spogliatoio già agitato, Horry piazzava stoppate, si rendeva utile in difesa e offriva perle di saggezza a Bryant, Knight e Fisher. In realtà molti di quelli che pensavano che Horry fosse una persona difficile non capivano che, dietro le quinte, la sua vita era un incubo.

Il 2 aprile 1994 la moglie Keva aveva dato alla luce la prima figlia della coppia, Ashlyn, che era venuta al mondo con la sindrome da delezione 1p36, causata dalla mancanza di una parte del cromosoma 1. Una parte della gola di Ashlyn, l'epiglottide, non era del tutto formata. Di conseguenza la piccola faticava a respirare e a deglutire. Visse per mesi al Texas Children Hospital e Horry molto spesso usciva prima dagli allenamenti con i Rockets per correre al suo capezzale. Dopo aver vinto il primo titolo NBA, nel 1994, mentre il resto degli Houston andava a festeggiare, Horry era tornato all'unità di terapia intensiva neonatale dove Ashlyn, che allora aveva tre mesi, era attaccata all'ossigeno.

«Non appena qualcosa andava storto, bum, correvamo là» disse Horry. «Certi giorni avevi soltanto voglia di sederti e metterti a piangere. Altri invece ti dicevi 'Be', Dio l'ha fatto per un motivo' e te ne facevi una ragione».

Lo spostamento da Houston a Phoenix era stato duro, sia perché aveva portato Horry da un castello merlato dell'NBA a un bagno chimico dell'NBA, sia perché lo aveva portato a 1.176 miglia da Keva e Ashlyn. La fama di delinquente viziato con un ego esorbitante era dolorosa, ma che cosa poteva dire? Che gli mancava sua figlia? Che non voleva stare lì? Che non era così facile cambiare ospedale? E sradicarsi?

A differenza dei Suns, i Lakers diventarono subito una famiglia per lui. Horry fu accolto a braccia aperte da Harris, la cui profonda fede e l'aderenza ai valori cristiani gli facevano vedere Horry non come un atleta ma come un essere umano. Dal primo giorno in cui lo aveva allenato, Ainge lo aveva considerato un giocatore litigioso e distaccato –, ma non ne aveva mai indagato i motivi. Harris sapeva la verità, e cioè che Horry stava soffrendo.

«Era davvero una grande persona» ricordò in seguito Harris. «Non si sa mai che cosa ne verrà fuori, quando si aggiunge un nuovo elemento a un gruppo. Ma Robert era professionale, attento… Proprio il tipo di persona che ogni squadra vorrebbe avere. Il giorno in cui ha preso la maglia dei Lakers, la squadra ha fatto un grande passo avanti verso l'anello. Era *davvero* importante».

Dopo cinque partite Harris inserì il nuovo giocatore nel quintetto iniziale e la transizione andò meravigliosamente liscia. Fra l'arrivo di Horry e la metà di febbraio, i Lakers contarono dieci vittorie e quattro sconfitte, guadagnandosi un vantaggio di mezza partita su Seattle nella Pacific Division.

Poi, il disastro. Prima, durante una partita contro i Timberwolves vinta per 100 a 84, O'Neal (che segnava una media di 26,1 punti a partita) si infortunò per un'iperestensione del ginocchio sinistro: sarebbe rimasto fuori per otto-dieci settimane. Meno di una settimana dopo, in una sconfitta contro Seattle, Horry si slogò il legamento mediale collaterale del ginocchio sinistro e fu dato per perso per sei settimane. I Lakers cercarono di rimpinguare la rosa offrendo a Golden State il centro Sean Rooks e una scelta al primo turno in cambio di Chris Mullin, ala e All-Star, ma l'accordo non venne concluso e il meglio che Los Angeles riuscì a fare fu spedire l'inferocito Kleine in New Jersey in cambio dell'ala piccola George McCloud, un veterano al settimo anno che arrivato al primo allenamento restò sbalordito. «Mettevo sempre i cerotti e le ginocchiere» ricordò. «E lo stavo facendo quando Eddie Jones mi dice 'No, noi non ci alleniamo così'».

McCloud non voleva crederci. «In che senso?»

«Noi siamo animali da partita, non da allenamento. Negli allenamenti ci andiamo piano».

Cosa?

«Era un gruppo bizzarro» disse McCloud. «Nick Van Exel era fuori di testa e fuori controllo. Shaq era molto divertente, ma era infortunato. Robert era infortunato. Eddie aveva talento ma era grezzo. Del era un brav'uomo, ma troppo gentile. Era troppo rilassato: con quel gruppo avrebbe dovuto essere duro e farli sentire responsabili, ma non ci riusciva».

Per McCloud il giocatore più affascinante dei Lakers era Bryant, l'unico membro della squadra che si fermava sempre dopo gli allenamenti per lavorare ancora. «Lo chiamavo 'Kid KO'» raccontò poi McCloud. «Voleva ucciderti». Quando Horry si infortunò, un rassegnato Harris fece entrare il diciottenne come guardia tiratrice titolare (Eddie Jones fu messo ala piccola e il nuovo centro fu Knight), poi – coprendosi gli occhi con le mani – guardò dispiegarsi tutti i difetti della gioventù. Bryant debuttò da titolare il 19 febbraio in una partita in casa contro Cleveland, e trascorse i successivi ventitré minuti segnando dieci punti, sperduto in una disfatta da 103 a 84. Lo *Star-Legend* di Newark coronò la battuta d'arresto con il titolo ORMAI I LAKERS PUNTANO ALLA SOPRAVVIVENZA, NON ALLE 60 VITTORIE.

L'esperienza di Bryant da titolare durò soltanto per quella partita. Finì al settimo posto in squadra per media di punti segnati (7,6 a partita) e fu sostituito dal veterano Jerome Kersey. Los Angeles lottò con le unghie e con i denti per sopravvivere al resto di una regular season in salita. Al rientro di O'Neal, l'11 aprile (24 punti e 11 rimbalzi in ventiquattro produttivi minuti di gioco) i Lakers erano a cinquantadue vittorie e venticinque sconfitte, ma erano in svantaggio di sette partite e mezzo rispetto a Utah nel ranking playoff della Western Conference. I Sonics, che con O'Neal e Horry in forma non avrebbero potuto reggere il confronto con Los Angeles, ora erano in testa alla Pacific Division e se i Lakers volevano provare ad avvicinarsi al titolo NBA per la prima volta in nove anni, avevano a disposizione soltanto il quarto posto.

«Pensavo che avessimo una possibilità» disse Corie Blount, l'ala di riserva. «Forse non una grande possibilità, ma comunque una possibilità. Avevamo soltanto bisogno che andasse tutto bene. Dovevamo essere furbi».

Come ci era arrivato?

È questa la vera domanda, no? Come era arrivato Kobe Bryant in un campo da basket di Salt Lake City, col pallone in mano e la stagione in forse?

Come ci era arrivato?

Fino a quel momento i playoff erano andati così splendidamente che perfino il più cinico tifoso dei Lakers stava ormai considerando la possibilità di arrivare in fondo. Al primo turno Los Angeles si era preparata ad affrontare una Portland in quinta posizione, che in regular season l'aveva battuta tre volte su quattro e i cui giocatori chiaramente non vedevano l'ora di misurarsi con O'Neal e compagnia.

Di conseguenza, quando i Lakers avevano vinto 3-1 senza nessun problema, perfino Harris, solitamente riservato, si era voltato verso gli spettatori della Rose Garden Arena di Portland e aveva gridato: «Addio, gente! È stato bello vedervi!»

Poi i Lakers se l'erano vista con gli Utah Jazz capolisti, il cui record di sessantaquattro vittorie e diciotto sconfitte rivaleggiava con quello di Chicago di sessantanove e tredici come miglior risultato dell'NBA. La stagione precedente i Jazz erano arrivati alle finali della Western Conference solo per soccombere a Seattle in una disastrosa Gara Sette. Ora quella stessa squadra, rinforzata dall'ala Karl Malone e dal playmaker John Stockton, nonché dalla panchina migliore della Lega, si aspettava di asfaltare i Lakers (anche se O'Neal e Horry erano in forma) e procedere alla conquista del suo primo anello NBA.

La serie di sette gare si aprì come previsto, con Utah che vinse in casa con un pesante di 93 a 77 e poi vinse ancora due giorni dopo, anche se con un margine molto inferiore (103 a 101 dopo un sanguinoso fallo di Malone su Van Exel non fischiato). «Sapevamo tutti di essere la squadra migliore» disse Adam Keefe, un'ala di riserva dei Jazz. «Ci bastava giocare come sapevamo e potevamo ragionevolmente aspettarci di vincere». Jerry Sloan, l'allenatore dei Jazz, aveva una strategia difensiva semplice ma d'impatto per battere i Lakers: lasciare a tutti un po' di spazio per tirare a parte O'Neal, che doveva soffrire come un cane. Il centro dei Jazz Greg Ostertag era un goffo e ottuso gigante di due metri e diciotto per centoventisette chili che non risparmiava gomitate, ginocchiate e pugni. Quando Ostertag non era in campo, la riserva Greg Foster non era da meno. «Dovevi correre e stancarlo» disse Foster. «La nostra strategia difensiva consisteva semplicemente nel correre come forsennati, saltargli davanti e impedirgli di passare. Costringerlo a fare più fatica di quanto volesse, finché non cominciava ad avere il fiatone».

In attacco, lo schema di Sloan era ancora più semplice. Con Stockton e Malone, Utah possedeva la miglior coppia di pick-and-roll della storia dell'NBA. Los Angeles con O'Neal possedeva uno dei peggiori difensori di pick-and-roll della storia dell'NBA. E quindi i Jazz non facevano che ripetere un pick-and-roll dopo l'altro, fino alla morte. «Per difendere contro il pick and roll bisogna raddoppiare o cambiare». disse Jones. «Shaq era enorme e si era appena ripreso da un infortunio. Non era abbastanza veloce e i Jazz si basavano esclusivamente su quello. Avremmo potuto inventarci qualcosa di meglio. Avremmo davvero dovuto farlo».

I Lakers tornarono al Forum per Gara Tre e davanti a 17.505 tifosi asfaltarono i Jazz per 104 a 84 in una meravigliosa ed entusiasmante esaltazione dell'atleticità e della fantasia. Kevin Modesti del *Los Angeles Daily News* scrisse: «Se volete divertirvi guardate Shaquille O'Neal, Nick Van Exel, Eddie Jones e Kobe Bryant. Sono i Lakers con le striscianti discese a canestro, le schiacciate vulcaniche e le triple spaziali». Harris finalmente concesse a Bryant dei minuti seri di gioco, convinto che il suo funambolismo potesse mettere in crisi la rigida rotazione di Utah, e i suoi 19 punti con 3/7 al tiro (centrò 13 tiri liberi su 14) trascinarono la squadra. «Avevano tutta l'energia» disse Stockton. «Avevano tutto, noi eravamo impotenti».

Nel corso della stagione Kupchak e West avevano lavorato per convincere Harris a concedere a Bryant più minuti di gioco. In generale erano entusiasti della sua gestione del ragazzo, ma sapevano anche che un diciottenne in panchina sarebbe diventato inquieto e forse anche depresso. «C'era decisamente una certa pressione per fargli fare esperienza» disse Harris più avanti. «E lo capivo. Non credo che fosse facile essere Kobe da rookie, un po' isolato, molto più giovane dei compagni». Contro i metodici Jazz, Bryant sembrava il coniglietto delle pile Energizer, ma all'ennesima potenza. Era più veloce, più rapido, più dinamico.

Los Angeles perse Gara Quattro in casa, una sconfortante battuta d'arresto 110 a 95 che ricordò ai tifosi dell'NBA che i Lakers non erano ancora materiale da vetta del campionato. Prima, a poco meno di due minuti dall'inizio del primo quarto, Harris aveva fatto uscire Van Exel e visto il proprio playmaker dare un calcio a una sedia e avviare con il capo allenatore un'animata discussione a bordocampo, accompagnata da vigorosi gesti delle braccia. Più tardi Harris spiegò ai giornalisti che aveva sostituito Van Exel con Bryant per mandare un messaggio a Campbell –, una scusa assurda che fece sbottare Van Exel davanti ai media: «E voi ci credete? Ero in campo, ho sentito lo squillo e sono uscito. Lui è l'allenatore, lui prende sempre le decisioni giuste».

Due giorni dopo i Lakers e i Jazz tornarono a Salt Lake City sul campo del Delta Center per Gara Cinque. Per arrivare alle finali della Western Conference, Los Angeles doveva vincere le successive tre partite («È una sfida» aveva detto O'Neal, «e io adoro le sfide»), il che sembrava meno realistico di una spedizione umana su Plutone. I Jazz erano semplicemente la squadra migliore: avevano più esperienza, erano più uniti e più abili, ed erano allenati meglio (Jerry Sloan, alla nona stagione da capo allenatore di Utah, sembrava avere una contromossa adeguata per ogni soluzione tentata da Harris).

La partita cominciò alle sette e mezza di sera e dopo che Utah guadagnò un vantaggio di 53 a 45 all'intervallo sembrava scontato che i fragili Lakers avrebbero optato per un'ordinata ritirata. Però non lo fecero. Van Exel, playmaker titolare nonostante le bizze, reagì con ferocia e sfidò direttamente Stockton, mettendo a segno 26 punti e 4 assist. O'Neal, esasperato dalla fisicità di Ostertag, aggiunse 26 punti e 13 rimbalzi. Con Byron Scott infortunato per una distorsione alla caviglia Harris chiamò Bryant dalla panchina nella speranza che il rookie fosse all'altezza del momento topico.

I risultati furono ambivalenti. Nel quarto quarto Los Angeles risorse dalle nebbie dell'aldilà recuperando 10 punti e pareggiando a quota settanta a 8:01 minuti dalla fine. Però quando O'Neal – che cercava di bloccare Malone nell'area dei tre secondi – fece fallo a 1:46 dal termine, con Horry espulso da un pezzo per fallo personale contro Jeff Hornacek, Harris fu costretto a escogitare in fretta un'altra strategia offensiva. Aveva diverse opzioni: Van Exel, fulmineo e letale cecchino da tre punti; Eddie Jones, che non stava giocando particolarmente bene ma aveva uno dei migliori passi di partenza nell'intera Lega e Jerome Kersey, un po' acciaccato dagli anni ma un giocatore che ai tempi d'oro di Portland segnava una media di 24,8 punti a partita. «Avevamo moltissimo talento» ricordò Jones. «Non eravamo ancora la squadra migliore. Ma non ci mancavano certo uomini capaci di infilare il pallone nella retina».

Per questo ciò che seguì fu così sbalorditivo.

A quaranta secondi dalla fine, Stockton si ritrovò marcato da Bryant appena fuori dalla linea dei tre punti. Un anno prima, quel ragazzino ora incaricato di tenere sotto controllo il miglior playmaker dell'NBA era al ballo di fine anno del liceo. E fra l'altro, diamine, non era tanto bravo in difesa manco al Lower Merion. Stockton si leccò le labbra, fece un passettino e si lanciò a sinistra, superando il rookie e procedendo indisturbato con un layup che portò la sua squadra a 89 punti. Non fu semplicemente una cattiva difesa in un momento critico, fu una difesa *inesistente* in un momento critico.

Però, se Bryant non era pronto per quel momento, l'allenatore non se ne era reso conto. Qualche tempo prima Harris aveva avuto un colloquio con il rookie per sentire come andavano le cose. Quello che intendeva con la sua domanda era se si era ambientato a Los Angeles e con i compagni più grandi di lui, se riusciva a orientarsi in città. Ma Bryant non era il tipo da mettersi a parlare di quegli argomenti. Non gli interessavano le chiacchiere. Senza battere ciglio aveva risposto: «Coach, se fa uscire Shaq dall'area dei tre secondi e mi dà la palla, nell'uno contro uno batterò chiunque nella Lega». Era una risposta assurda, ma in qualche modo dava la misura della sua sicurezza.

I Lakers ripresero il possesso di palla a 11,3 secondi dalla fine e il punteggio si attestò sull'89 pari. Durante un time out Harris girò lo sguardo sui giocatori riuniti in cerchio e decise che l'uomo a mettere le mani sul pallone sarebbe stato l'inaffidabile, immeritevole e inesperto Kobe Bryant. Ricevette il passaggio da Campbell e cominciò metodicamente a palleggiare sul campo. Tre volte con la destra. Due volte con la sinistra. Destra. Destra. Destra. Il tempo passava. A 6,5 secondi dalla fine, Bryant si portò a metà campo. Bryon Russell, l'ala piccola di Utah, gli si parò davanti, flettendo le gambe pronto a saltare. Van Exel, a sinistra di Bryant, batté due volte le mani. Senza particolare entusiasmo, così tanto per fare.

A 4,2 secondi dalla fine, Bryan si spostò a destra e cominciò a palleggiare verso l'area dei tre secondi, dove lo aspettavano Russell e un Hornacek ormai esausto. Van Exel era sulla linea dei tre punti e non poteva essere in posizione più aperta. A fondocampo, Campbell non poteva essere in posizione più aperta. Jones, fuori dalla linea dei tre punti vicino alla panchina dei Lakers, era tutto solo. In realtà, quando si era discusso del possesso di palla, Harris aveva insistito perché Bryant passasse a Jones. «Quello schema doveva essere per me» ricordò Jones anni dopo. «C'è questo mito che nessuno di noi volesse il pallone, ma non è vero. Io ero pronto a tirare, volevo tirare. Ma Kobe aveva il suo piano». Bryant spinse fino all'area dei tre secondi, poi si fermò, si piantò a quattro metri e venti dal canestro e piazzò un tiro in sospensione sopra Russel che salì... salì. salì...

E non trovò altro che aria.

Malone prese il rimbalzo sul finire del tempo. Scattarono i tempi supplementari.

«Fu un momento veramente assurdo» disse Stephen Howard, un'ala dei Jazz. «Avete un ragazzino appena uscito dal liceo e gli affidate tutte le speranze della squadra contro Bryon, il nostro miglior difensore. È *davvero* questo il vostro schema?»

I tempi supplementari cominciarono bene. Senza O'Neal Campbell vinse la palla a due e il pallone finì a Bryant che – dopo una breve pausa di indecisione – scaricò su Van Exel. Il playmaker fece una finta, superò Stockton, non vide Jones che era libero e cominciò a tirare, poi sentì Bryant, libero, che chiamava il pallone da dietro la linea dei tre punti. Van Exel passò a Bryant che piegò le ginocchia, abbassò le spalle e – senza giocatori di Utah a meno di un metro e mezzo – lanciò un tiro che salì... salì... salì...

E non trovò altro che aria.

Di nuovo.

«Colpa mia... colpa mia» borbottò mentre lo stadio tutto esaurito gridava entusiasta *Aiiirr ballll... Aiiirr ballll.*

Harris, che camminava nervosamente a bordocampo, batté le mani automaticamente, con aria esasperata. E così fecero gli altri Lakers. Ancora una volta, Jones era convinto che avrebbe ricevuto il pallone. «Voglio dire, doveva essere mio» ricordò. «Sarei stato ben felice di prendermi la responsabilità di tirare. Ma... Kobe». Non aveva senso. Anche l'ultimo uomo della rosa, il centro rookie Travis Knight, aveva giocato partite importanti nei quattro anni all'Università del Connecticut. Perché quando la pressione saliva alle stelle era Kobe Bryant a tirare?

«Perché cazzo devi tirare tu?» chiese la riserva dei Lakers Corrie Blount. «Questa era la mia opinione. Dovevano essere Eddie o Nick, non Kobe. Nessuno si aspettava che fosse Kobe a tirare, perché nel flusso della partita la palla passa di qua e di là ma poi ti aspetti che ti ritorni. Poi invece la vedi in aria e poi tutti pensano 'Merda, ha tirato un'air ball'. Sapevamo di non poter controllare la sua volontà di giocare, ma... che cazzo».

«Kobe aveva un gran talento» disse Knight. «Ma in quel momento non era granché nei tiri in sospensione. Sicuramente non era il giocatore giusto a cui affidare quei tiri».

Nei successivi 3:09 i Jazz si portarono in vantaggio per 96 a 93 e mancavano solo quarantacinque secondi alla fine quando Van Exel passò di nuovo a Bryant, che si trovava mezzo metro dietro la linea dei tre punti. «Eravamo in panchina a ripetere 'Passala di nuovo a Kobe'» ricordò Howard. «'Ti prego, passala di nuovo a Kobe'». Se avesse guardato verso destra, anche soltanto per un secondo, Bryant avrebbe visto un Van Exel perfettamente libero. Invece saltò, allungò il braccio destro e sparò un tiro che salì... salì... salì... salì...

E non trovò altro che aria.

Sean Rooks, il centro di riserva che si trovava dietro il canestro, si girò per incenerire Bryant con lo sguardo. Bryant, che stava tornando in difesa, si leccò le labbra e guardò fisso davanti a sé.

«Quando tiri un'air ball di solito strisci a nasconderti» disse Howard. «Lui invece continuava a tirare».

Sicuramente a quel punto Bryant aveva finito.

Sicuramente a quel punto Bryant aveva imparato la lezione.

I Lakers recuperarono il possesso di palla per un'ultima occasione. Van Exel attraversò il campo e si trovò davanti Stockton e Russell. Si spostò a sinistra e poi passò a Bryant facendo rimbalzare il pallone a terra (quando gli chiesero perché continuasse a passare a Bryant, Van Exel disse: «Era un mio compagno di squadra ed era libero. Che altra scelta avevo?»). Jones era solo nell'angolo e aspettava un pallone che non arrivò. A sette secondi dalla fine, con Hornacek in avvicinamento, Bryant lanciò un tiro che salì... salì... salì...

E non trovò altro che aria.

Sulla panchina di Utah, Howard fece un'espressione sbalordita e incredula e Foster e Chris Morris batterono il cinque. I Jazz andarono avanti, i Lakers tornarono a casa.

E Kobe Bryant era... *cosa?*

Mentre i giocatori di Los Angeles uscivano dal campo, Bryant sentì un braccio pesante sulla spalla. Era O'Neal, che più tardi negò che Jones volesse l'ultimo tiro («Nelle situazioni difficili si immobilizzava e poi faceva finta di niente»). O'Neal era stato il centro della squadra di Orlando quando era stata asfaltata da Houston nelle finali NBA del 1995 e sapeva che cosa significava una pubblica umiliazione. «Guarda tutte queste persone che ridono di te» disse a Bryant. «Un giorno gliela faremo vedere. Non ti preoccupare. Un giorno tutti grideranno il tuo nome. Prendi questo momento e impara». Quelle parole che volevano essere consolatorie erano un tentativo del giocatore chiave della squadra di agire come un leader. Ma per il giovane giocatore non contavano un granché. Bryant non aveva bisogno di consolazioni.

Quella sera i Lakers tornarono a casa per una lunga pausa estiva di recupero e introspezione.

La mattina dopo Kobe Bryant era in palestra.

Ad allenarsi nei tiri in sospensione da quattro metri.

6
Caccia alla Volpe

Tenendo conto che i Los Angeles Lakers erano una squadra che poteva vantare un fenomeno globale come centro, una guardia adolescente con vagonate di potenziale, un quintetto iniziale sotto i ventotto anni e un trionfo al primo turno dei playoff, dopo il disastro da quattro air ball contro Utah c'era parecchia confusione.

Tanto per cominciare, a causa dello scambio con McCloud i Lakers avevano ceduto a New Jersey la scelta al primo giro del draft, lasciando alla squadra due scelte al secondo giro che furono esercitate sul centro di Gonzaga Paul Rogers e sulla guardia di Louisville DeJuan Wheat, che insieme avrebbero giocato un totale di zero partite in stagione regolare.

Secondo, perdurava l'incertezza sulla possibilità che il matrimonio fra Nick Van Exel e Del Harris potesse continuare. Il playmaker considerava l'allenatore antiquato e inefficace, logorroico (troooppo logorroico) e incapace di tenersi al passo con il ritmo del gioco. Nel tempo che Harris impiegava per spiegare uno schema difensivo Van Exel poteva fare tre telefonate, guardare la terza stagione completa di *Beverly Hills 90210* e mangiare mezza torta alle noci pecan. Una volta, quando gli andò via la voce, Harris tirò fuori un videoregistratore e costrinse la squadra a guardare una sua conferenza di trenta minuti sulla difesa. «Quei discorsi infiniti facevano impazzire Nick» disse Corie Blount. Harris, da parte sua, anelava all'approvazione di Van Exel. «Ci tenevo molto a piacergli» disse anni dopo. «Ma non credo di esserci mai riuscito». Su questo aveva ragione. Van Exel non poteva proprio sopportarlo.

Terzo, ci fu la partenza di Byron Scott, guardia di esperienza che aveva accettato un contratto di due anni al Panathinaikos Athletic Club per giocare in Grecia. Anche se segnava soltanto 6,7 punti a partita, Scott era stato il mentore ideale per la nidiata di giovani di Los Angeles. Se ne andò anche Jerome Kersey, l'altro guru da panchina, che aveva firmato un contratto da free agent con Seattle.

E quarto, *c'era Bryant.*

Nella storia del basket professionistico sarebbe stato molto difficile trovare un giocatore che avesse – *mai* – tirato quattro air ball in una sola partita, senza contare che erano tutti avvenuti negli ultimi secondi di un match decisivo nei playoff. Nel 1976 la prima squadra del liceo Rancho Cotate (California) era stata fatta a pezzi dal giornale locale per aver tirato quattro air ball *in totale* nella seconda metà di una partita persa contro il Casa Grande. Il 3 dicembre 1982 i New York Knicks avevano tirato quattro air ball in una partita contro Washington, perdendola 105 a 98. Bernard King ne aveva tirati due, Truck Robinson uno ed Ernie Grunfeld l'altro.

Ma un unico giocatore? Incredibile.

Quello che lasciava perplessi i giocatori dei Lakers era che Bryant, invece che mostrare rimorso o titubanza, mostrava soltanto arroganza e resilienza. Non chiese mai scusa ai compagni, non accettò mai la colpa della sconfitta e non riconobbe mai che forse (ma forse) avrebbe potuto passare a Eddie Jones o a Van Exel, che erano liberi. Il momento in cui ci arrivò più vicino fu durante una chiacchierata con Kevin Modesti del *Los Angeles Daily,* quando disse «La squadra contava su di me e io non l'ho aiutata».

A causa della giovinezza e dell'inesperienza, Bryant partecipò per un'altra stagione alla Fila Summer Pro League, dove fra i compagni di squadra dei Lakers c'erano Wheat e Rogers, una guardia rookie proveniente da Tulsa di nome Shea Seals, l'ex stella di Georgia Tech James Forrest, l'ex talento di Texas Tech Jason Sasser e, forse la presenza più interessante, Jimmy King, che cinque anni prima era diventato famoso come membro del gruppo 'Fab Five' di matricole dell'università del Michigan.

Neanche lontanemante del calibro delle tre stelle dei Wolverine (Chris Webber, Juwan Howard e Jalen Rose), aveva comunque trascorso quattro produttivi anni ad Ann Arbour, e all'ultimo anno aveva segnato la media punti migliore della squadra, con14,7 a partita, per poi essere scelto da Toronto al secondo giro del draft del 1995. La sua carriera in NBA non era un granché: in totale sessantaquattro partite con i Raptors e i Denver Nuggets, in cui aveva totalizzato una media di 4,5 punti e 1,8 rimbalzi a partita. La maggior parte della stagione 1996-97 di quella guardia da un metro e novantasei si era svolta a Moline, in Illinois, con i Quad City Thunder della Continental Basket Association.

Comunque, nonostante il tempo che era passato e i risultati mediocri di King, Bryant continuava a vederlo soprattutto come un membro dei 'Fab Five', sempre con quella larga maglietta gialla e blu, e quegli ancora più larghi pantaloni gialli e blu, con la testa rasata e i tifosi adoranti al seguito, accompagnati dal flash di mille macchine fotografiche.

Quando cominciarono gli allenamenti della squadra estiva, il 12 luglio 1997, Bryant guardò King e, invece di vedere un ventiquattrenne che cercava di guadagnarsi un invito al ritiro della squadra, vide un rivale scintillante che voleva impossessarsi di qualcosa che non gli competeva. «Kobe era un animale» ricordò poi Forrest.

Fu terribile. Bryant si divertiva a insultare King in tutti i modi, criticando il suo modo di giocare, la sua virilità, la sua storia, la sua carriera. Era uno stronzo, un finocchio, una troia. «Fai dei tiri di merda!» gridò Bryant durante un riscaldamento, e per quanto fosse vero (nella sua unica stagione in NBA King completò il 43% dei tiri dal campo) sembrava anche del tutto gratuito. «Qualsiasi cosa facesse Jimmy, per Kobe era uno scontro» disse Ace Custis, una ex stella di Virginia Tech e membro della squadra estiva. «Kobe attaccava Jimmy e andava tutto storto. Era diventata una gara di insulti, Kobe lo sfidava ai tiri in sospensione, Jimmy sbagliava, e Kobe lo sfidava a tirarne altri. Non era bello da vedere, ma se cercavi qualcuno dotato di spirito competitivo, Kobe era il tuo uomo».

«Gli diceva 'Io ho firmato una scarpa!'» raccontò poi Forrest. «Non me lo dimenticherò mai».

King era uno dei giocatori più popolari della squadra estiva e rifiutò lo scontro diretto con Bryant, senza rispondere agli insulti. All'università aveva giocato con Webber, che notoriamente era molto permaloso, e sapeva riconoscere l'insicurezza quando la vedeva. In realtà era rimasto sbalordito per due motivi, arrivando ai primi allenamenti dei Lakers: «Primo» ricordò «tutti ignoravano Kobe quando entrava negli spogliatoi. E secondo, nessuno gli rivolgeva la parola. Mai. Era molto strano. Aveva dei problemi relazionali? Sì. Quindi cominciai a parlargli per aiutarlo ad andare d'accordo con gli altri. Ne aveva bisogno».

L'anno precedente l'allenatore di Bryant nella Summer League era stato Larry Drew, l'assistente allenatore dei Lakers. Questa volta, nel tentativo di lavorare direttamente con il ragazzo in partita, era venuto Del Harris in persona. Era un'occasione di trascorrere più tempo con Bryant, e Harris vide cose che gli piacquero molto e cose che gli piacquero molto meno. Bryant era arrogante, Bryant era tenero. Bryant non passava mai la palla, Bryant era educato («Sì, signore, no, signore» ricordò Harris. «Un bravo ragazzo»). Bryant desiderava ardentemente essere il nuovo Michael Jordan, ma gli mancavano la consapevolezza e la disponibilità, appunto, a passare la palla. «Era il giocatore peggiore possibile da avere in squadra, se volevi creare un gruppo» disse Wheat. «Io ero il playmaker, il mio compito era quello di distribuire il pallone. Ma appena cominciavo a palleggiare Kobe strillava 'A me, a me!' Che senso aveva? Il pallone era suo, era impossibile farsi notare».

A differenza dei suoi giocatori, Harris aveva apprezzato l'apparente indifferenza di Bryant ai quattro air ball di Salt Lake City. Aveva allenato un bel po' di star dell'NBA, da Sidney Moncrief e Moses Malone a Jack Sikma e Terry Cummings, e se avevano una cosa in comune era la memoria corta. Nelle otto partite della Summer League Bryant mise a segno una media di 20,9 punti e 5,6 rimbalzi a partita. Restava un giocatore difficile e innamorato del pallone, ma la sua presunzione era accompagnata da una convinzione sincera. Nel 1996 i compagni di squadra sentivano che Bryant fingeva spavalderia per nascondere l'ansia. Adesso, con una stagione alle spalle, l'ansia era svanita.

«Non avevo mai visto un ragazzo di quell'età tanto sicuro di sé» ricordò Seals. «Quando tirava, non aveva dubbi che il pallone sarebbe entrato. Nessun dubbio».

Per la prima volta in nove anni i Lakers evitarono le Hawaii e organizzarono il ritiro al College of the Desert, a centotrenta miglia nel Palm Desert. Quando i venti convocati si presentarono, il 3 ottobre, vennero nuovamente accolti da un contorto discorso di Harris, che voleva raccontare a tutti di questo e quello...

«Grazie a Del mi sono fatto gli addominali» ricordò Shaquille O'Neal ridendo. «Avevo la mania dei sit up e riuscivo a farne mille prima che finisse di parlare. Credo che siano molti i giocatori ad avere un disturbo dell'attenzione, come me. Abbiamo bisogno di istruzioni rapide: bum bum bum, fatto. Ma Del non era così».

Quando non stava parlando, Harris poteva guardarsi intorno e apprezzare la squadra che Jerry West e Mitch Kupchak avevano messo insieme. O'Neal era in forma, Bryant meno acerbo, Van Exel sembrava incredibilmente di buon umore ed Elden Campbell era nella forma migliore della sua carriera. Horry, che si era ripreso perfettamente dalla distorsione al ginocchio sinistro, era forse il migliore tiratore da lunga distanza della Lega e Jon Barry, guardia veterana con cinque anni alle spalle, aveva segnato una media di 4,9 punti a partita dalla panchina di Atlanta. Era il complemento perfetto per Jones.

Durante uno dei primi allenamenti, O'Neal stava palleggiando per divertimento quando Bryant provò a rubargli la palla. Le due star si scontrarono con violenza e ricaddero in direzioni opposte. «Come, niente fallo?» gridò O'Neal.

«Passa il pallone, cazzo» rispose Bryant. «Non sei tu la guardia».

I compagni se la godevano. L'intensità era palpabile.

«Le aspettative erano sull'anello, niente di meno» ricordò Barry. «Non ero mai stato in una squadra con quel livello di adrenalina. Sembrava che tutti i pezzi fossero al loro posto».

Soprattutto con l'aggiunta più improbabile di tutte.

Non avrebbe dovuto finire ai Lakers.

Ai Knicks? Certo...

Ai Pacers? Perché no...

Ai Pistons, ai Sonics, ai Kings, ai Warriors, ai Bucks? Sembrava tutto fattibile.

Ma Ulrich Alexander 'Rick' Fox, con la maglia dei Lakers?

Neanche in un milione di anni.

Fin da quando, uscito dall'università del North Carolina, era stato preso da Boston con la ventiquattresima scelta nel draft NBA del 1991, Fox – suscettibile, attaccabrighe, sempre pronto ad assestare gomitate nel mento – sembrava perfetto per la divisa bianca e verde dei Celtics. Era approdato nella squadra di Larry Bird e Kevin McHale e si era crogiolato nella leggenda. «Larry era una persona assolutamente straordinaria» ricordò poi Fox. «Non gli importava affatto il suo stato fisico. Lui andava avanti, per pura forza mentale. Anch'io volevo essere così». Fox si considerava il suo successore, il protettore di una dinastia comparsa cinque volte nelle Finals degli anni Ottanta.

Però, quando le superstar precipitarono nell'abisso (Bird si ritirò dopo la prima stagione di Fox, McHale un anno dopo) sbiadirono anche i sogni di gloria di Fox. L'assenza delle stelle, combinata con scelte terribili al draft (dove sei finito, Gerald Paddio?) e allenatori incompetenti, portarono a una caduta rovinosa e la squadra del 1996-97 aveva segnato un record di quindici vittorie e sessantasette sconfitte, il peggiore nei cinquantun anni di storia della franchigia. Il lato positivo era che Fox era capitano, che aveva giocato da titolare settantacinque partite e che aveva segnato il suo record personale di punti a partita, 15,4. Il lato negativo era che era tutto tremendo.

«Dio, facevamo davvero schifo» disse Fox. «In pratica ero il capitano del *Titanic* e la nave stava affondando. Per tutto l'anno il nostro allenatore e general manager [M.L. Carr] ci aveva massacrato di allenamenti e questo mi stupiva, perché eravamo tutti esausti. Insomma, stava cercando di distruggerci in modo che facessimo schifo e che la squadra ottenesse la prima scelta al draft successivo. Faceva giocare i migliori per tre quarti della partita e poi ci faceva uscire quando stavamo recuperando. Io restavo senza parole. ‘Perché lo stiamo facendo?’ Poi ci sono arrivato: quell’anno Tim Duncan sarebbe uscito da Wake Forest. Era tutto per accaparrarsi Tim».

Nonostante tutto, Fox era un Celtic e quindi, quando Boston rimpiazzò Carr con l’ex allenatore dell’università del Kentucky, Rick Pitino, fu entusiasta di sentirgli dire: «Rick, tu sei un Boston Celtic e voglio costruire la squadra su di te».

Era un lunedì. Due giorni più tardi Pitino (che faceva anche da general manager) e Fox si accordarono per un contratto di sei anni a 33 milioni di dollari. Era più di quanto un ragazzo cresciuto alle Bahamas, fissato con il sogno americano avrebbe mai potuto immaginare. Rick Fox avrebbe vissuto da giocatore dei Boston Celtics, pagato profumatamente, sotto la guida di quello che presumibilmente era l’allenatore migliore in circolazione.

Oppure no.

Anche se Boston aveva chiuso la stagione 1996-97 con il peggior record dell’NBA, la lotteria del draft assegnò la prima scelta in assoluto a San Antonio. Quindi invece di accaparrarsi Duncan, una delle miglior promesse sotto canestro degli ultimi tre decenni, i Celtics usarono la terza scelta in assoluto per Chauncey Billups di Colorado, un playmaker da un metro e novantuno in cerca di occupazione. Pitino era convinto che alla squadra servisse soprattutto una solida presenza sotto canestro e quindi, subito dopo aver promesso a Fox quei trentatré milioni, prese un volo per la California e andò a incontrare Travis Knight, il rookie dei Lakers, che come riserva di O’Neal aveva totalizzato una media di 4,8 punti e 4,5 rimbalzi a partita. Boston gli offrì un contratto di sette anni a 22 milioni di dollari e lui non poté rifiutare. «Adoravo far parte dei Lakers, ma erano più che a posto con Shaq» ricordò Knight. «Io avevo bisogno di sicurezze».

Pitino, non certo un modello di etica professionale, chiese a Knight di mantenere il segreto per qualche giorno, finché non avesse fatto firmare Fox e perfezionato le cifre del tetto salariale. Però trapelarono delle indiscrezioni (KNIGHT VA AI CELTICS, titolava il *Los Angeles Daily* l’8 luglio) e Pitino ricevette una telefonata da Davis Stern, il commissario dell'NBA, che gli disse che Boston non poteva tenere sia Fox che Knight e che doveva smettere di provare ad aggirare i regolamenti della Lega.

Ignaro dei problemi finanziari, il lunedì successivo Fox si svegliò, andò a farsi tagliare i capelli e si preparò per la conferenza stampa al Boston Garden che avrebbe annunciato il suo ritorno. Ricevette una telefonata dal suo agente, Bill Strickland.

«Rick, sono Bill».

«Ehi Bill. Sono entusiasta di andare alla conferenza stampa. Come stai?»

«Non benissimo».

«Perché?»

Silenzio.

«Rick» disse poi Stickland, «ti hanno lasciato fuori».

«Cosa?»

«Rick Pitino ha rinunciato al tuo contratto e hai perso i Bird Rights».

«Che cos'è che ho perso?»

I Bird Rights, diritti che prendono il nome da Larry Bird e sono noti anche come 'Qualifying Veterans Free Agent Exception', consentono a una squadra di superare il tetto salariale dei 26,9 milioni di dollari per mantenere un giocatore che sia rimasto nella squadra per più di tre anni. Però, per poter mettere sotto contratto altri free agent (Travis Knight, per esempio) la squadra deve rinunciare a quei diritti.

Ed era questo che avevano fatto i Boston Celtics, senza prendersi la briga di comunicarlo al proprio giocatore.

«Ero inferocito» disse Fox. «Oramai i giochi della stagione erano fatti e le squadre non avevano soldi per i free agent. Quindi invece di guadagnare trentatré milioni, ormai ero disponibile per un milione. Il che mi rendeva il free agent più appetibile sul mercato».

In breve Fox – che aveva ricevuto richieste da quindici squadre – era partito per un giro forsennato di provini, con i Knicks, gli Hawks, i Rockets e i Lakers. Come O'Neal, si era già cimentato con la recitazione e aveva ottenuto un ruolo fisso come carcerato nella serie drammatica della HBO *Oz*, e aveva interpretato anche una star del basket nel film *Eddie* con Whoopi Goldberg. Aveva la bellezza e il carisma da red carpet, e Hollywood lo amava. L'idea di traslocare a Los Angeles era allettante.

«Chiamai il mio agente e gli dissi che avevo scelto i Lakers» ricordò Fox. «Avrei guadagnato soltanto un milione, ma era una squadra in ascesa in una città favolosa».

Strickland chiese al cliente di tenersi forte. I Cleveland Cavaliers avevano chiamato all'ultimo minuto. Avevano bisogno di un'ala piccola titolare e potevano offrire venti milioni per quattro anni.

«Ma Clevelend fa schifo» disse Fox, riferendosi sia alla squadra (che nel 1996-97 aveva totalizzato quarantadue vittorie e quaranta sconfitte) che alla città (che una volta era stata classificata al primo posto fra le metropoli più pericolose degli Stati Uniti da CBS News).

«Ma sono un sacco di soldi» rispose Strickland.

«Bill» disse Fox «digli che se sono disposti a pagare quarantadue milioni andrò a Cleveland. Altrimenti vado ai Lakers».

Rick Fox andò ai Lakers.

Ci sono combinazioni buone e combinazioni fantastiche. Fin dal primo giorno quella di Fox e dei Lakers fu la combinazione perfetta. Firmò ufficialmente il contratto il 26 agosto e si presentò al ritiro una settimana più tardi. La differenza di talento fra i Celtics e i Lakers era grande quanto la tenuta da tremila metri quadri di O'Neal a Orlando, e Fox era entusiasta di unirsi a una squadra che lo considerava, nelle parole di Jerry West, «il pezzo mancante».

«Non so dirvi quanto valore la versatilità di Rick porterà alla squadra» dichiarò West. «Credo che adesso abbiamo tutti i pezzi al loro posto».

Fin dall'inizio, la più grande conquista di Rick fu quella di fare uno sforzo – sincero e convinto – non solo di capire Bryant, ma di aiutarlo. Se il ritiro alle Hawaii del 1996 era stato duro per il rookie, anche a causa dell'infortunio al polso, il 1997 al College of the Desert fu una variazione sul tema dei *revenge movies*: *Kobe Bryant: l'impero colpisce ancora.* Aveva trascorso la pausa estiva ad allenarsi, e non solo. Prima della stagione di esordio aveva assunto Joe Carbone, un ex sollevatore di pesi professionista, facendolo trasferire da Monsey, New York, a Los Angeles, per seguirlo come personal trainer a tempo pieno. Alla fine della stagione regolare Bryant si ributtò a pesce negli allenamenti. Senza un giorno di pausa. Senza concessioni per un gelato o una fetta di torta. Dieta stretta, orari precisi, rigidità su tutto. «Applicai un programma di prim'ordine per il sollevamento pesi» ricordò Carbone. «Dopo la sala pesi si allenava ai tiri per un paio d'ore, poi correva e faceva esercizi di agilità, e il giorno dopo tornava e ricominciava da capo».

Fu più o meno in questo periodo che Bryant cominciò a seguire i suoi leggendari allenamenti di mezzanotte, quando si ritirava in una palestra deserta per farsi del male. «Pensavo sempre che se cominciavo presto la giornata avrei potuto allenarmi di più» ricordò in seguito. «Iniziando alle undici potevo allenarmi per qualche ora, riposare per quattro e poi tornare in palestra verso le cinque, fino alle sette. Ma se cominciavo alle cinque del mattino e continuavo fino alle sette, potevo poi ricominciare dalle undici alle due e poi dalle sei alle otto. Cominciando presto potevo inserire una sessione extra ogni giorno. Nel corso di un'estate sono parecchie ore di palestra in più». Quando era uscito dal campo di Utah dopo gli *airball* era alto uno e novantotto e pesava novanta chili. Al rientro era cresciuto di un centimetro e aveva preso quattro chili e mezzo. Tutti di muscoli.

A Fox piaceva l'approccio di quel ragazzo. Anzi, lo adorava. A Boston anche troppi compagni avevano anteposto i soldi e le feste al successo nel basket. Uno dei Celtics, in particolare, fumava marijuana ogni giorno: prima delle partite, dopo le partite. Quell'indifferenza faceva impazzire Fox, che era iper competitivo. Poteva sopportare le sconfitte. Ma una noncurante nonchalance? Quella mai.

Anche se Bryant ed Eddie Jones erano legati dalla città di Philadelphia, e avevano anche una specie di amicizia (Jones cercava di incoraggiare il rookie, a differenza di molti compagni di squadra) l'ormai diciannovenne giocatore al secondo anno di NBA vedeva l'ala piccola titolare dei Lakers come un ostacolo alla sua ascesa nel quintetto iniziale. Fin dai tempi delle partitelle contro Jones alla Temple University, Bryant si considerava superiore a lui. Adesso poi, dopo che Jones era quasi sparito nei momenti decisivi delle partite contro i Jazz, ne era sicuro. «Eddie passava quasi tutto il tempo a guardarsi alle spalle» ricordò poi O'Neal. «Lui lo sapeva, io lo sapevo e Kobe lo sapeva». Giorno dopo giorno, durante il ritiro, Bryant attaccò Jones con una ferocia che pochi avevano visto in precedenza. Se giocavano uno contro uno, Bryant attaccava. Se facevano una partita cinque contro cinque, Bryant attaccava. Jimmy King non si era guadagnato la convocazione al ritiro, ma non c'era bisogno di lui. Era Jones il Jimmy King di Bryant, ormai, e non ebbe pietà. «Non avevo neanche pensato a Kobe quando avevo scelto i Lakers, ma, cazzo!» disse Fox. «Era come se cercasse di sfondare una porta. Fin dall'inizio aveva messo in chiaro che voleva spingere fuori Eddie e prendere il suo posto. E questo mi piaceva molto».

Poi una pausa.

«Kobe era pronto a entrare da titolare? No. Per niente. Sapeva segnare ma si concentrava solo su quello, su un unico aspetto e questo in NBA non funziona».

Fox, figlio di un uomo nativo delle Bahamas e di una donna canadese con origini italiane e scozzesi, si sentiva legato a Bryant dalla lingua (entrambi parlavano italiano) e dalla cultura. Era nato a Toronto e cresciuto a Nassau, era stato una star del basket al liceo di Warsaw, in Indiana, e sapeva che cosa significava sentirsi sempre fuori posto. Sentirsi un emarginato. «Le mie radici di immigrato mi hanno insegnato che nessuno ti regala niente» disse Fox. «Se vieni in questo paese e non ne sfrutti il potenziale, non puoi incolpare altri che te stesso. Kobe veniva agli allenamenti ogni giorno e li considerava la sua occasione. Un'occasione per dimostrare che meritava di giocare. E non voleva soltanto giocare. Voleva essere grande».

Bryant considerava il ritiro come un modo per convincere Harris a inserirlo nel quintetto iniziale. Harris non condivideva la sua visione. Gli fece risalire la panchina fino al ruolo di sesto uomo, ma non era pronto ad affidargli il ruolo di guardia tiratrice.

E poi c'erano problemi più gravi da affrontare. Nei primi giorni del ritiro O'Neal ricevette un passaggio in una trasizione tre contro due, tirò indietro il braccio destro e si preparò a sganciare una (parole sue) «schiacciata alla Vince Carter» sopra Campbell. Però era troppo lontano dal canestro e si stirò un muscolo addominale. Questo gli impedì di partecipare alla prima partita della stagione del 31 ottobre, che si sarebbe svolta al Great Western Forum, guardacaso contro gli Utah Jazz. Una notizia sconfortante per i Lakers, costretti a schierare Sean Rooks, riserva da sei anni in NBA.

O'Neal non era affatto contento della situazione. Anche se non aveva dichiarato pubblicamente di volersi prendere una rivincita, il centro dei Lakers aveva trascorso buona parte della pausa estiva a rimuginare sulle cinque partite perse contro i Jazz e soprattutto sulla sensazione che Greg Ostertag, il centro di Utah, avesse giocato meglio di lui. Dal punto di vista delle statistiche il paragone non si poneva neanche: la media di O'Neal era di 22 punti e 11,6 rimbalzi a partita, mentre quella del suo rivale era di 3 punti e 6,2 rimbalzi. Però grazie alla sua stazza (due metri e diciotto per centoventisette chili) e alla sua determinazione, la difesa di Ostertag era stata notevole.

Per tutta l'estate O'Neal aveva ripensato a quelle partite. Anzi, aveva addirittura ripercorso mentalmente le pose e le vanterie di Ostertag. Quando i Jazz avevano vinto, il loro centro – agli occhi di O'Neal – si era comportato come un generale vittorioso Era quello che aveva fatto a pezzi Shaq. Era l'uomo che aveva asfaltato Shaq Diesel. «Nessuno pensa che io abbia fatto qualcosa quest'anno, soprattutto Shaq» aveva commentato Ostertag dopo la vittoria finale. «Ma probabilmente è per questo che lui adesso sta giocando a golf e io sono alle finali della Western Conference». Quelle poche parole – *probabilmente è per questo che lui adesso sta giocando a golf* – per O'Neal erano state un colpo basso. Il suo orgoglio sanguinava. E poi c'erano davvero troppi scribacchini come Rick Bozich, l'editorialista del *Louisville Courier-Journal*, che commentavano: «O'Neal ha pubblicizzato bibite, fast food e scarpe, ma quello che non ha pubblicizzato è stata la difesa dei Lakers. L.A. non è riuscita a entrare nelle Final Eight e sì, è stato Greg Ostertag a stoppare nove tiri contro l'unico di Shaq».

Ahia.

La partita tra Jazz e Lakers era programmata per la sera del 31 ottobre e nel pomeriggio le due squadre avevano fatto una sessione di rifinitura al Forum, prima Los Angeles e poi Utah. I giocatori si erano incrociati mentre una squadra andava via e l'altra arrivava. C'era stato un breve scambio di convenevoli. Era perfino volato qualche pugno. O'Neal e Fox erano in piedi nel tunnel vicino al campo, Fox aveva pantaloncini e maglietta e O'Neal era vestito da strada. «Stavamo soltanto chiacchierando» ricordò Fox.

All'improvviso O'Neal vide Ostertag. L'energumeno era solo e si stava avviando verso il campo.

«Rick» disse O'Neal con un sorriso storto, «sta a vedere».

Tre giorni prima O'Neal era stato nominato capitano della squadra. Adesso, senza preavviso, la superstar dei Lakers si avvicinò alla non-superstar dei Jazz.

«Senti» disse a Ostertag, «piantala di parlare di me. Mio figlio legge quello che dici. Non c'è bisogno che il pubblico veda questa roba».

Ostertag lo guardò e sparò: «Vaffanculo».

«Ah, vaffanculo?» rispose O'Neal. «Ok».

Tirò indietro la mano sinistra a conca e – *smack!* – lo schiaffeggiò. Il rumore riecheggiò per tutto l'edificio, il suono della pelle che colpisce la pelle.

«Porca vacca» disse Fox. «Porca vacca».

Meno di un mese prima Lennox Lewis, il campione del mondo dei pesi massimi, aveva mandato al tappeto Andrew Golota dopo soli novantacinque secondi del loro incontro ad Atlantic City. Questo fu un momento ancora più drammatico. Ostertag rovinò a terra come una carcassa di carne e si mise in posizione fetale. Nonostante la stazza (il giornalista Michael C. Lewis disse che quando era arrivato al ritiro della squadra sembrava che Ostertag «avesse passato l'estate in rosticceria») e le buone capacità di gioco, non amava il basket e non ne aveva nemmeno bisogno. Ostertag era lì perché la paga era buona e il lavoro era meglio che scavare pozzi. «Per Greg non era una passione» disse Stephen Howard, l'ala dei Jazz. «Ricordo molte occasioni in cui un allenatore dovette andare a cercarlo durante le sessioni di sollevamento pesi. Si nascondeva nel bagno».

In quel momento però non si nascondeva. Strisciava per terra. «Dov'è la mia lente a contatto?» piagnucolava trascinandosi ai piedi di O'Neal. «Qualcuno ha visto la mia lente a contatto?»

Nessun giocatore dei Jazz intervenne. Nessuno prese a pugni O'Neal, nessuno tese una mano a Ostertag. Era a terra e poi si rialzò senza aiuto, guardò il sorriso di O'Neal, qualche altro giocatore dei Jazz che strusciava i piedi per terra, sentì gli altri Lakers che sghignazzavano e se ne andò.

«Greg non era nella posizione di difendersi» disse Adam Keefe, l'ala dei Jazz. «Shaq fece quello che doveva e finì lì. Credo di non averci più pensato».

Non si poteva dire lo stesso per Los Angeles, che stava per cominciare la stagione. Quella sera un pubblico di 16.234 tifosi (non il tutto esaurito) entrò nel vecchio palazzetto per vedere la squadra di Harris prendersi la sua vendetta battendo i Jazz 104 a 87. Il capo allenatore era contento della bravata di O'Neal? Certo che no.

«È chiaro che preferisco le acque calme» commentò Harris accigliato prima della palla a due. «Ma sosterrò Shaquille anche se non siamo contenti di quello che è successo». West era ancora più furente, si piazzò sotto il mento del centro e strillò: «Non ho intenzione di tollerare queste bambinate! Hai messo in imbarazzo te stesso, i tuoi compagni, i tuoi genitori e l'organizzazione. Se lo fai un'altra volta te ne vai a giocare da un'altra parte!»

Rooks giocò bene al posto di O'Neal (12 punti, 7 rimbalzi) e Van Exel fu un motorino: 6 su 8 ai tiri da tre, per un totale di 22 punti. Fox si inserì alla perfezione, aggiunse 8 punti in ventisei minuti di gioco e non si preoccupò di tirare o prendere rimbalzi, purché la squadra vincesse. La stella però fu Bryant, il cui debutto come sesto uomo portò ad altri 23 punti, cinque assist, 3 rimbalzi e 1 palla rubata.

«Kobe era grezzo, ma sapeva essere fantastico» disse Fox.

Quattro sere più tardi Los Angeles portò il proprio record 2-0, superando per 101 a 98 i Kings. O'Neal aveva in programma di partecipare, ma colpire un avversario (anche se a mano aperta) non costa poco. Fu sospeso per una partita (che gli costò una detrazione di 156.794 dollari di paga), multato per 10.000 dollari e convinto (diciamo costretto) dalla squadra a scusarsi pubblicamente. «Chiedo scusa a Greg» scrisse. «Spero che accetterà la mie scuse e che possiamo lasciarci alle spalle qualsiasi ostilità».

Era una scena ridicola. O'Neal non era affatto dispiaciuto. Gli avevano detto che era necessario scrivere una dichiarazione di scuse e lo aveva fatto (cioè lo aveva fatto John Black, il responsabile delle pubbliche relazioni della squadra). «Fanculo a lui» disse anni dopo, «se lo meritava».

Finalmente O'Neal debuttò nella stagione 1997-98 il 7 novembre, mettendo a referto 17 punti e 8 rimbalzi nel terzo trionfo consecutivo della squadra, un 99 a 94 contro Patrick Ewing e i Knicks. Se c'erano dubbi sul suo stato di salute furono fugati nella quarta partita, quando O'Neal contribuì con 27 punti e 19 rimbalzi alla disfatta di Golden State (alla quinta sconfitta in altrettante partite) per 132 a 97. «Era il giocatore più inarrestabile della Lega» ricordò Olden Polynice, centro, uno di quei giocatori sempre con la valigia pronta. «Con quel peso, quell'altezza, quella forza, quelle mani enormi, quella rapidità: che cosa si poteva fare?»

In breve Los Angeles divenne la miglior squadra dell'NBA: vinse le prime undici partite, superando di due gli altrettanto talentuosi SuperSonics nella Pacific Conference. O'Neal era il solito giocatore dominante, Van Exel gestiva l'attacco con consumata maestria, Fox era perfetto e Horry era felice e contento di starserne ad aspettare un buon tiro sulla linea dei tre punti. No, i giocatori dei Lakers non impazzivano per Harris, i cui schemi offensivi sembravano rigidi e noiosi e i cui intricati discorsi erano peggio di una dose da cavallo di Valium. Ma le vittorie curano molti malanni. E i Lakers stavano vincendo parecchio.

C'era soltanto un problema.

Mentre il contributo di Kobe Bryant diventava sempre più significativo (contro i Warriors segnò 25 punti in ventiquattro minuti, 11 in sedici minuti contro Vancouver), Jones diventava sempre più... qual è il termine giusto? Blando? Insignificante?

Invisibile? Fin dai tempi in cui era una star al liceo Blanche Ely a Pompano Beach, in Florida, era facile che passasse inosservato, con la corporatura snella e il linguaggio del corpo 'occhi a terra' che lo rendeva più un fiorellino sulla tappezzeria che uno squalo. «Aveva una certa personalità, ma per trovarla bisognava cercarla bene» ricordò Dean Demopoulos, un assistente allenatore che lo aveva reclutato per Temple. «Era come Gumby, sapeva insinuarsi nella crepe. Ma era una qualità sottile. Bisognava osservarlo attentamente per riconoscere quanto era fenomenale». All'università Jones aveva fatto parte della squadra degli Owls, che aveva prodotto altri due giocatori NBA (la guardia Rick Brunson e l'ala Aaron McKie), e anche se era lui quello con più talento, spesso la sua abilità passava inosservata negli schemi offensivi dell'allenatore John Chaney, molto centrati sul collettivo. E poi Eddie Jones non se la tirava. Giocava, dava tutto se stesso, e poi andava a casa. Non insultava gli avversari. Quando Los Angeles usò la decima scelta in assoluto per prenderlo nel draft del 1994, la reazione dei tifosi si poteva paragonare a una visita alle tre del mattino alla sala di lettura della Mahopac Public Library. Il gioco di Jones era frizzante, ma la sua personalità no.

Ciononostante, il crescente clamore di tifosi dei Lakers che chiedevano più Kobe e meno Eddie era strano, perché la guardia con tre anni di esperienza stava giocando al suo meglio. Bryant però stava per raggiungere l'autentica grandezza, una grandezza che Jones (nonostante tutto il suo talento) non avrebbe mai raggiunto. E anche se segnò 25 punti contro i Raptors e 32 contro i Clippers, spesso si sentiva dimenticato. «Eddie era fantastico» disse Shea Seals, la guardia rookie. «Ma Kobe era l'essere umano più competitivo sul pianeta. Quello, insieme alle doti atletiche, lo portava a un altro livello».

Si cominciò a parlare di scambio all'inizio di novembre, quando i giornali riportarono correttamente che Jerry West stava discutendo con Sacramento di un possibile scambio Eddie Jones-Mitch Richmond. «So che Kobe si sentiva un po' compresso e voleva far vedere di più» ricordò Richmond, che a quei tempi aveva un'esperienza di otto anni ed era stato convocato cinque volte all'All-Star

Game. «Credo che la convinzione diffusa fosse che lui ed Eddie avevano un gioco troppo simile».

Sembrava che ogni giorno uscisse una voce diversa. Quella su Jones per Richmond restava in auge, ma si aggiungevano quelle che parlavano di Jones per Scottie Pippen di Chicago, Jones per Glen Rice di Charlotte, Jones per Detlef Schrempf di Seattle. Dietro le quinte O'Neal tifava apertamente per lo scambio. Quando vedeva Jones la sua mente lo riportava a Nick Anderson, l'ex compagno di squadra di Orlando sempre intimidito dalle luci della ribalta. O'Neal era convinto che Jones fosse fatto della stessa pasta. Avrebbe segnato e difeso per ottantadue partite in stagione, ma chi poteva sapere come avrebbe reagito alla pressione dei playoff?

Dato che era riservato e riluttante a parlare con i media, Jones raramente commentava in prima persona. Ma quelle voci lo tormentavano. «Stavo dando tutto quello che avevo, anche il culo, e continuavano a parlare di scambiarmi» ricordò in seguito. «Voi come vi sareste sentiti?» Quando parlava con i giornalisti, Jones era sincero. Voleva restare a Los Angeles, odiava quell'incertezza. Era difficile giocare con tutte quelle voci intorno. Chaney, il suo allenatore dell'università, disse che il ragazzo era incapace di mentire e ricordò un'intervista radiofonica rilasciata dopo una sconfitta di Temple, nel 1991. «Il presentatore chiese a Eddie che cosa avevo detto negli spogliatoi, e Eddie in diretta – in diretta! – rispose 'L'allenatore ci ha detto che eravamo un branco di finocchi'. Ragazzi, mia moglie era furiosa quando tornai a casa, quella sera. Ma Eddie Jones era così. Onesto e autentico».

Il 25 novembre Pippen – all'undicesima stagione con Chicago – disse al *Daily Herald* di Arlington Heights, in Illinois, che avrebbe voluto andare a Phoenix oppure ai Lakers. Un All-Star per sette volte, Pippen era stufo marcio dell'avarizia dei Bulls e aspirava a fondare una nuova dinastia a fianco di O'Neal e Van Exel. La sua richiesta fu ripresa da tutti e in breve lo scambio Jones per Pippen sembrò inevitabile.

Soltanto che i Lakers continuavano a vincere.

E vincere.

E vincere.

E vincere.

Gli scambi tra pezzi grossi sono già difficili da concludere quando la tua squadra fa schifo. Ma quando va tutto alla grande e le cose procedono a velocità supersonica, chi vorrebbe essere il pazzo che manda tutto all'aria? I Bulls volevano liberarsi dal mal di testa rappresentato da Scottie Pippen. I Lakers volevano liberarsi di Jones, un giocatore marginalizzato che O'Neal accusava di essere «sempre arrabbiato».

Però i Bulls erano fantastici e i Lakers erano fantastici, e West decise di non premere il grilletto.

«Ripensandoci, vorrei che l'avesse fatto» ricordò più avanti Jones. «Perché le voci sullo scambio non si placarono mai».

Fu una strana stagione.

Ma non la più strana. Quella arrivò più avanti.

Comunque fu strana.

Nonostante l'insistenza di West, che ripeteva che Jones non sarebbe stato scambiato, i media non vollero lasciar cadere l'argomento. O'Neal, che era già stato fuori per lo strappo agli addominali, si incrinò il polso destro colpendo il sacco durante un allenamento di boxe (Harris, sbalordito, si chiese ad alta voce perché un giocatore che si infortunava così facilmente avesse deciso di prendere a pugni qualcosa). Mario Bennett, un centro di riserva con il fisico di Hakeem Olajuwon, le capacità di Spencer Dunkley e il cervello come una spugna di luffa, non poté seguire la squadra a Vancouver perché gli mancavano i documenti necessari per entrare in Canada, anche se il personale dei Lakers gli aveva ripetuto almeno settecentoquarantatré volte (o quasi) di farsi il passaporto. Venne multato e O'Neal commentò la notizia con una risata: «Ventisette anni e ancora non ha un passaporto? Idiota. I-D-I-O-T-A». Poi, tre giorni dopo, O'Neal arrivò al Forum alle 18:45 per una partita che iniziava alle 19:30 e diede la colpa al traffico (non fu multato, e Bennet non commentò la notizia). In varie occasioni i media ventilarono la possibilità di un licenziamento di Harris, e non senza ragione. West e Kupchak nel corso dell'anno si chiesero se l'allenatore non avesse perso la fiducia dei giocatori, soprattutto quando, un paio di volte, i Lakers subirono tre sconfitte consecutive.

Gli sforzi di Harris per creare una connessione con i giocatori e rimanere importante ai loro occhi erano da un lato ammirevoli (chiedeva spesso ai giocatori «Come posso piacere a Nick?») e dall'altro un po' tristi. Per ordine della moglie Ann assunse un grafico per creare il sito www.delharris.com e poi chiese ai visitatori 20 dollari per un abbonamento annuale che comprendeva (come dichiarato sulla home page) «i seguenti grandi vantaggi»: una fotografia autografata, una tessera 'ufficiale' del Del's Club, una newsletter bisettimanale e un biglietto di auguri per il compleanno.

Si iscrissero meno di cento persone.

Il 17 dicembre i Lakers – che giocavano senza O'Neal, infortunato – andarono a Chicago per affrontare i Bulls, in una battaglia fra squadre di prima grandezza che aspiravano al titolo. Per Eddie Jones era l'occasione di mostrare ciò che sapeva fare ai suoi possibili futuri datori di lavoro ('quello che sapeva fare' si rivelò un 1/11 al tiro, per un totale di 3 punti). Per Kobe Bryant aveva tutto un altro significato.

Durante l'infanzia in Italia, Bryant si era dedicato assiduamente a guardare, studiare, imitare le mosse di Michael Jordan, l'inarrivabile stella di Chicago, ormai alla sua tredicesima (e probabilmente ultima) stagione. Da rookie Bryant aveva affrontato il suo idolo in due occasioni, ma aveva avuto a disposizione rispettivamente dieci e tredici minuti di gioco. Questa volta invece era il sesto uomo dei Lakers e non vedeva l'ora di scendere in campo.

Andò malissimo.

Chicago distrusse Los Angeles per 104 a 83 e Jordan ricordò a tutti quanti – a cominciare da Bryant – che c'era un'enorme differenza fra essere grandi e *aspirare* a essere grandi. Quando i Lakers erano in vantaggio per 5 a 0 la superstar dei Bulls prese il pallone e guardò i compagni. «Si vide benissimo» ricordò Van Exel. «Guardò tutti, disse loro di calmarsi e rilassarsi, soltanto con lo sguardo e i gesti». Seguì un parziale di 32 a 15 che aiutò la squadra di casa a guadagnare un vantaggio di sedici punti a metà partita. Fu una disfatta, neanche particolarmente avvincente. Jordan segnò 36 punti in 12/22 al tiro, maltrattando Jones senza pietà. «Stasera» commentò poi Van Exel «è stato solo un esempio di quello che possono fare i Bulls».

Fu una brutta sconfitta, e il ruolo di Bryant in difesa fu ancora peggio. Con più minuti aveva guadagnato più sicurezza e con la maggiore sicurezza era arrivata una maggiore arroganza. I compagni di squadra sapevano che aveva la bava alla bocca all'idea di pavoneggiarsi davanti al suo idolo. Sapevano che cosa sarebbe successo. Più cresceva il vantaggio di Chicago, più Bryant sembrava considerare la serata come un'audizione per la produzione del film *Il sogno di Calvin.* Aveva aspettato per tutta la vita di trovarsi davanti al numero 23 di Chicago e quel momento era arrivato. Roland Lazenby scrisse nella sua biografia di Bryant:

«Nel terzo quarto di quella partita difficile, Bryant ebbe l'occasione che stava aspettando, con Jordan che difendeva su di lui. Tagliò dal lato sinistro verso il centro della zona d'attacco, dove ricevette palla ed eseguì un classico movimento alla Jordan ai danni del maestro stesso. Con le spalle rivolte a Jordan, Bryant fintò di girarsi verso sinistra come se avesse intenzione di attaccare la linea di fondo, poi girò con decisione verso destra e si alzò per segnare un tiro in sospensione cadendo all'indietro in faccia a Sua Maestà. Quell'azione fece lievitare l'autostima di Bryant, mentre il pubblico avvertiva l'esatta sensazione di trovarsi di fronte a un degno successore».

È vero che il pubblico si infiammò, ma si infiammò anche l'agitazione sulla panchina di Los Angeles. Quando O'Neal aveva difeso Bryant dopo i quattro airball contro Utah, era stato l'abbraccio protettivo di un compagno di squadra. Quando lo aveva scherzosamente soprannominato 'Showboat' era un modo per riconoscere la sua tendenza a ricercare lo stile. Non c'era malizia. Ma i continui attacchi di Bryant contro Jordan durante una cocente sconfitta non furono accolti bene. Certo, Bryant si muoveva con autentico genio atletico. Sì, era per metà Baryšnikov e per metà Terence Stansbury. Ma quei gesti erano assurdi ed egoisti. Fox, il suo più strenuo difensore tra i compagni più esperti, ammirava il coraggio di Bryant. Ma quello era davvero troppo. «A volte bisogna affrontare il toro» ricordò Fox. «Volevo bene a quel ragazzo, davvero. Ma in altri momenti – come quando si era scatenato contro Michael – sentivo di dovergli far capire 'Ok, Kobe, vuoi prendere il controllo. Lo abbiamo capito. Ma questo deve passare in secondo piano rispetto a quello che stiamo cercando di fare. Esiste un modo di fare le cose con un po' di grazia. Devi assolutamente capirlo'». A un certo punto, più avanti durante la partita, Bryant si voltò verso Jordan e gli chiese qualche consiglio sul gioco in post basso. *Gli. Chiese. Consiglio.* «Una cosa abbastanza scioccante» disse poi Jordan, e non valeva solo per lui. La leggenda dei Bulls aveva passato la sera a bersagliare Jones con una tempesta di continui insulti e adesso Bryant (che alla fine segnò 33 punti) lo trattava come quello zio che non vedi da tanto? Chiunque indossasse una divisa di Los Angeles si sentì offeso.

I Lakers arrivarono alla pausa per l'All-Star del 6 febbraio con un record di trentaquattro vittorie e undici sconfitte, due partite dietro a Seattle nella Pacific Division. Principalmente per la continua ripetizione negli highlights di *SportsCenter* dei suoi scontri con Jordan (*USA Today* si prese il tempo di chiedere ai lettori: CHI HA IL SORRISO MIGLIORE? MICHAEL? O KOBE?), Bryant (insieme a O'Neal) fu votato dai tifosi come titolare nella Western Conference. Quando Jones (con una media di 18,4 punti) e Van Exel (15,3 punti) furono votati come riserve, Los Angeles poté vantarsi di avere il maggior numero di convocati nella Lega.

L'All-Star Game, che si tenne al Madison Square Garden a Manhattan, sembrò una manna per Bryant, che segnò 18 punti, miglior marcatore della Western, sconfitta per 135 a 114. Dietro le quinte però fu un incubo. La squadra aveva pernotatto al Grand Hyatt New York e un giorno Bryant era salito su un ascensore occupato da (udite udite) l'ala dei Knicks Charles Oakley, l'ala dei Nets Jayson Williams e un uomo d'affari di Manhattan di nome Donald Trump, che fra l'altro era il proprietario dell'albergo. «Ehi Kobe» disse Williams, «come va?»

Bryant stava ascoltando il walkman e sentendo il saluto si limitò a scrollare le spalle e borbottare «Ehi, grandissimo» senza alzare gli occhi.

Williams, un veterano alto due metri e sei per centonove chili, che aveva un caratteraccio e vagonate di orgoglio, non aveva mai apprezzato Bryant da lontano e sicuramente non apprezzò quell'apparente mancanza di rispetto. «Mi prendi in giro, cazzo?» disse. Poi gli diede un pugno sulla guancia. Trump, fra tutte le persone che potevano esserci, afferrò Williams e disse a Bryant: «Esci di qui, in fretta». Lui se ne andò.

«Kobe era presuntuoso con tutti» disse Williams. «Con tutti. Michael Jordan era arrogante, ma sorrideva. Kobe era solo un idiota. Non mi piaceva per niente».

Sotto molti aspetti i festeggiamenti dell'All-Star non furono che una scintillante distrazione per un'organizzazione che cominciava a sbriciolarsi dall'interno. Van Exel ignorava Harris ormai da un pezzo. Anche O'Neal prestava sempre meno attenzione alla logorrea dell'allenatore. Peggio ancora, sembrava che Harris non fosse capace (o non avesse granché voglia) di comunicare con Bryant. In parte era l'età, in parte l'arroganza. Ogni volta che Harris intimava al ragazzo di passare la palla, lui rispondeva con uno sguardo vacuo e un'alzata di spalle. Nulla di quello che diceva funzionava. Nessuna delle sue istruzioni veniva seguita. Bryant voleva segnare a ogni possesso di palla, ma il suo capo allenatore non era d'accordo. Quindi spesso non si rivolgevano la parola. «A volte dicevo a Del 'Devi andare laggiù e spiegare a Kobe perché l'hai fatto uscire'» disse Kurt Rambis, l'assistente allenatore. «Con quel livello di talento era chiaro che alla fine sarebbe diventato la star della squadra, ma Del non gli parlava molto. Io gli dicevo letteralmente 'Kobe Bryant starà qui dentro molto più a lungo di noi. Devi coinvolgerlo.' Ma non servì a nulla».

Da lontano la gente dava per scontato che O'Neal – enorme, ricco, pieno di talento – fosse il leader della squadra. E lo era. In un certo senso. Quando il centro era di buon umore regnava la felicità e lo spogliatoio si riempiva di risate e battute. Per esempio la volta in cui cercò di installare un acquario sulla sua Ferrari, solo che i pesci non sopportarono le alte temperature e morirono. L'ilarità che ne seguì («Aspetta un attimo» sghignazzò Fox «pensavi davvero che mettere dei pesci rossi in una Ferrari fosse una buona idea?») fu un momento di gioia pura dietro le quinte. Durante un volo per New York O'Neal sparò la *Macarena* a tutto volume dal suo stereo portatile, si alzò e – improvvisando una versione porno della canzone –, guidò un trenino di conga lungo il corridoio. Per i giornalisti era un'incredibile fonte di citazioni – acute, spiritose, piene di giochi di parole e soprannomi. Dentro quel grande uomo batteva un grande cuore. Al suo arrivo nella squadra, per esempio, O'Neal era rimasto male scoprendo che Rudy Garciduenas, da molto tempo responsabile delle attrezzature, non aveva un'auto aziendale. «Voleva comprarmi un furgone» ricordò Garciduenas, «e negoziammo un leasing con un rivenditore della zona per un piccolo pickup, pagato da lui». In varie occasioni O'Neal chiese a Garciduenas di fargli fare un giro seduto su una sdraio nel cassone. «Quasi sempre diventava una specie di parata, le macchine ci seguivano solo per vedere Shaq» disse Garciduenas. «Era diverso da chiunque avessi mai incontrato».

Ma si vedeva anche l'esasperazione di O'Neal nei confronti di Harris («I giocatori non lo sopportavano» ricordò in seguito. «E se non hai rispetto per una persona, non riesci a dare tutto per lei»). «A un certo livello voglio davvero bene a Shaq» disse Michael Uhlenkamp, assistente alle pubbliche relazioni. «Però, ragazzi, sapeva essere davvero scorbutico». O'Neal era famoso per i suoi scherzi, che però spesso erano molto pesanti. Addirittura crudeli. Una volta Sean Rooks, il centro di riserva, si stava infilando una scarpa quando ci trovò dentro la carta igienica sporca di feci di O'Neal. Shea Seals, il rookie di Tulsa, una volta aveva rifiutato l'ordine di portare un Gatorade da parte di un veterano. «Matricola» abbaiò O'Neal, «vai a prendere quel drink».

Seals, che era molto orgoglioso, scosse la testa.

«Ah, è così?» chiese O'Neal inferocito.

«Sì, è così» rispose Seals.

Qualche ora dopo, uscendo dalla doccia, Seals scoprì che i suoi vestiti erano spariti dall'armadietto. «Rudy, dove sono finiti i miei vestiti?» chiese a Garciduenas.

L'uomo alzò le spalle.

Seals perquisì la stanza. «Alla fine» ricordò «Rudy li tirò fuori dal fondo di un armadietto lurido, dove c'erano delle scarpe vecchie. Erano tutti spiegazzati e puzzavano da far schifo».

Quando vide Seals, O'Neal gli disse: «Fai quello che ti dico» e se ne andò.

«Imparai a non contraddire Shaq» disse poi Seals. «Non avrei potuto vincere contro di lui».

Quando lui e Bryant erano entrati in scena nel 1996, O'Neal aveva immaginato un rapporto fratello maggiore-fratello minore. Voleva sentirsi necessario, ammirato, voleva che Kobe si rivolgesse a lui per chiedere consigli e perle di saggezza. Ma Kobe Bryant non era così e con il procedere della stagione, vedendo che quella guardia ormai al secondo anno era sempre più sicuro di sé, O'Neal lo lasciò stare. In un momento che forse si può considerare il peggiore della carriera di Bryant in campo, durante l'All-Star Game, Karl Malone, la star di Utah, fenomeno del gioco in post, fece un blocco per Bryant, ma la guardia al secondo anno liquidò con un gesto l'ala al tredicesimo anno. Più tardi i giocatori della rosa della Western Conference (compreso O'Neal) criticarono aspramente la spocchia di quel ragazzino e rimasero imbarazzati dal suo commento riguardo alla rabbia di Malone («L'ho trovato divertente, in un certo senso»), che fece il giro della Lega.

Bryant si rifiutava, semplicemente, di farsi coinvolgere. Durante i voli aerei, quando gli altri Lakers facevano battutacce e giocavano a carte, Bryant stava per conto suo, con gli auricolari ben piantati nelle orecchie. «Ricordo che guardava il film *I dieci comandamenti*» disse un compagno di squadra. «Era piuttosto insolito». Spesso prendeva una penna, appoggiava un blocco sul ripiano pieghevole e cominciava a scarabocchiare i versi dei suoi futuri successi nell'hip-hop. Durante le trasferte i Lakers mangiavano insieme, a sei, sette, otto per volta. Kobe? Mai.

«Era un solitario» disse Jon Barry. «Aspirava alla grandezza e non aveva tempo per nient'altro. Tenete a mente che aveva diciannove anni, mentre noieravamo adulti e avevamo delle famiglie. Ma in questo modo allontanava le persone? Sì».

«Molti dicevano 'Questo ragazzino è molto più giovane di me.

Perché è così stronzo?'» ricordò Uhlenkamp. «Quasi come dire 'Che diritto aveva?'».

Nella sua prima frecciata ufficiale a Bryant, O'Neal giustificò ai media la brutta sconfitta del 2 marzo a Washington dicendo: «In questa squadra ci sono un sacco di aspiranti Rex Champan» disse, riferendosi all'impareggiabile cecchino di Phoenix sulla lunga distanza. «Ma quei tiri da tre storti, incerti e su una gamba sola non otterranno nessun risultato in questa Lega».

Non si riferiva a Mario Bennett.

Al momento dei playoff i Lakers erano la peggiore miglior squadra della Lega. Il loro record di sessantuno vittorie e ventuno sconfitte gridava: «Siamo in lizza per l'anello!» I quattro convocati all'All-Star gridavano «Siamo in lizza per l'anello!» La media di O'Neal di 28 punti a partita era seconda soltanto a quella di Jordan e altri cinque giocatori (Jones, Bryant, Van Exel, Fox ed Elden Campbell) avevano una media a due cifre. Tutto questo talento gridava: «Siamo in lizza per l'anello!»

«Però non eravamo pronti» disse Fox. «Eravamo immaturi, e pensavamo di esserlo. Ma no, non lo eravamo».

Los Angeles aprì i playoff in terza posizione e dimostrò di avere fegato in una convincente serie di tre vittorie su quattro contro Portland, una passeggiata di salute. La squadra avanzò e andò ad affrontare Seattle. Del Harris non desiderava altro (non aveva mai desiderato altro) che la sua squadra lavorasse a regola d'arte, con impegno e serietà. Un approccio professionale. Tipo 'andiamo e portiamo a casa il risultato'.

Maledizione.

La serie doveva cominciare il 4 maggio. Il giorno precedente O'Neal e sei compagni di squadra vennero visti da Rick's, un locale a luci rosse di Seattle famoso per un giro di prostituzione. Fra tutti, i giocatori lasciarono un totale di 2000 dollari di mancia alle ballerine sui tavoli. Al Hansen, il manager del locale, confermò a Jean Godden del *Seattle Times* che diversi «tizi alti due metri, che sembravano giocatori di basket» erano stati suoi ospiti. Dominique Weitzel, venditore della vicina concessionaria Dodge, era da Rick e si era fatto fare l'autografo dai Lakers.

«Non voglio creare problemi ai miei ragazzi» disse quando la Godden gli chiese di identificare gli atleti.

La Godden scrisse: «[Weitzel] forse si è preoccupato dell'immagine di Shaq. La stella del basket ha appena firmato un contratto con la casa editrice Scholastic Inc. per una serie di fiabe: *Shaq e il fagiolo magico e altre sei leggende*».

Harris era furioso. E mortificato. La superstar della sua squadra era probabilmente l'atleta più riconoscibile del pianeta. Perché, in nome di Dio, avrebbe dovuto frequentare un locale a luci rosse a otto miglia dal palazzetto dove avrebbe giocato il giorno successivo?

Nel frattempo i Sonics trionfarono in Gara Uno con un punteggio di 106 a 92, peggiorato dal grave attacco di influenza di Bryant, che limitò la sua disponibilità, e dallo sciocco battibecco di O'Neal con l'allenatore di Seattle, George Karl, che si era lamentato con gli arbitri una volta di troppo. «A volte sembra che abbiano in panchina una donna. Probabilmente cerca soltanto di entrare nella testa di certe persone, ma con me non attacca» disse O'Neal. «Come una donna che allena e frigna tutto il tempo. Non può entrare nella mia testa. È un piangina».

Come l'episodio del locale a luci rosse, questo intervento non fu ben accolto. Harris temeva che la sua squadra fosse deconcentrata e impreparata, e aveva ragione. Per fortuna la debolezza di Seattle era più grave di un attacco di influenza o di un'incauta gita a vedere un po' di tette. I Sonics erano vecchi.

A parte Gary Payton, il playmaker ventinovenne, e Vin Baker, l'ala grande ventiseienne, la rosa di Karl era formata soprattutto da materiale da ospizio come Detlef Schrempf (trentacinque anni), Sam Perkins (trentasei) e Dale Ellis (trentasette). In regular season non era un problema, perché era possibile, alla bisogna, riposare. Ma contro i Lakers, una squadra il cui membro più anziano, Elden Campbell, aveva soltanto ventinove anni, i Sonics sembravano lenti, letargici, sopraffatti. Prima della stagione 1996-97 avevano speso 35 milioni di dollari per mettere sotto contratto Jim McIlvaine, un centro di due metri e sedici per centonove chili, con l'idea che potesse arginare Shaq. Non funzionò: O'Neal dominò, totalizzando nella serie 30,6 punti e 9,6 rimbalzi di media. «Ci serve un giocatore grosso» commentò Ellis dopo l'eliminazione.

Aveva ragione.

I Lakers vinsero le ultime quattro partite, distruggendo gli affaticati Sonics e procedendo verso le finali della Western Conference per un altro appuntamento con i Jazz, la squadra che l'anno precedente aveva infranto i loro sogni. Questa volta erano convinti che le cose sarebbero andate in modo diverso. O'Neal era più in forma che mai. Fox aggiungeva abilità ed esperienza. Bryant era molto più maturo. Al di sotto della patina di spavalderia, però, serpeggiavano i dubbi. L'imbarazzo dei quattro air ball seguiva i Lakers come un cattivo odore e Utah – che aveva vinto sessantadue partite, il miglior risultato della Lega – era migliorata.

«Noi siamo davvero bravi... quando lo dimostriamo» disse Nick Van Exel. «Se continuiamo a dimostrarlo, possiamo arrivare ovunque vogliamo».

Ma non sarebbe successo. Il 16 maggio i Jazz distrussero i Lakers al Delta Center per 112 a 77, ma la differenza fu ancora più evidente di quanto lo scarto di 35 punti lasciasse intendere. Soltanto due titolari, O'Neal (19 punti) e Fox (15 punti) andarono in doppia cifra e Fox centrò l'unico tiro dal campo di Los Angeles nei primi nove minuti di gioco. «In questo momento non siamo una squadra in grado di gestire il successo» disse Fox. «Come squadra non siamo bravi quanto crediamo di essere».

Tornando a comportarsi come uno che voleva dominare il mondo, Bryant segnò 4 tiri dal campo su 14. J.A. Adande del *Los Angeles Times* scrisse: «Il resto dei Lakers deve sperare di non essere accusato di qualche crimine nel pomeriggio di sabato, perché non potrebbero usare come alibi il fatto che stavano giocando a basket al Delta Center».

La partita successiva, vinta da Utah per 99 a 95, almeno vide uno scarto ridotto ma Gara Tre, una vittoria dei Jazz a Los Angeles per 109 a 98, pose fine a qualsiasi speranza dei Lakers di entrare in finale. «Dovremmo vergognarci» disse O'Neal. «Ora possiamo soltanto tirare fuori un po' di orgoglio».

Fra Gara Tre e Gara Quattro ci fu una giornata di pausa e Harris convocò un allenamento relativamente breve il sabato mattina. Ormai era piuttosto ovvio che i Lakers non avrebbero vinto la serie. Ma se per i tifosi è giusto farsene una ragione, e se per i giornalisti è giusto farsene una ragione, ammettere apertamente che la propria squadra non ha speranze viola almeno ottocento delle regole non scritte dello sport.

Per questo ciò che accadde in seguito fu così vergognoso.

Tradizionalmente, quando si riunivano in gruppo alla fine degli allenamenti, i giocatori univano le mani al centro e ripetevano in coro «Uno, due, tre, squadra!»

Stavolta però Van Exel gridò: «Uno, due, tre, *Cancún*!»

In palestra calò un silenzio di tomba. Bryant guardò il compagno come se puzzasse di latte rancido. Anche Fox era disgustato e sussurrò a O'Neal: «Incredibile, che stronzo!» Perfino Jones, che era amico di Van Exel, rimase di sasso. «Che cosa diavolo hai detto?» gli chiese. Chick Hearn, il leggendario speaker dei Lakers, era furente. «Se fossi stato l'allenatore» commentò, «l'avrei cacciato immediatamente».

Van Exel giurò che stava solo scherzando. L'anno precedente, dopo la sconfitta contro i Jazz, era stato una settimana a Cancún con Blount a bere, rilassarsi in spiaggia e frequentare locali notturni. Era uno scherzo. *Ah ah.* Non l'avete capito? Per farsi due risate. «Chiunque fosse con me in quello spogliatoio sapeva che non avrei mai abbandonato la squadra» spiegò in seguito. «Lo sapevano tutti».

O'Neal andò direttamente nell'ufficio di West per raccontargli l'episodio e alla fine West disse bruscamente: «Quando sarà tutto finito, Nick dovrà andarsene».

Il giorno successivo a Salt Lake City i Jazz completarono l'opera vincendo 96 a 92, perché tutti gli avversari tranne O'Neal (che segnò 38 punti) e Jones (che ne segnò 19) si presero la serata libera. West osservò dall'alto, disgustato. All'inizio della stagione si era convinto che i Lakers fossero davvero in lizza per l'anello, ma in quel momento, devastato dalla delusione, cominciò a dubitare del suo allenatore, del suo playmaker, della sua guardia tiratrice e di se stesso e si chiese se non fosse il caso di andare in pensione.

«Avevamo un paio di giocatori che avrebbero dovuto vergognarsi» disse West. «Un paio di *bravi* giocatori. Abbiamo giocato senza alcuna convinzione. Ho visto dei passaggi inimmaginabili, privi di senso. È stato ridicolo».

Era tutto vero.

Servivano dei cambiamenti drastici.

7
Cibo per il Verme

Nelle settimane e nei mesi che seguirono l'ennesima annata deludente per i Los Angeles Lakers, l'NBA decise di bloccare la stagione. Accadde dopo il fallimento di una negoziazione fra le proprietà e la Players Association, il sindacato dei giocatori. Il tema in discussione era il desiderio dei poteri forti di modificare il sistema del tetto salariale, nonché di mettere un chiaro limite ai compensi individuali. I giocatori, da parte loro, rifiutarono qualsiasi richiesta dei proprietari e chiesero anzi degli *aumenti* per coloro che ricevevano il salario minimo.

L'apocalisse cominciò l'1 luglio 1998 e alle squadre fu impedito di fare scambi, assumere free agent e tenere provini. Le partite amichevoli vennero cancellate, i ritiri vennero rimandati e i titoli che prima parlavano di schiacciate e di vittorie si concentrarono su accuse e controaccuse. Ai tifosi del basket non importava granché di tutto questo, erano dispute fra milionari per soldi che nessuna delle parti si meritava.

A differenza, per esempio, di Milwaukee o Cleveland, la vita a Los Angeles senza l'NBA procedette senza grandi scosse. Nessuno era contento del blocco, ma c'erano altre distrazioni e per quanto riguardava i Lakers c'erano interessanti sottotrame di varia importanza per soddisfare la fame di pettegolezzi sulle celebrità. Per esempio Magic Johnson, vicepresidente della squadra e leggenda del basket, aveva firmato con la 20th Television per presentare un talk show di un'ora intitolato *The Magic Hour*.

Nel cast del programma c'erano un gruppo di comici, una band musicale guidata da Shelia E., e neanche una briciola di intrattenimento degno di questo nome. Se Johnson non è il peggior presentatore della storia della televisione è soltanto perché esiste anche Gabrielle Carteris. Il programma durò otto settimane prima di giungere alla necessaria cancellazione. A quel punto un'intera nazione tirò un sospiro di sollievo e tornò a guardare le repliche di *Love Boat*.

L'indignazione era profonda. Ma almeno l'imbarazzante prova di Johnson si era svolta in un campo secondario. Non si poteva dire lo stesso per Shaquille O'Neal, il quale – più o meno nello stesso periodo in cui Magic realizzava l'importante intervista con Vanessa Marcil – dovette affrontare una dolorosa sconfitta pubblica. Dopo sei anni di finanziamenti come testimonial per le scarpe sportive, la Reebok abbandonò il centro dei Lakers. Dave Fogelson, il portavoce dell'azienda, dichiarò che la Reebok e O'Neal avevano 'concordato' di non rinnovare la sponsorizzazione di cinque anni per 15 milioni di dollari, ma era una balla. Quello che l'azienda aveva imparato dalla collaborazione con la montagna di muscoli da due metri e sedici per centoquarantasette chili era che i consumatori di scarpe da ginnastica non hanno un buon rapporto con le montagne di muscoli da due metri e sedici per centoquarantasette chili. Quando la *Sports Marketing Newsletter* pubblicò le previsioni sui dieci testimonial più pagati per la stagione 1998-99, O'Neal non compariva neanche. Aveva fatto il suo tempo. Oppure, più semplicemente, non era uno con cui il consumatore medio riuscisse a immedesimarsi.

Era un periodaccio per O'Neal, che fu anche accusato di aver afferrato una donna per il collo mentre aspettava fuori da un locale al Disney World Resort. Le accuse caddero immediatamente, ma la ricaduta sulla sua immagine fu devastante. Nel frattempo O'Neal non si stava facendo molti amici fra i colleghi, con il suo atteggiamento che diceva 'sono ricco e non mi importa niente del blocco'. «Non ho ben capito per che cosa stanno litigando» disse all'Associated Press. «Io guadagno bene e sono contento della mia vita».

Tutti questi fattori contribuirono alla sua scontrosità fuori dall'ordinario. Non aiutò nemmeno l'articolo del *Los Angeles Ma-*

gazine di 4.646 parole pubblicato a metà del blocco e intitolato KOBE BRYANT: PRINCIPE DELLA CITTÀ. Mark Rowland, l'autore del pezzo, incensava l'uomo che la rivista voleva in pratica consacrare come il nuovo Michael Jordan:

> «In questo momento, per gli standard dell'NBA, Bryant è un giocatore molto bravo. Per gli standard del marketing e dell'intrattenimento è una superstar globale, il prodotto più popolare della Lega dopo Mister Jordan. La sua faccia è dappertutto, pubblicizza l'Adidas, la Spalding, la Sprite, il suo gioco Nintendo e Dio sa che altro.
> La storia di Bryant è già leggenda, prova biblica che anche dopo Jordan il piano di Dio per la sua lega sportiva preferita non è finito».

A quel punto O'Neal non era certo un fan di Bryant. Era stufo marcio dell'egoismo, dell'approccio monotematico alla vita che escludeva qualsiasi altro giocatore non si chiamasse Kobe. Peter Vecsey, il guru del basket del *New York Post*, ci azzeccò quando scrisse: «L'assoluto splendore di Kobe è innegabile ed è ovvio che sia disposto a lavorare più di chiunque altro per migliorarsi. Ma proprio per la sua bravura è impossibile giocare con lui, perché sa sempre che può fare di meglio. Tutti gli altri finiscono per restare a guardare il suo gioco. E non va bene quando in squadra c'è Shaq che aspetta con impazienza di essere coinvolto, ai margini dell'area dei tre secondi».

O'Neal voleva essere il re che dominava sui sudditi fedeli. «Jerry West lo voleva, Shaq lo voleva» ricordò più avanti J.A. Adande. «Ma Kobe non sopportava l'idea. Non era il fratellino di nessuno».

«Bisogna lasciare che le persone siano quello che sono» ricordò O'Neal anni dopo. «Alcuni si comportano in modi diversi per arrivare al successo. Lui voleva essere il Will Smith dell'NBA. Voleva allenarsi per sette, otto, nove ore al giorno. Va bene. Quello sei tu. Io volevo un rapporto che a lui non interessava. Lo capisco».

L'animosità cresceva. Non nella mente di Bryant – aveva cose più importanti dell'accettazione del grande uomo a cui pensare.

O'Neal però ci restò male. Qualche mese prima la rivista *People* aveva inserito Bryant nel numero dedicato alle 'Persone più Belle del Mondo', e lui era andato in brodo di giuggiole. «Sta diventando sempre più in fretta uno strumento della NBA» commentò Fox. «E se lo diventa lui, è ovvio che toglie il posto a qualcun altro». Fin dalla stagione d'esordio a Orlando, nessuno aveva mai respinto Shaquille O'Neal. Se si offriva di comprare un completo a un rookie, il rookie si prendeva il completo. Se voleva che tu andassi a una festa nella sua tenuta, tu ci andavi. «Dove andava Shaq andavamo tutti» ricordò Fox. «Era il suo show. Ma a Kobe non importava niente. Proprio niente».

Sotto molti aspetti il blocco era uno scontro fra agenti. Leonard Armato, che rappresentava O'Neal, stava lavorando dietro le quinte per ottenere un accordo. Aveva addirittura organizzato un incontro fra David Stern, il commissario dell'NBA, e Billy Hunter della Players Association. Arn Tellem, l'agente di Bryant, non era entusiasta di quel metodo. Sentiva che Armato voleva favorire esclusivamente il proprio cliente, non gli altri giocatori della Lega. Giornali e tv cominciarono a definire la questione *Shaq vs. Kobe*. Oppure, in altri casi, *L'agente di Shaq vs. l'agente di Kobe*.

Senza partite NBA da giocare, i giocatori di tutto il Paese cominciarono a tenere partitelle amichevoli di altissimo livello in varie palestre e centri sportivi. A New York si trovavano un sacco di Knicks e di Nets al 92nd Street Y. E a Los Angeles, che ospitava i Lakers e i Clippers, ci si trovava al Southwest College, una scuola da 8.200 studenti con una palestra spesso disponibile.

Non si sapeva mai chi si sarebbe presentato. Potevano essere membri delle squadre dell'UCLA e della USC. Oppure dei giocatori da UC Irvine o da Long Beach State. Potevano esserci un po' di Clippers, un po' di Lakers, qualche veterano dell'NBA che viveva a Los Angeles quando non veniva mandato a Denver o Miami. In ogni caso erano partite ad alto tasso di ego e di competitività.

Un giorno, in particolare, al Southwest College arrivarono sia O'Neal che Bryant, pronti a giocare. Era la prima settimana di gennaio, non molto tempo dopo l'articolo dell'*L.A. Magazine* che parlava di Kobe come del nuovo Jordan. C'erano anche altri Lakers e c'era Olden Polynice, il centro veterano che aveva trascorso le ultime quattro stagioni e mezza a Sacramento. Sperava che i Lakers gli offrissero un contratto da free agent e gli era stato detto che Mitch Kupchak, il general manager della squadra, sarebbe venuto a vedere la partita. Anche se si erano scontrati per anni, Polynice e O'Neal erano abbastanza amici. «Tutto quello che volevo era andare là e giocare con Shaq» ricordò Polynice. «Da ragazzo i Lakers erano la mia squadra preferita. Sarebbe stato un sogno. Volevo dimostrare a Mitch che facevo sul serio».

I giocatori scesero in campo e cominciarono a riscaldarsi, poi fecero qualche tiro in sospensione. Infine si divisero in due squadre, alcuni di qua e altri di là. O'Neal e Polynice – entrambi alti più di due metri – erano avversari. «Kobe era nella mia squadra» ricordò Polynice. «Contro Shaq».

Era solo una partitella, ma a un certo punto non lo fu più. Come faceva sempre nelle amichevoli, O'Neal chiamava falli dubbi ogni volta che sbagliava un tiro.

Tiro sbagliato.

«Fallo!» Tiro sbagliato.

«Fallo!»

«Sono stufo di queste stronzate» disse Bryant alla fine. «Gioca e piantala».

«Un altro commento come questo» sbottò O'Neal, «e ti rompo il culo a schiaffi».

Qualche possesso dopo, Bryant si avvicinò al canestro, si appoggiò al corpo di O'Neal e infilò il pallone nella retina passando sotto il suo braccio sollevato. Una bella mossa, ma nulla di trascendentale.

«Vaffanculo!» gridò a O'Neal. «Questa è la mia squadra! La mia cazzo di squadra!»

Sembrava una sfida. Tutto si fermò. «Non stava parlando della squadra per la partitella» ricordò Polyince. «Parlava dei Lakers».

O'Neal non voleva saperne.

«No, figlio di puttana!» urlò. «Questa è la mia squadra!»

«Vaffanculo!» rispose Bryant. «Sul serio, vaffanculo! Non sei un leader. Non sei niente!»

Che cosa aveva appena detto?

«Ti farò mandare via» disse O'Neal. «Non c'è problema».

Diversi partecipanti intervennero per separarli e alla fine la partita riprese. Ma l'atmosfera non era più neanche vagamente amichevole o rilassata. «Probabilmente andammo avanti a giocare ancora un po'» raccontò poi Polynice. «Kobe va a canestro, segna e grida a Shaq 'Sì, figlio di puttana! Quella merda non mi fermerà!'»

O'Neal afferrò il pallone per fermare l'azione.

«Di' anche soltanto un'altra fottuta parola» minacciò, guardando Bryant negli occhi.

«Oh, fanculo» disse Bryant. «Tu non sai n...»

Smack!

O'Neal diede uno schiaffo in faccia a Bryant. *Forte.*

«Ha delle mani enormi» disse Corie Blount, che partecipava alla partita. «Fece un gran rumore».

Polynice lo raccontò così: «Poi Shaq prova a colpire di nuovo Kobe, ma lo manca. Merda! Corro a fermare Shaq, perché sono abbastanza grosso per poterlo fare. E Shaq continua ad agitarsi ma senza ottenere niente perché lo tengo per le braccia. Io continuo a tenere Shaq con tutte le mie forze e grido 'Qualcuno fermi Kobe! Sul serio, qualcuno lo fermi!' Perché mentre tengo fermo Shaq, Kobe lo colpisce. A un certo punto Shaq si libera un braccio e mi colpisce in testa. Sul serio, nessuna buona azione resta impunita. Ve lo dico, se Shaq si fosse liberato avrebbe ucciso Kobe Bryant. Non esagero. Era un pugno del tipo 'voglio farti fuori'. In quel momento voleva metter fine alla vita di Kobe».

Bryant non si lasciò spaventare. «Sei una fighetta!» abbaiò. «Tutto qui quello che sai fare? Sei una fighetta!» Blount implorò Bryant di tacere. «Stai peggiorando le cose» gli disse. «Chiudi il becco». La lite finalmente si chiuse quando Jerome Crawford, la guardia del corpo di O'Neal, entrò in campo e placò l'amico. O'Neal era furioso. «Agli allenamenti è intoccabile» scrisse a proposito di Bryant. «Si comporta come Jordan, quando alcuni giocatori pensavano di non poter toccare Mike. Ogni volta che qualcuno toccava Kobe, lui chiamava il fallo. Dopo un po' gli dicevo 'Senti amico, non devi continuare con queste stronzate'». Quando uscì dal campo, Polynice guardò Kupchak, che era molto scosso, e disse ad alta voce: «Dovresti prendermi soltanto per questo».

Ma lui non lo fece e Polynice passò la stagione 1998-99 a Seattle.

«Erano due maschi alfa che non potevano coesistere» disse Polynice. «Shaq pensava 'Questa è la mia squadra.' Kobe pensava 'Nessuno può mettermi i piedi in testa'. Non si possono avere due maschi alfa. Non funziona». Poi, dopo una pausa di riflessione: «Non funziona mai. Neanche quando funziona».

Alla fine, ai primi di gennaio, giocatori e proprietari sottoscrissero un contratto collettivo e dopo centonovantuno giorni il blocco terminò. Il 5 febbraio cominciò una stagione accorciata, quindi i Lakers non avevano molto tempo per far funzionare le cose.

Sembrava che tutto andasse storto.

Per prima cosa, in seguito alla battuta poco apprezzata (per dirla con un eufemismo) su Cancún, Nick Van Exel venne scaricato a Denver, concludendo un tumultuoso periodo di cinque stagioni a Los Angeles che aveva prodotto un rapporto mal di testa:gloria di 100:1. Jerry West organizzò, negoziò e concluse l'accordo. Se anche quello che ricevette in cambio non eguagliava il valore di un condottiero ventiseienne convocato all'All-Star (i Lakers acquistarono l'ala Tony Battie e il playmaker Tyronn Lue, recentemente selezionato al draft con la ventitreesima scelta), la liberazione dal problema più fastidioso per la squadra fu un guadagno per sottrazione.

«Mi piaceva Nick» ricordò West anni dopo. «È uno dei miei avversari preferiti. Ma non poteva andare avanti».

Lo scambio avvenne mercoledì 24 giugno. West si mise in contatto con Van Exel per comunicarglielo e per ringraziarlo per il suo contributo. Van Exel rifiutò di rispondere alla telefonata. Sia mercoledì, che giovedì che venerdì. Non rispose neanche il sabato e la domenica. Non rispose mai. «Fanculo a Jerry West» disse a James Bryant, il suo agente. «Nessuno mi tratta così».[13]

13 «Sono molto deluso» commentò West. «Mi piace pensare di aver contribuito alla sua crescita come persona».

I Lakers privi di Van Exel organizzarono un allenamento volontario all'inizio di febbraio al Southwest College e si presentarono la bellezza di cinque giocatori: O'Neal, Eddie Jones, Sean Rooks, Derek Fisher e Lue. «Penso che siamo tutti in forma» disse Jones ai venti giornalisti presenti. «Io sono pronto».

West era stato considerato a lungo il miglior organizzatore di talenti del basket moderno, ma la rosa sembrava piuttosto depauperata. Rick Fox decise di tornare con un altro contratto di un anno per 1,75 milioni di dollari e Van Exel fu sostituto dal free agent Derek Harper, un veterano trentasettenne con sedici anni di esperienza che era più importante come leader negli spogliatoi che come giocatore in campo. Travis Knight, il centro di riserva che aveva giocato sorprendentemente bene da rookie nella stagione 1996-97 fu recuperato da Boston in cambio di Battie e lanciò l'urlo di gioia più lungo nella storia delle urla di gioia. «Ero l'uomo più felice del mondo» ricordò Knight. «Boston era terribile, giocare per Rick Pitino era semplicemente spaventoso. Trattava i giocatori come bestiame. Quando mi hanno chiesto se avrei accettato uno scambio con i Lakers non persi un attimo. 'Sì! Mandatemici adesso!'»

Bryant si preparava a esordire da titolare e la pressione per mandare altrove Eddie Jones era sempre più forte. Riemersero le voci su Scottie Pippen, che però si spensero in fretta quando i Bulls chiesero Bryant invece di Jones (la risposta di Kupchak al sogno di Chicago? *Ha ha ha ha*). Prima della partita inaugurale contro Houston, Los Angeles riuscì quasi a chiudere un accordo con Minnesota per uno scambio tra Jones e Tom Gugliotta («Il mio agente era in contatto continuo con i Lakers e gli avevano detto di tenersi forte, perché stavano per fare ai Wolves un'offerta che non avrebbero potuto rifiutare» ricordò Gugliotta, una delle migliori ali della Lega. «Ero entusiasta»). Ma anche questo finì in nulla.

Quando finalmente la stagione cominciò, il 5 febbraio, con i Rockets ospiti al Great Western Forum, i Lakers erano un disastro. L'Associated Press aveva riportato che Bryant stava per firmare un'estensione del contratto di sei anni per 71 milioni di dollari e molti giocatori erano arrabbiati. O'Neal blaterava di un nuovo sondaggio di *USA Today* secondo il quale Los Angeles era soltanto la quarta migliore squadra della Western Conference. Jones si sentiva tradito dai pettegolezzi, a Robert Horry era stata diagnosticata un'aritmia, il deludente Derek Fisher era tornato al ruolo di playmaker titolare e la tensione nata dalla rissa al Southwest College fra la 'Superstar Regnante' (Shaq) e la 'Superstar in Ascesa' (Kobe) non era ancora rientrata del tutto.

In più, quello avrebbe dovuto essere un anno magico. Dopo trentadue anni i Lakers avrebbero giocato l'ultima stagione al Great Western Forum, prima di trasferirsi in centro, allo Staples Center ancora in via di costruzione. Il nuovo palazzetto prometteva tutto quello che la moderna NBA poteva offrire ai tifosi: un sacco di salette private, chioschi di tutti i tipi, prezzi alle stelle. I Lakers avrebbero condiviso lo spazio con i Clippers e i Kings dell'NHL, i soldi sarebbero arrivati a palate.

Quindi si sapeva da tempo che la stagione 1998-99 avrebbe dovuto essere un addio alla casa che aveva ospitato sei stendardi del campionato e un campo calcato da Magic e Kareem, Shaq e Kobe.

«Fu molto triste» disse Jeanie Buss. «Come dire addio al tuo migliore amico».

I Lakers aprirono la stagione 1998-99 con una vittoria per 99 a 91 contro i Rockets, dopo la quale Harris fu preso dall'allegria. O'Neal aveva dominato, con 30 punti e 14 rimbalzi, e Bryant – titolare già dal primo giorno per gli infortuni di Fox e Horry – fu quasi altrettanto d'impatto, aggiungendo 25 punti e 10 rimbalzi. Nel nuovo quintetto, Houston schierava anche una leggenda, Scottie Pippen, recentemente acquistato dai Bulls, e l'ottimismo era alto. «La storia del giorno era l'esordio di Kobe da titolare e il suo scontro con Pippen, e credo che nove persone su dieci avrebbero pensato che Houston fosse in vantaggio» commentò Harris. «Ma Kobe mantenne il controllo per tutto il tempo. Sappiamo bene che è un giocatore eccezionale».

A quel punto Harris avrebbe potuto dire: «Darò a tutti i giocatori 10 milioni di dollari e le mie foto di Halle Berry nuda» e loro avrebbero sentito soltanto «Bla bla bla bla bla bla bla bla bla bla bla

bla bla bla bla Halle Berry bla bla bla bla bla bla». Era alla quinta stagione a Los Angeles e ogni residuo di positività era svanito. I tifosi erano stufi del vecchio, noioso Del Harris. I giocatori erano stufi del vecchio, logorroico Del Harris. O'Neal odiava il modo in cui Harris si prendeva cura di Bryant. Bryant odiava il modo in cui Harris lo tratteneva. «Del conosceva il gioco» disse Harper. «Ma si aspettava che i ragazzi si regolassero da soli. Era una squadra di giovani. Un sacco di ragazzini, molta immaturità. Kobe e Shaq erano troppo occupati a scontrarsi e lui non era il tipo di allenatore in grado di gestirli».

«Kobe non rispettava Del e questo era un problema» ricordò Fox. «Kobe non lo ascoltava. E neanche Shaq lo ascoltava, soprattutto perché voleva che Del fosse più duro con Kobe».

La gioia della prima vittoria svanì quando due sere più tardi Los Angeles perse contro Utah, poi vinse a San Antonio e Denver, poi subì due sconfitte a Minnesota e Indiana. Furono accampate scuse: stagione ridotta, rosa decimata dagli infortuni, problemi di chimica. Harris, ripensandoci, era convinto che la squadra stesse per trovare la propria identità. «Avevamo tutti i pezzi» disse. «Mi serviva soltanto un po' più di tempo».

Il primo segnale della pura follia che stava per invadere la squadra si verificò il 13 febbraio 1999, quando gli abbonati del *Los Angeles Times* aprirono la prima pagina della sezione sportiva e trovarono il titolo RODMAN PRONTO A UNIRSI AI LAKERS.[14]

Leggiamo direttamente l'articolo di Mark Heisler:

> «Stando alle fonti del *Times*, Dennis Rodman, il più grande rimbalzista in tutta la Lega, ma anche il suo elemento più distruttivo, ha deciso di unirsi ai Lakers. La squadra ha negoziato con l'agente di Rodman, Steve Chasman dell'International Creative Manangement, per quasi due settimane, e il proprietario Jerry Buss lo ha invitato personalmente a giocare per loro. La trattativa è stata sospesa per una setti-

14 Mi sembra utile un commento. È il 13 maggio 2019 e mentre scrivo queste righe mi compare una notizia sullo schermo: DENNIS RODMAN ACCUSATO DEL FURTO DI UN CRISTALLO DA 180 KG DA UN CENTRO YOGA. Ok, riprendete pure a leggere.

> mana mentre Chasman discuteva un possibile contratto cinematografico con la Fox, che ha un'opzione per acquistare il 10% dei Lakers. Rodman si era tenuto in disparte nella sua casa di Newport Beach e aveva inizialmente rifiutato di parlare con i manager dei Lakers, fino ad accettare un incontro giovedì. Si dice che abbia deciso di accettare il salario minimo per i veterani di un milione di dollari – ricalibrato a 600.000 dollari per la stagione ridotta – più altri tre milioni che riceverà per il contratto pubblicitario con la Converse».

Erano stronzate. Anzi, più che stronzate. Dennis Rodman, un trentasettenne che amava indossare abiti femminili, fumare sigarette e ricoprirsi il corpo di tatuaggi, un'ala grande che si presentava in orario una volta ogni tre anni, era stato il miglior rimbalzista delle ultime sette stagioni. Ma dopo aver aiutato i Chicago Bulls a mettere le mani sul terzo titolo consecutivo nel 1998 era diventato un free agent e comprensibilmente era inviso a tutte le ventinove squadre della Lega perché (strano ma vero) in uno sport che dipende dall'affidabilità di tutti uno svitato inaffidabile non ha poi una grande attrattiva.

Il maggiore problema di Rodman era, be', tutto quanto, a parte la vicinanza geografica (viveva in una casa bifamiliare a Newport Beach) e un'innata capacità di recuperare palloni da basket da un cilindro di metallo. Una volta aveva dato una testata a un arbitro: ed era stato sospeso. Una volta aveva imprecato durante un programma sportivo in diretta: ed era stato sospeso. Nelle sette stagioni precedenti era stato sospeso quattordici volte (senza contare una licenza di quattordici partite pagata dai San Antonio Spurs).

Detto questo, Jerry Buss, il proprietario dei Lakers, era innamorato di Rodman. Sì, per via dei rimbalzi. Ma anche per tutto il casino che faceva. Nel bene e nel male Rodman attirava l'attenzione e Los Angeles era il paradiso di chi amava attirare l'attenzione. «Dennis è un talento sul campo» aveva dichiarato Buss prima dell'apertura della stagione. «E per quanto ne so il pubblico vuole vincere quanto me. Vogliono un anello. È un po' che ci manca».

Era cominciato tutto per una coincidenza. Poco prima dell'apertura della stagione Rodman si era impelagato in una lotta senza quartiere col suo agente storico Dwight Manley. Oppure, secondo Manley: «Non sopportavo più quel circo, quindi ho smesso di lavorare con lui». Rodman aveva assunto un rappresentante che aveva poco a che fare col basket, Steve Chasman dell'ICM, che lo aiutava con i contratti televisivi, cinematografici e letterari. Però non aveva esperienza come agente sportivo e non aveva mai aspirato a diventarlo.

«Una sera parlavo con Dennis della sua carriera e decidemmo di vederci a cena» disse Chasman. «Prenotai per le sette». L'agente arrivò al Palm, a Hollywood, esattamente alle sette. Che poi diventarono le sette e mezza. Poi le otto, le otto e un quarto e le otto e mezza. «Dennis arrivò con un'ora e mezza di ritardo» ricordò Chasman. «Aveva al braccio questa splendida donna. Non avevo idea di chi fosse, ma era favolosa».

Si sedettero e Chasman disse a Rodman che se voleva una carriera nello spettacolo doveva continuare a giocare a basket. «Chiama Dwight» gli disse. «Digli...»

«Fanculo a Dwight» rispose Rodman. «Non voglio parlare di quello stronzo».

All'insaputa di entrambi, a qualche tavolo di distanza c'era Jerry Buss, accompagnato da tre ventenni in abiti succinti. Il proprietario dei Lakers aveva sessantasei anni. Si avvicinò a Rodman, gli tese la mano e disse: «Dennis, a me importano due cose, in questo ordine: voglio riempire lo stadio e voglio vincere un campionato». Pausa. «Voglio che tu entri nei Lakers».

Rodman sorrise e fece un cenno a Chasman. «Mister Buss» disse, «deve parlare con il mio agente, Steve Chasman».

Ehm, come?

Nel giro di quarantott'ore Chasman era in riunione con Buss in un ristorante di Marina del Rey, poi andò in auto a casa di West, a Bel Air. Fu un vortice psichedelico, reso ancora più strano dal fatto che Rodman non toccava un pallone da basket da quasi sei mesi. «Non sapevo in che condizioni fisiche fosse» ricordò Chasman. «Ma sapeva sempre prendere i rimbalzi».

Dietro le quinte Harris (fra lo stupore di quasi tutti) sostenne l'idea di prendere Rodman. Aveva guardato da lontano il modo in cui Phil Jackson lo aveva gestito a Chicago ed era convinto che sarebbe riuscito anche lui a ottenere il massimo dal 'Verme' (soprannome che risaliva all'infanzia, quando la madre lo aveva visto dimenarsi mentre giocava a biliardino). Solo che due giorni dopo l'annuncio del *Los Angeles Times* sull'imminente acquisto di Rodman, l'ala non si trovava da nessuna parte. Nessuno, letteralmente, sapeva dove fosse andato. Finché una coppia di turisti non lo vide a Las Vegas mentre giocava a dadi, beveva birra e viveva la vita che aveva decisamente poco a che fare con l'NBA. Questo irritò Jerry West che si sfogò con Lacy J. Banks del *Chicago Sun-Times*: «Non è così che si fanno gli affari!»

I giocatori dei Lakers erano combattuti. Derek Harper, la guardia veterana, considerava Rodman una pura distrazione. O'Neal, d'altro canto, diceva: «Ehi, voglio uno scagnozzo!» A mille miglia di distanza, a Denver, Van Exel si mise a ridere alla sola idea. *Lui* era stato un problema e invece prendere Dennis Rodman aveva senso? «Se arriva con tutte le sue pagliacciate e pensa di fare il suo show» commentò Van Exel «ammazzerà quella squadra».

«Era tutto un azzardo» ricordò Corie Blount. «Come dire 'Abbiamo dei problemi e questa è un'idea che potrebbe funzionare. Probabilmente non funzionerà, ma potrebbe. Quindi prendiamoci il matto e vediamo che cosa succede'».

Nello stesso momento in cui i Lakers cercavano di assicurarsi che Rodman non giacesse morto in una fogna con tre prostitute e un ago che spuntava dal capezzolo destro, la stabilità di Harris come allenatore sembrava molto labile. Il 19 febbraio Peter Vecsey del *New York Post* scrisse che Los Angeles avrebbe licenziato la sua guida tecnica nel giro di pochi giorni, forse di poche ore. «Da quanto mi dicono» scrisse, «i giocatori praticamente al completo sono semplicemente esausti di dover restare ad ascoltare i discorsi di Harris in allenamento. E dato che ripetono sempre gli stessi errori, i discorsi sono sempre gli stessi».

Domenica 21 febbraio i Lakers persero 92 a 89 con i mediocri Sonics. Polynice, il centro di Seattle, sentì i giocatori dei Lakers che litigavano fra loro durante la partita. La sera successiva persero di nuovo, questa volta ai tempi supplementari contro Van Exel e i Nuggets, che avevano al loro attivo 1 vittoria e 8 sconfitte.

Fu una partita strana, in cui la guardia tiratrice di Denver Eric Washington – giocatore del quale pochi dei Lakers avevano sentito parlare – segnò 16 punti in quarantotto minuti di gioco. Ma la lieve sorpresa della sconfitta non poté rivaleggiare con la spettacolare follia che si stava consumando a Los Angeles, dove Dennis Rodman – vivo e vegeto – stava tenendo una conferenza stampa all'interno di un Planet Hollywood per annunciare, uhm, eh, ah, hmmm... niente.

Sul serio, *niente*.

Erano arrivati circa trenta giornalisti, convinti che i Lakers stessero per consacrare una nuova ala grande. Rodman arrivò con quaranta minuti di ritardo all'evento che aveva organizzato lui stesso, accompagnato da Chasman, dalla modella Carmen Electra (che sarebbe stata sua moglie per meno di un anno, in un vestitino argentato delle stesse dimensioni di un cerotto) e dalla sorella Debra, che portava una scatola con dentro quattro dei cinque anelli NBA posseduti da Rodman. Lui indossava una maglietta bianca, un paio di occhiali da sole, diversi piercing al naso e un cappello floscio in stile *Joseph and the Amazing Technicolor Dreamcoat*. Forse era ubriaco. O fatto. O forse era soltanto la carenza di sonno. Probabilmente era ubriaco e fatto.

«Ci sono un sacco di cose che devono succedere prima che io metta piede in campo» cominciò, chinandosi sul microfono del Planet Hollywood. E poi andò fuori di testa. Cominciò a insultare gratuitamente alcuni dei Lakers più giovani, dicendo: «Tutti questi ragazzi vogliono essere superstar del basket, ma ognuno deve rispettare un ruolo». E poi, di sua spontanea volontà, aggiunse che la sua motivazione non era la voglia di vincere. «Quello che mi ha fatto tornare» disse «è che mi annoio. Sono stufo di non fare niente».

Continuò a blaterare. Come un uomo annoiato con un microfono e troppo tempo libero. Tutti si resero conto che non c'era nessuno motivo per essere lì. Era un circo organizzato da un moderno P.T. Barnum, senza tigri e senza elefanti.

Una dei giornalisti ne aveva abbastanza. L'ora precedente non era stata piacevole per Lisa Guerrero, la reporter sportiva recentemente assunta dalla KCBS-TV, più nota per il periodo trascorso da cheerleader dei Los Angeles Rams e come membro del cast della serie di Aaron Spelling *Sunset Beach*, che aveva avuto vita breve. Ansiosa di fare buona impressione, la Guerrero era arrivata presto e aveva promesso che sarebbe stata pronta per la diretta non appena Rodman avesse confermato di aver firmato un contratto. Però i minuti passavano e la Guerrero cominciava a perdere la pazienza. «Nessuno degli altri giornalisti sapeva chi fossi, e mi fissavano tutti» raccontò poi. «Qualcuno disse 'Hanno dato un microfono a una modella?' Un altro tizio cominciò a parlare delle mie tette. Fu davvero spiacevole. Finalmente, grazie a Dio, Rodman arrivò».

Si aspettava una notizia e non ebbe altro che chiacchiere senza senso. «Puzzava di doposbronza» commentò. «Una combinazione di sudore, alcol e sigarette». Rodman parlò del sesso fantastico che facevano lui ed Electra e di pensieri in libertà durante l'atto. Poi borbottò le parole che cambiarono tutto. «Disse 'Ho convocato la conferenza stampa solo per vedere se sareste venuti tutti, e lo avete fatto'» ricordò la Guerrero. «Si mise a ridere senza ritegno, come se fosse divertente. Be', io ne avevo davvero abbastanza».

Mentre gli altri giornalisti sopportavano l'offesa in silenzio, la Guerrero si alzò in piedi, fulminò Rodman con lo sguardo e disse: «È incredibile. Ci hai fatto perdere un sacco di tempo. Vuoi dire che siamo qui per niente? È la cosa più egoista che abbia mai sentito».

Silenzio.

«Mi prendi in giro, dolcezza?» rispose Rodman. «Dai a me dell'egoista? Io ho giocato in una squadra, dolcezza. Ho giocato in una squadra per tredici anni, ho vinto cinque campionati, sette titoli di miglior rimbalzista, sono stato alle Finals per dieci anni... Se dici una cosa del genere hai dei problemi... È incredibile, quando si è ritirato Michael Jordan, non era egoista. Quando Michael Jordan è tornato gli avete baciato il culo... E all'improvviso io faccio una cosa del genere e sono egoista».

Poi successe qualcosa di veramente inaspettato: Dennis Rodman si mise a piangere.

«Non posso vincere» disse fra le lacrime. «Non importa che cosa faccio per questa lega, per il gioco del basket, non posso vincere». Aprì un foglio di carta e indicò alcune lettere. «Qui ho dieci organizzazioni benefiche a cui donerò 10.000 dollari. Dimmi se sono egoista». Aveva in mano il menù da asporto di un ristorante.

«Il giorno dopo la storia non era quella di Dennis Rodman che andava ai Lakers» ricordò la Guerrero, «ma quella della ragazzina che lo aveva fatto piangere».

Poco dopo ci furono altre lacrime. O festeggiamenti, a seconda del punto di vista. I successivi due giorni furono tra i più bizzarri della storia dell'umanità. Martedì 23 febbraio Rodman finalmente firmò con i Lakers e accettò il salario minimo dei veterani (un milione di dollari, ricalibrato a 600.000 a causa della stagione ridotta). Quella sera i Lakers vennero sconfitti per 93 a 83 da una Vancouver senza nerbo e precipitarono a sei vittorie e sei sconfitte. «Non ho mai giocato in una squadra da sei e sei» commentò cupamente O'Neal. «Dobbiamo tutti guardarci allo specchio e farci un esame di coscienza invece di puntare il dito».

Non appena la partita finì, Fox e Horry dissero ad Harris che ci sarebbe stata una riunione di soli giocatori nello spogliatoio degli ospiti del General Motors Place e che l'allenatore non era invitato. Fu una brutta scena. Tom Savage, un assistente alle pubbliche relazioni, si stava attardando nella stanza quando Harper, la guardia veterana, gridò: «Esci da qui, cazzo!» Savage fu umiliato e O'Neal gli batté sulla spalla e disse: «Non permettere a nessuno di parlarti così, *mai*. Giocatore di basket o no». Quando la riunione cominciò, la maggior parte dei partecipanti puntò il dito direttamente contro l'approccio troppo lento del loro loquace allenatore a un gioco che diventava sempre più veloce. Nell'epoca di Allen Iverson, Vince Carter e Kobe Bryant, sembrava spesso che i Lakers partecipassero a una marcia funebre. La situazione permetteva ai giocatori di sfogarsi senza timore di agitare il capo. «Non ebbi nessuna voce in capitolo» ricordò Harris. «Sapevo che alcuni dei ragazzi erano scontenti? Certo. Pensavo che sarei stato licenziato? No».

La mattina dopo West chiese ad Harris di andare in ufficio, dove fu prontamente sollevato dal suo incarico. West era mortificato: amava tutto di Harris. «Non stavamo sfruttando appieno il nostro potenziale e dovevamo cambiare» ricordò in seguito. «Ma questo non significava che Del non fosse fantastico. Lo era. Come uomo e come allenatore. A volte serve soltanto uno sguardo diverso». Anche se era sconvolto e deluso, quello non fu neanche lontanamente il momento peggiore per Harris. Nei mesi precedenti erano morti entrambi i suoi genitori, Ed e Wilma: il padre per problemi cardiaci e la madre dopo un incubo durato cinque anni in cui la demenza l'aveva resa incapace di pronunciare il proprio nome. «Da molto tempo non mi riconosceva più» ricordò Harris. «Al confronto, che cos'è il basket?»

Già.

Il 24 febbraio 1999 si tennero due conferenze stampa consecutive: Del Harris che diceva addio e Dennis Rodman che diceva buongiorno. L'accostamento fu stridente. Angelo. Diavolo. Santo. Peccatore. Soltanto che l'uomo probo veniva accompagnato all'uscita e quello con il tatuaggio di un serpente arrotolato sul crocifisso veniva salutato come un salvatore. Avevano detto a Harris che di certo non c'era bisogno che incontrasse i media, ma lui lo fece ugualmente. «Chi è che partecipa alla conferenza stampa sul proprio licenziamento?» commentò Howard Beck, giornalista del *Los Angeles Daily News*. «Ma Del era così. Aveva dedicato la stagione ai genitori e ci teneva molto a vincere un campionato per loro. Poi lo licenziano e viene a parlare con noi. Era sempre responsabile e corretto. E poi» aggiunse Beck, «cominciò il circo».

Dietro le quinte, West era fuori di sé. Fin dal suo ingresso nella squadra, che lo aveva preso con la seconda scelta in assoluto nel draft NBA del 1960, era stato il più fedele dei soldati. Era stato una guardia fenomenale per quattordici stagioni, senza mai prendere una partita sottogamba. Da capo allenatore per tre stagioni alla fine degli anni Settanta, viveva e moriva per ogni singola palla a due. Da general manager dal 1982 al 1994 aveva girato il mondo per cercare qualsiasi possibile vantaggio, qualsiasi oscuro talento che potesse dare lustro al viola e oro. E adesso, come executive vice president of basketball operations, non desiderava altro che vedere Los Angeles tornare al suo posto in vetta all'universo del basket. Per questo aveva fatto di tutto per accaparrarsi O'Neal. Per questo aveva ceduto uno dei suoi giocatori preferiti (Vlade Divac) pur di ottenere Kobe Bryant. Per questo aveva profuso ogni sforzo per prendere Rick Fox, ottenere Robert Horry, scegliere Eddie Jones al draft.

Era troppo per lui.

Jerry Buss voleva che la squadra prendesse Rodman, e la squadra aveva preso Rodman. Il proprietario lo vedeva come un'elettrica miscela di rimbalzi e divertimento, ma West lo vedeva per quello che era: un inaffidabile, un cancro per lo spogliatoio le cui capacità stavano scemando e con il bisogno narcisistico di essere a tutti i costi al centro dell'attenzione. In pubblico West si sforzava di apparire allineato «La comprensione del gioco [di Rodman] mi meraviglia» dichiarò. Tutte stronzate. Ogni aspetto di quell'operazione lo inorridiva. J.A. Adande, l'editorialista del *Los Angeles Times*, scrisse un pezzo per implorare la squadra di ignorare Rodman. Nel pomeriggio del giorno in cui uscì, West andò a cercare Adande durante l'allenamento. «Un articolo eccellente» gli disse. «Vai avanti così».

«Jerry perse la testa quando Rodman firmò» disse Tim Kawakami, giornalista sportivo del *Times*. «Quando presero Rodman in pratica sparì, perché non voleva averci niente a che fare».

Nella sua eccellente autobiografia, *West by West*, West inserì una lettera che la moglie Karen aveva scritto a Jerry Buss il 17 aprile 1999. Eccone un brano:

> Come sono certa che tu sappia, mio marito è un individuo molto tormentato. La maggior fonte di tormento per lui, in questi ultimi anni, sono stati i Lakeres. Sono certa che tu sappia anche questo. Ma sembrava averlo superato quando, l'estate scorsa, voi due avevate sistemato le cose. Prima che firmasse l'estensione del contratto gli avevo chiesto di promettermi che sarebbe stato felice se fosse rimasto con i Lakers e lui mi aveva risposto che aveva ritrovato l'entusia-

smo e che sapeva che era la scelta giusta. Era impaziente di andare avanti. E finché lui era felice, anch'io lo ero.

Adesso invece è andato tutto a gambe all'aria. Se avesse tendenze suicide sarebbe già morto. Il fatto che sono state prese decisioni importanti che non condivideva e che questa squadra, un tempo rispettata da tutti, sia diventata, come ha detto, 'lo zimbello della Lega', lo ha fatto precipitare in un baratro che è quasi autodistruttivo quanto Rodman.

Già, un *vero* disastro.

Con l'uscita di Harris, i Lakers avevano bisogno di un nuovo allenatore. Il 25 febbraio sconfissero i Clippers per 115 a 100 ad Anaheim con Bill Bertka, l'assistente di lungo corso, come sostituto, e Rodman in panchina. Il giorno successivo West annunciò che Kurt Rambis, l'ex ala grande quarantunenne che aveva vinto quattro titoli da giocatore con Los Angeles negli anni Ottanta, avrebbe ricoperto ad interim il ruolo di capo allenatore. Fu una scelta curiosa, perché Larry Drew, l'ex playmaker dei Kings, era stato il primo assistente di Harris, mentre Rambis occupava solo la seconda sedia. Anche se era un po' strano e incostante, ai giocatori piaceva Rambis. Ma a molti non sembrava avere la stoffa del capo allenatore, né di uno che ci si ferma ad ascoltare. «Kurt era intelligente» disse Howard Beck. «Ma a quel punto non credo che avesse la statura per tenere testa a Shaq e Kobe. Quel compito era molto impegnativo. Probabilmente non era ancora pronto».

Il primo allenamento con il nuovo responsabile si tenne al Southwest College la mattina di venerdì 26 febbraio. Uno dei primi giocatori ad accoglierlo fu Rodman. La prima conversazione si svolse come segue...

RODMAN: «Hey, Kurt, come va?»
RAMBIS: «Eh Dennis, tutto bene. Tu come stai?»
RODMAN: «Bene, ma ho bisogno di un paio di settimane di ferie. Voglio andare a Las Vegas a schiarirmi le idee».
RAMBIS: «Che cosa?»
RODMAN: «Sì. Devo concentrarmi e prepararmi».

Rambis non sapeva se ridere o piangere. Rodman diceva sul serio? Il nuovo allenatore non riusciva a capirlo. Chiese a Corie Blount, l'ala di riserva, di spiegare a Rodman gli schemi dell'attacco, passo per passo. «Quel tizio era veramente strano» ricordò Blount. «Non mi sentivo affatto a mio agio con lui. Aveva qualcosa che non mi piaceva per niente».

Quella sera i Lakers e i Clippers dovevano scontrarsi di nuovo al Forum alle 19:30. I giocatori dovevano arrivare per le 18:00, ma qualche ora dopo, l'orologio segnava le 18:06, poi le 18:07 e poi le 18:08...

Rodman entrò nell'edificio. Adande scrisse: «Finalmente comparve, con il suo seguito, illuminato dalle luci delle microcamere, entrò negli spogliatoi e subito scomparve in una stanza sul retro... Tipico Rodman, fin dall'inizio. Abbastanza vicino all'orario prestabilito da evitare di creare grossi problemi ma abbastanza oltre il limite da mostrarsi anticonformista. Con Rodman le infrazioni cominciano sempre da piccole cose per poi crescere finché non capisce fin dove può arrivare».

Sotto gli occhi di Jerry Buss, appollaiato al suo solito posto sugli spalti, sembrava di vedere il copione di una serie tv *Così gira il Verme*. Rambis, che da giocatore sembrava sempre un fazzoletto di carta stropicciato, era splendido in un completo blu su misura e cravatta grigia e bianca. I 17.505 tifosi lo salutarono con una standing ovation, in parte perché rappresentava la gloria dello Showtime, che non era così lontana, e in parte perché non era Del Harris.

I Clippers erano la preda perfetta per l'occasione, una non-avversaria della stessa città, con undici sconfitte e zero vittorie, un playmaker in sovrappeso di sette chili come Sherman Douglas e un centro titolare come Michael Olowokandi, definito una delle peggiori prime scelte nella storia dell'NBA da Neil Greenberg del *Washington Post*. Rodman arrivò al Forum con i capelli tinti di nero, giallo e viola, come un'ameba mescolata a un estratto di banana. Carmen Electra, con un vestitino color crema che le scopriva la vita, masticava una gomma e firmava autografi dal suo posto in quarta fila. Era proprio come ai bei tempi dello Showtime e con

6:03 da giocare nel primo quarto e i Lakers in vantaggio per 12 a 11 Rodman si alzò dalla panchina per sostituire Travis Knight. L'edificio fu scosso da un rombo di tuono.

Qualche secondo più tardi recuperò un pallone vagante e lo lanciò verso O'Neal, che accettò il regalo trasformandolo in una potente schiacciata. Durante l'azione successiva Rodman recuperò il suo primo rimbalzo offensivo con la maglia dei Lakers, poi passò a O'Neal per un altro canestro. Poco dopo deviò un passaggio in difesa. Los Angeles guadagnò 7 punti in pochissimo tempo e nei ventisei minuti che Rodman passò in campo i Lakers arrivarono al vantaggio di 59 a 37. La statistica finale del 'Verme' fu un esempio tipico di tutta la sua carriera: 0 punti, 11 rimbalzi, 3 falli, gomiti e ginocchia sbucciati. I Lakers vinsero 99 a 83 e sembrava il grande dono del basket che fosse finalmente giunto dal cielo. «È davvero un giocatore molto speciale» si entusiasmò Harper. «Stasera ci ha dato una botta di energia. Non appena è entrato in campo hanno cominciato a succedere cose positive».

«E quindi» chiese Tim Kawakami del *Times*, «andrà tutto bene con Dennis Rodman?»

Harper sorrise.

«Finora sì» disse. «Però aspettiamo. Stiamo a vedere».

Non ci fu da aspettare molto.

Il debutto di Dennis Rodman era avvenuto di venerdì. Due giorni dopo arrivò con mezz'ora di ritardo al primo allenamento regolamentare e disse ai compagni che era rimasto imbottigliato sulla 405. «È un libero pensatore» spiegò Rambis ai media. «E se vuole fare le cose in modo diverso, io non ho problemi».

La prima esperienza come capo allenatore è già difficile senza avere un pazzo in squadra. Se c'è, diventa praticamente impossibile. Rodman saltò un altro allenamento. E poi un altro. Spesso puzzava di alcol e sigarette. «Una volta andammo in aeroporto subito dopo un allenamento» disse Tom Savage, l'assistente alle pubbliche relazioni. «Dennis non si fece vedere. Io lasciai entrare i media per gli ultimi dieci minuti e proprio in quel momento Dennis arrivò dall'ingresso laterale. Sembrava fatto apposta. Aveva i lacci delle scarpe annodati alle estremità, i pantaloni del pigiama e le scarpe da basket appese sulla spalla».

Sotto la guida di Rambis, e con la partecipazione di Rodman, i Lakers vinsero dieci partite consecutive e si ritrovarono con un record di sedici vittorie e sei sconfitte. Ma la bolla era sul punto di scoppiare. O'Neal era stato il sostenitore più convinto dell'arrivo di Rodman, però non lo capiva come persona. Rodman andava agli allenamenti e poi sul più bello si sdraiava sul campo e sembrava schiacciasse un pisolino. Faceva la doccia prima delle partite, non dopo. Sean Rooks, un centro di riserva, saltò un allenamento per sottolineare che «Se Dennis può andare e venire come vuole, perché io no?» Un giornalista del *Times* di Londra scrisse che Rodman aveva tradito Electra con un'altra donna nella stanza 821 del Four Seasons di Beverly Hills. «Qualunque stanza fosse» ricordò Rodman, «me la stavo godendo alla grande». Una volta, negli spogliatoi dei Lakers, Rodman si tolse la divisa e si infilò un vestito da donna. «Non credevo ai miei occhi» ricordò Erikk Aldridge, assistente alle pubbliche relazioni. Rodman non parlava con nessuno: né con O'Neal, né con Bryant, né con Rambis. Parlava con i media soltanto dopo un'ora di sollevamento pesi, cioè mai. «Una volta stavamo salendo su un autobus sotto la pioggia» disse Savage. «E lui mi disse 'Ehi Tom, stai attento, i gradini sono scivolosi.' Ero sconvolto».

Il 12 marzo, dopo aver giocato soltanto otto minuti in una partita vinta contro i Warriors, Rodman ottenne una licenza a tempo indeterminato. Quando gli chiesero quando sarebbe tornato, Rambis alzò le spalle. «È una domanda ipotetica per la quale non ho una risposta». Girava voce che Rodman avesse debiti di gioco per 600.000 dollari e che dovesse trovare un modo di onorarli. Si diceva che lui e la Electra – che si erano sposati mentre Rodman era strafatto[15] – stessero per divorziare. Si di-

15 Rodman raccontò la sua romantica proposta di matrimonio nell'autobiografia del 2005, *I should be dead by now* (A quest'ora dovrei essere morto). Scrisse il sommo poeta Dennis: «Erano le cinque del mattino e stavo giocando a blackjack con il mio braccio destro Thaer Mustafa, e tanto per cambiare stavo vincendo, all'Hard Rock. Naturalmente eravamo stati svegli tutta la notte ed ero completamente fatto. Carmen era andata a dormire da ore. 'Vai a prendere Carmen' dissi all'improvviso a Thaer. 'Voglio parlarle'.

ceva che la Electra tradisse Rodman con il batterista dei Mötley Crüe Tommy Lee.

«Era un casino continuo» disse Harper. «Compariva, non compariva. Era più che altro una grossa spina nel fianco».

Il 16 aprile i Lakers congedarono l'ala grande. Alla fine dei giochi, Dennis Rodman – che aveva detto a *Newsweek* che la squadra «dipende da me per tenere la nave a galla» – giocò ventitré partite con i Lakers, totalizzando una media di 2,1 punti e 11,2 rimbalzi, commettendo 13 falli tecnici e innescando una serie infinita di titoli interrogativi. «Sono un genio?» chiese durante un'intervista. «Sono un miracolo? Sono Dio? No, però ho un dono».

Kurt Rambis non era preparato.

Vent'anni dopo, lo ammise, senza discussioni. «Non ero pronto per fare il capo allenatore» disse. «La preparazione, la gestione dei giocatori, mettere insieme un sistema efficace in attacco e in difesa. Probabilmente tutti pensiamo di saper allenare, ma poi ti chiedono di farlo davvero. E dovete ricordare che quella non fu una stagione normale».

La stagione ridotta aveva reso quasi impossibile una preparazione adeguata. Le pagliacciate di Rodman resero la normalità quasi impossibile. Poi, il 10 marzo, avvenne uno scambio.

No: *Lo Scambio.*

Dopo non meno di 9.353 ipotesi in cui Eddie Jones veniva scambiato con (*inserire nome di qualsiasi altro giocatore di qualsiasi altra squadra dell'NBA*) i Lakers finalmente scaricarono l'ala piccola e la mandarono a Charlotte insieme a Elden Campbell, in cambio dell'ala piccola Glen Rice, dell'ala grande J.R. Reid e del playmaker B.J. Armstrong (che venne immediatamente congedato). Due giorni prima Jerry Buss era andato da Jones negli spogliatoi e gli aveva detto bruscamente: «Non vogliamo scambiarti».

«Davvero?» aveva chiesto Jones. «Perché ho sentito...»

«Eddie, hai la mia parola» aveva detto Buss.

Nel giro di quarantotto ore Jones era al telefono con Jerry West, che gli augurò buona fortuna e gli spiegò i dettagli del trasferimento in North Carolina. Nel frattempo, a Charlotte, Rice provava emozioni contrastanti. Da un lato, lui era solo un ragazzo di provincia nato a Jacksonville, in Arkansas (28.364 abitanti) e le luci e la confusione di Hollywood non erano il suo ambiente. Dall'altro voleva un'estensione del contratto e gli Hornets non volevano aumentare il suo compenso di quattordici milioni. «Amavo Charlotte, ma non eravamo nella posizione di contrattare» ricordò Rice. «Con i Lakers, entrai in una squadra piena di talento».

Tre volte convocato all'All-Star e scelto al primo giro del draft dopo l'università del Michigan, Rice arrivò senza aver ancora giocato in stagione, a causa della convalescenza da un intervento chirurgico per rimuovere alcuni frammenti ossei nel gomito destro. Ciò detto, era considerato il pezzo mancante. Secondo la valanga di chiacchiere illogiche ripetute dai manager delle squadre e poi dai media locali, Jones e Bryant erano troppo simili e non potevano giocare insieme («Questo non aveva mai avuto senso per me» commentò Jones anni dopo, «semplicemente non era vero».) Rice, d'altro canto, era un cecchino di prim'ordine che avrebbe aperto il campo e creato un sacco di problemi alle difese avversarie. «Ci porterà in una dimensione che manca da troppo tempo, qui» si entusiasmò West. «Oggi ho sentito varie persone dell'NBA che mi hanno detto che abbiamo fatto bene».

A Rambis fu ripetuto più volte quanto sarebbe stata fantastica la nuova ala. Dave Wohl, un assistente allenatore, una volta aveva lavorato con Rice quando entrambi erano ai Miami Heat e non faceva che parlare della precisione dei suoi tiri dalla lunga distanza. Gli scout dei Lakers insistevano che Rice era in forma smagliante. «Sapevo che aveva molto talento, ma ero preoccupato all'idea di integrare un terzo attaccante nello schema di gioco» ricordò Rambis. «Continuavo a pensare 'Come farà a funzionare? Come cambierà la squadra?' E poi il primo giorno Glen uscì dal tunnel».

Rambis era in piedi accanto a Bill Bertka, l'assistente. «Wow» disse, «Glen è grasso».

«Come fai a dirlo?» rispose Bertka.

«Perché vedo le pieghe sul collo» rispose Rambis.

Quando era al massimo della forma Rice, che era alto due metri e tre centimetri, pesava 97,5 chili. Quando arrivò ai Lakers ne pesava centootto. Forse centoundici. Debuttò contro Golden State e si alzò dalla panchina per segnare 21 punti in una vittoria 89 a 78. «È stata una sensazione fantastica» disse subito dopo. «Con questa squadra succederanno un sacco di cose belle».

L'ottimismo era reale. La realtà no. «Glen aveva un ego *molto* sviluppato» disse Kevin Ding, il giornalista sportivo dell'*Orange County Register*. «Aveva delle aspettative che non potevano essere soddisfatte». La serie vincente di dieci partite si trasformò in una serie di cinque sconfitte nelle successive otto serate. L'inserimento di Rice non andò per niente liscio. Nei tre anni con gli Hornets aveva segnato una media di 23,5 punti a partita, ma con i Lakers ne segnò soltanto 17,5. I compagni erano sbalorditi dalla sua incapacità di creare qualcosa dal palleggio o di prendere elementari decisioni offensive. «Glen era davvero monodimensionale» disse Harper. «Gran tiratore, ma a parte quello non valeva molto. Non sapeva difendere, non rendeva migliori gli altri giocatori. Eddie era l'esatto contrario: difendeva, segnava dal campo, creava opportunità per gli altri. Io ero sicuro che sarebbe stato uno scambio sbagliato, ma chi mi ascoltava?»

Rambis avrebbe voluto lo snello, agile Jones, che in quel momento era occupato a diventare la nuova star di Charlotte. «Certe volte durante una partita mi trovavo proprio dietro Glen, a bordocampo» ricordò Rambis. «Prendeva dei tiri totalmente libero, ma non appena il pallone lasciava le sue mani era chiaro che non aveva possibilità di entrare. Dicevo a Dave 'Ma che cazzo è questa roba?' Wohl poteva solo scuotere la testa. 'Lo so' rispondeva. 'Non ho mai visto niente del genere. Non so che cosa dirti. Non è lo stesso giocatore'».

Nelle successive quattro partite Rice – lento, grasso e fuori fase – segnò soltanto 26 schifosi punti su 65 tiri dal campo. «Era pessimo» disse Rambis. «Non era il giocatore che pensavo sarebbe arrivato».

Ma un problema ancora più grave era rappresentato da un nuovo capo allenatore inesperto che doveva gestire una pessima chimica di squadra. «Molti giornalisti avevano conosciuto Kurt quando giocava, ed era sempre arguto e spiritoso» disse Kawakami. «Ma da capo allenatore aveva perso quello spirito. Era sempre arrabbiato, non aveva senso dell'umorismo e prendeva tutto troppo sul personale». La mancanza di un ritiro normale aveva inficiato la possibilità di creare dei legami fra i giocatori, poi il licenziamento di un allenatore, l'aggiunta di un rimbalzista fuori di testa e di un tiratore sovrappeso: era davvero troppo. In più la saga del 'ragazzo prodigio' (la nuova definizione, sarcastica e decisamente poco affettuosa, creata da O'Neal per Bryant), proseguiva. Quando era assistente di Harris, Rambis si era trovato spesso sulla panchina accanto a Bryant, a cercare di spiegare il gioco professionistico al giovane fenomeno di Los Angeles. Era convinto che Harris, con tutte le sue qualità, non avesse dedicato la giusta quantità di tempo ad aiutare Bryant a crescere e quindi aveva riempito quel vuoto. Anche da capo allenatore continuò a bisbigliare adulatorie sciocchezzuole all'orecchio di Bryant. Questo faceva arrabbiare gli altri giocatori. Rambis si rifiutava di punire Bryant per il suo egoismo o di rimproverarlo per le decisioni sbagliate. «Lasciava che Kobe facesse tutto quello che voleva» ricordò più avanti O'Neal. «Senza fare domande. Lo difendeva in ogni caso, invece di essere abbastanza uomo per dirgli 'Senti, questo è quello che devi fare se vogliamo vincere'. La verità è che nessuno voleva giocare con Kobe».

Anche se J.R. Reid era un veterano con dieci anni di esperienza e ormai vicino alla fine della sua carriera, un semplice corollario dello scambio Jones – Rice, a West piaceva il suo modo di comunicare con i compagni. Per questo poco dopo lo scambio prese l'ala grande da parte e gli chiese un favore. «Ho visto che tu e Derek Harper andate molto d'accordo e che vai d'accordo anche con Shaq e Rick Fox e Travis Knight. Potresti farmi un favore e provare a insegnare qualcosa a Kobe?»

«Insegnare cosa?» chiese Reid.

«Cerca di fargli capire che non è uno sport di uno contro cinque» rispose West. «Insegnagli a far parte di una squadra».

Sarebbe stato più semplice insegnare a Bryant a parlare hindi. Quella guardia, ormai al terzo anno, aveva segnato una media di 19,9 punti a partita nelle cinquanta giocate con i Lakers, ma laddove i 26,3 di O'Neal, la media più alta della squadra, erano frutto di un gioco efficiente, Bryant invece era una bomba nucleare autodetonante, che troppo spesso ignorava i compagni nello sforzo di superare i difensori e arrivare a canestro. Quando funzionava, era spettacolare. Il 21 marzo scoccò la magia e Bryant segnò 38 punti con 15/24 al tiro. Ma troppo spesso erano invece 4/14 dal campo (il 10 marzo contro i Clippers) o 5/15 (il 3 aprile contro il Golden State) oppure 8/21 (l'11 aprile contro Seattle). Se fosse esistito un video di un'ora di highlights di Glen Rice del 1999, cinquantasette minuti sarebbero stati dedicati ai suoi gesti disperati fuori dalla linea dei tre punti, in attesa di passaggi che non arrivavano mai. In tante occasioni Rambis implorò i veterani di incoraggiare Bryant, ma incontrò soltanto sguardi indifferenti e alzate di spalle. «Dicevano tutti 'Ci abbiamo provato, ma lui non ascolta'» ricordò Rambis. «E io pensavo, 'Ci avete provato una volta. Una sola. E se ci provaste due volte? O magari tre?'» Rambis aveva giocato ai tempi dello Showtime ed era abituato a Magic Johnson che prendeva Vlade Divac sotto la sua ala, a Michael Cooper che educava Byron Scott. Ma quelli erano uomini diversi, in epoche diverse. Tom Savage, l'assistente alle pubbliche relazioni, ricordò che una volta un agitatissimo O'Neal lo aveva preso da parte e gli aveva chiesto: «Che ne pensi del numero otto? Non dovrebbe passare di più?»

Prima di una partita contro Sacramento, in aprile, O'Neal convocò una riunione per soli giocatori negli spogliatoi della squadra ospite dell'Arco Arena. Uno dopo l'altro i Lakers si alzarono per ripetere che erano stufi marci del trattamento speciale riservato al 'ragazzo d'oro', un'altra delle definizioni di O'Neal. «Kobe restò seduto lì» ricordò poi O'Neal, «senza dire niente».

Per i giocatori fu un'occasione di sfogo. «Ho un'idea» disse Harper. «Shaq, Kobe, perché voi due figli di puttana non ve la vedete sul campo? Continuate a litigare su chi è che possiede questa squadra, e chiaramente noi non contiamo un cazzo. Siamo soltanto i tizi che vi passano il maledetto pallone. E allora forza, scendete in campo. Per favore». La proposta fu accolta da risate di imbarazzo. Poi, a metà della riunione, Rambis – che aveva origliato fuori dalla porta – entrò e gridò «Be', anche voi siete stati ragazzi giovani ed egoisti!»

L'accoglienza non fu buona. «Quando Kurt pronunciò quelle parole» raccontò poi O'Neal, «divenne chiaro a tutti i veterani che non saremmo andati da nessuna parte con quel ragazzo e con quell'allenatore».

Se Bryant fosse stato tollerabile fuori dal campo, forse avrebbero potuto perdonargli l'egoismo. Ma molti dei compagni di squadra sopportavano ormai da tre anni la sua presuntuosa arroganza ed erano veramente stufi. Bryant continuava a rifiutare tutti gli inviti agli eventi legati alla squadra, alle feste dei giocatori, ai raduni per i compleanni e alle serate al bowling. A Miami O'Neal aveva invitato tutta la squadra a un famoso ristorante di pesce. Bryant fu l'unico a non partecipare, ma mezz'ora dopo l'orario stabilito entrò nel ristorante e si sedette a un tavolo singolo con un libro.

Derek Fisher, che era considerato il miglior amico che avesse in squadra, non era neanche mai stato a casa sua. Una volta, durante una trasferta, Bryant aveva incontrato Robert Horry e Rick Fox, che erano seduti insieme in un ristorante. I Lakers avevano una partita quella sera e Horry stava bevendo una birra. «Come puoi bere quando dobbiamo giocare?» chiese Bryant, in tono più saccente che interrogativo. «Non vuoi essere al meglio?»

Horry fece una risata. «Starò benissimo, ragazzino» gli rispose. «Pensa per te».

«Dio sa se ci ho provato con Kobe» ricordò Reid. «In aereo gli dicevo 'Kobe, vieni a giocare a carte con noi'. No. 'Kobe, stiamo giocando a dadi'. No. 'Kobe, vuoi fare due chiacc...' No. Se ne stava da solo a leggere *L'arte della guerra* e a pensare a come uccidere gli avversari. Non era il modo di far parte di una squadra». All'insaputa dei compagni, a volte Bryant entrava nel campus della UCLA, lì vicino, si sedeva nella zona ricreativa e faceva finta di essere uno studente. «Penso che fosse triste e solo» disse Harper.

L'unico compagno a cui faceva qualche confidenza era Harper, perché i diciassette anni di differenza lo facevano sembrare più un vecchio zio che un compagno di squadra. Harper ormai era alla sedicesima stagione in NBA e voleva a tutti i costi un anello, quindi capiva la fame di Bryant. Il ragazzo era il primo compagno di squadra che avesse mai avuto che si metteva i cerotti prima degli allenamenti e poi li rimetteva alla fine, per rimettersi al lavoro quando tutti gli altri andavano a casa. Era impressionante. «Mangiavamo insieme» ricordò Harper. «Ci mettevamo seduti, mangiavamo e parlavamo. Kobe non dava confidenza. Teneva le persone a distanza. A volte ti guardava attraverso, come se non fossi neanche lì. E altre volte riuscivi a vedere quello che è realmente, in un certo senso».

Un giorno O'Neal si avvicinò ad Harper nello spogliatoio, con un'espressione interrogativa.

«Yo» disse. «Dov'è che andate, tu e Kobe?»

«A mangiare» rispose Harper.

O'Neal scosse la testa. «Be', è una buona notizia sapere che parla con qualcuno».

Alla fine della regular season i Lakers erano a trentuno vittorie e diciannove sconfitte e si erano guadagnati un deludente quarto posto ai playoff della Western Conference. Alla squadra mancavano l'intensità di Eddie Jones e la forza pura di Elden Campbell sotto canestro. Rodman se ne era andato, Rice era grasso, Bryant era fuori controllo e i tre rookie (Sam Jacobson, Tyronn Lue e Ruben Patterson) non davano un gran contributo. O'Neal era la migliore montagna di muscoli in campo, ma quando era fuori, i Lakers erano nei guai.

Dopo aver spazzato via Houston al primo turno dei playoff, Los Angeles venne distrutta da una San Antonio molto più unita e decisamente migliore, con David Robinson e Tim Duncan che dominavano sotto canestro a suon di stoppate. «Erano migliori di noi, di gran lunga» commentò Harper. L'ultima partita della serie, una sconfitta per 118 a 107, fu anche l'ultima di regular season giocata al Western Forum. Un edificio che aveva ospitato alcune delle più grandi squadre della storia dell'NBA chiudeva con un triste, patetico tonfo. Gli stendardi appesi al soffitto sembravano schernire i giocatori che uscivano dal campo a testa bassa. *Non siete all'altezza...*

Molti dei 17.505 spettatori (il tutto esaurito) presenti sugli spalti si avviarono verso le uscite quando mancavano ancora cinque minuti di gioco e i Lakers – che un articolo di *Newsday* definì con precisione 'goffi' e 'imbranati' – erano sotto di 13 punti.

Sembrava proprio di aver toccato il fondo.

8
Il ruolo di Phil

Era lì, in sospeso.

Lo sapevano tutti, a Los Angeles.

Se lo sentivano tutti, a Los Angeles.

Lo volevano tutti, a Los Angeles.

Tutti...

Un attimo.

Non proprio tutti. Quasi tutti.

In seguito a un'altra prestazione deludente dei Lakers ai playoff, divenne sempre più chiaro che era necessario ricorrere a misure drastiche per sfuggire a un buco nero di mediocrità, di bene ma non benissimo. Con Shaquille O'Neal e Kobe Bryant la squadra aveva due pietre angolari, entrambi nel decennio dei vent'anni. Da Rick Fox e Robert Horry a Glen Rice e Derek Fisher, c'erano giocatori di qualità a palate. Nel centro di Los Angeles stava per aprire un palazzetto nuovo di zecca, lo Staples Center, e Jerry Buss, il proprietario della squadra, era deciso a vincere a qualsiasi costo e non avrebbe badato a spese.

C'era soltanto una questione da niente: il capo allenatore.

Se i Lakers avevano imparato qualcosa dopo la partenza di Pat Riley, che aveva conquistato quattro titoli NBA, era che il potere di un grande leader non andava sottovalutato. Certo, la squadra dell'epoca dello Showtime, quella di Magic Johnson, Kareem Abdul-Jabbar e James Worthy traboccavano talento, ma una squadra di talento senza guida è come una nave senza timone. Mike Dunleavy, il primo sostituto di Riley, aveva portato i Lakers a una finale, ma poi aveva fatto poco altro. Dopo di lui c'era stato Rand Pfund, il cui traguardo più grande era stato quello di vantare un cognome che iniziava per PF. Magic Johnson ci aveva provato per sedici partite da incubo, poi c'era stato Harris e infine Rambis. Alcuni erano stati terribili, altri erano stati bravi e altri (nello specifico Harris) più che bravi. Ma guardandoli avvicendarsi tutti avevano capito che, anche se una squadra poteva vincere un campionato con (*inserire un nome qualsiasi*) come capo allenatore, non l'avrebbe vinto perché (*inserire il nome di prima*) era capo allenatore.

E quindi, di nuovo, la questione era lì in sospeso, e a Los Angeles lo sapevano tutti.

Non che l'arrivo di Philip Douglas Jackson fosse una certezza fin dal giorno di chiusura della stagione del 1999. C'erano delle complicazioni. Per prima cosa Jerry West, executive vice president for basketball operations, era convinto che Rambis fosse sul punto di diventare un allenatore NBA di qualità. Sapeva che aveva dei problemi nei rapporti con certi giocatori, ma pensava anche che Rambis fosse l'uomo ideale per aiutare Bryant a sviluppare appieno il suo potenziale. West e Rambis non erano soltanto amici e colleghi. Erano Lakers che avevano dato il sangue per la divisa viola e oro. E per West questo significava qualcosa.

In secondo luogo, Jackson era molto richiesto. Farlo venire nella California del Sud non sarebbe stato come piazzare una schiacciata. New York era interessata. New Jersey era interessata. «Doveva essere in cima a tutte le liste» ricordò Ray Chambers, che gestiva il reclutamento degli allenatori dei Nets. «Certi allenatori sono l'incarnazione della vittoria, e Phil Jackson era così».

Terzo, sarebbe costato molto. In media un allenatore dell'NBA nel 1999 guadagnava 2,6 milioni di dollari. Jackson ne avrebbe chiesti almeno cinque a stagione.

Quarto... diamine, da dove cominciare? In generale l'NBA non è una lega complicata, popolata da persone complicate. Certo, tutti hanno una storia alle spalle, spesso fatta di riscatto dalla povertà, di un campetto di quartiere, di un pallone logoro, di una rinascita al liceo, di un'esperienza universitaria e del vestito buono per la sera del draft. Ma la determinazione ossessiva richiesta dalla carriera del basket professionistico di solito crea personaggi che – per dirla con *La famiglia Brady* – si adattano alla situazione. Fanno quello che ci si aspetta quando si tratta di mettere le X e le O, e per i decisionisti come Jerry West è un aspetto rassicurante.

Ma questo non vale per Phil Jackson.

A quei tempi era famoso soprattutto per i suoi risultati più recenti, ovvero aver portato i Chicago Bulls di Michael Jordan e Scottie Pippen a sei titoli NBA in nove anni. Jackson era un genio perfino secondo i suoi massimi detrattori, un maestro in grado di leggere i giocatori e capire come funzionavano, di spingerli senza infastidirli, di dare indicazioni senza troppe parole. Era nota la sua abitudine di regalare ai suoi atleti classici della letteratura adatti alla loro personalità, e poi (gasp!) di aspettarsi che li leggessero. Insisteva che i giocatori facessero meditazione, praticassero yoga, sviluppassero se stessi fuori dal campo. Quando, nel 1995, i Bulls acquistarono Dennis Rodman dopo nove tumultuosi anni con i Pistons e gli Spurs, i menagramo dissero che sarebbe stato come invitare un cinghiale in una sala di lettura. Jackson invece guidò Rodman nelle tre migliori stagioni della sua carriera e alla conquista di tre anelli.

Però con Phil Jackson c'erano moltissime incognite. Nato nella piccola città di Deer Lodge, nel Montana, da una coppia di pastori dell'Assemblies of God, era cresciuto vedendo la madre, Elisabeth, e il padre Charles predicare ogni domenica. Nella casa di Jackson, che era stata costruita dal padre, non c'era la televisione. Phil era andato al liceo Williston (in North Dakota) e aveva visto il primo film in vita sua solo all'ultimo anno. Non aveva mai ballato – letteralmente – fino al primo anno all'università del North Dakota. «Una delle prime cose che i miei genitori mi chiedevano quando parlavo di qualche nuovo amico era 'È cristiano?'» ricordò Jackson. «Ci avevano inculcato il disprezzo per qualsiasi altro tipo di religione». Le sigarette venivano dal diavolo, e così l'alcol e, naturalmente, il sesso prematrimoniale («Il corpo delle donne mi suscitava curiosità» scrisse una volta, «ma non avevo idea di come funzionasse»). Iniziò a guidare a dodici anni perché i Jackson vivevano in mezzo al nulla e, insomma, qualcuno doveva pur guidare. La sua principale attività per molti anni era stata la raccolta delle ciliegie (che i locali chiamavano *lugs*) a Missoula, con la zia Katherine. Poi le portava a casa e sua madre le confezionava e le vendeva. «Sembra un'infanzia di privazioni, ma io non la vedo così» disse Jackson. «Mio padre fu un grande modello per me, durante la crescita. Una volta dovette licenziare un ministro del culto che aveva una relazione extraconiugale all'interno della congregazione e lo fece con grandissimo tatto, in modo molto onorevole».

Quando Jackson aveva tredici anni il padre cominciò a dedicare molto tempo a parlare con un parrocchiano che aveva causato un terribile incidente con il proprio camion di granaglie. L'uomo arrivava a casa Jackson con la spalle curve e il viso rigato di lacrime, poi lui e Charles si ritiravano nello studio. «Un giorno suonò il telefono» disse Jackson. «Ero solo un ragazzino, ma risposi io perché papà era impegnato. Era la moglie dell'uomo. Era andato in bagno e si era suicidato. Non l'ho mai dimenticato».

L'isolamento. La spiritualità. L'intimità. Tutto questo contribuì a formare una persona insolita. Il giovane Phil prestava attenzione alle interazioni fra le persone, al modo in cui gli altri rispondevano ai suoi genitori. Stava studiando, anche senza rendersene conto, i modi migliori di coinvolgerle.

Inoltre, era un atleta straordinario. Al secondo anno del liceo era alto uno e ottantacinque e pesava sessantotto chili. I compagni lo chiamavano 'Bones', ossa, e una volta il suo fisico era stato descritto come «un appendiabiti al contrario». Giocava a baseball, football e basket e faceva atletica, tutto ad altissimo livello. Amava l'attenzione che circondava gli sport e l'energia del corpo in movimento, ma i suoi genitori erano diffidenti. Quello stesso anno Jackson era stato battezzato in un fiume e si aspettavano una dedizione assoluta a Cristo. Invece, disse Jackson, lui cominciò a «prendere delle scorciatoie», fingendo di amare Dio quando in realtà non era nemmeno sicuro che un'entità del genere esistesse veramente. Gli insegnamenti di Gesù erano bellissimi, ma potevano aspettare.

All'ultimo anno del liceo Jackson era probabilmente il miglior atleta del North Dakota. Ogni giorno arrivava qualche lettera nell'ufficio del preside, offerte dagli allenatori di basket di tutta l'America. Finì per scegliere l'università del North Dakota, dove avrebbe giocato per un allenatore in ascesa chiamato Bill Fitch. Ormai Phil Jackson era alto due metri e tre centimetri e aveva l'apertura alare di uno pterodattilo: il pressing difensivo a tutto campo dei Fighting Sioux era perfetto per la sua intensità e la sua atleticità. In quattro anni fu nominato due volte All-American della Seconda Divisione e si guadagnò un nuovo soprannome, 'the Mop' (lo scopettone) per la tendenza a buttarsi per terra all'inseguimento dei palloni vaganti.

All'università Jackson imparò anche ad aprire la mente a nuove idee. Era cresciuto in un bunker culturale e si considerava un ultraconservatore, sia dal punto di vista sociale che politico. Nel contesto dell'università acquisì una prospettiva diversa: studiò psicologia, storia delle religioni e filosofia, si interessò anche al buddhismo e si entusiasmò per *L'ultima tentazione di Cristo* di Nikos Kazantzakis.

Nel 1967 Jackson fu scelto dai New York Knicks al secondo giro del draft NBA. Non era mai stato nella Grande Mela e durante la visita di presentazione fu accolto all'aeroporto da Red Holzman, il capo scout della squadra, e dalla moglie Selma. Nel tragitto in auto sulla Long Island Expressway per entrare in città Jackson – le cui braccia andavano da Tulsa a Praga – si esibì nel suo trucco migliore, abbassando contemporaneamente entrambi i finestrini posteriori. Poi, senza preavviso, qualcuno lanciò un sasso contro il parabrezza dell'auto. Per un ragazzo che per hobby faceva pesca alla mosca e canoa fu un impatto piuttosto traumatico con la Metropoli. «Non è niente» disse Holzman al rookie spaventato.

L'allenatore dei Knicks era Dick McGuire, che però venne licenziato già a dicembre, e sostituito da Holzman, che adorava tutto di Jackson: il suo amore per la letteratura, il suo gioco fluido, la sua sensibilità un po' da figlio dei fiori, i baffi grossi come (nelle parole di Vic Ziegel del *New York Daily News*) «un cancellino da lavagna». Trascinati dal gioco fantasmagorico di Willis Reeds, Bill Bradley e Walt Frazier, i Knicks vinsero i titoli NBA del 1970 e del 1973 e Holzman si guadagnò la fama di grande allenatore. Jackson era presente in entrambi i casi, ma non era certo il più importante dei Knicks e a New York segnò una media di 6,8 punti a partita. Ma fu la vicinanza di Holzman a dimostrarsi inestimabile.

Jackson faceva attenzione a ogni mossa, più di qualsiasi altro giocatore in squadra. A causa di un brutto infortunio alla schiena e di un intervento chirurgico spinale, fu costretto a saltare l'intera stagione 1969-70, ma la devastazione di non poter partecipare a una stagione vincente (alle Finals i Knicks sconfissero i Lakers) fu attenuata dall'invito di Holzman a fargli da assistente non ufficiale. Jackson sedette accanto al suo modello di riferimento e assorbì tutte le informazioni possibili, facendo 1001 domande. «Ricorderò sempre quel primo giorno di allenamenti» disse in seguito Jackson. «Red prese gli schemi di gioco – saranno stati tre fogli, dodici in tutto – e disse alla squadra 'Con questi vi ci potete pulire il culo', poi li buttò nel cestino della carta straccia. 'Faremo pressing difensivo a tutto campo, oggi e tutti gli altri giorni'». Lo colpì anche la tendenza di Holzman a stare lontano dal campo. Nelle altre squadre i giocatori vivevano nel terrore di allenatori severi e altrettanto severi proprietari, di multe e sospensioni. Con i Knicks le regole erano semplici: *Vai dove vuoi, stai fuori finché non sei stanco, ma non interrompere lo scotch serale di Holzman e non venire al lavoro impreparato.* Una volta, quando gli chiesero come avrebbe festeggiato se i Knicks avessero conquistato un'importante vittoria, Holzman rispose: «Andrei a casa, mi berrei uno scotch e mangerei la favolosa cena preparata da Selma». Poi, quando gli chiesero che cosa avrebbe fatto in caso di sconfitta, disse: «Andrei a casa, mi berrei uno scotch e mangerei la favolosa cena preparata da Selma».

«Scoprii che di solito prima delle partite prendeva un Alka-Seltzer» disse Jackson. «Aveva un gran senso dell'umorismo. Diceva sempre che il basket non è astrofisica, è piuttosto semplice. In difesa devi stare davanti all'avversario, e in attacco cerchi il compagno libero... ma aveva molto buon senso con le persone. Credo che sia soprattutto questo che ho imparato da lui».

Dopo la stagione del 1978 Jackson fu scambiato con i Nets dove Kevin Loughery, il capo allenatore, lo vedeva come un veterano a fine carriera il cui valore risiedeva soprattutto nell'influenza sui giocatori più giovani. Jackson era d'accordo e nelle quattordici occasioni in cui l'irascibile Loughery fu espulso nel corso della stagione 1978-79 fu lui a sostituirlo. L'anno successivo, quando Loughery minacciò di andarsene per una divergenza con il management, raccomandò Jackson come sostituto. «Rimasi un po' sorpreso quando lo venni a sapere» ricordò Jackson. «Ma mi fece piacere pensare che una persona della statura di Kevin mi considerasse all'altezza di quel compito».

La sua ultima partita come giocatore dell'NBA si svolse il 30 marzo 1980, quando segnò 4 punti in un'insignificante sconfitta di New Jersey contro Washington. Ne seguì un'incredibile sarabanda di incarichi da allenatore in squadre di campagnoli, decisamente fuori dai radar. Fra il 1982 e il 1987 Jackson guidò gli Albany Patroons della Continental Basket Association, guadagnando 25.000 dollari a stagione per allenare leggende del calibro di David Ancrum e Abdur-Rahiim Al-Matiin. Oltre a studiare gli schemi di gioco e a stabilire i ruoli, Jackson guidava il pulmino della squadra. Per tenere i costi sotto controllo i Patroons portavano in trasferta soltanto nove giocatori. Dopo il campionato del 1984 Jackson chiese ai dirigenti di aumentargli la paga giornaliera di 3 dollari, e loro acconsentirono. «Quando gli chiesi perché non facesse guidare i giocatori, rispose che al posto del guidatore c'era più spazio» disse Jim Coyne, il proprietario di Albany. «La CBA era dura, senza fronzoli. Fu un'esperienza molto formativa. Fece un ottimo lavoro». Nella pausa estiva Jackson volava a Portorico e guadagnava altri 20.000 dollari per allenare i Piratas de Quebradillas (1984 e 1987) e i Gallitos de Isabela (1984-1986) della National Superior Basketball League. «Sicuramente tutte queste esperienze servirono a farlo diventare l'allenatore che è» disse Lowes Moore, un giocatore dei Patroons. «Ad Albany avevamo persone di tutti i tipi, di tutti i temperamenti e di tutti i livelli di intelligenza. Farci collaborare non era un compito semplice. Ma Phil ce la fece. Anche allora comprendeva le dinamiche delle interazioni umane».

Mentre Phil stava concludendo la terza stagione a Portorico, i Chicago Bulls nominavano general manager Jerry Krause. Krause era stato a lungo scout per quattro diverse squadre dell'NBA ed era stato chiamato nella Città del Vento per recuperare una situazione devastata da abuso di droghe, indifferenza e sconfitte croniche. Il primo colloquio con Jackson ebbe luogo nel 1985, quando (per coincidenza) Loughery fu licenziato da capo allenatore dei Bulls. Il lavoro fu poi assegnato a Stan Albeck, che durò soltanto un anno e fu sostituito da Dough Collins, l'esuberante ex guardia dei Philadelphia 76ers. Due anni più tardi Krause ricontattò Jackson, quando si liberò un posto da assistente allenatore. La notizia della sua assunzione non fu quasi neanche una notizia: il *Chicago Tribune* scrisse sei paragrafi a pagina sette della sezione sportiva, sotto il titolo PHIL JACKSON FIRMA COME ASSISTENTE DEI BULLS. Jackson era semplicemente l'ennesimo ex giocatore piazzato a bordocampo a valutare i giocatori delle squadre avversarie e fingersi più impegnato di quanto non fosse in realtà.

In breve però Collins e Krause divennero acerrimi nemici. Il general manager voleva essere coinvolto nella quotidianità della squadra, mentre Collins – «più teso di una corda di violino» scrisse Sam Smith del *Tribune* – avrebbe voluto che Krause fosse riassegnato definitivamente agli uffici di Guam.

Il 6 luglio 1989 Collins fu licenziato e sostituito dal quarantatreenne Jackson, a cui fu offerto un contratto di quattro anni per 1,2 milioni di dollari e il compito di allenare un gruppo capitanato da Michael Jordan, la superstar piena di talento ma dall'ego spropositato ormai al suo sesto anno in squadra. Riuscì immediatamente a portare la calma in una situazione agitatissima, regalò un libro a ogni giocatore (il primo che diede a Jordan fu *Canto di Salomone* di Toni Morrison), ridimensionò le aspettative, attenuò l'intensità di Collins, permise agli uomini di esprimersi come individui. Fece anche una cosa che al momento sembrò relativamente insignificante ma che finì per rivoluzionare il basket.

Uno degli altri assistenti di Collins era Tex Winter, un sessantasettenne veterano del basket, gran sacerdote di un sistema offensivo denominato 'il triangolo'. Secondo l'ideale di Winter, perfezionato in quattro decenni da allenatore a vari livelli, l'attacco dei Bulls sarebbe stato più equilibrato e vario se si fosse basato sul distanziamento e gli spazi liberi. Aveva insistito molto con Collins perché lo attuasse, e poi era stato relegato in un angolo, vicino al distributore di Gatorade.

Jackson invece era entusiasta. Nonostante l'iniziale diffidenza di Jordan, che definiva il triangolo «l'attacco delle pari opportunità» il nuovo allenatore lo esortò a provarci, a segnare un po' meno e condividere molto di più. Voleva che i Bulls diventassero una macchina offensiva fluida, sulla quale i difensori non avrebbero più potuto avere la meglio semplicemente raddoppiando il miglior giocatore della Lega. «La cosa importante» disse a Jordan «è permettere a tutti di toccare la palla, in modo che non si sentano degli spettatori. Non si può battere una buona squadra difensiva con un solo uomo. Deve essere uno sforzo collettivo, di squadra».

Nel corso delle nove stagioni con i Bulls, Jackson portò la squadra a conquistare sei titoli. Fu in parte merito del triangolo, in parte dell'intesa tra Jordan e la sua migliore spalla (l'incostante Scottie Pippen), in parte della mente sempre aperta e della costante curiosità. «C'era qualcosa in Phil che ti convinceva a dargli retta» disse Corie Blount, giocatore dei Bulls dal 1993 al 1995. «Quello che diceva non sembrava mai una spacconata. Aveva un piano per ogni cosa».

Dopo il sesto titolo per Chicago, nel 1998, la gloria si esaurì. Lo smembramento della squadra fu una conseguenza del risentimento sempre più forte di Krause contro Jackson, del desiderio di Jordan di ritirarsi e delle follie di Dennis Rodman. Pippen fu scambiato con Houston, Jackson si ritirò con la moglie June nella loro nuova casa di Woodstock, New York, e le altre ventotto squadre dell'NBA furono ben felici di poter archiviare una dinastia. Per la prima volta dopo quasi vent'anni, Jackson poté regalarsi un anno per pescare, leggere, fare lunghe passeggiate e...

Yawn.

Annoiarsi.

Annoiarsi moltissimo.

Il suo matrimonio con June, durato ventiquattro anni, si concluse con un divorzio.

Provò a tenere conferenze.

Fece il volontario per la campagna presidenziale perdente di Bill Bradley.

Tornò a casa, nel Montana.

«Ero alla ricerca di qualcosa» ricordò. «Ma non sapevo bene di che cosa».

Quando lo chiamarono i Lakers, non fu una sorpresa. Nel corso della deludente stagione 1998-99, i media di Los Angeles avevano fatto il nome di Jackson almeno cinquanta volte al mese. Prima come possibile sostituto di Del Harris. Poi come possibile sostituto di Kurt Rambis. Nella primavera del 1998 aveva fatto infuriare molti dirigenti dei Lakers, quando *ESPN The Magazine* aveva pubblicato degli estratti del suo diario. Uno dei brani conteneva le riflessioni di Jackson sulla possibilità di allenare i Lakers e sulle capacità intellettuali di O'Neal nell'applicare l'attacco a triangolo.

Harris si era particolarmente agitato. Nel basket professionistico ci sono cose che si fanno e cose che non si fanno. «Non si va in cerca del lavoro di un altro» ricordò anni dopo. «Quello che fece Phil fu privo di classe. Non fu giusto».

Jackson non la vedeva allo stesso modo. Erano solo ipotesi: 'Come si comporterebbe O'Neal nel sistema a triangolo?' Anche West ci rimase male. Lui e Krause erano amici fin dai tempi dei Lakers degli anni Settanta e durante la dinastia dei Bulls il general manager spesso lo chiamava per lamentarsi dell'arroganza di Jackson, del suo atteggiamento sprezzante e maleducato. «[Jerry] mi aveva detto chiaramente che Phil portava guai» ricordò West, «e che ci conveniva stargli lontano». Krause pensava che Jackson fosse semplicemente un manipolatore. Lo considerava meschino.

Essendoselo trovato di fronte come avversario quando entrambi giocavano, West non faticava a credergli. Durante le finali del 1972 fra i Knicks e i Lakers, West stava uscendo dal campo dopo una partita quando la sua faccia si era scontrata con il gomito di Jackson. «Phil... gli ruppe il naso» ricordò Walt Frazier, il playmaker di New York.

C'era anche la questione delle recenti critiche di Jackson riguardo alla gestione di Rodman da parte dei Lakers. Riteneva che la squadra non avesse dato una vera opportunità alla sua ex stella, e lo aveva detto senza mezzi termini. «A quanto pare non sappiamo fare le cose» aveva ribattuto West, piccato.

Per questo, quando durante la serie playoff persa contro San Antonio era stato chiesto a West se c'era la possibilità che la squadra chiamasse Phil Jackson, lui aveva risposto bruscamente: «Fanculo a Phil Jackson».

Già, *fanculo a Phil Jackson.*

Tuttavia, esisteva una realtà che West e Jerry Buss non potevano ignorare. Bryant aveva detto chiaramente che voleva giocare per Phil Jackson. O'Neal aveva detto chiaramente che voleva giocare per Phil Jackosn: era addirittura arrivato a consegnare al suo agente, Leonard Armato, una lista di allenatori che considerava accettabili per andare avanti. Uno era Chuck Daly. Uno era Bob Hill. Il terzo – e più desiderabile – era Phil Jackson. «Non potevamo andare avanti con Kurt» ricordò O'Neal. «Era simpatico, ma era un fan di Kobe fino al midollo». Una settimana prima della stagione 1998-99, O'Neal chiamò Armato e gli disse: «Senti, di' [a West] che non ho intenzione di giocare per Kurt. Nessuno vuole giocare per Kurt. Se l'anno prossimo è Kurt l'allenatore, io non gioco».

I Los Angeles Lakers non dovevano essere un vivaio per allenatori inesperti, che concedeva loro il tempo per imparare il mestiere. No, la squadra – con i suoi undici stendardi del campionato e le nove canotte con il numero appese alle travi del soffitto – puntava soltanto all'eccellenza. In più il nuovo Staples Center avrebbe aperto il 17 ottobre 1999. Bisognava vincere adesso. *A tutti i costi.*

Nel giugno del 1999 West ingoiò l'orgoglio (e il suo impegno con Rambis) e volò a Chicago per vedere Todd Musburger, l'agente di Jackson. Quella stessa settimana raggiunse Jackson al telefono: la prima conversazione significativa che i due uomini avessero mai avuto. Che cominciò con imbarazzo e fatica e proseguì nello stesso modo. Però fu utile. «Qui abbiamo molto talento» gli disse West, «ma ci mancano leadership e maturità. Probabilmente non è molto diverso da quello che ti sei trovato davanti quando sei arrivato ai Bulls. Questa squadra è pronta».

Jackson disse a West che si era sempre sentito sottovalutato a Chicago, che per lui quella telefonata significava moltissimo. Disse che aveva osservato i Lakers e che anche lui era convinto che avessero la stoffa dei campioni.

Diverse settimane più tardi, Jackson era in Alaska a pescare con i figli Ben e Charlie sul lago Iliamna, ospite di un amico di nome Mark Bilski. Lucci e trote iridee non abboccavano, quindi presero le canne e risalirono il fiume per andare a vedere le favolose cascate Petrof. Qualche ora dopo, quando tornarono al villaggio, i tre Jackson furono circondati dai ragazzi della zona.

«Tu sei Phil Jackson?» chiese un bambino.

«Sì, perché?» rispose lui.

«Ho sentito che ti hanno preso ai Lakers» rispose il piccolo.

«Cosa? E tu come fai a saperlo?» disse Jackson.

«Abbiamo la parabola» rispose lui. «È su ESPN».

Oh.

La conferenza stampa di presentazione si svolse il 16 giugno 1999 al Beverly Hilton. In una sala stracolma di giornalisti, davanti ai cinque figli di Jackson, West si avvicinò al microfono e invitò il nuovo allenatore dei Los Angeles Lakers a farsi avanti. Sarebbe stato pagato sei milioni a stagione per sei anni, più un bonus di due milioni per ogni titolo NBA.

L'entusiasmo era incontenibile. Bryant – che prima della conferenza stampa si era presentato senza preavviso alla porta della camera d'albergo di Jackson per chiedergli di autografare il suo libro *Basket e Zen. Sacred Hoops* – avrebbe finalmente giocato per l'allenatore che aveva reso il suo eroe, Michael Jordan, una forza magnetica per gli anelli dell'NBA. Rice avrebbe giocato per l'uomo che capiva il valore dello spazio e del distanziamento in attacco. Rick Fox avrebbe giocato per un allenatore che usava le ali piccole come strumenti di attacco. Nella sua casa di Newport Beach, Dennis Rodman – tre volte campione con i Bulls di Jackson – era convinto che il suo telefono avrebbe suonato da un momento all'altro. «Non vinceranno con quello che hanno, ve lo dico io» disse a un giornalista. «So che cosa succederà. Aspetteranno fino all'ultimo minuto e poi mi chiameranno» (si sbagliava). Nessuno era più euforico di O'Neal, che aveva passato i suoi primi sette anni in NBA sotto cinque diversi allenatori, nessuno dei quali degno di nota. Jackson e il suo nuovo centro si sentirono al telefono poco dopo la conferenza stampa, ma si incontrarono solo parecchie settimane più tardi quando O'Neal, che si trovava a Kalispell, in Montana, per un concerto di promozione del suo quarto album in studio, *Respect*, decise di fare il tragitto di dieci miglia per raggiungere la casa di Jackson sul lago Flathead. Nella sua autobiografia, *Shaq Talks Back*, O'Neal scrive che lui e la sua guardia del corpo, Jerome Crawford, si erano presentati a casa dell'allenatore senza preavviso. Jackson disse che, semplicemente, non era vero. «Sapevo che stava arrivando. Mi avevano avvertito e pensavo che fosse grandioso. Ci tenevo a incontrarlo».

O'Neal arrivò prima del previsto e Jackson non era in casa. Ma c'erano Chelsea e Ben, due dei suoi figli, e quindi O'Neal passò i successivi venticinque minuti a saltare insieme a loro su un enorme tappeto elastico. «Sono entrato in casa e ho visto tutti quei libri di Zen e tutti i palloni dei campionati, e i suoi anelli in bella mostra» ricordò O'Neal. «Poi... ho deciso di fare il bagno. [June] mi ha dato un costume e mi sono buttato nel lago. Era gelido. Allora ho cominciato a fare tuffi in rovesciata dal molo. Ridevano tutti perché non completavo il giro e cadevo di schiena, come un idiota in una piscina comunale». In breve, vicino alla proprietà di Jackson si radunarono decine di barche, piene di gente sbalordita davanti al genio Kazaam che volteggiava nell'aria.

Quando arrivò, Jackson trovò O'Neal che ammirava i trofei dei campionati. Sembrava la scena di un mieloso film sportivo: la star affamata di gloria che fissa con desiderio una vetrina, illuminata dai riflessi del sole. «Sai, potrai averne uno anche tu se mi ascolterai» disse Jackson.

«Ti credo» rispose O'Neal.

«Prima di cominciare, però» disse Jackson, «avrei bisogno del tuo aiuto per una cosa».

«Ok, coach» rispose O'Neal, «dimmi pure».

Lui accompagnò il suo nuovo centro fino ai margini della proprietà, che arrivavano alla riva di un lago. Sulla sponda giaceva un enorme tronco caduto e Jackson aveva bisogno di spostarlo. Assicurò una cima a un'estremità e poi la collegò alla propria barca. «Lui doveva tirare l'albero con la barca, e io dovevo spingerlo» ricordò O'Neal.

Jackson disse a O'Neal di aggrapparsi all'albero e lui lo fece, mentre la barca continuava ad allontanarsi dalla sponda. «E poi dovetti tornare indietro a nuoto da una maledetta isola» raccontò O'Neal. «Era lontana, non so quanto, ma lontana. E sapete che cosa ho pensato? Quest'uomo mi sta mettendo alla prova».

Più tardi Jackson osservò il gigante da centocinquantotto chili che si trovava davanti. Esasperato da una serie di stagioni perdenti, O'Neal aveva dedicato l'estate al sollevamento pesi, a controllare la dieta e ad assumere creatina e altri integratori. «Era enorme, e solido come una roccia» disse.

«Quanto pesi?» gli chiese.

«Non lo so» rispose O'Neal.

«Voglio che tu perda circa sette chili» disse Jackson. «Più sei grosso e più le tue ginocchia saranno sollecitate, e voglio che giochi quaranta minuti a partita».

«Ok» rispose O'Neal.

A quel punto Shaquille O'Neal se ne andò e poco dopo tornò a Los Angeles. Cercò di perdere peso e di prepararsi per quella che credeva sarebbe stata la stagione della sua vita. Con l'arrivo di Jackson la pausa estiva era stata molto particolare per i Lakers, all'insegna della 'ricostruzione', e il nome di Del Harris sembrava già un fantasma del passato. La prima preoccupazione di Jackson fu la dolorosa mancanza di coesione della squadra. Certo, Rick Fox era un tipo a posto e la serietà di Horry era innegabile («Rob non era uno che diceva le cose in faccia» ricordò Fox. «Non era il suo stile»). Ma dietro ai lustrini e alle luci, né O'Neal, né Bryant, né Rice avevano particolari doti di leadership. Erano stelle che avevano bisogno di brillare. Di essere importanti, addirittura essenziali. Ma non leader. Nei nove anni ai Bulls, Jackson aveva avuto una fortuna rara: il suo miglior giocatore era anche il più grande trascinatore dell'NBA. Ma le creature come Michael Jordan nascevano una volta al secolo. A Los Angeles non c'era niente del genere.

La squadra subì una pesante ristrutturazione. Ron Harper, la guardia tiratrice trentaseienne che aveva trascorso le ultime cinque stagioni a Chicago con Jackson, fu preso come free agent: «ginocchio rovinato, brutto stile di tiro e corpo ormai invecchiato» ricordò Travis Knight, «ma fondamentale per la vittoria». A.C. Green, anche lui trentaseienne, che aveva giocato nei Lakers come ala grande dal 1985 al 1993, fu recuperato da Dallas, scambiandolo con Sean Rooks e una futura scelta ai draft. Non perché avesse ancora molto da dare (per i Mavs aveva segnato una media di 4,9 punti a partita) ma perché giocava con tutto il cuore e non esitava mai a buttarsi a terra per recuperare una palla persa. Brian Shaw, la guardia di un metro e novantotto con dieci stagioni (e sei squadre) alle spalle fu acquistato come free agent per fare da mentore e avvocato da spogliatoio per Bryant.

«Abbiamo preso uomini che guardavo giocare quando avevo quattro anni» disse Bryant con una risata.

Lo scontro più affascinante del ritiro (sul genere 'due nonnetti che discutono sul bingo') si sarebbe consumato fra Benoit Benjamin, che in un'altra epoca era stato terza scelta al draft del 1985, e John Salley, elemento chiave dei Detroit Pistons durante la dinastia dei Bad Boys negli anni Ottanta. Jackson voleva fortemente un saggio guru del basket in fondo alla panchina e per quanto anche il curriculum di Benjamin potesse essere interpretato in quel senso (aveva un'esperienza di quattordici anni e aveva giocato per otto squadre diverse, segnando in carriera una rispettabile media di 11,4 punti a partita) era notoriamente un pigro, che una volta aveva portato due scarpe sinistre a una partita e che, con i Lakers nel 1993, aveva saltato i playoff per un'unghia strappata.

Salley però era un enigma ancora più grande. Aveva giocato in NBA per l'ultima volta nel 1996, da veterano seppellito in panchina mentre i Bulls di Jackson vincevano il titolo NBA battendo Seattle. Salley si era ritirato con l'anello, salvo poi rientrare sei mesi dopo per firmare un contratto di un anno per 2 milioni di dollari con il Panathinaikos della Lega greca. «Pensai, perché no?» ricordò Salley. «Poteva essere una bella esperienza. Vedere il mondo, culture diverse, cucina diversa...»

Al suo arrivo in Grecia, Salley aveva incontrato il capo allenatore del Panathinaikos, Božidar Maljković, che gli aveva stretto la mano, gli aveva detto qualche parola gentile, e poi aveva dichiarato che Michael Jordan era un giocatore mediocre, che in Europa *forse* sarebbe riuscito a segnare 16 punti a partita. «In quel momento» disse poi Salley, «capii che non sarei rimasto a lungo».

Era rimasto sette settimane.

Erano seguiti due anni e mezzo di confusione. Salley aveva provato a cimentarsi con la televisione e con il cinema, a diventare vegano e a crescere le due figlie. Si era trasferito a Los Angeles e aveva dedicato tutto se stesso a diventare qualcuno con gli occhiali da sole. Si era messo in contatto con alcune squadre dell'NBA ma il mercato non offriva granché per un rimbalzista sui trentacinque anni che segnava poco e che non era durato molto nemmeno in Grecia. «Ero nella depressione peggiore del mondo» ricordò in seguito. «Pensavo di aver rovinato tutto per me e per la mia famiglia. Avevo lasciato l'Europa, non riuscivo a trovare un lavoro come giocatore di basket. Chi ero?»

Poco dopo i playoff NBA del 1999 Salley riuscì a recuperare un numero di telefono per contattare il su ex allenatore. Jackson rispose «Pronto» con la sua tipica voce cavernosa.

«Sono John» disse Salley. «Hai visto la serie dei Lakers? Una merda».

«Con chi hai parlato?» rispose Jackson.

«In che senso?» disse Salley.

«Credo che stiano per offrirmi il posto ai Lakers» disse Jackson, «ma non c'è ancora niente di definitivo».

Salley si entusiasmò.

«È impossibile che Shaq e Kobe non vincano, con te» gli disse. «Non può succedere». Poi fece una pausa teatrale. «Sai, Phil, io vivo a pochi passi da Shaq...»

«Davvero?» chiese Jackson.

«Già» rispose Salley. «E avrai bisogno di qualcuno che gli spieghi l'attacco a triangolo in una lingua che lui possa capire...»

Anche se l'allenatore avrebbe portato due assistenti da Chicago (Tex Winter e Jim Cleamons), non sarebbe stato facile insegnare la 'Via dei Bulls'. Quindi disse a Salley che sarebbe stato il benvenuto al ritiro, ma che avrebbe dovuto battersi con Benoit Benjamin per un posto nella rosa. Allora sentì un grugnito: letteralmente, Salley grugnì. «Benoit Benjamin?» rispose. «Perché non mi metti alla prova con qualcosa di un po' più difficile, per esempio piegare una sedia a sdraio?»

Salley riuscì a entrare in squadra, ma aiutare a inculcare il triangolo di Winter fu solo leggermente più difficile che aiutare a gestire le due superstar dei Lakers. Quando Salley e Jackson erano insieme ai Bulls, Jordan e Scottie Pippen coesistevano come un dieci e un otto più. C'era un solo re, e la sua spalla non aveva mai aspirato al trono. Invece l'atmosfera nei Lakers era una combinazione di confusione, disagio ed esasperazione. «Sembrava che i giocatori non si piacessero» disse Cleamons, l'assistente allenatore. «C'era un sacco di talento grezzo, ma non avevo mai lavorato per una buona squadra in cui i giocatori non andassero d'accordo. E a Los Angeles c'era pochissima armonia. La tensione era palpabile».

Il ritiro si tenne all'UC Santa Barbara e nei giorni precedenti Jackson ritenne urgente organizzare un incontro con O'Neal e Bryant insieme, con l'aggiunta di Harper come pacificatore. Jackson aveva sentito – da West, da Rambis, da vari giocatori e dirigenti – che le due star appena rientrate dalle vacanze erano come l'acqua e l'olio, e voleva stroncare sul nascere quella rivalità. «Ogni grande squadra ha un attacco uno-due» disse Jackson. «Questa è la tua squadra, Shaq. E Kobe, tu sarai il nostro leader sul campo. Se non vi piace, ditelo subito e vi farò scambiare. Dovrete fare quello che dico io, e se non lo farete sarete fuori».

O'Neal era entusiasta. Bryant un po' meno. Il centro considerava la guardia come un giocatore non ancora pronto per la prima serata, che si credeva superiore ai compagni. Aveva teso a Bryant ottocento rami d'ulivo nel corso delle prime tre stagioni insieme, e ogni volta i suoi sforzi erano stati respinti. Bryant considerava il centro come un arrivista grasso e menefreghista, che non avrebbe azzeccato un tiro libero neanche se ne fosse andato della sua stessa vita (su questo aveva ragione). «Non avevo mai visto una cosa del genere» commentò poi Devean George, la prima scelta al draft della squadra, che veniva dall'Augsburg College. «In campo avevano lo stesso obiettivo e giocavano bene insieme. Ma il rapporto personale era pessimo».

«Tutti accettavano con convinzione Shaq come elemento chiave della squadra» disse Knight. «Tranne Kobe. Lui aveva deciso di non farlo. La sua personalità è così, ha l'incrollabile convinzione di essere il migliore. Il che va benissimo, immagino. Ma ha decisamente creato una situazione di conflitto».

«Come si fa a convincere due persone così forti ed egocentriche, che credono così tanto in se stesse, a far parte di un gruppo?» disse Jackson anni dopo. «È un mistero».

Tranne che per i giocatori che erano stati a Chicago con Jackson, capire l'attacco a triangolo di Winter fu come cogliere le complessità dei *Fratelli Karamazov*. Nessuno lo sapeva meglio di Cleamons, che era stato assistente di Jackson per sette anni a Chicago e di recente aveva trascorso una stagione e mezza come capo allenatore a Dallas. I Mavericks avevano la fortuna di annoverare in squadra tre giovani stelle (Jason Kidd, Jim Jackson e Jamal Mashburn), e nessuno di loro era disposto a tentare di mettere in atto il triangolo. Perché? «Perché i giocatori si sentono a loro agio con quello che conoscono» disse Cleamons, che era stato licenziato con un record di ventotto vittorie e settanta sconfitte. «Il cambiamento è faticoso». Salley e Harper erano ottimi insegnanti, ma a quel punto la maggior parte dei Lakers aveva trascorso la maggior parte della propria vita cestistica con il ruolo di star, o come minimo di grande talento. Perfino Knight, il membro meno abile della rosa, aveva vinto il premio Gatorade come Giocatore Liceale dell'Anno a Utah ed era apparso in tre Sweet Sixteen consecutivi. E adesso, senza particolari preparativi o avvertimenti, Winter doveva insegnare a uomini testardi e ricchissimi ad adottare un tipo di approccio offensivo completamente nuovo. Con quei capelli grigi e quegli occhi enormi sembrava un folle professore di basket, che abbaiava parole mai sentite prima.

Frederick C. Klein del *Wall Street Journal* lo spiegò così:

> «Lo schema di base del triangolo – quello che gli dà il nome – prevede di mettere tre giocatori dallo stesso lato del campo – uno vicino alla linea laterale, uno vicino alla lunetta dei tiri liberi e uno più avanti, sotto canestro. Il giocatore in possesso di palla può andare a canestro oppure tirare, se si presenta l'occasione, oppure passare, solitamente a uno degli altri due elementi del triangolo. Quando ha passato può portarsi vicino al canestro per prendere il rimbalzo oppure occupare una zona libera del campo. In quest'ultimo caso il triangolo si riforma intorno al nuovo giocatore in possesso di palla, che ripete le stesse opzioni. Il riempimento di un lato del campo è fondamentale per l'efficacia del sistema».

Shaq fu conquistato fin dal primo momento:«Un attacco in cui tutti si sentano coinvolti?» commentò. «Fantastico». Anche Knight lo considerava innovativo e corroborante. «In realtà non è altro che una spaziatura» disse. «Distribuisci i giocatori sul campo e quando uno si muove un altro prende il suo posto. Non è difficile».

Altri però erano meno contenti. La preseason di Los Angeles fu un circo equestre. «Continuavamo a scontrarci fra di noi e a fare passaggi orrendi» ricordò O'Neal. George, scelto al primo giro del draft e proveniente da Augsburg, nella Terza Divisione, ebbe il suo primo assaggio del triangolo durante la Summer League. All'università la sua vita era stata sempre la stessa: *palleggio, rimbalzo, tiro, invenzione*. Ma ora non più. «Devi passare dal dominio assoluto alla condivisione» raccontò più avanti. «Non era naturale. Ricordo che una volta Jerry West entrò infuriato nello spogliatoio durante una partita e mi aggredì: 'Tutto questo è imbarazzante! Sei la nostra prima scelta!' Non era un problema di bravura o di doti atletiche. Era il triangolo, era come imparare una lingua completamente nuova».

Glen Rice stava al triangolo come le noci pecan stanno a una lampada da tavolo: due cose che non c'entrano nulla tra loro. Sembrava che fosse nel posto sbagliato. O che si fosse dimenticato di muoversi. Era arrivato in forma, ma Jackson si rese conto in fretta che non poteva integrarsi. Rice voleva la palla e voleva tirare. Il triangolo invece richiedeva che passasse e che smettesse di pensare in modo meccanico.

Non appena fu assunto, insistette con Mitch Kupchak e Jerry West perché trovassero il modo di scambiare Rice con Scottie Pippen, che era di nuovo sul mercato dopo una triste stagione 1998-99 con gli Houston Rockets. A Chicago Pippen era stato il giocatore perfetto per il triangolo – un'ala piccola di due metri e tre capace di gestire l'attacco – e Jackson e Winter adoravano l'idea di vederlo attraversare il campo palleggiando, vestito di viola e oro, con Bryant a presidiare il perimetro e O'Neal sotto canestro. Los Angeles offrì ai Rockets il pacchetto Rice + Robert Horry, ma l'offerta fu rifiutata. «Le voci su Pippen mi diedero molto fastidio» disse Rice. «Sentivo soltanto 'Lui vuole Scottie Pippen. Lui vuole Scottie Pippen.' Se vuoi tanto Scottie Pippen, porta qui il suo culo. Voglio dire, a me piace Scottie. È un amico, ed era fenomenale. Ma se non riesci a portarlo qui, scusate il francesismo, ma chiudi quella bocca di merda. Non era divertente sentire quelle stronzate giorno dopo giorno». I Lakers poi provarono a convincere i Knicks a scambiare Latrell Sprewell, un giocatore simile a Pippen per abilità e temperamento, con Rice. Ma New York non era interessata.

Il peggior detrattore del triangolo era Bryant, che non voleva proprio capire che la nuova strategia offensiva dei Lakers passava dal centro e che andava in malora ogni volta che lui si metteva a palleggiare, palleggiare, palleggiare, palleggiare, e poi tirava. Bill Plaschke del *Los Angeles Times* chiese se Bryant fosse «abbastanza ritmico per adattare i suoi colpi sui piatti alla musica del triangolo» ed era una domanda legittima. Gli allenamenti erano un esasperante coro di sospiri e gemiti esagerati, di borbottii di O'Neal («Maledetto Showboat...») e di strilli di Winter che chiedeva ad alta voce a Bryant a che cosa stesse pensando di preciso mentre Fox era libero, Horry era libero e Fisher era libero, e lui aveva tirato da nove metri.

«Avevo battuto il marcatore» cominciava Bryant «E quindi ho deciso...».

«Gesù Cristo, Kobe» rispondeva spesso Winter. «Non è così difficile».

«Kobe voleva inseguire la palla» disse Cleamons. «Il triangolo si basa sulla spaziatura e sul fatto di muovere il pallone, non di inseguirlo. Non bisogna seguire la palla. Bisogna essere pazienti. Ma Kobe non lo capiva. È come Keyshawn Johnson: *Dammi la palla. Dammi la palla. Metti la palla nelle mie mani*».

L'esasperazione era palpabile, tanto che O'Neal e compagni crearono un segno con le mani – una rapida rotazione del pollice verso il basso – che significava 'non passiamo più a Bryant'. Lui non se ne accorse mai.

Los Angeles – e Winter – ricevettero un dono inaspettato il 13 ottobre, quando i Lakers e gli Washington Wizards andarono a Kansas City, in Missouri, per aprire la stagione delle amichevoli. Lanciandosi su un rimbalzo vagante durante il primo quarto, Bryant sbatté la mano destra contro un avversario. Non ci fece caso, segnò 18 punti, digerì la sconfitta per 88 a 84, e poi scoprì che la mano era rotta e che sarebbe stato fuori da quattro a sei settimane. La notizia fu devastante, ma fino a un certo punto. Con la guardia tiratrice a bordocampo, gli altri giocatori riuscirono a far funzionare un sistema complesso e Bryant poté guardare gli altri che facevano funzionare un sistema complesso *senza di lui*. «Cerco di tenere sotto controllo [la mia ansia]» disse al *Los Angeles Times* il 29 ottobre. «Però sono molto agitato, sì. Sono pronto a uscire dalla gabbia».

Il 2 novembre 1999 i Los Angeles Lakers di Jackson inaugurarono la stagione regolare con una trasferta a Utah, dove la squadra, priva di Bryant, si portò in vantaggio 25 a 18 nel primo quarto, per poi trionfare 91 a 84. Non fu una bella partita (i Lakers persero palla per sedici volte e ottennero una mediocre media di tiri dal campo del 43,4%), ma la squadra gestì bene i rimbalzi, O'Neal totalizzò 23 punti e 13 rimbalzi e Rice – che ricevette molta più attenzione in assenza di Bryant – portò a casa la statistica migliore di tutti segnando 28 punti, con 5 su 6 da tre. «Mi sembra che abbiamo giocato bene» commentò Jackson più tardi, ma poi aggiunse che la squadra era ancora 'arrugginita'.

La sera successiva lo Staples Center, costato 375 milioni di dollari, aprì ufficialmente come casa dei Lakers. Una folla di 18.997 spettatori pagò fino a mille dollari per un biglietto (il prezzo medio di un biglietto per le partite della squadra balzò da 51,11 dollari a 81,89) e in cambio di quel gruzzolo ricevette il raro e prezioso privilegio di vedere i Vancouver Grizzlies (appena usciti da una stagione contrassegnata da otto vittorie e quarantadue sconfitte) che tentavano di giocare a basket. Le prime recensioni del nuovo impianto furono contrastanti. Era grande, pieno di chioschi e ristoranti, e si trovava nel cuore del centro rivitalizzato di Los Angeles. Però sembrava anche freddo e impersonale, gli mancavano il fascino e il calore del Great Western Forum. I dipendenti della squadra – compresa Jeanie Buss, figlia del proprietario ed executive vice president of business operations – non sembravano avere la voglia o la capacità di nascondere la verità: quella non era una vera casa. Bill Plaschke, l'editorialista del *Los Angeles Times*, soprannominò l'edificio 'the Superstore', il supermercato. Giocando a Inglewood i Lakers avevano conquistato sei titoli e adesso dividevano il posto con i Clippers. *I Clippers?!* Suonava sbagliato. «Durante la prima metà della partita l'energia era davvero strana» disse O'Neal, riferendosi al palazzetto. «Era tutto molto strano».

«Credo che durante gli allenamenti che abbiamo fatto qui i ragazzi abbiano capito che cosa porta con sé questo edificio» disse Jackson, «quanto al contesto, alla profondità, alla grandezza, all'immensità dello sfondo contro cui bisogna fare resistenza».

I Lakers vinsero 103 a 88, trascinati dai 28 punti e 10 rimbalzi di O'Neal, poi conquistarono altre nove partite delle successive tredici. Quando Bryant fece il suo debutto in stagione, l'1 dicembre contro Golden State, si unì a una squadra che aveva raggiunto la vetta della classifica della Pacific Division. Jackson ripeteva di essere contento di riavere Bryant, e O'Neal ripeteva la stessa cosa. Però, anche se giocò bene nella vittoria per 93 a 75 contro i Warriors (mise a referto 19 punti, 6 rimbalzi e 3 assist venendo dalla panchina), la sua presenza era un elemento di disturbo. All'improvviso Rice era di nuovo un pezzo di ricambio, fermo ad aspettare passaggi che non arrivavano. All'improvviso O'Neal si trovava ad alzare gli occhi mentre combatteva per guadagnare una posizione sotto canestro, solo per vedere Bryant che si librava verso il canestro. Erano più in forma? Sì. Los Angeles vinse quattro partite di seguito con Bryant nel quintetto iniziale, ne perse una a Sacramento e poi avviò una serie vincente da sedici partite che cementò il suo status di squadra di élite.

Eppure non era mai esistita una squadra con trentuno vittorie e cinque sconfitte tanto infelice. O'Neal fu multato per 10.000 dollari per insulti agli arbitri. Rice chiese al suo agente, David Falk, di cercare uno scambio, e furono avviati contatti con i New York Knicks e i Miami Heat (Falk era così disperato da arrivare a dire alle squadre che, se avessero preso Rice, gli altri suoi clienti sarebbero stati più disponibili a giocare per loro). Durante una partita contro i Nets, Jackson chiamò uno schema che coinvolgeva Horry, ma non andò a buon fine. Più tardi Horry disse all'allenatore: «Non ti ho sentito chiamare». Jackson rispose: «Le pecore riconoscono la voce del padrone. Bisogna solo riconoscere la voce del padrone e rispondere al suo richiamo». L'uso della parola 'padrone' non piacque per niente ai giocatori afroamericani e Jackson (che in realtà aveva fatto una citazione biblica) si sentì in imbarazzo.[16]

La nuvola più nera aleggiava sulla testa di Jerry West, l'icona dei Lakers più amata da tutti. Di qualsiasi umore fosse, arrivando in ufficio salutava sempre – *sempre* – i colleghi con calore e si fermava a fare qualche domanda sulla loro vita. Lui era fatto così, e al diavolo la fama e la gloria. Le persone andavano trattate con gentilezza, simpatia, umanità. Jackson invece era di un'altra pasta. «Uno dei problemi che avevo con Phil era questo» ricordò più avanti West. «Il suo ufficio era accanto al mio e quando arrivava al mattino mi superava senza mai disturbarsi a fare un cenno o infilare la testa per salutare.

Io e Phil non avevamo nessun rapporto. Niente. Non mi vo-

16 Quello non era un punto di forza di Jackson. Durante la stagione 1999-2000 fece infuriare molti Lakers afroamericani quando, durante un allenamento, si rivolse alla guardia J.R. Rider dicendo: «Dopo vai a farti tagliare i capelli a Crenshaw?» Rider ribatté, furente: «Non ho paura della mia gente».

leva intorno e non aveva assolutamente nessun rispetto per me: su questo non ho dubbi».

Dopo una partita persa in casa, West entrò nello spogliatoio per parlare con i giocatori. Era una cosa che faceva spesso, era un modo per mantenere vivo il legame con la squadra che aveva costruito. Jackson però non aveva ancora finito il suo discorso post partita e si infuriò. «Jerry, esci subito di qui, cazzo» gridò. «Che cosa cazzo ci sei venuto a fare, comunque?»

West era tanto talentuoso quanto sensibile («Lasciava che le cose si ingigantissero» ricordò in seguito Jackson) e sgattaiolò fuori, ferito e umiliato. Fin dall'inizio non era stato del tutto convinto della scelta di Jackson e adesso gli sembrava che la squadra gli stesse scivolando via dalle mani. «Quello che non capiva era che io venivo da un'organizzazione [Chicago] in cui ero abituato a cacciare via tutti dagli spogliatoi» disse poi Jackson. «Avevo cacciato via Jesse Jackson e varie stelle del cinema. Lo spogliatoio è come un santuario». West non se la bevve. Quei giocatori li aveva scelti lui. Quella era l'organizzazione per cui dava il sangue. West era un uomo sorprendentemente privo di ego, che non voleva nessun merito e nessuna gloria, voleva soltanto che la squadra vincesse. «Io non interferisco con gli allenatori» disse. «Ho sempre cercato di prendere giocatori che funzionassero al meglio per la squadra. Non ho mai voluto essere invadente o mettermi in mezzo».

Non aiutava il fatto che Jackson uscisse con Jeanie Buss, figlia del proprietario ed executive vice president of business operations. Quella relazione aveva colto West completamente di sorpresa: Jeanie aveva sostenuto con decisione la scelta di tenere Kurt Rambis come capo allenatore. «Ero assolutamente *contraria* all'idea di prendere Phil» dichiarò lei. I due si erano conosciuti in settembre, mentre aspettavano un volo al Vancouver International Airport di ritorno da un incontro della Lega. Jackson era rimasto stupito e perplesso dal fatto che lei volasse in classe economica (lui era in prima classe). Qualche settimana dopo, il 26 settembre, i colleghi le portarono in ufficio una torta per il suo trentottesimo compleanno e lei ne fece mandare una fetta nell'ufficio di Jackson. Più tardi, quella sera, lui la invitò a cena. «Mentre mangiavamo glielo dissi chiaramente» ricordò poi la Buss. «Mi piaceva molto, aveva una scintilla nello sguardo. Però gli dissi 'Senti, non ho intenzione di avere una relazione clandestina con te. Non voglio fare nulla di nascosto. Perché comprometterebbe i Lakers, e se cerchi di tenere un segreto ti metti nelle mani delle altre persone. Quindi se dobbiamo uscire insieme dobbiamo farlo allo scoperto'». A Jerry Buss andava bene. A Jerry West no. «Ci sono un milione di donne in questa città, cazzo» disse a Jackson, «perché proprio Jeanie?»

Come poteva andare bene una cosa del genere, si chiedeva West? Non doveva esserci una separazione fra Stato e Chiesa? E se Jackson si fosse dimostrato l'allenatore sbagliato? E se avesse dovuto essere rimesso in riga? O licenziato? West pensava soltanto agli affari: i Lakers erano i Lakers, la famiglia era un'entità completamente separata. E così doveva essere. «Non ho mai voluto giocare a chi ce l'aveva più lungo con l'allenatore» ricordò West. «Io non ero fatto così. Anche se forse avrei dovuto».

Nel frattempo, in campo, Bryant segnava a volontà – 27 punti contro Sacramento, 30 contro Atlanta – e ogni volta che tirava, era come se desse un pugno in faccia ai compagni. Quando lui non era nel quintetto, i giocatori dei Lakers sentivano che l'attacco procedeva in modo fluido ed efficiente, relativamente paritetico. «[Quando Kobe rientrò], l'attacco non fu più così fluido» raccontò più avanti Jackson. «Kobe faticava molto a restare nel triangolo e spesso faceva di testa sua, irritando i compagni». Subito dopo la vittoria del 19 gennaio a Cleveland, che Bryant aveva concluso con 6/15 al tiro in quarantuno minuti di gioco, O'Neal entrò in spogliatoio e disse al compagno di «crescere, una buona volta, e passare quella cazzo di palla».

«Vaffanculo» rispose Bryant. «Vedi di centrare qualche tiro libero».

In quella partita O'Neal ne aveva centrati 5/13 – e la sua media stagionale era del 52%. Non era un argomento di cui parlava volentieri.

«Dici a me, stronzo? Sul serio?» rispose in tono minaccioso.

Bryant cedette le armi.

«C'era un pozzo d'odio in fondo al suo cuore [di O'Neal]» commentò Winter più tardi. «Diceva cose molto cattive. Kobe le ignorava e andava avanti».

Nei giorni che seguirono diversi membri della squadra chiesero dei colloqui privati con Jackson. Lui sapeva già di che cosa volevano parlargli. Che si trattasse di Rice che si sentiva superfluo sul perimetro o di Fox che si chiedeva perché esisteva soltanto fuori dall'area dei tre secondi, oppure di O'Neal che sbatteva la testa contro il muro, tutti volevano disperatamente che Bryant passasse la palla, oppure che svanisse in un buco nero. Jackson aveva vissuto una situazione simile quando aveva cominciato ad allenare un giovane Michael Jordan con i Bulls. «Però Michael ascoltava le critiche» disse poi Jackson. «Non sempre era d'accordo, però ti stava a sentire. Kobe non lo faceva. Ho studiato molto i giovani narcisisti e sono i peggiori, perché pensano di meritarsi soltanto il meglio. Vogliono comandare. Non accettano suggerimenti o consigli. Non è possibile criticarli. Kobe era un giovane narcisista». Più o meno in quel periodo Bryant chiese un colloquio a Jerry West per domandargli come erano riusciti lui ed Elgin Baylor – nella stagione 1961-62 – a segnare una media di oltre 30 punti a partita per i Lakers. West riferì la domanda a Jackson e questo mise in agitazione l'allenatore. Perché si preoccupava tanto dei punti? Perché non si preoccupava di imparare? Di *vincere*? A un certo punto Michael Jordan – che ormai si era ritirato dallo sport attivo – andò a vedere una partita dei Lakers contro i Bulls a Chicago. Più tardi Jackson portò Bryant in una saletta privata per un colloquio con il suo idolo. «Michael se ne stava lì a fumare un sigaro» raccontò poi Jackson, «Kobe entrò e la prima cosa che disse fu 'Posso batterti nell'uno contro uno'. E non scherzava. Michael rispose: 'Probabilmente è così. Tu ha ventidue anni e io trentasei'. Fu un momento assurdo».

Un pomeriggio di fine gennaio Jackson tenne un incontro in una sala video del Southwest College, il centro dove si allenava la squadra. Lo staff aveva allestito quattro file di sedie per i giocatori e la prima fu occupata da O'Neal, Fox, Fisher, Harper e Shaw. Bryant si mise in fondo, da solo, con il cappuccio della felpa calato sugli occhi. Jackson spiegò ancora una volta che il triangolo si basa sull'altruismo e sull'attenzione a ciò che accade intorno: «Non è possibile essere egoisti e far funzionare questo attacco per il bene della squadra. Punto».

Alla fine del discorso il capo allenatore aprì alle domande e ai commenti dei giocatori. Ci fu qualche istante di silenzio. Silenzio imbarazzato, ma comunque silenzio. Poi O'Neal, che si era lamentato di Bryant con i compagni, si schiarì la voce. «Io credo che Kobe giochi in modo troppo egoista per permetterci di vincere» dichiarò. «E io sono stufo di questo atteggiamento».

Si aprirono le cateratte...

«Quante volte ne abbiamo già parlato?» aggiunse Fox.

«Le squadre migliori in cui sia mai stato» disse Shaw, «erano quelle dove il basket si condivideva. Non si può vincere in uno contro cinque. In nessun caso».

Fu un brutto momento. Anni dopo Jackson commentò (giustamente) che se in quella riunione i soli giocatori avessero dovuto votare se tenere o scambiare Kobe, il ragazzo sarebbe stato bandito senza un attimo di ripensamento. E non era soltanto il suo rifiuto di adattarsi all'attacco. Aveva 21 anni ed era al quarto anno di NBA, ma non era ancora maturato abbastanza per capire che i Lakers non erano la sua squadra. Lui era solo un elemento. Un elemento importante, ma per quanto riguardava gli altri membri del gruppo, non c'era altro.

Jackson chiese a Bryant se avesse qualcosa da dire. «Kobe si rivolse finalmente al gruppo» ricordò l'allenatore. «E in tono calmo, a voce bassa, disse che ci teneva a tutti loro e che voleva soltanto far parte di una squadra vincente».

Salley, l'esperta ala, si dedicò ad aiutare Bryant a comprendere il concetto di cameratismo e anni dopo ammise che era stato un compito titanico. Durante la stagione invitò la giovane guardia a passare una serata fuori, a South Beach, Miami. Bryant accettò malvolentieri di unirsi al compagno, ma le esclamazioni soffocate e i sorrisi che lo accolsero nei vari locali resero Salley euforico. *Finalmente Kobe si diverte un po',* pensava. Troppo presto. Dopo un'ora Bryant batté sulla spalla di Salley e gli chiese di andare a parlare fuori, lontano dalla musica assordante. Potevano essere le dieci e mezza di sera. «Devo andare» gli disse. *Cosa?* «Domattina devo allenarmi». Salley, esasperato, recuperò la macchina e riaccompagnò Bryant al Ritz-Carlton South Beach. «Aveva in testa una cosa sola, bisognava rendersene conto» spiegò Salley.

Pochi dei Lakers lo fecero. Dopo quella riunione plenaria la squadra perse quattro delle successive cinque partite, fra cui una sconfortante disfatta dopo due tempi supplementari a Utah, finita 105 a 101, e 24 umilianti punti rifilati da San Antonio. Dopo aver cominciato la stagione con un record di trentatré vittorie e cinque sconfitte, il 1° febbraio i Lakers erano trentaquattro a undici. Jackson era convinto che la sua squadra, costruita per vincere, stesse andando in pezzi e fosse ormai irrecuperabile.

La gloria e gli anelli sembravano fuori discussione.

9
Dietrofront

Mentre Los Angeles cominciava a crollare, e il tumulto minacciava di soffocare il talento, Jerry West e Mitck Kupchak erano attaccati al telefono nel disperato tentativo di trovare un modo di sistemare il peggior acquisto della storia recente di Los Angeles.

Certo, a guardare le statistiche Glen Rice sembrava un giocatore perfetto per i Lakers. Segnava una tutt'altro che vergognosa media di 16,7 punti a partita. Eppure, da West a Kupchak, da Phil Jackson a Tex Winter, tutti avevano capito che era il giocatore sbagliato nel sistema sbagliato con la squadra sbagliata. A Charlotte Eddie Jones segnava 20,1 punti a partita e trascinava la rinascita della franchigia. «Credo che nessuno sospettasse quanto sarebbe stato grande Eddie Jones» ricordò poi Rick Bonnell, giornalista del *Charlotte Observer*. «Rispetto a Glen era un miglioramento epocale». Nel frattempo, l'uomo con cui era stato scambiato era depresso, apatico, scontroso, inefficace. Era stato una superstar con gli Heat e una superstar con gli Hornets, e si riteneva una superstar anche lì. «Ha un ego enorme, si considera un elemento di primo piano» disse Kevin Ding, lo specialista dell'*Orange County Register*, «ma senza la sostanza per giustificarlo». Rice era stato la terza opzione per i Lakers, e non delle migliori. Non riusciva a tirare senza prima palleggiare. Era mediocre in difesa. Aveva una mano sinistra sorprendentemente debole. Sembrava essere invecchiato di dieci anni da un momento all'altro. Non gli piacevano i compagni. Non gli piaceva l'allenatore. Non gli piacevano le critiche. «David Falk [l'agente di Rice] una sera mi chiamò e cominciò a sfogarsi per il modo in cui la squadra trattava Glen» ricordò J.A. Adande, giornalista del *Los Angeles Times.* Io ne parlai con Mitch Kupchak e lui rispose: «Sta soltanto cercando di limitare i danni».

Lo scambio Jones per Rice era stato un errore madornale, ma adesso i Lakers dovevano riparare in qualche modo. Dopo giorni di negoziati fu messo insieme un accordo per mandare Rice ai Philadelphia 76ers in un giro di giocatori a tre squadre che avrebbe coinvolto anche Detroit. In cambio i Lakers avrebbero preso Larry Hughes, l'esplosiva guardia tiratrice al secondo anno con i Sixers, e avrebbero rilevato il contratto in scadenza del centro Bison Dele, che si era ritirato. Hughes non era certo il nuovo Iverson: sotto molti aspetti quel ventunenne ipercinetico era un Eddie Jones dei poveri. Ma sarebbe stato un guadagno per sottrazione e Los Angeles era convinta che Rick Fox o Robert Horry avrebbero segnato di più dopo la partenza di Rice.

Prima di tutto, però, c'era da giocare una partita.

Tre giorni dopo una demoralizzante sconfitta 105 a 81 per mano degli Spurs campioni in carica, durante la quale Rice segnò soltanto 5 punti e Tim Duncan schiacciò i Lakers con 29 punti e 18 rimbalzi (Tim Kawakami del *Los Angeles Times* scrisse: «Per i Lakers, la Recessione del 2000 continua»), i Lakers ospitarono in casa i Jazz, ovvero la squadra che li tormentava da cinque anni. Come sempre Utah era una delle squadre di élite dell'NBA, con il playmaker John Stockton e l'ala grande Karl Malone che mettevano in scena un attacco impeccabile. Una settimana e mezza prima i Jazz avevano schiacciato Los Angeles con un trionfo per 105 a 101 dopo due tempi supplementari, un'altra conferma che O'Neal, Bryant e compagnia dovevano ancora imparare a difendere sui pick and roll.

Quindi i Jazz arrivarono allo Staples Center e sembrava il momento ideale per dare una mazzata nelle ginocchia a una squadra già traballante. Jackson non era contento di Bryant. Bryant non era contento di O'Neal. Nessuno era contento di Rice, che era già mezzo fuori dalla porta. «Eravamo proprio a terra» ricordò Fox. «A volte nel corso della stagione mi dicevo che forse le cose non avrebbero mai funzionato. Eravamo a quel punto».

Poi tutto cambiò.

I Jazz aprirono la partita centrando 1/14 al tiro: mattone su mattone su mattone. In parte era la stanchezza (la notte precedente Utah aveva giocato in casa contro Milwaukee) ma soprattutto fu l'effetto della soffocante difesa predicata da Jackson per tutta la stagione. Bryant, che troppo spesso si comportava come un attaccante ossessivo e attaccato al pallone, spaziò per tutto il campo. O'Neal, che non era mai contento di vedere il centro dei Jazz, Greg Ostertag, stoppò cinque tiri, alcuni con una certa violenza. Nella prima metà della partita Los Angeles forzò 14 palle perse e mise a segno 21 punti. Dopo il primo quarto i Lakers erano in vantaggio 33 a 14. A metà partita erano 56 a 21. «In pratica facemmo quello che dovevamo fare, e ne ricavammo un sacco di energia» disse poi O'Neal. «Avevamo bisogno di quella partita, in un certo senso».

Il punteggio finale, 113 a 67, fu accolto dai commentatori sportivi di tutta l'America come un errore di battitura. Era 87? Magari 77? «È stata soltanto una partita» disse Stockton, dopo una serata da quattordici minuti giocati e 2 punti segnati. «Dopo una cosa del genere impari qualcosa su te stesso».

Già, proprio così.

Tre sere dopo i Lakers trionfarono di nuovo, stavolta 106 a 98, contro Denver. E poi vinsero ancora, 114 a 81 contro Minnesota. E poi ancora, 88 a 76 a Chicago. E 92 a 85 a Charlotte (Rice segnò 21 punti nella sua ex casa, Jones totalizzò 18 punti contro la sua vecchia squadra). E poi 107 a 99 a Orlando. In poco tempo, una squadra che sembrava sull'orlo del collasso mise insieme un'incredibile serie di diciannove vittorie consecutive. Le voci di scambi imminenti: svanite. I tumulti interni: archiviati. I Lakers erano la più splendida squadra di basket al mondo, un dietrofront spinto dalla capacità del talento di mettere da parte i disapori e (come sempre) dalla presenza del miglior giocatore del pianeta sotto canestro.

Nei suoi primi sette anni nella Lega, O'Neal era stato allo stesso tempo il giocatore che ispirava più reverenza e quello di cui si era più sparlato. Ormai non avrebbe dovuto conquistare un anello? Almeno uno? O'Neal era una forza dominante. Era terribile nei tiri liberi. Rendeva migliori i compagni. Era terribile nei tiri liberi. I media lo adoravano. Era terribile nei tiri liberi. Da rookie, a Orlando, nella stagione 1992-93, O'Neal aveva una media del 59% e si pensava che col tempo sarebbe migliorato. Solo che non accadde mai. Si accamparono scuse: le mani grandi, la stanchezza, il nervosismo, l'ansia, l'impatto di un vecchio incidente durante l'infanzia in cui si era rotto un polso. Ogni anno sembrava che un nuovo specialista di tiri liberi avrebbe cambiato il mondo con il suo intervento. Una volta un professore di politica estera americana della University of South Florida-St. Petersburgh, di nome Dennis Hans, aveva inviato a Kupchak per email un serie di articoli da lui scritti riguardo ai problemi di O'Neal sulla linea dei tiri liberi. «Un giorno mi arriva un'email di Mitch che mi dice che ha passato i miei articoli a Phil e Shaq» raccontò poi Hans. «Fece qualche progresso e ne fui contento. Ma non durò a lungo». Un'altra volta i Lakers assunsero un allenatore privato per i tiri liberi, Ed Palubinskas, che decretò che O'Neal era troppo rigido e che il canestro lo intimidiva. Rick Barry, il giocatore, ormai ritiratosi ed entrato nella Hall of Fame, che aveva raggiunto una percentuale dell'89% tirando i liberi dal basso, propose ad alta voce che anche O'Neal provasse a tirare dal basso (ma il gigante non osò farlo).

L'unica diagnosi – quella corretta – venne da Derek Harper, la guardia veterana che aveva giocato con i Lakers nella stagione 1998-99: «Non si impegnava abbastanza per migliorare. Questa è la semplice verità. Chiunque si alleni abbastanza con i tiri liberi può raggiungere un livello almeno decente. Shaq era uno dei migliori giocatori che avesse mai calcato un campo. Ma non si dedicò anima e corpo a quell'aspetto e invece avrebbe dovuto farlo. Lui teneva solo alla forza e alla potenza. Non gli importava dei tiri liberi».

Dopo vent'anni Harper ricordò una partita del 1999 contro Seattle che era andata decisamente all'aria. Dopo un time out nel quarto quarto, Kurt Rambis aveva disegnato uno schema per O'Neal. «Mentre rientravamo in campo, Shaq mi dice: 'Che cos'è che dovevo fare? Chi è che doveva giocare quello schema?' Era come se non volesse il pallone perché rischiava di subire fallo. Gli dissi di passarlo subito a me, che ci avrei pensato io. È incredibile, un giocatore di quel livello che esce da un time out e non vuole il pallone».

Ci si cominciava a preoccupare che verso la fine delle partite troppo combattute gli allenatori avversari avessero chiesto di fare fallo su O'Neal per mandarlo in lunetta. Jackson si sentiva sempre minacciato e Bryant lo stesso: non riusciva proprio a capire (e lo diceva ad alta voce) come fosse possibile che un uomo con quelle capacità non riuscisse a centrare 6 canestri su 10 senza opposizione. Durante la serie vincente, però, i Lakers escogitarono una soluzione tampone: distruggere gli avversari, in modo che non ci fosse mai motivo di piazzare O'Neal sulla linea dei tiri liberi in un momento decisivo. In quelle diciannove partite il vantaggio medio di Los Angeles fu di 14,1 punti. Non erano poi partite così in bilico, e spesso il margine di vantaggio diminuiva solo nel quarto quarto, quando Jackson faceva riposare i titolari.

Il 6 marzo O'Neal festeggiò il suo ventottesimo compleanno – con le parole di Lonnie White del *Los Angeles Times* – «stracciando le montagne di muscoli dei Clippers come se fossero buoni sconto bagnati» e totalizzando 61 punti e 23 rimbalzi in una vittoria per 123 a 103. Quando era arrivato allo Staples Center tre ore prima della palla a due, O'Neal si era sentito dire dallo staff dei Clippers che la sua richiesta di posti aggiuntivi per i suoi parenti era stata respinta e che se voleva farli assistere alla partita avrebbe dovuto pagare come tutti gli altri. O'Neal non poteva crederci. Quello era il *suo* palazzetto. Il *suo* campo. «Non fatemi mai pagare dei biglietti per la partita» disse più tardi. «Mai». Prima del *tipoff* aveva preso da parte il playmaker Derek Fisher e gli aveva detto: «Amico, un uomo può fare 60 punti al suo compleanno?» Traduzione: *Dammi la palla, e dammela spesso.*

Fisher aveva annuito. «Assolutamente sì, facciamolo».

O'Neal avrebbe giocato in diciannove stagioni nell'NBA, ma mai allo stesso livello del 1999-2000. La sua media fu di 29,7 punti a partita, 13,6 rimbalzi e 3 stoppate, e segnò il record di carriera per gli assist (3,8). Era nella forma migliore della sua vita e cercava disperatamente di compiacere il nuovo allenatore con le sue statistiche. «Shaq è in condizioni magnifiche» commentò Brian Shaw più avanti, quell'anno. «Fa stoppate e prende rimbalzi come mai prima. Ho giocato con lui per tre anni a Orlando e non giocava con tanta determinazione in difesa».

I Lakers, alla fine, tornarono a perdere il 16 marzo, in una gara al cardiopalma a Washington, finita 109 a 102. Due partite dopo, però, accadde qualcosa che fece piacere a Jackson e mostrò che i Lakers – *quei* Lakers – erano una specie diversa da quella che l'aveva preceduta. Il 19 marzo la squadra tornò in California per ospitare i Knicks, una compagine che aspirava legittimamente al titolo e il cui allenatore, Jeff Van Gundy, non aveva molto di buono da dire (o da pensare) riguardo alla sua controparte di Los Angeles. Prima di accettare l'incarico dai Lakers, Jackson aveva avviato una discussione informale con i Knicks e Van Gundy era convinto, a ragione, che avesse superato il limite della correttezza. Come Del Harris aveva ripetuto più volte, non si va in cerca del lavoro di un collega.

Anche senza quell'ostilità, i Knicks non erano una squadra da prendere alla leggera. La loro rosa era un compendio di picchiatori dell'NBA. Larry Johnson, l'ala grande di due metri e un centimetro per centoquattordici chili, buttava regolarmente a terra gli avversari. Latrell Sprewell, l'atletica ala piccola, era famoso per aver tentato di soffocare il capo allenatore, P.J. Carlesimo, due anni prima. Un'ala grande di riserva di nome Kurt Thomas era considerato quasi universalmente l'uomo più fisicamente minaccioso della Lega (dopo Shaq) e Patrick Ewing, centro alla quindicesima stagione, era ancora in grado di gelare l'acqua bollente solo con il suo cipiglio. Ma l'osso più duro di tutti era anche il più piccolo – il playmaker Chris Childs, un metro e novantuno per ottantotto chili.

Prodotto della Boise State University, Childs era uscito dall'università senza essere scelto al draft del 1989, perché la sua solida abilità (segnava una media di 13,6 punti a partita) e la sua velocità supersonica erano oscurate dalla fama di alcolista di quinta generazione. Aveva vivacchiato nelle leghe minori e aveva bevuto l'ultimo bicchiere il 26 giugno 1993. Un anno più tardi era membro dei New Jersey Nets. Era riuscito a capitalizzare sulla propria bravura e a ottenere un contratto da 24 milioni di dollari per sei anni dai Knicks, e in breve era diventato playmaker titolare di una delle squadre di élite dell'NBA. «Chris non si faceva mettere i piedi in testa» diceva Jayson Williams, che era stato suo compagno nei Nets. «Era piccolo, ma giocava alla grande».

L'unica cosa che Childs non sopportava era l'arroganza. E in Kobe Bryant vedeva l'arroganza. Non c'era nulla che gli piacesse in quel ragazzo, disprezzava quel suo modo di camminare come se non toccasse neanche terra e di giocare come se fosse migliore di uomini che erano in circolazione da molto prima di lui.

Per questo nel terzo quarto dello scontro Knicks-Lakers, Childs se la prese particolarmente quando Bryant lo colpì con due gomitate mentre tornava in difesa.

«Lo hai visto?» si lamentò Childs con Ted Bernhardt, l'arbitro. «Hai intenzione di fare qualcosa per quello stronzo?»

Bernhardt scosse la testa.

«Ok» rispose Childs. «Non c'è problema». Si chinò verso Bryant e gli disse: «Le gomitate mi vanno benissimo da collo in giù. Ma se mi colpisci ancora una volta in testa, ragazzino, è finita».

Bryant si mise a ridere. «Non farai un cazzo di niente» disse.

Bryant era alto uno e novantotto e pesava novantacinque chili. Era più alto, più robusto e muscoloso. Ma nella Lega erano in pochi a considerarlo minaccioso. Pochi secondi dopo Bryant diede un'altra gomitata a Childs. Non forte, ma fu sufficiente.

«Lui mi ha colpito con un'ala di pollo» disse poi Childs. «Io l'ho colpito con due cosce e un biscotto».

Childs tirò indietro la testa e piantò la fronte sulla faccia di Bryant. Il giocatore dei Lakers, intontito per un attimo, si fermò e poi rispose con un lieve colpo dell'avambraccio in faccia («Colpi da finocchio» ricordò poi Childs). Childs sparò due pugni diretti, di destro e di sinistro, che colpirono le guance di Bryant. Finalmente, quando Bryant cominciò a sparare una gragnuola di pugni (nessuno dei quali arrivò a segno, neanche lontanamente) Bernhardt intervenne e li divise. Mentre Jim Cleamons, l'assistente allenatore, lo trascinava via, Bryant cominciò a tirare e dimenarsi, gridando che voleva dargliene ancora. «Vaffanculo!» urlò verso il giocatore dei Knicks. «Vaffanculo, finocchio!» Poco dopo, nel tunnel che portava agli spogliatoi, Bryant fece un altro scatto verso Childs, ma senza successo. Quando gli chiese di commentare lo scontro, Childs disse a Marc Berman del *New York Post* «Ditegli che sono al Four Season, stanza 906».[17]

Entrambi i giocatori furono espulsi e Los Angeles vinse per 106 a 82, ma l'aspetto più notevole della vicenda fu quello che successe dopo. Rick Fox si mise a sbraitare contro Childs mentre usciva dal campo. O'Neal diede una spinta violenta a Ewing. Jackson incenerì Van Gundy con lo sguardo. Nello spogliatoio, più tardi, un compagno dopo l'altro, tutti andarono a sussurrare all'orecchio di Bryant che stavano dalla sua parte e gli guardavano le spalle. «Quello era il nostro fratellino» disse Fox. «Nessun fratello maggiore permette che si dia fastidio al fratellino».

«Tutti sanno che Kobe è un bravo ragazzo» aggiunse O'Neal. «Ma ha ricevuto un pugno in faccia e ha dovuto reagire. Io volevo solo proteggere il mio fratellino. Se fosse successo qualcosa di brutto, lo avrei difeso... ma Kobe è un tipo tosto, si è difeso da solo».

Il *Miami Herald* il giorno dopo titolò UNA RISSA ROVINA LA VITTORIA DEI LAKERS SUI KNICKS. Soltanto che per Los Angeles la rissa non aveva rovinato proprio niente. Fin da quando Bryant era arrivato nella squadra, quattro anni prima, gli allenatori e i dirigenti dei Lakers avevano tentato di tutto per farlo integrare nel gruppo. Però lì, quando aveva tenuto testa a uno dei giocatori più bellicosi dell'NBA, la percezione era cambiata. Bryant fu sospeso per una partita e multato per 5000 dollari, ma furono soldi ben spesi. Non si sarebbe mai integrato perfettamente, perché non era nella sua natura. Ma quando i Lakers andarono ai playoff erano finalmente un gruppo unito.

17 Non stava invitando Kobe Bryant a vedere un film e mangiare qualcosa col servizio in camera.

«Grazie a me» commentò Childs anni dopo. «A me e al mio stupido caratteraccio».

I Lakers conclusero la stagione con il record migliore dell'NBA, sessantasette vittorie e quindici sconfitte. Per quanto le statistiche di O'Neal (29,7 punti a partita), Bryant (22,5 punti a partita) e Rice (15,9 punti a partita) fossero notevoli, la chiave di tutto fu Jackson. L'allenatore era riuscito chissà come a tenere insieme una rosa traboccante di egocentrismo e di arroganza, a convincere O'Neal a ignorare la presunzione di Bryant e Bryant ad accettare di vivere all'ombra di una montagna di muscoli straripante di vita ed esuberanza. Aveva usato Rice con saggezza e si era affidato a veterani come John Salley e Ron Harper per tenere allegro lo spogliatoio. Aveva impedito il nonnismo nei confronti dei rookie. «Era il migliore a osservare e valutare le persone, non ho mai incontrato nessun altro come lui» disse Salley. «Sapeva esattamente quali tasti toccare». Con quello che anche decenni dopo rimane uno degli espedienti più notevoli nella storia del basket moderno, Jackson arrivò a includere nel suo staff Kurt Rambis, che lo aveva preceduto a bordocampo. Fu una delle pochissime volte che un nuovo allenatore ebbe il coraggio di assumere un allenatore che era stato allontanato, ma Jackson fece in modo che funzionasse. «All'inizio non fu facile» disse Rambis. «Da un certo punto di vista mi sembrava che avesse preso un incarico che sarebbe spettato a me. Ma arrivai ad affezionarmi a Phil, e Phil si affezionò a me. Ci fidavamo l'uno dell'altro».

I Lakers aprirono i playoff sconfiggendo in cinque partite i Kings, entrati all'ottavo posto, poi procedettero ad affrontare i Suns, squadra decisamente inferiore che, prevedibilmente, perse 4-1. Durante questa serie contro Phoenix avvennero due eventi che distrassero la squadra, al punto che Jackson cominciò a chiedersi se i suoi giocatori fossero sufficientemente concentrati sulla vittoria.

Per prima cosa il 9 maggio O'Neal fu nominato MVP dell'NBA. Lo era senza alcun dubbio e aveva le statistiche migliori sia come punti segnati che come media dal campo. Eppure, anche se la reazione iniziale fu di euforia scatenata («La prima cosa che ho fatto è stato chiamare mia madre e mio padre» disse lui. «Mio padre si è messo a piangere»), l'atteggiamento del giocatore cambiò quando si venne a sapere che lo avevano scelto 120 votanti su 121. Certo, il 99,2% era il risultato più alto nella storia della Lega. Certo, i suoi 1207 punti sovrastavano i 408 di Kevin Garnett di Minnesota, il secondo classificato. Ma come era possibile che qualcuno avesse pensato di non mettere O'Neal al primo posto?

In poche ore si abbandonò la promessa di anonimato del premio e il mondo venne a sapere che Fred Hickman, il veterano presentatore della CNN/SI, aveva votato al primo posto Allen Iverson di Philadelphia e O'Neal al secondo. Le conseguenze furono terribili: da parte dei giocatori dei Lakers (disse Robert Horry: «Ho sentito che un tizio alla CNN non ha votato per lui. Ma ha mai giocato?»[18]), da parte di West («Dio, mi dispiace per il tizio che non ha votato per lui»), dai media (Marques Johnson di *Fox*: «Che cosa è successo? Qualche scagnozzo di Allen Iverson aveva imprigionato sua figlia in un seminterrato a Brooklyn, l'hanno ricattato?»).

«Fu un brutto momento» ricordò poi Hickman. «Ancora oggi non so come sia uscito il mio nome, perché il voto avrebbe dovuto essere anonimo. Sono stato Steve Bartman prima di Steve Bartman. Le reazioni furono *davvero* intense. Ci fu molta rabbia. Ricevetti delle minacce, cosa che non mi era mai successa. *Minacce?* E solo perché pensavo che Iverson fosse più importante per la sua squadra di quanto Shaq lo fosse per i Lakers».

O'Neal si morse la lingua e parlò poco. Anni dopo, però, ammise che la sua rabbia era autentica. «Porto rancore per quell'episodio? Sì, è così. Qualche stronzo idiota mi ha impedito di essere il primo MVP eletto all'unanimità. Uno stronzo a cui non frega un cazzo vota Iverson e manda a puttane la storia. Non l'ho mai dimenticato».

Alla fine la buriana passò, ma qualche giorno dopo sullo Staples Center si abbatté una bomba ancora più potente: Kobe Bryant si era fidanzato.

18 Hickman aveva frequentato il Coe College, in Iowa, dove non aveva praticato alcuno sport a livello agonistico.

Voleva sposarsi.

Con un'altra persona.

Una persona in carne e ossa.

Veramente.

L'Associated Press fu la prima a riportare la notizia, ma pochi dei Lakers ci credettero. Per quattro anni Bryant era stato un muro di gomma riguardo alla propria vita privata. Altri membri della squadra erano famosi per frequentare le feste e passare da una donna all'altra, ben contenti di fare un giro in città e tornare in albergo con la solita groupie con le tette grosse e tanti capelli che veniva un tanto al chilo. Anche se non erano più gli anni Ottanta, quando le donne si mettevano in fila nei saloni degli alberghi se in città scendevano Magic, Worthy e compagnia, i giocatori dei Lakers non dovevano comunque fare molta fatica per trovare compagnia notturna.

La vita privata di Bryant invece era puro mistero. L'ultima volta che si era sentito parlare di una ragazza era stato nell'estate del 1996, quando era andato al ballo del diploma del liceo Lower Merion con Brandy Norwood, la cantante pop in vetta alle classifiche che Kobe (ehm) in realtà non conosceva neanche.

Era stata una trovata di Michael Harris, un procuratore sportivo locale che pensava che un prossimo giocatore NBA che partecipava all'evento con una superstar avrebbe portato affari d'oro. La sera del 25 maggio 1996, con decine di giornalisti intorno e flash che partivano a destra e a manca, Bryant («dall'aria raffinata in smoking e camicia alla coreana, senza cravatta» scrisse Jennifer Weiner del *Philadelphia Inquirer*) e la Norwood («in un vestito Moschino color champagne, trucco impeccabile e trecce lunghe fino alle spalle») salirono la scalinata di marmo del Bellevie Hotel di Philadelphia. Centinaia di spettatori assistettero dai marciapiedi circostanti e alcuni chiesero l'autografo.

«Fu veramente assurdo» ricordò Weiner. «In un certo senso fu la cosa più vicina alla serata dei Grammy o a quella degli Oscar che potesse accadere a Philadelphia. C'erano la rivista *People* e un sacco di curiosi. Ma non era realtà, era una messa in scena».

In effetti, alla fine della serata Bryant non ricevette nulla più di un bacio sulla guancia e di un po' di sana attenzione mediatica. Negli anni successivi ci furono (contateli) zero pettegolezzi sulla sua vita sentimentale. Niente paparazzi accampati fuori dalla casa di Madonna ad aspettare di veder passare Kobe. Niente visite al Men's Club di Dallas con Michael Irvin e Tony Tolbert. Fox, ala di lungo corso e noto seduttore, era sposato con un'attrice/cantante di nome Vanessa Williams e le loro vite erano perfette per le copertine della rivista *Jet* e per gli appostamenti dei fotografi. Ma non Kobe Bryant. Per quanto ne sapevano tutti, se ne stava rinchiuso nella sua casa a Pacific Palisades, accoccolato con una ciotola di patatine e un romanzo di Candace Bushnell. Alcuni compagni di squadra si chiedevano se fosse vergine. Diamine, se Bryant era impacciato con le donne quanto lo era con loro...

Adesso invece, grazie all'Associated Press, era scoppiata una bomba. Non solo Bryant stava per sposarsi, ma stava per sposarsi con una diciottenne all'ultimo anno del liceo Garden Grove, in California, che si chiamava Vanessa Urbieta Cornejo Laine. Si diceva che fosse una ballerina. Una ballerina di locali a luci rosse. Una ballerina di locali a luci rosse che aveva partecipato come comparsa in una manciata di video musicali.

In realtà, però, la Laine era una normalissima adolescente di classe media con un'espressione gentile che sapeva fare un paio di mossette sexy. Il 15 agosto 1999, mentre assisteva al festival 92.3 The Beat Summer Jam a Irvine, in California, era stata avvicinata da un uomo che le aveva detto di essere in cerca di «ragazze carine» per video musicali. Nel giro di due mesi la si era vista – con abiti succinti e la pelle lucida – in un video di Krayzie Bone, poi in quello di *G'd Up* dei Tha Eastsidaz, con Snoop Dogg. Bryant rimase colpito e la scritturò per il video di quello che doveva essere il suo esordio nel mondo della musica (e che non vide mai la luce), e si innamorò perdutamente.

Si fece dare il numero della Laine, la bersagliò di messaggi, si presentò più volte davanti al liceo Marina con la sua Mercedes nera per offrirle un passaggio a casa. Una volta, in un eccesso di romanticismo, Bryant ordinò dozzine di rose rosse e le fece recapitare agli uffici della scuola. La Laine venne chiamata con l'altoparlante e andò a ritirarli per poi raccontare agli amici con voce sognante: «Sono di Kobe».

«Non parlava altro che di Kobe» ricordò un'amica. «Alla fine era l'unico argomento di conversazione».

La presenza di Bryant al liceo Marina finì per creare tanta confusione che la direzione chiese alla Laine di completare l'ultimo anno di studi da privatista. Intanto le rispettive famiglie non sapevano bene come reagire. Non era un po' strano che un adulto si interessasse tanto a una studentessa del liceo, si chiedeva la famiglia di Vanessa? Non era immorale? «Lui era un adulto e lei aveva solo diciassette anni» ricordò Stephen Laine, il patrigno. «Ti veniva da pensare, 'Ehi, aspetta un attimo...'»

Anche Joe e Pam Bryant avevano i loro dubbi. Fin da quando Kobe era entrato nell'NBA, nel 1996, i genitori erano stati (letteralmente) al suo fianco. Joe Bryant aveva giocato otto stagioni nella Lega e conoscendo le difficoltà del gioco professionistico cercava disperatamente di evitare che il figlio si mettesse nei guai. Per questo lui e Pam si erano trasferiti dalla Costa Orientale per controllare la sua vita, gestire i suoi affari, tenergli la casa in ordine e assicurarsi che nessuno si approfittasse di lui. All'inizio avevano vissuto nella sua casa con sei camere da letto, poi si erano spostati in un edificio molto più grande nella stessa via. Gran parte della solitudine di Kobe Bryant era dovuta alle continue prediche dei suoi: *vai per la tua strada, lascia il tuo segno. Non farti coinvolgere.*

In Vanessa Urbieta Cornejo Laine i Bryant vedevano tutto quello da cui lo avevano messo in guardia. Era una groupie. Doveva essere una groupie. Bastava guardarla: tette grosse, troppo profumo, vestiti di tre taglie troppo piccoli, presenze nei video rap.

E sicuramente vedeva il loro figlio per quello che era: un bancomat che camminava e palleggiava. Mentre Kobe guadagnava nove milioni di stipendio e quasi il doppio con la pubblicità, Vanessa viveva con altre due persone (la madre Sofia e il patrigno Stephen) soffocati dalle rate delle carte di credito e della macchina. Sofia era stata licenziata due anni prima dal lavoro in una ditta di spedizioni e da allora era disoccupata, a causa di un problema cronico alla schiena. La storia ufficiale di Kobe si concentrava sempre sullo stereotipo del padre che aveva giocato a basket, ma era Pam la vera custode delle chiavi del regno. Era figlia di un militare e si era laureata alla Villanova University, aveva una tempra d'acciaio e non si faceva mettere i piedi in testa da nessuno. «Pam governa la famiglia, lo ha sempre fatto» disse John Smallwood, giornalista veterano del *Philadelphia Daily News*. «Se Pam non fosse stata così, se non avesse preso ogni decisione, se non si fosse assicurata che tutto andasse come doveva, non ci sarebbe stato nessun Kobe».

Come il marito, Pam non voleva sentir parlare di un'adolescente povera che sposava il principe. E nessuno dei due era entusiasta del fatto che Vanessa fosse ispanica e non afroamericana. All'inizio cercarono di convincere il figlio a ripensarci. Poi cercarono di convincerlo ad aspettare. Poi cercarono di convincerlo – in realtà lo implorarono – a firmare un accordo prematrimoniale. Kobe Bryant rispose *Assolutamente no*.

Nessuno dei suoi compagni di squadra poteva crederci. Non avevano mai visto prima quella ragazza. E di certo non avevano mai visto Kobe in compagnia di una ragazza qualsiasi. E adesso era fidanzato e voleva sposarsi? «Bryant mi è sempre sembrato più maturo dei suoi anni» scrisse Dana Parsons sul *Los Angeles Times*. «Lasciar perdere le groupie a ventun anni è lodevole e speriamo che la scelta della sposa sia vincente come i suoi tiri allo scadere».

Alla fine la relazione – suggellata dal matrimonio il 18 aprile 2001 nella chiesa di St. Edward the Confessor di Dana Point – avrebbe creato divisioni nella famiglia Bryant (nessuno dei parenti partecipò e Pam e Joe tornarono a Philadelphia) e in quella dei Lakers (furono invitati un totale di zero persone tra compagni di squadra e allenatori).

Ma stiamo correndo troppo.

Prima, Los Angeles doveva superare la sfida più importante dell'anno.

Alle finali della Western Conference, i Portland Trail Blazers se ne fregavano altamente del voto di Fred Hickman sul miglior giocatore dell'anno e sicuramente anche del fidanzamento di Kobe Bryant. Non erano interessati agli insegnamenti di Phil Jackson, alle voci di scambio su Glen Rice, al matrimonio di Rick Fox o ai tiri dalla distanza di Robert Horry.

No.

I Portland Trail Blazers erano interessati soltanto a fare il culo a Los Angeles.

Era una questione personale.

Per troppo tempo i Blazers erano stati soltanto un moscerino rispetto al leone, i Lakers. Le due squadre, situate a novecentosessantadue miglia di distanza ma una accanto all'altra nella Pacific Division, vantavano entrambe storie blasonate, grandi nomi e giorni di gloria. Eppure, un po' come per Annie Oakley e Frank Butler, qualsiasi cosa facessero i Blazes, i Lakers potevano farla meglio. Il miglior centro di tutti i tempi dei Blazes era Bill Walton, una leggenda uscita dalla UCLA. Il miglior centro di tutti i tempi dei Lakers era Kareem Abdul-Jabbar, l'icona della UCLA. La superstar degli anni Ottanta dei Blazers era Clyde Drexler, un giocatore fantastico. La superstar degli anni Ottanta dei Lakers era Magic Johnson, un giocatore trascendentale. Dal soffitto dei Blazers pendeva orgogliosamente lo stendardo del campionato NBA del 1977. Dal soffitto dei Lakers pendeva orgogliosamente lo stendardo del campionato NBA del 1972. E quello del 1980. E del 1982. E del 1985. E del 1987. E del 1988.

E adesso, all'inizio della serie, i Lakers erano ancora una volta i favoriti. Erano al primo posto, mentre Portland era al terzo, aveva vinto otto partite in meno in regular season e non aveva nessun giocatore che potesse uguagliare la potenza fisica di O'Neal. Certo, a differenza di Los Angeles, che aveva perfino troppe star, la rosa dei Blazers, che valeva 73,9 milioni di dollari, era insolitamente solida. Mike Dunleavy, allenatore veterano in NBA, usava regolarmente nove giocatori e con le ali Rasheed Wallace e Scottie Pippen, e il centro Arvydas, Sabonis aveva a disposizione l'attacco migliore della Lega.

«Eravamo la squadra migliore» ricordò poi Antonio Harvey, un'ala dei Blazers. «Certo, loro avevano Shaq e Kobe, che erano fantastici. Ma noi, dal primo all'ultimo, avevamo più tecnica. Ero davvero sicuro che avremmo vinto».

La serie iniziò il 20 maggio a Los Angeles e i Lakers distrussero i Blazers: a metà partita erano in vantaggio di 21 punti e alla fine chiusero 109 a 94. La partita fu una grande delusione e per i 18.997 tifosi dello Staples Center fu noiosa. A cinque minuti e ventinove secondi dalla fine, con la propria squadra in svantaggio di 13 punti, Dunleavy diede il via alla famigerata tattica chiamata 'Hack-a-Shaq', ovvero *Fate fallo su O'Neal ogni volta che tocca palla e speriamo che sbagli i tiri liberi.*

Ma la tattica fallì. O'Neal centrò 12 dei 25 tiri liberi del quarto quarto, stravolgendo le statistiche dei playoff, concludendo la partita con un totale di 41 punti segnati e innescando una serie di occhiate esasperate dei Blazers verso l'allenatore. «Qualsiasi cosa funzioni, per me va bene» commentò poi Scottie Pippen con un sospiro. «Ma Shaq ha fatto quello che doveva. È andato lì e ha tirato, e ha fatto sembrare tutto quanto piuttosto stupido».

Due sere dopo Portland annichilì i Lakers per 106 a 77, dando l'avvio a una serie che sarebbe diventata un classico nella storia dei playoff. Sabonis, il centro di Portland, aveva trentacinque anni e aveva visto tempi migliori. Quindici anni prima, quando il nativo di Kaunas, in Lituania, giocava ad altissimo livello in Europa e per la nazionale sovietica, gran parte degli esperti di basket lo avevano accostato a Patrick Ewing, Hakeem Olajuwon e Ralph Sampson. Era rapido e forte, sembrava un Pearl Washington più muscoloso. Quando era arrivato in NBA nella stagione 1995-96, però, Sabonis era afflitto da un ginocchio artritico e da un corpo maltrattato. «Aveva un talento immenso» disse Kerry Eggers, che seguiva i Blazers per l'*Oregonian.* «Non riusciva più a correre, ma era uno dei pochissimi giocatori dell'NBA con la stessa forza di Shaq».

In Gara Tre a Portland, Dunleavy tenne Sabonis in campo per trentacinque minuti, sperando (pregando) che riuscisse a stancare O'Neal sul piano fisico. Per un po' sembrò che funzionasse. Il centro dei Lakers concluse il primo quarto senza segnare punti né prendere rimbalzi e i Blazers guadagnarono un vantaggio di 14 punti nel secondo quarto e di 10 a metà partita. Sabonis non risparmiava gomitate e colpi di avambraccio a O'Neal. Nello spogliatoio Jackson, furioso, prese da parte la sua stella e disse: «Stai giocando in modo terribile».

«Mi disse che non ero abbastanza aggressivo» riferì O'Neal. «E aveva ragione».

A differenza di Bryant, che non aveva bisogno della furia di un allenatore per trovare la spinta, O'Neal a volte poteva essere una Porsche senza motore. Aveva bisogno di un nemico. Di un rivale. Qualcuno che lo facesse incazzare. Per anni aveva ripetuto a tutti che Ewing era uno stronzo che lo trattava in modo maleducato. Diceva che Alonzo Mourning lo odiava. Diceva che David Robinson, il sublime centro degli Spurs, gli aveva rifiutato un autografo quando era adolescente.

Questa volta, mentre ancora si leccava le ferite per la sfuriata di Jackson, si convinse che Sabonis fosse un piagnone di prima categoria, bravo a farsi ascoltare dagli arbitri. «A me sembra piuttosto buffo» ricordò in seguito, «che un tizio alto due metri e ventuno, che pesa quasi quanto me, vada a piangere dagli arbitri».

La seconda metà della partita fu dominata da O'Neal, che segnò 18 dei suoi 26 punti totali e recuperò 12 rimbalzi. E soprattutto si dedicò a picchiare Sabonis. O'Neal punì l'avversario come faceva con tutti gli avversari: con la forza bruta. A tredici secondi dalla fine, con Los Angeles in vantaggio per 93 a 91, la guardia di Portland Damon Stoudamire superò Bryant e passò a Sabonis, che si trovava appena all'interno della linea dei tiri da tre punti. Il centro di Portland fintò, mandando O'Neal al bar, e poi fece un palleggio glaciale verso il canestro. Quando il centro lasciò andare il pallone, Bryant – che era venti centimetri più basso di lui – saltò e lo deviò.

Il tempo finì, i Lakers si affollarono intorno a Bryant in un abbraccio collettivo e la squadra si guadagnò un vantaggio di due partite a una. Nello spogliatoio dei Lakers non c'erano grandi dubbi che i Blazers stessero per esalare l'ultimo respiro. «Adesso la pressione è tutta su Portland» disse Jackson. «Perché se domenica mettiamo un'altra tacca sulla cintura sono davvero finiti, e lo sanno bene».

Si rivolgeva a Chuck Culpepper dell'*Oregonian*. In realtà, però, si stava rivolgendo ai Blazers, un gruppo di giocatori pieni di talento che, con l'eccezione di Scottie Pippen, finivano sempre nei titoli per le sconfitte piuttosto che per le vittorie. C'è qualcosa di estenuante nel sentirsi ripetere quanto talento si ha e poi non riuscire a capitalizzare quel talento. Steve Smith, la guardia tiratrice di Portland: niente anelli. Stoudamire, il playmaker: niente anelli. Detlef Schrempf, il miglior tiratore per sedici stagioni: niente anelli. Sabonis, il gigante dal tocco raffinato: niente anelli. Wallace, irascibile ma produttivo: niente anelli. Dunleavy, il capo allenatore alla nona stagione in NBA: niente anelli. «Devi ottenere qualcosa di concreto dai tuoi sforzi» commentò Fox. «Altrimenti è solo retorica».

Però *questi* Blazers non erano *quei* Blazers. Dopo aver perso Gara Quattro in casa per 103 a 91, sul 3-1 riuscirono in qualche modo a risalire la china vincendo lo scontro successivo a Los Angeles per 96 a 88. Tre giorni dopo, di nuovo in casa al Rose Garden, Portland vinse per 103 a 93 riportando la serie in parità sul 3-3. O'Neal sembrava il fantasma del miglior giocatore dell'anno e segnò soltanto 17 punti, trascinandosi su e giù per il campo come un tronco abbattuto e centrando 3 miseri tiri liberi su 10. Per la seconda partita consecutiva, nel quarto quarto fu praticamente inesistente. Segnò soltanto 4 punti e fece un unico tiro, un misero gancio da un metro e mezzo. Negli ultimi 5:25 minuti di partita non fece nulla (quasi letteralmente), restò a guardare gli altri giocatori che correvano in giro. Quando, più tardi, gli chiesero di commentare l'inefficacia del compagno, Bryant nascose a fatica l'irritazione. «Arrivavano un sacco di colpi e di spinte» disse. «Ma Shaq è grande e forte. Sarà pronto per la partita di domenica».

Jackson non ne era così sicuro.

Quando la partita fu conclusa e i giornalisti se ne furono andati, si sedette con gli assistenti e si chiese, sinceramente, se quella serie non fosse una causa persa. Nei suoi anni a Chicago, Jackson aveva sempre avuto la certezza che nel momento del bisogno avrebbe sempre potuto contare su Michael Jordan per trascinare la squadra.

Ma adesso esisteva quella possibilità?

I Lakers avevano le qualità giuste per sopravvivere?

Il 7 aprile del 2001, poco meno di un anno dopo la serie in cui i Lakers si erano scontrati con i Blazers, Shaquille O'Neal firmò un libro intitolato *Shaq Talks Back* (Le risposte di Shaq). Vendette bene e passò diverse settimane nella lista dei bestseller del *New York Times*, ma non era certo all'altezza di *Ball Four* di Jim Bouton o *A False Spring* di Pat Jordan. Come tanti altri libri uscì, poi sparì e si ritrovò in saldo a un dollaro e novantotto su Amazon.[19]

Un vero peccato, perché nelle sue 276 pagine O'Neal – che coinvolse nel progetto Mike Wise del *Washington Post* – aveva messo a nudo la propria anima in modi insoliti e davvero coinvolgenti.

Si era dilungato sul suo disprezzo per Bryant e sulla sfiducia nei confronti di Del Harris. Aveva parlato di insicurezze, paure, afflizioni, dolori. Pagina dopo pagina, O'Neal diceva la verità come pochissimi atleti hanno fatto.

Quasi vent'anni dopo la pubblicazione, O'Neal disse a un giornalista[20] che quel libro era stato un errore, che aveva detto troppo e che le conseguenze erano state troppo grandi rispetto ai guadagni. «Non lo lessi nemmeno» ammise. «Non mi erano piaciute le reazioni».

Probabilmente si riferiva, in particolare, alla pagina 229, in cui riconosceva che dopo la sconfitta di Gara Sei a Portland era quasi certo che i Lakers stessero per crollare. Aveva scritto «Uscendo dal campo dopo Gara Sei non mi sentivo per niente in forma... mi tornavano in mente tutti quelli che continuavano a ripetermi che i Lakers non avevano il *killer instinct*. Per quanto odiassi ammetterlo, avevano ragione. Era la verità. Non riuscivamo a piantare l'ultimo chiodo della bara».

Ci sono stati momenti nella vita di O'Neal in cui ha dato l'impressione di divertirsi a esagerare le cose solamente per provocare, per amore dei titoli dei giornali e dell'attenzione. Era un

19 Sul serio, si trova su Amazon a $1,98!

20 Quel giornalista ero io, Jeff Pearlman.

P.T. Barnum in divisa da basket, e gli album rap, i film di infima categoria, le magliette, i cappellini, gli spot pubblicitari, i soprannomi che si dava da solo – Shaq Fu, Shaq Diesel, the Real Deal, the Big Daddy, the Big Aristotle, the Big Galactus, Mayor McShaq, Wilt Chamberneezy, M.D.E. (Most Dominant Ever) – facevano parte dello spettacolo. «Diceva di avere cinquantadue diverse mosse difensive sotto canestro» disse Andy Bernstein, il fotografo dei Lakers.

Quella volta però non era un'esagerazione teatrale. Shaq era seriamente preoccupato di dover aggiungere al suo curriculum cestistico lo straziante aggiornamento OTTO STAGIONI, NESSUN TITOLO.

A dirla tutta, essere un giocatore dei Lakers – un *qualsiasi* giocatore dei Lakers – dopo quella sconfitta per 103 a 93 significava essere un uomo tormentato da dubbi esistenziali.

«Se pensavo che avremmo vinto la settima partita?» commentò decenni dopo John Salley, il dodicesimo uomo e veterano con undici anni di esperienza. «Onestamente non credo proprio».

«Le prospettive non erano buone» rincarò Rice.

I Portland Trail Blazers entrarono al palazzetto decisi a dare ai Lakers il colpo di grazia. Storicamente, le settime partite andavano di solito alla squadra con la maggiore solidità complessiva. Ed era logico – a quel punto sono tutti esausti, distrutti, con le gambe di gelatina, i piedi in fiamme e il cervello in pappa. Se ci sono due o tre o anche (gasp!) quattro tizi che possono alzarsi dalla panchina e fare dei danni, le probabilità di vittoria sono dalla tua parte. Già, solo tredici anni prima Los Angeles aveva concluso uno scambio in febbraio con San Antonio aggiungendo l'ala Mychal Thompson (che aveva a lungo militato nei Blazers) a una panchina piuttosto debole. Risultato? Un titolo NBA.

I Blazers avevano una panchina fortissima. Forse fu per questo che, quando gli chiesero un commento su Gara Sette, Dunleavy disse ai giornalisti riuniti: «La squadra che gioca per quarantotto minuti sarà quella vincente».

Le sue parole si sarebbero rivelate profetiche.

Lo Staples Center era gremito, con 18.997 spettatori, i biglietti arrivavano a 1200 dollari dai bagarini. L'ultima volta che i Lakers avevano giocato una finale NBA risaliva al 1991, un periodo piuttosto breve per molte città ma un'eternità per una metropoli viziata dal successo. Alla presentazione del quintetto iniziale della squadra di casa – prima Bryant e Harper come guardie, poi A.C. Green e Rice come ali, infine O'Neal al centro – il frastuono fu assordante. Allo Staples Center mancava il dinamismo acustico del Forum abbandonato e il suono tendeva a disperdersi nei soffitti altissimi, ma in quel momento rombava al massimo della potenza.

Era il ritorno dello Showtime.

Il ritorno della dinastia.

Il ritorno del dominio in NBA.

Il... disastro.

La palla a due favorì Portland e pochi secondi dopo Wallace – snello, rapido, sicuro di sé – centrò un tiro in sospensione sopra A.C. Green, incollato a terra. Harper rispose subito con un altro tiro in sospensione e mentre riattraversava il campo dondolò la testa e fece un saltello all'indietro. Ripensandoci, questo gesto si può leggere in due modi:

«Sì, siamo pronti!», oppure

«Forza ragazzi! Svegliatevi!»

Era B.

Los Angeles aveva davvero bisogno di svegliarsi. Portland aprì con un vantaggio di 23 a 16 e a metà partita arrivò a 42 a 39. Erano solo 3 punti ma sembravano 30. Anche se a Los Angeles erano andate bene diverse cose (Bryant aveva segnato 12 punti e O'Neal 9), erano ancora nella posizione degli inseguitori. Negli spogliatoi Fox – il leader emotivo della squadra – si sfogò. «Ci risiamo» disse, in piedi al centro della stanza. «Avete tutti lo sguardo perso. Adesso che cosa facciamo? Vogliamo lasciare che siano gli arbitri a dettare i termini della partita? Vogliamo restare passivi e farci asfaltare di nuovo? Oppure rialzeremo la testa e ci sosterremo a vicenda?»

Tex Winter, che si trovava accanto a Jackson, disse: «Phil, è meglio che lo fai tacere».

«No» rispose l'allenatore. «Qualcuno deve pur dirlo».

Se fosse stato un film, i Lakers sarebbero tornati in campo e avrebbero dominato, col sottofondo di una canzone di John Williams. Bryant si sarebbe librato nell'aria, O'Neal avrebbe infilato canestri uno dopo l'altro.

Ma non era un film.

Portland uscì dagli spogliatoi come i Chicago Bulls del 1995-96. Spinti dai 10 punti di Steve Smith e dai 6 di Wallace, arrivarono a segnare 21 punti contro i 4 dei Lakers. Cominciarono a piovere i 'Buuu'. Horry, il veterano con due anelli, sembrava stranito. Fox ricordò di aver pensato *Che cosa diavolo sta succedendo? Chi siamo noi?* Wallace, in particolare, sembrava inarrestabile, sfrecciava intorno a O'Neal (che nel terzo quarto non segnò) dominando la zona sotto canestro. «Rasheed Wallace sta lavorando meglio e trovando migliore posizione sotto canestro rispetto a Shaquille O'Neal» commentò Bill Walton, che commentava la partita per la NBC. «Sa che si prenderà il pallone. Shaq si impegna ma non riesce a prenderlo. Rasheed invece sì».

A venti secondi dalla fine del tempo, Pippen segnò un tiro da tre punti superando il blocco di Shaw e portò la propria squadra in vantaggio per 71 a 55. Il pubblico del palazzetto emise un gemito collettivo e Walton disse, in un raro momento di serietà: «I Lakers hanno bisogno di qualcosa di grosso per provare a infiammare la folla nell'ultimo quarto».

Poco dopo queste parole, Bryant si trovò in possesso di palla sotto canestro, con Bonzi Wells davanti e Pippen che arrivava da destra. Tutti sapevano che il ragazzo avrebbe tirato, perché storicamente aveva sempre fatto così.

Palleggio.

Palleggio.

Palleggio.

Sul lato del campo c'era il Laker più insignificante di tutti. Due metri e tre per centoottantacinque chili, Brian Shaw non si faceva notare né in campo né fuori. Faceva parte della squadra soltanto perché tre giorni dopo essere stato acquistato da Houston, il 2 ottobre 1999, attraverso uno scambio con Portland, era stato congedato senza tante cerimonie. I Lakers lo avevano preso per soli 510.000 dollari – pochi spiccioli per una riserva con un solido curriculum di sacrificio per la squadra. «Da anni è un giocatore di qualità in questa Lega» aveva commentato Jackson a quei tempi. «Viene da un paio d'anni sfortunati ed è un'opportunità di acquistare un giocatore... che può essere una guardia robusta».

«Brian aveva sempre sognato di far parte dei Lakers» disse Jerome Stanley, il suo agente. «Era cresciuto in California, amava la squadra. Quando ha saputo che erano interessati mi ha detto di cogliere l'occasione. E quindi lo abbiamo fatto».

Shaw finì per segnare una media di 4,1 punti in settantaquattro partite ed ebbe un ruolo importante come paciere e guru dell'armonia fra O'Neal e Bryant. In uno spogliatoio traboccante di stelle e veterani di successo, la sua voce era la più ascoltata. In parte grazie alla credibilità ottenuta in dieci stagioni di NBA. Stanley definisce il suo cliente come «lo Zeitgeist dell'NBA degli anni Novanta: ha giocato con Shaq a Orlando, con Larry Bird a Boston, era con i Warriors quando Sprewell cercò di strangolare l'allenatore, era con i Celtics quando morì Reggie Lewis». Ma c'entrava anche la sua condizione di sopravvissuto. Sette anni prima, quando giocava con i Miami Heat, il 26 giugno 1993, Shaw si trovava a casa sua a Oakland e si stava preparando per un barbecue, quando suonò il telefono. Rispose e venne bruscamente informato dall'ufficio del coroner del Nevada che sua madre, suo padre e sua sorella erano rimasti uccisi in un incidente d'auto mentre si spostavano dalla California del Sud a Las Vegas. L'unica sopravvissuta era la nipotina di undici mesi, Brianna.

Shaw aveva riattaccato immediatamente e aveva chiamato Stanley.

«Sono tutti morti!» aveva detto singhiozzando.

«Chi è morto?» aveva chiesto Stanley.

«Tutti quanti!» aveva risposto Shaw. «Tutta la mia famiglia. Sono morti in un incidente d'auto».

Silenzio.

In qualche modo Shaw era riuscito a riprendersi. Lui e la moglie Nikki avevano adottato Brianna. Quando finalmente era diventata abbastanza grande per chiedere di quella tragedia, Shaw le aveva detto: «La tua mamma è andata a vivere con Dio e ti ha affidato a me».

Sette anni più tardi, Shaw non aveva paura di niente. Un passaggio sbagliato? Sai che disastro. Un momento di pigrizia in difesa? E quindi? Un tiro fondamentale a 4,4 secondi dalla fine del terzo quarto, con la sua squadra in svantaggio di sedici punti contro i Portland Trail Blazers in Gara Sette delle finali della Western Conference?

Dai qua.

Bryant si avvicinò al canestro palleggiando e poi passò la palla indietro verso Shaw che si fermò, si stabilizzò e piazzò un tiro da tre punti passando fra le braccia tese di Wells.

Quel tiro non segnò la vittoria, ma col senno di poi fu quello che cambiò le sorti della partita. Quando i giocatori si riunirono a bordocampo per iniziare il quarto quarto, Jackson aveva qualcosa di importante da dire. «Sapete una cosa?» ringhiò. «Ci stanno facendo il culo. Ci stanno facendo il culo a strisce. Non so che cosa stia succedendo, ma vediamo di finirla in fretta. Ci vediamo l'anno prossimo. Al diavolo tutto».

O'Neal scosse la testa. «Vaffanculo, no».

Quello che successe poi è entrato nella leggenda dell'NBA. Oppure, in altre parole, i Portland Trail Blazers con il loro gioco fluido, stellare, sicuro al limite della spavalderia, furono asfaltati da un autocarro. Jackson disse ai giocatori – anzi li implorò – di tirare.

Dunleavy aveva chiamato la doppia marcatura su O'Neal e i passaggi forzati in post basso venivano deviati troppo spesso. «Kobe, spara più che puoi» disse Jackson. «Brian, spara anche tu. Quando sei libero, tira».

«Avevamo cominciato ad arrabbiarci» disse O'Neal. «Kobe era infuriato, B-Shaw era infuriato. Era esattamente quello di cui avevamo bisogno: la rabbia. Fu l'unica volta in tutto l'anno in cui mi salvarono davvero il culo, perché avevo quattro marcatori addosso e giocavo di merda. Avevo un disperato bisogno di aiuto».

«State parlando di un gruppo di guerrieri» ricordò poi Rice. «La nostra squadra era fatta di elementi che non mollavano mai».

I Blazers iniziarono il quarto quarto con Steve Smith che correva a canestro senza opposizione, e ricominciarono i 'Buuu'. Walton dalla sua cabina disse: «Dodici minuti per fare qualcosa di buono nella vita. Questo è il momento in cui bisogna superare il dolore e sapere che se ce la fai...»

Con 10:06 da giocare, Shaq ricevette un passaggio in post basso da Horry e centrò un layup sopra Sabonis. 75 a 62 per i Blazers.

Niente di grave.

Al successivo possesso di palla dei Blazers, Bryant deviò con violenza un tiro di Bonzi Wells, prese la palla e attraversò il campo. Shaw, che era solo nell'angolo, ricevette un passaggio lungo da Horry e segnò tre punti. 75 a 65 per i Blazers.

Ancora, niente di grave.

Portland chiamò un time out. Il microfono della NBC catturò le istruzioni di Jackson. «Guadagnate posizioni di tiro e tirate bene. Lasciate perdere Shaq. Se è libero, passategli la palla. Altrimenti non forzate per arrivare a lui. E scioglietevi».

I Blazers ripartirono in attacco e Pippen sbagliò un tiro da tre punti. La palla arrivò nelle mani di Bryant, che si librò verso il canestro ma subì fallo da Wells. Bryant si leccò le labbra, in stile Michael Jordan, e raggiunse la linea dei tiri liberi. Sbagliò il primo e centrò il secondo. 75 a 66 per i Blazers.

Nove minuti ancora da giocare.

Ancora niente di grave.

«Eravamo in vantaggio» ricordò Elston Turner, un assistente allenatore di Portland. «Avevamo dei veterani capaci di giocare alla grande».

I Blazers avevano di nuovo la palla. Wallace tentò un tiro in sospensione e sbagliò. Wells recuperò il rimbalzo offensivo, la passò di nuovo a Wallace, che tentò – e sbagliò – un altro tiro in sospensione. Shaw recuperò il rimbalzo, riportò la palla sotto canestro e la passò a O'Neal. Ricevette una gomitata da Sabonis che si lagnò, gemette, si aggrappò, e uscì dal campo per il quinto fallo. Per i Lakers fu una benedizione. Il centro di Portland era una grossa, forte, violenta spina nel fianco che ormai si stava dirigendo tristemente verso la panchina sostituita dal più piccolo Brian Grant («che è stato completamente inefficace» disse Walton quando entrò in campo).

Fox tentò un tiro da tre e lo sbagliò, ma il rimbalzo fu raccolto da O'Neal, finalmente libero, che tornò in attacco e ricevette un fallo personale da Wallace. O'Neal sbagliò il primo tiro libero e centrò il secondo. 75 a 67 per i Blazers.

Ehm, ancora non era una cosa particolarmente grave.

Solo che, ehm... cominciava a sembrare grave, in effetti. Il pubblico iniziava ad applaudire. I giocatori di Portland sembravano irrigidirsi. «Non eravamo preparati come pensavamo» disse poi Antonio Harvey, una riserva dei Blazers. «L'unico giocatore all'altezza del momento era Scottie, ma non era lo Scottie dei Chicago Bulls, che poteva sostenere il peso della squadra insieme a Michael Jordan. Rasheed era il miglior giocatore nella rosa, ma a quel punto della sua vita non credo fosse pronto a sostenere quella pressione. Steve Smith era un grande giocatore ma fisicamente non era quello di prima. Eravamo un gruppo di giocatori che erano stati grandi, ma nessuno in quel momento era nella fase giusta».

I successivi possessi di palla non portarono punti alle due squadre e con 7:30 minuti da giocare Shaw riportò il pallone in attacco e lo passò a Horry, che lo passò a Fox, che lo ripassò a Shaw, che si piegò sulle ginocchia e sbagliò da tre. Horry riuscì in quache modo a recuperare il rimbalzo, tornò palleggiando dietro la linea dei tre punti e in un momento di pigrizia di Wallace riuscì a tirare completamente libero: il pallone volò elegantemente nella retina. Dunleavy, che camminava nervosamente a bordocampo, si leccò le labbra, chiaro segno di ansia. 75 a 70 per i Blazers. Sette minuti e pochi attimi da giocare.

«Era come una valanga» disse poi Joe Kleine, il centro di riserva di Portland. «Una sensazione davvero brutta».

Bisognava correre ai ripari. Un time out. Una sostituzione. Dare un po' di respiro allo spompato Wallace. Rimandare in campo Stoudamire, che era stato messo in panchina per dare spazio a Wells. Trovare un po' di tempo per i tiri precisi di Schrempf. Qualcosa. Qualsiasi cosa.

Invece l'allenatore di Portland si immobilizzò. Pippen sbagliò un altro tiro e Shaw rubò il rimbalzo dalle mani di Grant. Quando gli arbitri chiamarono un'infrazione contro Horry, Portland ricevette un time out televisivo di cui aveva davvero bisogno. Los Angeles aveva guadagnato 10 punti in poco tempo e i Blazers avevano centrato un 1 su 7, in quel quarto. Quel momento di riposo avrebbe aiutato quei giocatori così esperti a riorganizzarsi e...

Niente da fare.

Wallace sbagliò un altro tiro in sospensione, regalando un rimbalzo a O'Neal che permise a Bryant, arrivato di gran carriera, di centrare un tiro in sospensione. Il punteggio era 75 a 72, con 5:40 minuti da giocare e l'inerzia della partita a favore di Los Angeles. «L'attacco arrivava da tutte le direzioni» ricordò poi Jackson.

Nei suoi undici anni con i Bulls, Pippen era stato considerato uno dei cinque o sei migliori giocatori dell'NBA, una superstar elastica e versatile inevitabilmente destinata alla Hall of Fame. In quel momento però, con il pallone in mano, sembrava incerto. Jackson, che lo aveva allenato per sette anni, conosceva i difetti dell'ex allievo. Nel disperato tentativo di sfuggire al fantasma di Jordan, Pippen sembrava aver perso l'orientamento. Quel bisogno di indipendenza lo schiacciava. Lo controllava. Nel momento in cui i Blazers avevano bisogno di un eroe, il loro punto di riferimento non si dimostrò all'altezza. Pippen rinunciò a parecchie occasioni di tiro e con 5:08 da giocare passò il pallone a Wallace, che sbagliò di nuovo.

I Lakers non riuscirono a sfruttare l'occasione e mentre Pippen palleggiava Wallace, seduto a bordocampo, non riuscì a trattenere l'indignazione. «Distruggi quel canestro se sei Scottie Pippen!» strillò. «Lascia perdere quei fadeaway! Lascia perdere i numeri da circo!» Pippen non lo ascoltò. Passò a Grant, il cui tiro fu deviato da O'Neal, e poi servì Wallace che sbagliò un ennesimo tiro in sospensione. Ormai era chiaro: Scottie Pippen non voleva avere il gioco nelle sue mani

Alla fine Los Angeles riuscì a pareggiare a quota 75 grazie un tiro da tre di Shaw: l'edificio esplose come mai era accaduto prima. Poi, qualche istante dopo, il rumore fu mille volte più forte.

Con la squadra di casa in vantaggio per 83 a 79 e cinquantasei secondi ancora da giocare, Pippen sbagliò un tiro da tre punti. O'Neal recuperò il rimbalzo e Bryant ricevette la palla. Marcato da un Pippen ormai esausto, guadagnò l'area dei tre secondi mentre tutti e cinque i difensori dei Blazer gli si affollavano intorno. E poi, *pow!*

Senza guardare, lanciò la palla verso la retina, dove O'Neal la schiacciò librandosi nell'aria, con una mano sola, superando un impotente Wallace. Fu un gesto atletico, esplosivo, dinamico e O'Neal tornò in difesa a bocca aperta, indicando la panchina e sfrecciando oltre Bryant, il compagno che amava e odiava. «Quello fu il momento cruciale per noi» ricordò poi O'Neal. «Per Shaq e Kobe. Per noi due. Dopo quel gesto, tutte le cose brutte furono dimenticate. Fu un'assoluta magia, cazzo».

Dunleavy chiamò un time out, ma era troppo tardi. Il modesto punteggio finale, 89 a 84, non è sufficiente per raccontare una delle notti più euforiche nella storia della squadra.

I Los Angeles Lakers avrebbero partecipato alle finali NBA.

Glen Rice è un uomo simpatico.

È giusto dirlo, perché singoli momenti mettono in luce tratti caratteriali che sono temporanei, non eterni.

Quindi ripetiamolo, Glen Rice è un uomo simpatico. È un padre attento, un amico premuroso, una persona che ha aiutato gli altri più del dovuto. «Era divertente seguire Glen» disse Rick Bonnell, lo specialista del *Charlotte Observer* che seguiva gli Hornets ai tempi di Rice. «Non c'era niente di sgradevole in lui».

Detto questo, è ugualmente giusto notare che quando i Los Angeles Lakers arrivarono alle finali NBA Glen Rice era una *grossa* spina nel fianco.

Certo, era felice che la squadra avesse superato lo scoglio di Portland, e anche di ricevere la gratifica relativa al successo in postseason. Ma dov'erano i passaggi? I tiri? L'attenzione? Nella serie contro Portland aveva segnato una misera media di 11 punti a partita con 8,9 insignificanti tentativi. Quando era arrivato da Charlotte, la stagione precedente, sapeva che O'Neal e Bryant erano il primo e il secondo attaccante della squadra. Ma anche lui sarebbe stato il secondo, giusto?

No.

«Non avevo bisogno di essere l'idolo di Los Angeles» ricordò Rice. «Davvero. Ma avevo sempre avuto la mentalità da tiratore e loro non avevano bisogno di un tiratore quanto le altre squadre. Quindi era... diverso».

A differenza dei Blazers, che avevano una rosa carica di stelle, gli Indiana Pacers, campioni della Eastern Conference, erano dei bravi mestieranti plasmati dal bravo mestierante che faceva da capo allenatore, il leggendario Larry Bird. L'ala piccola, Reggie Miller, era un giocatore dinamico (e loquace) che segnava una media di 18,1 punti a partita e Jalen Rose, la guardia tiratrice famosa soprattutto per aver fatto parte dei Michigan 'Fab Five', ne segnava una media di 18,2 ed era emerso come un dei migliori dell'NBA. Per il resto la rosa di Indiana era banale quanto le divise blu e oro indossate dai giocatori. Il centro Rik Smits, una pertica di due metri e ventitré per centotredici chili di peso, era solido. L'ala grande Dale Davis, due metri e undici e forte come una quercia, era solido. La squadra aveva ottenuto cinquantasei vittorie ma pochi se ne preoccupavano, nello spogliatoio dei Lakers.

«Scontrarsi con i Pacers in finale fu quasi una delusione» ricordò poi O'Neal. «Erano una squadra tosta... ma noi eravamo meglio».

La serie si aprì con Gara Uno a Los Angeles, e se mai ci fu un segno premonitore fu la vista di uno degli autobus dei Pacers proveniente dall'albergo di Santa Monica bloccato nel traffico dell'ora di punta. Quando il veicolo – che trasportava Bird, Miller, Rose, Jackson e il playmaker Travis Best – arrivò allo Staples Center, mancava meno di un'ora all'inizio della partita. «Reggie era una creatura molto abitudinaria» ricordò poi Best. «Doveva arrivare al palazzetto in anticipo, fare tutti i suoi tiri di riscaldamento. Di solito ci aspettava in spogliatoio quando ci riscaldavamo, perché lui lo aveva già fatto. Era così che doveva essere».

Ora, dopo una corsa nel tunnel e negli spogliatoi, e dopo essersi infilato velocemente la divisa e applicato i cerotti, dopo lo stretching, a Miller restarono circa cinque minuti per i tiri di riscaldamento. «Quello non ha aiutato» disse Best.

Il massacro che seguì non stupì nessuno dei Pacers. Miller,

uno dei migliori tiratori nella storia dell'NBA, centrò 1 tiro su 16 dal campo e la sua squadra resistette per circa un minuto e quarantuno secondi: fu sconfitta per 104 a 87. La preoccupazione maggiore per Bird era O'Neal, che aveva segnato 43 punti, preso 19 rimbalzi e metodicamente distrutto Smits, Davis e Derrick McKey. Quando, più tardi, gli chiesero come si sarebbe difeso al loro posto, O'Neal si mise a ridere. «Non ci avrei neanche provato. Me ne sarei andato a casa. Avrei simulato un infortunio o qualcosa del genere».

Le squadre si incontrarono di nuovo due sere più tardi e per quanto il punteggio risultò meno sbilanciato (111 a 104) fu comunque una lotta impari. Questa volta O'Neal arrivò a segnare 40 punti (con 24 rimbalzi) e i Pacers non poterono fare altro che restare a guardare, chiedendosi come avrebbero mai fatto a cambiare le sorti della serie. «Continuavamo a cercare di gestire Shaq in modi diversi, ma non funzionava mai» disse Davis. «Cercavamo di spingerlo via dal canestro. Ma guardate lui e guardate me. È come cercare di spostare una montagna».

L'unica scintilla di speranza per la squadra di Bird arrivò quando mancavano 3:26 da giocare nel primo quarto e Bryant tirò da cinque metri e poi si accasciò al suolo dopo che il suo piede sinistro era atterrato su quello di Rose. Non era stata una svista: la guardia di Indiana aveva intenzionalmente cercato di fare del male alla sua nemesi. «Non ne vado fiero» ammise poi Rose, «e non credo che sia bello o simpatico da dire, ma non si è fatto male da solo». La caviglia di Bryant si piegò in modo grottesco e sui 18.997 spettatori calò il silenzio. Bryant fu aiutato a uscire dal campo e non ci tornò.

Per fortuna, Rice intervenne e segnò 21 punti, migliorando la sua media dei playoff. «Un sacco di gente dice che sono la terza opzione» disse dopo la partita. «Ma era una questione di attenzione. Dopo aver centrato un paio di tiri ho ritrovato sicurezza».

Rice sembrava ottimista e impegnato. A parole e a fatti. Poi però, due giorni dopo, nella partita giocata in Indiana, i Lakers senza Bryant persero 100 a 91. Sotto il riflettore che lo indicava come il salvatore del momento, Rice apparve impacciato, ordinario e un pochino confuso. In ventisette minuti segnò 3 tiri dal campo su 9, 7 punti in totale, e restò a guardare rabbiosamente mentre Harper, Shaw, Fox e Horry ricevevano più minuti di gioco. Rice giocò quattro minuti nel secondo quarto, durante il quale Indiana superò Los Angeles per 30 a 27. «Non sono riuscito a entrare nel flusso dell'attacco» disse più tardi. «Dopo essere stato in panchina non sono più riuscito a rientrare nel gioco». Per gran parte della stagione si era lasciato bollire in un brodo di autocommiserazione. Rice voleva essere quello che faceva i tiri da tre punti e adesso, anche quando sembrava che il dovere lo chiamasse, i Lakers lo tenevano in disparte.

La mattina dopo la sconfitta Jackson radunò il gruppo per un allenamento, dopodiché i giocatori incontrarono i media e Rice, che di solito era molto blando e spesso si atteneva ai luoghi comuni in favore della squadra, non vedeva l'ora di sfogarsi. Era stufo – stufo marcio – di non essere sfruttato al meglio e se Jackson sperava di giocare sul vantaggio nella serie avrebbe fatto meglio a lasciar lavorare il suo giocatore, che era stato convocato tre volte all'All-Star Game. «Sono più che sicuro che avremmo migliori probabilità di vincere con me in campo» disse Rice. «Credo davvero di dover dare il mio contributo alla nostra vittoria... sto cercando di essere positivo al massimo. Non sto cercando di portare negatività o di essere la mela marcia. Chiedo solo di essere coinvolto un po' di più».

Quando gli chiesero se avesse intenzione di parlare con l'allenatore, Rice scosse la testa. «Non lo farò. Lui deciderà quello che deciderà».

Era un discorso pessimo, e le parole sussurrate a 2.067 miglia di distanza, nella California del Sud, furono anche peggiori. Bill Paschke, editorialista del *Los Angeles Times*, chiese a Cristina Fernandez Rice, la moglie di Glen, la sua opinione su quello che stava trapelando. Perché era importante sentirla? Difficile a dirsi. Meritava un articolo di settecento parole? Ancora più difficile a dirsi. Ma la signora Rice non si fece problemi a parlare:

> «Jackson non ha mai voluto Glen, ha sempre voluto qualcuno come Scottie Pippen e questo è il suo modo di vendi-

carsi della dirigenza per non avergli lasciato fare lo scambio. È il modo che usa Jackson per dimostrare ai superiori chi è che comanda. È assurdo.
Glen brillava di luce propria e Jackson ha dovuto riportarlo nel buio. È tutto un gioco psicologico. Jackson non è riuscito a imporre la sua volontà al general manager o al proprietario sullo scambio di Glen, e allora chi è che paga? Glen. Kobe è fuori, era l'unica occasione che Glen aveva per farsi avanti e dare il suo contributo alla squadra, e Jackson non glielo ha lasciato fare».

Intanto, a Indianapolis, Rice avrebbe voluto nascondersi. Certo, era convinto di tutto quello che aveva detto la moglie. Ma... doveva proprio dirlo? La relazione con l'allenatore, che era già difficile, divenne ancora più difficile. «Le dissi, 'Puoi pensare tutte quelle cose, ma non puoi dirle'» ricordò in seguito Rice. «Soprattutto non a un giornalista».

Allenatore e giocatore non parlarono delle proprie divergenze né delle parole della moglie di Rice e quando i Lakers e i Pacers ripresero la serie il 14 giugno al Conseco Fieldhouse, Rice era ancora nel quintetto iniziale insieme a O'Neal, Green, Harper e a Bryant, redivivo e tenuto insieme coi cerotti, la cui caviglia era stata rimessa in sesto da Gary Vitti, il preparatore atletico di Los Angeles, in modo da non fargli perdere quello che normalmente sarebbe stato un lungo periodo di tempo.

Era l'occasione di Rice per dimostrare che l'allenatore si sbagliava su di lui. O'Neal era stanco. Bryant era infortunato. La squadra usciva da una sconfitta e aveva bisogno di una spinta. I tifosi d'Indiana – 18.345 – erano rumorosi come tutti i tifosi. Jackson, l'allenatore che cercava sempre una motivazione piscologica, sapeva che Rice era affamato.

Giocò trentanove minuti, il terzo tempo più lungo dei giocatori della squadra.

Segnò 11 punti.

Per coloro che seguivano da vicino la vicenda di Rice, fu un modo patetico di ricordare la rapida caduta di una stella cadente.

Per coloro che seguivano i Lakers come squadra, fu una sera di estasi. Il rientro di Bryant fu fenomenale. Dopo essere entrato in campo zoppicando in modo lieve ma visibile segnò 28 punti con 14/27 al tiro. Quando i tempi regolamentari si chiusero in parità a 104, Bryant mise il turbo. Oppure, come scrisse Peter May del *Boston Globe*, «Questa partita potrebbe essere ricordata come 'La sera della Rivelazione di Kobe Bryant'».

Con 2:33 da giocare nei tempi supplementari e i Lakers in vantaggio per 112 a 109, O'Neal commise il sesto fallo e uscì dal campo fra applausi scroscianti. Fu sostituito da Salley, la valida riserva trentaseienne che aspirava a diventare il primo uomo a vincere un titolo con tre squadre diverse. *Questa partita*, pensò Bryant, è appena diventata molto più interessante. In regular season Salley aveva giocato poco, segnando una media di 1,6 punti, e al momento il suo compito era semplice: al diavolo le ginocchia scricchiolanti, i piedi sensibili e l'incapacità di saltare: doveva marcare Smits meglio che poteva e non intralciare Kobe.

Tre secondi più tardi Smits infilò un gancio facilissimo sopra la testa di Salley. Il vantaggio si ridusse a un solo punto.

Il conto alla rovescia stava per raggiungere i due minuti. Bryant aveva tutti addosso. Palleggiò fino alla zona di attacco, marcato stretto da Miller. Il pubblico urlava «Di-fe-sa! Di-fe-sa!» Horry uscì dall'area dei tre secondi per un pick and roll. Qualsiasi playmaker con un po' di sale in zucca avrebbe passato il pallone a Horry, che era perfettamente libero e in posizione. Bryant non guardò dalla sua parte, neanche per un attimo. Continuò a palleggiare, come se avesse sempre sognato di palleggiare all'infinito, poi superò Miller prima di fare un tiro in sospensione dall'interno della linea dei 3 punti. La palla si librò nell'aria e si infilò nella retina, e il vantaggio di Los Angeles aumentò a 3 punti.

I Pacers tornarono all'attacco e ancora una volta Smits segnò superando Salley, che poté soltanto guardare con desiderio la panchina dove sedeva O'Neal. Mancava 1:34 e il punteggio era 114 a 113. Bastava soltanto perdere tempo e impedire ai Pacers di segnare.

Bryant aveva il pallone e questa volta era marcato da Mark Jackson, che era vecchio, lento e sovrappeso. Horry vide un'occasione buona e si avvicinò per un pick and roll. Lo eseguì perfettamente, del tutto isolato – come si è isolati quando si ha l'epatite C e si ha un accesso di tosse incontrollabile – e si avvicinò al canestro. Bryant non aveva che da fare un passaggio facile e Horry avrebbe segnato. Invece no. Bryant saltò e piazzò un altro tiro in sospensione che si infilò nella retina. «Quanto è bravo questo ragazzo?» si stupì Bob Costas che commentava per la NBC.

Due tiri liberi di Miller riportarono il vantaggio a un punto, 116 a 115. Quando si riportò in attacco, il tiro di Bryant fu stoppato da Smits. Rice prese palla un secondo più tardi e il suo air ball (sì, un air ball) fu recuperato da Shaw, che andò a canestro.

Smits rispose con due tiri liberi. Mancavano ormai solo ventotto secondi. Non c'era più nessun mistero: Bryant avrebbe certamente avuto la palla, e la partita, a sua disposizione. Shaw avanzò sul campo, preceduto da Jackson, e cercò di portare palla alla stella. Solo che non gli fu possibile. Miller gli stava addosso e non permetteva a Bryant di liberarsi. Quindi, con sei secondi da giocare, Shaw si avvicinò al canestro. Il suo tiro rimbalzò sul cerchio quando – *swoosh* – Bryant si librò nell'aria e lo mise dentro, di spalle.

Quando il tentativo di tiro da tre punti di Miller rimbalzò sul cerchio e finì fuori, i Lakers si aggiudicarono la vittoria per 120 a 118 e un vantaggio di 3-1 nella serie. O'Neal e Bryant si abbracciarono in campo poco dopo il suono della sirena: una montagna di muscoli che ringraziava un uomo più piccolo per averlo coperto. Quando più tardi gli chiesero quanto fosse importante quella vittoria, Bryant, che aveva segnato 8 punti nei tempi supplementari e faticava a nascondere il dolore alla caviglia sinistra, che ormai si era gonfiata e pulsava, fu molto diretto: «Nella nostra testa abbiamo già vinto l'anello».

Aveva ragione.

I Pacers vinsero la partita successiva al Conseco infliggendo ai Lakers una disfatta da 120 a 87, prima della quale i giocatori della squadra di casa avevano visto recapitare bottiglie di champagne nello spogliatoio dei Lakers (Mark Jackson disse: «È stato poco rispettoso verso di noi e verso i giocatori che abbiamo nella nostra squadra»). Ma non era davvero possibile che Indiana potesse vincere due partite consecutive in trasferta a Los Angeles.

Il 19 giugno 2000 i Lakers si aggiudicarono il titolo NBA, vincendo per 116 a 111 grazie ai 41 punti e 12 rimbalzi di O'Neal e ai 26 punti e 10 rimbalzi di Bryant. Nel quarto quarto di una gara molto combattuta, le due stelle misero insieme 21 punti e 7 rimbalzi. Alla fine O'Neal – distrutto, sfinito e con l'unica necessità di dormire a lungo– in piedi in mezzo al campo dello Staples Center, circondato da compagni e tifosi, si mise a piangere.

«Erano undici anni che trattenevo l'emozione» disse. «Tre anni di università, otto anni nella Lega, sempre affamato di vittoria. Questo è il motivo per cui volevo entrare all'NBA. E adesso il momento è arrivato».

Pochi minuti dopo O'Neal teneva fra le braccia il Trofeo Larry O'Brien. Appoggiò la testa rasata contro il globo dorato, un uomo che aveva trovato finalmente pace. Era l'MVP delle finali, un risultato assolutamente meraviglioso.

Ma era qualcosa di più che un premio individuale.

Era una questione di eredità.

10
Qualcuno ha sparato a J.R.

Subito dopo la parata del 21 giugno per festeggiare il titolo dei Lakers del 2000, Phil Jackson e compagnia si rimisero al lavoro per continuare a vincere. Li aspettavano alcuni grandi cambiamenti, come l'uscita di Jerry West, l'executive vice president of basketball operations, i cui trentacinque anni con la squadra stavano per concludersi. West fece buon viso a cattivo gioco e disse ai giornalisti che era semplicemente il momento di chiudere. Era stanco. Aveva bisogno di prendere le distanze dal gioco. «Quando andavo a dormire sognavo soltanto i Lakers» spiegò. «Era molto triste».

La realtà era semplicemente che West non poteva più coesistere con Jackson e la sua profonda arroganza. I due uomini erano agli antipodi e West era stanco di farsi ferire da un nuovo arrivato chiamato per dare una scossa alla situazione. Il più grande ambasciatore della squadra non si sentiva più a casa. Aveva bisogno di staccarsi e due anni dopo fu assunto dai Memphis Grizzlies come general manager.

«Non mi piaceva stare con qualcuno che non mi voleva» disse più tardi West a proposito di Jackson. «Detestavo l'idea che si sentisse a disagio con me. Odio essere un punto dolente. Avrei voluto finire la carriera ai Lakers, ma non era possibile. Va bene così. I cambiamenti possono essere positivi».

Ci furono altri spostamenti. John Salley si ritirò. A.C. Green firmò con Miami. Glen Rice e Travis Knight vennero scambiati con New York per ottenere Horace Grant, esperta ala grande. Per un pelo la squadra non assunse la guardia-ala di New Jersey Kendall Gill, con un contratto di due anni da free agent per 4,5 milioni di dollari. Gli avevano già regalato una canotta con il numero dodici da mostrare alla conferenza stampa. Quando, all'ultimo minuto, i Nets gli offrirono sette milioni per un anno, Gill decise di restare. «Col senno di poi, è un grande rimpianto» commentò in seguito. Insomma, una pausa estiva quasi normale, vivacizzata da una delle acquisizioni più bizzarre e misteriose nella mitologia cestistica.

Oppure, come sintetizzato in quattro parole da Rick Fox: «Un'assurda, fottutissima follia».

Entra in scena Isaiah (J.R.) Rider.

A prima vista sembrava una buona idea. O comunque, non sembrava una cattiva idea. O almeno non una pessima idea. Insomma, cioè, più o meno. Jackson, che nel corso di una carriera decennale da giocatore aveva avuto le sue stravaganze in termini di peli facciali e sperimentazioni ricreative tipiche degli anni Settanta, si entusiasmò all'idea di far entrare un pezzo quadrato in un buco rotondo. Insomma, se il suo trionfo macroscopico più grande era stato portare i Bulls a guadagnarsi sei anelli, su scala più piccola il maggiore trionfo era stato quello di plasmare Dennis Rodman – l'indesiderata ala grande amante dei vestiti da donna, affamata di attenzione, alcolizzata e coperta di piercing, drogata e puzzolente come una fogna – fino a farlo diventare un elemento chiave della dinastia di Chicago.

E quindi nel momento in cui Rider, una guardia tiratrice free agent ventinovenne con una media di 18,1 punti a partita segnati in carriera e un'atleticità alla Kobe Bryant divenne disponibile, Jackson e Mitch Kupchak cominciarono a valutare i pro e i contro.

I pro: Rider aveva un talento immenso e costava pochissimo (736.000 dollari per la stagione).

I contro: da dove cominciare?

In sette stagioni in NBA (le prime tre con Minnesota, poi altre tre con i Blazers e una ad Atlanta) Rider era arrivato in ritardo a decine di allenamenti, riunioni ed eventi di squadra, appuntamenti con i media e appuntamenti personali, nonché partite. Del resto, subito dopo essere stato preso dall'UNLV come quinta scelta in assoluto nel draft NBA del 1993, il rookie era arrivato con quasi due ore di ritardo *alla conferenza stampa della sua stessa presentazione* con i Timberwolves. «All'inizio ci dissero che si sarebbe trattato di pochi minuti, poi di qualcosa di più» ricordò poi Steve Aschburner, che aveva seguito l'evento per il *Minneapolis Star-Tribune*. «Poi ci dissero che doveva prendere un volo da San Francisco e che il traffico sul Bay Bridge era terribile. Poi ci dissero che aveva dovuto prendere il volo successivo».

Nel corso di quella stagione Rider elettrizzò i tifosi con una serie di azioni fenomenali. Giravolte. Scivolate. Rovesciate. Vinse lo Slam Dunk nel weekend dell'All-Star Game con una cosa che battezzò 'Easy Bay Funk' e totalizzò una media di 16,6 punti e 2,6 assist per una squadra che aveva un gran bisogno di vivacità. Detto questo, fuori dal campo era un incubo. Le scuse per i suoi ritardi sembravano uscite da una sitcom anni Ottanta: *tubature congelate, gomma a terra, mi sono perso, il taxi non è mai arrivato*. Una volta, dopo che un giornalista della *St. Paul Pioneer Press* di nome Ray Richardson gli fece una domanda poco lusinghiera, Rider rispose: «Non voglio più parlare con te». Poi, mentre Richardson si allontanava, aggiunse: «Conosco della gente che può farti fuori».

Sarebbe stato da ridere se, in effetti, Rider non avesse conosciuto davvero gente che poteva far fuori Richardson.

Nato e cresciuto a Oakland, J.R. aveva dodici anni quando il padre, Isaiah Senior, aveva abbandonato la famiglia lasciando Donna Rider sola con quattro figli da mantenere. Si trasferirono dalla loro casa al Parrott Village, quartiere popolare di Alameda. Di lì a un anno J.R. aveva provato la marijuana per la prima volta. E gli era piaciuta.

Quando studiava al liceo Encinal gli insegnanti di Rider erano ammirati dalla sua intelligenza naturale ed esasperati dalla sua indifferenza. Seguiva una lezione e ne saltava due, ne seguiva tre e ne saltava altre due. Fra i suoi migliori amici c'erano i membri di alcune gang. Era considerato fra i migliori giocatori liceali nella storia di Oakland e accettò una borsa di studio per Kansas State, dove l'allenatore Lon Kruger non vedeva l'ora di aggiungere alla squadra un elemento così abile. Rider però dovette saltare l'ultimo anno a causa dei pessimi voti e – dopo aver superato gli esami GED – Kruger riuscì a spedirlo all'Allen Community College a Iola, in Kansas, dove prese immediatamente i voti peggiori in quindici materie e fu condannato per furto con scasso dopo aver rubato i gioielli di un compagno di squadra di nome Anthony Shaw. «Gli vidi addosso il mio anello e lo affrontai» ricordò poi Shaw. «J.R. mi sorrise, se lo tolse dal dito, se lo mise in tasca e disse 'Io non ho nessun anello'». L'università di Kansas State non volle essere coinvolta e la tappa successiva di Rider fu l'Antelope Valley College di Lancaster, in California. Giocando per un allenatore, Newton Chelette, che lo vedeva come qualcosa di più di un gettone da poker, Rider trascinò la squadra segnando il record nazionale di 33,6 punti a partita e mantenne una media sufficiente a guadagnarsi la tanto agognata borsa di studio per la UNLV.

Las Vegas, però, era tutto ciò di cui un ragazzo come Rider non aveva bisogno. «Era perennemente nei guai» ricordò Paul Gutierrez, giornalista sportivo del *Rebel Yell*, il giornale della scuola, «e perennemente in ritardo». L'allenatore Jerry Tarkanian gestiva una squadra priva di etica e disciplina e nel corso dell'anno scolastico 1992-93 la sua nuova star fu coinvolta in una rissa con un agente di polizia, lanciò un frullato alla fragola in faccia a un cassiere di Jack in the Box e consegnò un compito sulla 'Prevenzione e gestione della sindrome premestruale' che non aveva scritto lui (l'indizio rivelatore: il nome di battesimo di Rider era scritto in modo errato). Quest'ultima infrazione portò alla sua sospensione nella postseason del 1993, ma al secondo miglior tiratore della nazione (che aveva segnato una media di 29,2 punti a partita per i Rebels) non creò nessun problema. Sapeva che l'NBA lo stava aspettando.

Rider e il professionismo furono un'accoppiata tremenda. I Timberwolves erano allenati da Sidney Lowe, un veterano del basket che era convinto ci fosse un unico modo giusto di approcciarsi al gioco. A Rider, che guadagnava 25,5 milioni di dollari in sette anni, non importava nulla. Ignorava le istruzioni e le direttive di Lowe. Una volta, uscendo dal campo, sputò sul pavimento, facendo infuriare l'allenatore. «J.R. se ne andò senza degnarlo di uno sguardo» ricordò Richardson. «Non aveva nessun rispetto per l'autorità».

I Wolves lo sopportarono, ma non fu mai facile. Durante l'estate dopo la sua prima stagione subì una rapina a mano armata a East Oakland e gli fu rubato un ciondolo d'oro col numero 34 che considerava il suo gioiello più prezioso. Rider e un amico raggiunsero in auto una crack house della zona dove sospettavano di poter trovare il ladro. La stella dei Timberwolves entrò nell'edificio armata di pistola e ne uscì con la propria collana.

Nel 1996 Kevin McHale, general manager di Minnesota, sapeva di dover cambiare le cose. Rider era stato arrestato più volte con varie accuse, fra cui quella di aver drogato e violentato una donna, di aver guidato illegalmente con i finestrini oscurati e di essere in possesso di cellulari rubati. Fu rifilato ai Blazers in cambio di due giocatori insignificanti e di una scelta alta al primo giro del draft. Durante il periodo di Portland diventò una delle guardie tiratrici più fantastiche dell'NBA, nonché l'uomo simbolo di una squadra di fuorilegge.

Bob Whitsitt, il general manager della squadra, aveva messo insieme una rosa di giocatori di talento che, per un motivo o per l'altro, si erano fatti cacciare dalle altre città. Rider però era il re. Se non era in ritardo, non veniva proprio. Se non era offensivo, era maleducato. Di solito si impegnava molto nel gioco, ma non sempre. Fu arrestato per aver fumato marijuana in una lattina di Coca Cola. Ignorava le direttive dell'allenatore Mike Dunleavy e una volta si rifiutò di partecipare a una partita.

Nell'ottimo libro *Jail Blazers: How the Portland Trail Blazers Became the Bad Boys of Basketball*, Kerry Eggers ricorda il momento più basso...

> «Il 5 marzo Rider perse il volo charter della squadra diretto a Phoenix per un quarto d'ora. Diede la colpa ai dipendenti della Flightcraft e insistette per avere un altro aereo. Al loro rifiuto, secondo i verbali della polizia, si infuriò e cominciò a inveire contro quattro persone. Dissero che aveva gridato insulti osceni, che si era comportato in modo minaccioso e

che aveva sputato in faccia a un uomo da pochi centimetri di distanza. Sputò anche contro un altro impiegato che però riuscì a scansarsi. Poi Rider afferrò il cellulare di un terzo impiegato e lo buttò a terra mandandolo in mille pezzi».

Nel corso delle tre stagioni con i Blazers Rider segnò una media di 16,9 punti a partita e contribuì a far arrivare la squadra alle finali della Western Conference. Ma quando la squadra ne ebbe abbastanza, e Atlanta offrì un pacchetto che comprendeva la guardia Steve Smith in cambio di Rider, i Blazers fecero i salti di gioia.

Pete Babcock, il general manager degli Hawks, inorridì per quella transazione voluta dalla proprietà. «Confidai ad alcuni giornalisti, in via ufficiosa, che stavamo scambiando Steve Smith per l'anti-Steve Smith» ricordò. «J.R. in realtà era una persona piacevole. Ma era davvero lunatico e mi stufai presto di doverlo continuamente multare».

Rider giocò sessanta partite per i pessimi Hawks, segnando una media di 19,3 punti ma mettendo in imbarazzo se stesso e la squadra con continue, intollerabili bravate. Era sconcertante: Rider aveva pagato alla sorella Michelle un master alla Northwestern. Aveva costruito due centri ricreativi nei quartieri poveri di Oakland insieme al sindaco dell'epoca, Jerry Brown. Spesso dimostrava di avere un cuore d'oro. «La sua gentilezza si vedeva, davvero» commentò Babcock.

Venerdì 17 marzo 2000 Rider arrivò con dieci minuti di ritardo per la partita in casa degli Haws contro Boston. Cominciò a infilarsi la divisa ma Babcock gli si avvicinò e gli disse: «J.R., oggi non cambiarti».

«Perché?» chiese Rider.

«Ne parliamo dopo la partita».

Rider la seguì da un monitor in una saletta privata. Durante il primo quarto chiamò Babcock. «Pete, mi dispiace molto. Non succederà più».

Babcock annuì e poi si scusò per andarsene.

Nel quarto quarto Rider lo mandò a chiamare di nuovo. «Pete» gridò. «Fanculo a questa merda! Trami fuori di qui, cazzo! Odio questa squadra del cazzo e tu sei un fottuto idiota».

Fu congedato quella stessa sera e saltò il resto della stagione NBA 1999-2000.

Poi lo chiamarono i Lakers.

Shaquille O'Neal non voleva crederci. Kobe Bryant non voleva crederci. Non che le due star fossero sconvolte o troppo deluse. Su richiesta della squadra, O'Neal aveva addirittura contattato Rider per proporgli (con qualche esitazione) di unirsi alla compagnia. Ma dopo essere sopravvissuti al disastro di Dennis Rodman nel 1999, la concretizzazione di quell'ipotesi fu comunque una sorpresa. Con tutte le sue stravaganze, almeno Rodman possedeva tre anelli NBA. Rider non aveva mai vinto niente.

Quando iniziò il ritiro a El Segundo, il 3 ottobre, tutti gli occhi erano puntati su Rider, su come si sarebbe inserito, se si sarebbe comportato bene, e...

Bllllleeeaaahhhh!

Lui vomitò.

«Era il primo o il secondo allenamento, forse, e la nostra palestra è una sauna» ricordò Rudy Garciduenas, il responsabile delle attrezzature. «Ripulivamo tutto e facevamo del nostro meglio prima degli allenamenti, ma quando il caldo diventava insopportabile e il tasso di umidità saliva non c'era niente da fare.

«Quindi, era cominciato l'allenamento e guardandomi intorno non vedevo J.R. da nessuna parte. Poi all'improvviso i miei aiutanti vennero a chiamarmi e sembravano nel panico. Chiesi quale fosse il problema e loro risposero 'È J.R.! È qui fuori che vomita l'anima nel canale di scolo!»

Rider credeva di aver capito quello che c'era da capire sulla competitività nelle sue prime sette stagioni in NBA. Ma non gli era mai capitato niente del genere. Anche se il ritiro dei Lakers (in generale) con Jackson era abbastanza disciplinato, Bryant vedeva Rider come una minaccia diretta, un veterano più o meno della stessa taglia, con abilità simili, vincitore dello Slam Dunk (Bryant l'aveva vinto nel 1997), che aveva giocato per tre stagioni con gli odiati Blazers.

«Voleva tagliarmi la testa e mangiarla» ricordò Rider.

I due non si erano mai incontrati prima, eppure non appena Rider arrivò Bryant cominciò a implorarlo/provocarlo perché giocasse a uno contro uno con lui. Era una conversazione ininterrotta, che si ripeteva due o tre volte al giorno. Di solito in questi termini:

BRYANT: Andiamo, amico. Gioca con me.
RIDER: Quando sarò più in forma.
BRYANT: E dai, sul serio, andiamo.
RIDER: Quando sarò più in forma.

«Ovviamente per Kobe era un fatto personale» ricordò poi Rider. «Me lo chiese una marea di volte. Quindi un giorno lo guardai e decisi 'Ok, va bene. Andiamo'».

J.R. Rider e Kobe Bryant finalmente si affrontarono.

Lo scontro si svolse dopo un allenamento e gli altri Lakers restarono a guardare, ansiosi di scoprire che cosa succede quando l'uomo più competitivo del mondo del basket gioca contro il più scazzato. Secondo la mitologia corrente, alcun vaghi ricordi e qualche buona vecchia esagerazione, quello che ne uscì fu un massacro di proporzioni epiche. Bryant non si limitò a battere Rider: lo umiliò, lo mise in ridicolo, lo privò della sua virilità. Sedici anni dopo, per un articolo del *The Player's Tribune*, diversi veterani dei Lakers scrissero di quell'incontro. Eccone un estratto...

BRIAN SHAW: Giocarono ai dieci. Kobe lo demolì completamente.
RON HARPER: Kobe lo distrusse.
BRIAN SHAW: Kobe aveva ventidue anni, era in una forma fisica pazzesca. Un'energia illimitata. Voglio dire, gli fece il culo a strisce. Tirò fuori tutto quello che aveva: schiacciate, finte e tiri da sotto, tiri in sospensione, crossover.
DEVEAN GEORGE: Fadeaway. Mano sinistra. Mano destra. Gli sfrecciava davanti.
BRIAN SHAW: Noi rincaravamo la dose da bordocampo. Ridevamo e gridavamo «Ehi, J.R., stai attento a quello che desideri».

Non è vero niente. Niente di tutto questo. Bryant e Rider fecero due partite ai cinque. Ci furono i soliti insulti ma non si scaldarono mai e nessuno dei due incontri fu una disfatta. «Credo che alcune delle persone che lo hanno raccontato non abbiamo neanche assistito davvero» ricordò Mike Penbury, una guardia che era al suo primo anno. «Io vidi tutto e fu uno scontro equilibrato. J.R. non era semplicemente un bravo giocatore. Era un grande. A volte esageriamo le cose, e in questo caso è stato così. Kobe vinse, ma non fu nulla di grottesco».

«Mi fa veramente arrabbiare» commentò Rider. «La storia che io parlavo male di lui da Oakland, che abbiamo giocato davanti a tutta la squadra e che sia stata una questione così grossa. No. Abbiamo giocato, lui ha vinto, e amici come prima. Tutto qui».

Purtroppo per Rider è probabile che lo scontro con Kobe – al diavolo le esagerazioni assurde – sia stato il picco della sua stagione. I Lakers forse speravano abbastanza nella sua futura redenzione da includerlo negli scatti promozionali con O'Neal, Bryant e Jackson, ma era troppo tardi per salvarlo. «Una volta, nel mio ufficio, crollò e si mise a piangere» disse Jackson. «Gli stavo dicendo che non sfruttava appieno il suo potenziale e lui si emozionò. Era... diverso. Quando hai un giocatore con un deficit dell'attenzione che ha bisogno di fumare erba per concentrarsi, c'è un problema».

In sessantasette partite con Los Angeles registrò i minimi di carriera in termini di minuti giocati (18) e punti segnati (7,6), mentre fuori dal campo ne combinava una dopo l'altra.

Ci fu la volta in cui arrivò tardi agli allenamenti e Penberthy sentì bussare con violenza alla porta sul retro della palestra. «Aprii e trovai J.R., con le ciabatte e una tuta da ginnastica. Si infilò una canotta sopra la felpa e si allenò in ciabatte».

Ci fu la volta a San Antonio in cui arrivò tardi per un altro allenamento e dopo venti minuti si presentò con un biglietto dell'impiegato alla reception dell'albergo: CARO COACH JACKSON, È STATA COLPA NOSTRA, PERCHÉ IL SERVIZIO SVEGLIA DI J.R. NON HA FUNZIONATO. NON BIASIMATELO. SINCERAMENTE, CHARLES OUBINA, MARRIOTT.

E poi ci fu quella volta... be', facciamolo raccontare a Shaquille O'Neal. «Giuro che è la verità. Viveva nell'albergo della squadra, che è proprio qui. E la porta sul retro della palestra era di fronte all'albergo. A pochi metri. Quel figlio di puttana saltò tre allenamenti consecutivi per una gomma a terra».

Ci fu la volta in cui un giornalista di nome Tim Brown del *Los Angeles Times* beccò Rider impegnato in una gara di urla con Mitch Kupchak, e poi ebbe il coraggio (gasp) di scriverlo. Quel giorno, dopo gli allenamenti, Rider si avvicinò alla macchina di Brown nel parcheggio della struttura.

«Hai scritto quella storia, cazzo?» gli chiese.

«Sì, l'ho fatto».

«E perché l'hai fatto?» disse Rider.

«Perché era la verità» rispose Brown.

«Sai» disse Rider, «io so dove vive la tua famiglia. So dove vivi tu».

Poi se ne andò.

E poi ci fu la volta – la migliore in assoluto nella storia – in cui i Lakers stavano partendo da Toronto dopo una partita contro i Raptors. I giocatori e l'allenatore dovettero passare la dogana al Pearson International Airport e quando si avvicinarono allo sportello il pastore tedesco di un agente cominciò ad abbaiare furiosamente contro Rider.

«J.R. decise di accarezzare il cane» raccontò poi Rick Fox, «e l'uomo gli disse 'Signore, per favore non lo accarezzi'. E il cane fece tutto a parte dichiarare: 'Questo figlio di puttana ha della droga e dovreste perquisirlo immediatamente'».

L'agente ordinò a Rider di seguirlo in una stanza per gli interrogatori, dove venne trattenuto mentre i Lakers salivano sul volo privato. Jerome Crawford, la guardia del corpo che non lasciava mai O'Neal, lasciò il velivolo dopo trenta minuti per andare a vedere che cosa stesse succedendo. Ritornò con un Rider allegro e sorridente che diceva: «Sono pulito! L'avevo detto a quegli stronzi che ero pulito!»

Quando fu fuori portata d'orecchio Fox chiese a Crawford che cosa fosse venuto fuori. «Fuma talmente tanta erba che la sua tuta era impregnata di quella roba» rispose lui. «Quindi l'hanno trattenuto».

Anni dopo, Fox rideva ancora a ripensarci. «È stato fermato letteralmente perché i suoi vestiti puzzavano di erba. Aveva tenuto quella tuta per tutto il tempo della trasferta, in cui non aveva fatto altro che stare seduto in camera sua a fumare».

Quando, nel 2019, gli chiesero se Fox avesse ragione, Rider ridacchiò. «Be', l'erba mi piaceva parecchio».

La conquista del titolo NBA cambia le cose.

Succede sempre.

Durante la pausa estiva di solito i giocatori si spostano da una squadra all'altra, gli allenatori si scambiano, i dirigenti vengono assunti, licenziati o vanno in pensione.

Ma quando vinci il campionato succede qualcosa di diverso. È come guardare un puglie che diventa campione del mondo dopo essere stato fra i dieci combattenti migliori. La camminata si fa spavalda. Le promesse diventano garanzie. L'aspetto sembra lo stesso, ma dentro c'è qualcosa che è cambiato. Cambiato per sempre.

I Los Angeles Lakers del 2000-2001 erano diversi.

Il cambiamento maggiore avvenne attraverso le due star più grandi. Senza più il peso di una mano senza anelli e lo status di forza dominante dell'NBA confermato dai premi come MVP sia in regular season che nelle Finals, O'Neal si considerava (ancora più di prima) l'incontrastato leader dei Lakers. Erano la sua squadra e la sua città, e di conseguenza i compagni erano i soldati che lui doveva guidare.

In ottobre, poco dopo aver firmato un'estensione del contratto per tre anni a 88,5 milioni di dollari, O'Neal andò in auto a Beverly Hills, acquistò 150.000 dollari di Rolex con la sua American Express e li regalò a diciotto compagni di squadra e quattro membri dello staff. Il messaggio non era tanto *Sono ricco,* quanto *Mi occuperò di voi.* Era un gesto che veniva dal cuore.

«Quando ero giovane e giocavo con gli Orlando Magic, nessuno si occupava davvero di me» disse O'Neal. «Nessuno si prendeva cura di me. Non è giusto. I miei genitori ci hanno sempre tenuto molto al rispetto e all'amore verso gli altri, a prescindere dalla razza, dalla religione, dalla cultura: niente di tutto questo ha importanza. Sei una persona, e in quanto tale meriti rispetto. Ero nella posizione di fare del bene alle persone, di farle sentire amate. Perché non farlo?»

O'Neal era generoso con compagni come Fox, Robert Horry e Derek Fisher, veterani con posizioni solide, soldi e sicurezza. Ma era fenomenale con chi aveva più bisogno di amore. La rosa di Los Angeles era piena di stelle di prima grandezza dell'NBA, uomini usciti dalle migliori università e nati per il professionismo. Nell'ombra però c'erano anche ragazzi come i due rookie appena arrivati in città: Mark Madsen, l'ala di due metri e sei centimetri uscita da Stanford, che era tosto e ruvido ma atletico come una tazza di ceramica, e Mike Penberthy, una guardia alta un metro e novantuno per ottantasette chili di peso che proveniva da un posto chiamato Master's College.

Già, Master's College.

Fin dal suo arrivo a Los Angeles, Madsen divenne uno dei preferiti di O'Neal. I Lakers erano stati criticati per aver sprecato la ventinovesima scelta al draft su un giocatore così ordinario e il centro, la superstar della squadra, se la prese a cuore. Per prima cosa portò il rookie a fare shopping. «Mi portò a comprare *una macchina*» raccontò poi Madsen. «Mi disse letteralmente: 'Pagherò l'anticipo di qualsiasi macchina tu voglia.' Io risposi che non potevo permetterlo, ma lui riuscì a negoziare uno sconto fantastico su una Chevy Tahoe».

Poi fu la volta dei vestiti. «Andammo a Beverly Hills, in questo negozio per taglie forti. Trovai un paio di jeans che mi andavano bene e Shaq disse al commesso 'Ne prende otto per ogni colore!' Io risposi che me ne bastava uno per ogni colore. Quando cominciò ad accumulare maglioni italiani gli dissi che non mi serviva tutta quella roba, ma lui disse che era un regalo di benvenuto e che dovevo solo rilassarmi, mentre lui pagava un conto di 2500 dollari».

A differenza dei compagni di squadra, Madsen era un mormone osservante che voleva mantenersi illibato per il matrimonio. Quindici anni prima l'ala A.C. Green, che era un cristiano rinato, era stato prima prelevato dall'università di Oregon State e poi preso incessantemente in giro da Magic Johnson, Byron Scott e il resto della ciurma. O'Neal non permise che succedesse la stessa cosa a Madsen. Anzi, si trasformò in un servizio di incontri personale per trovare al compagno di squadra una fidanzata della stessa fede. Una volta, su un volo aereo, i due giocatori erano seduti uno accanto all'altro quando si avvicinò una graziosa hostess. «Sei mormona?» chiese O'Neal.

«No, perché?» rispose lei.

«Niente, niente» disse lui.

Madsen raccontò poi: «Qualche settimana dopo, una dipendente single dei Lakers mi raggiunse allo Staples Center e mi disse 'Ieri sera mi è successa una cosa interessante. Ero seduta in un ristorante a Redondo Beach e ho visto Shaq che chiedeva ad alcune delle ragazze se fossero mormoni, perché in quel caso voleva presentartele'».

Anche Penberthy fu un acquisto curioso per i Lakers. A differenza di Madsen, nessuno – *assolutamente nessuno* – aveva mai sentito parlare di lui.

All'ultimo anno del liceo di Hoover, a Fresno, in California, Penberthy raggiunse una media di 21 punti a partita e fu reclutato da scuole della Prima Divisione come Cal e Utah. Però pesava settantadue chili e gli allenatori dicevano che doveva lasciare momentaneamente la squadra per mettere su massa. Lui, invece di aspettare, si era iscritto al Master's College, che faceva parte dell'associazione NAIA ed era stata fondato nel 1927 con il nome di Los Angeles Baptist Theological Seminary da John Dunkin, suo nonno. Nelle quattro stagioni con i Mustang la guardia emerse come uno dei giocatori migliori d'America, e al diavolo le divisioni. All'ultimo anno, nella stagione 1996-97, fu il migliore della NAIA con una media di 27,5 punti a partita. Anche se nessuna squadra pensò di sceglierlo al draft, era sui radar. Gli allenamenti quotidiani di Penberthy somigliavano a quelli di Kobe: cinquecento tiri al mattino, cinquecento al pomeriggio, cinquecento la sera. Poi giocava delle partitelle a cinque. «Era deciso a entrare in NBA, ma all'inizio non credevo potesse succedere» disse Ray Farrell, l'assistente allenatore del Master's College. «Non era facile per via della taglia e dell'atleticità. Ma lui faceva di tutto. Si alzava alle sei del mattino e si allenava quando tutti dormivano ancora. Studiava, correva. Sapeva quanto sarebbe stata dura, provenendo dal Master's, ma aveva fame. E tirava davvero benissimo».

Penberthy fu invitato al ritiro degli Indiana Pacers nel 1997, ma poco prima si stirò un tendine del ginocchio e non poté partecipare. Trascorse gli anni successivi passando dall'Idaho alla Germania al Venezuela, per tornare sempre nella California del Sud e giocare in varie leghe estive. Nel giugno del 2000 Penberthy ottenne il posto della rivista *Slam* nella Pro Summer League di Los Angeles, che si disputava al Pyramid dell'università Long Beach State, in apertura del torneo estivo NBA. Un giorno Jim Cleamons, l'assistente allenatore dei Lakers, aspettava l'inizio della propria partita quando si ritrovò a osservare quel ragazzino bianco che sembrava Richie Cunningham, palleggiava come Tiny Archibald e tirava come Craig Hodges. Disse a Kupchak che – *porca vacca* – valeva la pena di dare un'occhiata a quella specie di derviscio rotante e in breve Penberthy si guadagnò una convocazione al ritiro della squadra. «Mitch mi disse 'Goditi questa settimana con noi, te la sei guadagnata'» raccontò poi Penberthy. «Questo mi diede la carica. Pensai di non avere niente da perdere, e diedi tutto me stesso. Giocai esattamente come facevo al college, facendo tiri da tre e cercando i compagni liberi. Imparai il triangolo in tre giorni, e anche questo fu d'aiuto. Alla fine pensai che potevano scartarmi perché avevo preso troppi tiri da tre, oppure tenermi perché li avevo messi tutti».

I Lakers dovevano iniziare la stagione il 31 ottobre a Portland. Quella mattina Penberthy si ritrovò negli uffici della franchigia, in attesa di conoscere il suo destino. La squadra gli aveva portato due guardie veterane (Shawn Respect ed Emanual Davis) e Penberthy le aveva battute entrambe. Fisher, il playmaker abituale, era infortunato e avrebbe perso gran parte della stagione per una frattura da stress al piede destro. «Avevano bisogno di qualcuno che giocasse e speravo davvero di poter essere io» disse Penberthy.

Finalmente, dopo un'attesa che gli sembrò durare duecento ore (ma che probabilmente fu più vicina a quindici minuti) Penberthy si sedette di fronte a Kupchack e Jackson, con la sua esistenza cestistica appesa a un filo.

«Be'» disse Jackson, «vogliamo tenerti. Hai fatto un buon lavoro con noi. Continua così».

Il giocatore che mostrò più gioia per Penberthy fu O'Neal, che si congratulò con un abbraccio soffocante e un'offerta che il compagno non poté rifiutare. Sul volo dalla California del Sud a Portland, Penberthy vide che tutti i compagni di squadra indossavano eleganti completi su misura, molti dei quali costavano da duemila dollari in su. «Io non avevo un completo e neanche soldi» raccontò poi. «A Portland entrai in un Nordstrom vicino all'albergo, ma non avevano niente della mia taglia. Allora andai a un Banana Republic e presi un paio di pantaloni e una maglietta. Li indossai con una giacca della misura sbagliata. Mi sembrava di stare bene».

Quando cercò di entrare al Rose Garden per la partita, Penberthy fu fermato dalla sicurezza. Fu un momento umiliante.

O'Neal, che era nelle vicinanze, osservò la scena e quando furono soli chiese al compagno di parlargli un attimo. «Non hai un completo, vero?»

«No, ma io non...» rispose Penberthy.

«Ti porto io a comprare dei completi» disse O'Neal.

La mattina dopo, il centro da 100 milioni di dollari andò a prendere la guardia da tre dollari e settantasei centesimi e la portò dal suo sarto personale. Penberthy ne uscì con sei completi.

«È il miglior compagno di squadra che abbia mai avuto» disse poi Penberthy, che segnò una media di 5 punti in cinquantatré partite. «Era come avere un fratello maggiore con un enorme conto in banca. Ogni volta che andavamo in trasferta mi mandava un messaggio: ANDIAMO A CENA. E pagava sempre lui. Non è un'esagerazione. Ci sono brave persone, ci sono persone fantastiche e poi c'è Shaq. Oppure, mettiamola così: quando morì mio padre, Shaq si offrì di pagare il funerale. È quel tipo di persona».

Madsen e Penberthy non erano certo gli unici a riconoscere l'amore di O'Neal. La sua generosità era quella di Babbo Natale, aveva un cuore grande come Saturno. Invitava i compagni nei ristoranti più costosi con bottiglie di vino da mille dollari, nel 2001 pagò i voli aerei dei genitori e delle due sorelle del rookie Joe Crispin dal New Jersey a Los Angeles perché assistessero al suo debutto in NBA, insomma in pochi sfuggivano al calore di quella montagna di muscoli.[21] Una volta la squadra assunse un raccattapalle sordo, che appese un cartello negli spogliatoi per chiedere un contributo e poter partecipare a un torneo per adolescenti con problemi di udito. Non appena lo vide, O'Neal disse: «Toglietelo!», aprì il portafoglio e consegnò al ragazzo la somma richiesta in contanti. Un'altra volta, un assistente alle pubbliche relazioni di nome Tom Savage ricevette un'offerta di lavoro dalla WNBA che comportava un aumento di stipendio. Quando O'Neal lo venne a sapere, andò da Savage e gli chiese: «Quanto ti danno in più?»

«Circa ventimila dollari» rispose Savage.

«Ce li ho in contanti nell'armadietto» disse O'Neal. «Se rimani sono tuoi».

Anche se commosso da quel gesto, Savage se ne andò ugualmente.

Con tutto il suo calore e il suo buon cuore, e con tutto il suo profondo bisogno di essere amato, O'Neal aveva però due punti deboli.

Uno erano i tiri liberi, che lo avrebbero tormentato per tutti i diciannove anni trascorsi in NBA.

L'altro era molto peggiore ed era Kobe Bryant.

Per i primi quattro anni di carriera i compagni di squadra erano stati respinti dal suo atteggiamento arrogante e indifferente. Ma fra la fine della stagione 1999-2000 e l'inizio della stagione 2000-2001, qualcosa era cambiato. Fu un po' come guardare una persona di mezza età le cui brutte abitudini peggiorano invecchiando. Chi tende a gridare quando parla, grida ancora di più. Chi è scorbutico e bastian contrario diventa ancora più scorbutico e bastian contrario. Anche se Bryant aveva solo ventidue anni, si comportava

21 «Lui insisteva, ma io non voleva saperne» raccontò poi Crispin. «Alla fine disse 'Loro verranno e io pagherò, ormai è deciso'. Poi prenotò i voli in prima classe».

come un veterano alla decima stagione. Il suo comportamento con i rookie era particolarmente insopportabile. I Lakers non erano una squadra che tormentava i nuovi arrivati. Non lo erano mai stati. Ma a Bryant mancava la maturità per capirlo. Penberthy, per esempio, aveva quattro anni più di lui, eppure Bryant andava particolarmente orgoglioso di abbaiargli contro, umiliarlo, fargli capire chi comandava. «Voleva che gli altri avessero paura di lui» commentò lui in seguito. «Ma io in Venezuela ero stato messo al tappeto durante una partita da un ex galeotto fuori di testa, perché nella prima metà avevo segnato 27 punti. C'erano dei disertori russi che odiavano l'America e mi volevano morto. Kobe? Kobe non mi faceva paura».

Penberthy si guadagnò i galloni quando Bryant sbagliò un paio di tiri da tre punti durante un allenamento. «Forza, ce la puoi fare» gli disse il rookie.

«Chiudi il becco, stronzo» rispose Kobe. «Se fossi capace di difendere giocheresti di più».

«Ok, Kobe, divertiti a insultare il rookie. È il tuo sport preferito» rispose Penberthy.

Il battibecco proseguì e alla fine della sessione Penberthy seguì Bryant nello spogliatoio.

«Hai qualcosa da dirmi?» abbaiò. «Perché io sono proprio qui».

Bryant se ne andò a testa bassa.

C'era stato un tempo in cui O'Neal si era invaghito del modello fratello maggiore-fratello minore, per cui avrebbe guidato e incoraggiato il giovane Kobe in una sorta di scenario alla Batman e Robin. Ormai però si era reso conto che non era possibile. Bryant era veramente insopportabile. Il modo in cui aveva dovuto sfidare J.R. Rider fin dal primo giorno. Il modo in cui aveva bisogno di umiliare Penberthy. Il modo in cui, di nuovo, monopolizzava il pallone, palleggiando per il campo senza guardarsi intorno, trasformando il triangolo in un pezzo di carta straccia. Bryant voleva che gli altri giocatori condividessero l'intensità della sua passione per il gioco, ma nessuno era a quel livello. O'Neal, in particolare, aveva passato i mesi successivi alla conquista del primo anello festeggiando come non aveva mai fatto prima. «Mentre Kobe si esercitava ai tiri in sospensione» scrisse l'autrice Elizabeth Kaye, «Shaq si strafogava con un miscuglio di gamberetti fritti, maionese, ketchup e formaggio che chiamava panini Shaq Daddy. Portò il suo gruppo di amici a Las Vegas, diede a ciascuno diecimila dollari da giocare e fece orari da mal di testa... Quell'estate Shaq fu visto ripetutamente in quelli che chiamava locali per gentiluomini e da Fatburger alle tre del mattino, e penso che il detto 'dimmi cosa fai e ti dirò chi sei' in questo caso poteva avere un senso».

I Lakers aprirono la stagione di difesa del titolo con un record di sei vittorie e quattro sconfitte. Nello spogliatoio c'era un'atmosfera fredda, ostile, distaccata. O'Neal si rifiutava di nascondere il proprio disprezzo per Bryant, soprattutto dopo che il ragazzo aveva preso 31 tiri (sì, *trentuno*) nel corso di una partita persa contro San Antonio per 91 a 81. «Dobbiamo giocare in modo più furbo» disse O'Neal ai giornalisti riuniti: un eufemismo non troppo sottile per dire «Sarebbe carino se il ragazzo passasse la palla, qualche volta».

Iniziò così una delle più interessanti sottotrame interne della stagione: la Disfida Mediatica di Shaq contro Kobe. Dopo ogni partita i giornalisti entravano nello spogliatoio e si assiepavano intorno a uno dei due. Poi, quando uno aveva finito di parlare, si spostavano in un separé vicino e andavano ad ascoltare l'altro. Di solito O'Neal parlava per primo e lanciava sottili rimproveri (a volte anche non troppo sottili) contro Bryant per il suo egoismo e i suoi atteggiamenti infantili. Alcuni dei commenti erano ufficiosi, ma molti erano ufficiali. Poi a Bryant venivano riferite le parole di O'Neal e lui rispondeva in modo sottile (a volte anche non troppo sottile). Fu la disputa fra compagni di squadra più passivo-aggressiva che i giornalisti avessero mai visto, sembravano due bambini che litigavano per le caramelle. Gli armadietti di O'Neal e di Bryant distavano circa quattro metri e mezzo. Avrebbero potuto esprimere le loro reciproche lamentele di persona, mentre si mettevano il deodorante. Ma ci sarebbe voluto del fegato. «Era un comportamento infantile, e in realtà veniva più da Shaq» disse J.A. Adande, l'editorialista del *Los Angeles Times*. «Shaq ci diceva sempre 'Voi lo sapete che cosa succede qui'. Non voleva dirlo a chiare lettere, quindi lasciava il lavoro sporco a noi. Kobe non era così allusivo. Aspettava il momento giusto e poi si sfogava».

I giornalisti in breve si divisero fra 'amici di Shaq' e 'amici di Kobe', in base alle alleanze percepite. Ric Bucher, giornalista della rivista *ESPN The magazine* che seguiva gran parte delle notizie relative ai Lakers, era stato in lizza per il ruolo di co-autore dell'autobiografia di O'Neal. Poi scrisse un pezzo che fu considerato favorevole nei confronti di Bryant. «Da allora in poi per Shaq fui un 'amico di Kobe'» raccontò poi. «Con lui avevo chiuso. In realtà io non volevo stringere alleanze con nessuno dei due, ma nella mente di Shaq se non eri con lui eri con l'altro tizio».

Adande era considerato 'amico di Shaq', e a buon diritto. «All'inizio cercai di non schierarmi» disse, «ma quei due ti obbligavano a prendere una posizione. Quindi presi le parti di Shaq, soprattutto perché per la squadra era migliore quando il pallone lo gestiva lui. E poi Shaq era più accessibile e – nonostante la sua stazza – era più facile immedesimarsi con lui. Eravamo più vicini anche per età e lo conoscevo da più tempo. Lui mi aveva dato confidenza, Kobe non l'aveva mai fatto davvero».

Plaschke, del *Times,* scrisse:

> «Kobe non aveva nessuno. Aveva una guardia del corpo, tutto qui. Quindi lo aspettavo e lo accompagnavo alla macchina, tutte le sere in cui ero al palazzetto. La stessa competitività che lo rendeva grande sul campo teneva lontane le persone quando ne usciva. Era sempre ringhioso, rabbioso. E guardava sempre con chi parlavi. Dovevi prendere una posizione: Kobe o Shaq. E io scelsi Shaq. Quando parlavi di Kobe con qualcuno, Shaq origliava. Non dimenticherò mai la volta che stavo parlando di Kobe con Rick Fox, in corridoio. E Shaq saltò fuori dalle tende: 'Di che cosa state parlando? Che cosa succede?' Dopo le partite guardavano da chi andavi per primo. Dopo i riscaldamenti guardavano a chi ti avvicinavi. Dovevi fare una scelta chiara. Shaq era geloso di Kobe. Kobe non era geloso di Shaq. Kobe voleva soltanto fare il culo a tutti».

Chi conosceva bene entrambi trovava affascinante quella dinamica, perché quello che le persone credevano di vedere non era del tutto corretto. Dato che era più grosso, più forte, più risoluto, più spavaldo, O'Neal veniva considerato dai più come il veterano sicuro di sé alle prese con il ragazzino insicuro. In realtà O'Neal non era mai riuscito a superare del tutto il rifiuto di Bryant di accoglierlo con calore. Tutti amavano Shaq, perché Kobe no? Avrebbe dovuto andare a chiedergli consiglio, ma non lo aveva mai fatto. Avrebbe dovuto cantare le lodi di O'Neal, ma non era mai accaduto.

Peggio ancora, a Bryant non fregava assolutamente niente di quello che O'Neal pensava o diceva di lui. O'Neal blaterava a proposito dei difetti di Bryant e ci andava giù pesante. Le repliche di Bryant, però, erano spesso accompagnate da scrollate di spalle e sorrisetti. Il linguaggio del corpo gridava: *Sul serio? E a chi importa quello che pensa?* Questa cosa mandava O'Neal ai matti. Prima di ogni partita i giocatori dei Lakers si riunivano in cerchio nel corridoio che portava al campo e O'Neal li guidava – con le parole di Bucher – «in un rimbalzare frenetico, corpi che si scontravano trasformando quel circolo in un *moshpit*». Partecipavano tutti, da Fox a Horry, da Penberthy a Madsen. Ma non Bryant. Mai. Perché? Be', e perché avrebbe dovuto farlo?

Jackson da parte sua decise di lasciare che le cose seguissero il loro corso. Anche se predicava i principi dello Zen e faceva sedere i suoi giocatori in stanze dove si bruciava incenso, l'allenatore credeva fermamente che si dovesse lasciare che i conflitti seguissero il loro corso naturale. Anzi, era convinto che lo scontro *Shaq contro Kobe* avesse un suo valore, perché le due star, arrabbiate, spesso portavano quella ferocia in campo. Se si arrabbiavano nello spogliatoio, non si sarebbero arrabbiati con Portland e Sacramento? A Jackson non piaceva la parola 'manipolazione', ma quella lo era.

A differenza di Chicago, però, quella strategia qui non funzionava. I Lakers aprirono il mese di dicembre con un record di undici vittorie e cinque sconfitte, e la maggior parte delle vittorie vennero dai momenti in cui il talento aveva superato l'egoismo. E anche quando Los Angeles ottenne cinque vittorie consecutive nel corso del mese, c'era sempre la sensazione che qualcosa non andasse. «C'erano momenti in campo in cui Kobe era davvero immaturo» commentò poi Greg Foster, il centro di riserva. «Anche quando giocava bene. Era sfacciato. A volte essere sfacciato va bene, altre volte invece non va bene per niente».

Il 12 dicembre, durante una partita persa in casa contro Milwaukee, Bryant segnò 8 punti con 31 tiri dal campo ed entrò nello spogliatoio in un silenzio di tomba. Fra lo stupore dei compagni, però, si alzò in piedi, si schiarì la voce e disse: «Ragazzi, è stata colpa mia».

Cosa?

«Ho sbagliato un sacco di tiri» disse. «Ho sbagliato tiri che di solito centro, ma ho anche tirato nei momenti sbagliati. È stata colpa mia».

Fox, il saggio veterano arrivato alla decima stagione, era da tempo uno dei colleghi più favorevoli a Bryant. Apprezzava il suo talento ed empatizzava con il suo isolamento. Fox sapeva che la famiglia di Bryant era tornata a Philadelphia dopo il fidanzamento. Sapeva che stava molto da solo.

«Senti, hai fatto degli errori» gli disse. «E allora? Se sei responsabile per stasera, sei responsabile anche per le quindici vittorie che abbiamo conquistato».

Bryant fece un cenno di apprezzamento. Poi, la sera successiva, tirò altre venticinque volte in una partita persa contro Portland. E altre diciotto in una vittoria contro Vancouver. E ventinove in una partita vinta per un soffio contro la mediocre squadra di Toronto. E altre ventiquattro in una risicata vittoria contro Miami. E ventisei contro Houston. In una sconfitta ai tempi supplementari contro Golden State, O'Neal e Bryant giocarono cinque pick-and-roll su cinque possessi di palla consecutivi alla fine del quarto quarto e Bryant non passò al compagno nemmeno una volta. «Molla il maledetto pallone» gemette O'Neal durante un time out. Ma Bryant non lo fece mai. Durante una partita con Philadelphia, Jackson rimproverò Bryant per aver fatto alcuni tiri stupidi. Lui si mise a discutere e Jackson ringhiò: «Non voglio sentire queste stronzate da te!»

«Be', e neanche io voglio sentire queste stronzate da te!» gridò Bryant.

Bryant tirava e tirava, nello stesso modo in cui Del Harris parlava e parlava. Sì, O'Neal era un compagno di squadra, ma lo erano anche Fox, uno dei migliori tiratori della Lega dalla media distanza, e Horry, una leggenda dei tiri da tre punti, e Horace Grant, un elemento fantastico per le stoppate e Ron Harper, che era stato uno dei compagni di squadra preferiti da Michael Jordan nei Bulls. Bryant li ignorava tutti, perché nella sua testa era così che doveva essere.

«Era un tiratore» commentò Penberthy «ed era convinto che il suo compito fosse quello di tirare».

A sua difesa (più o meno) possiamo dire che Bryant si guardava intorno nella Lega e vedeva colleghi che tiravano da tutte le angolazioni. L'ultra-atletico Vince Carter aveva via libera a Toronto, e così Allen Iverson a Philadelphia, Tracy McGrady a Orlando, Paul Pierce a Boston. Bryant era comprensibilmente invidioso, perché aspirava non soltanto al record di punti della Lega ma anche a realizzare un'idea che non poteva essere realizzata. «Ci fu una partita contro Toronto in cui Kobe decise che doveva affrontare Vince uno contro uno» raccontò Jackson. «Non aveva spazio di manovra, ma continuava ad andare contro di lui. Niente uccide lo spirito di squadra come una cosa del genere».

Jackson vedeva un Bryant ossessionato da un'NBA in cui non riusciva a riconoscersi completamente. Sembrava impersonare il suo ruolo, ma non lo incarnava. «Il problema di Kobe, in realtà, era che gli mancava la strada. Non aveva lo spirito della strada. Credo che non gli piacciano neanche le ragazze afroamericane. Era una ricerca di identità».

A quei tempi la pubblicazione di punta che seguiva l'NBA era la rivista *Slam*, che nei suoi dodici anni di vita mescolò il basket con la cultura hip-hop. *Slam* parlava solo di linguaggio da strada, tatuaggi, versi di Snoop Dogg e Wu-Tang, vistose catene d'oro, pantaloncini larghi e spot della FUBU. Parlava di Iverson che si faceva le treccine *cornrows*, di Carter che saltava sopra Frédéric Weis, Stephon Marbutry che tagliava su Rod Strickland. In quattro occasioni, fra l'anno di esordio e il 2001, Bryant si ritrovò in copertina, di solito con un cipiglio che diceva qualcosa tipo 'sono un duro da strada e sto per schiacciarti in faccia'.

Ma era come un astrofisico che si mette una giacca di pelle da biker. «Kobe non era figo, neanche un po'» disse Elizabeth Kaye, la biografa dei Lakers. Le sue scarpe Adidas, prima le EQT Elevation, poi le KB8, poi le KB8 II, non vendettero mai particolarmente bene, in parte perché Kobe aveva una credibilità da strada dello zero per cento e in parte perché il marchio non era Nike o And1 («il secondo modello di scarpe di Bryant sembrava un tostapane» disse Russ Bengston, che scriveva di scarpe per *Slam*. «Nessuno vuole giocare a basket con due tostapane»). Un modello 'the Kobe' aveva all'interno una moneta d'oro con il profilo di Kobe, un dettaglio assurdo. «Io sono cresciuto in Connecticut, prima dell'avvento di internet, ed ero l'unico ragazzo nero della mia classe. Ricordo che cercavo di aggrapparmi a qualsiasi straccio di cultura nera» disse Cheo Hodari Coker, che scrisse il profilo di Bryant per *Slam*. «È stata la stessa cosa per Kobe. Cercava di trovare un modo di identificarsi con il basket e con la grande diaspora dei neri. E ha tutto questo talento, tutti questi doni atletici. Ma non ha la spontanea *street credibility* di un Iverson o di uno Stephon Marbury. Era sempre da solo, in lotta contro il mondo».

«Il suo livello di raffinatezza non si adattava a *Slam*» disse Tony Gervino, direttore della rivista. «Non era particolarmente figo, era troppo leccato. *Slam* non era mai leccata. Eravamo il contrario di leccati».

Bryant cercò di compensare. Ragazzi, ci provò in tutti i modi. Da rookie si relazionava con i media con grande educazione. *Sì signore, no signora.* Adesso invece, con l'anello e la celebrità e il fidanzamento con un'adolescente e la famiglia che era tornata a Philadelphia, era diverso. Bryant aveva raggiunto il punteggio di 1080 agli esami SAT e per tutto il liceo aveva avuto la media dell'otto. Non era mai stato – letteralmente mai – uno che diceva parolacce per il gusto di farlo o che usava termini gergali. Adesso invece parlava un linguaggio fasullo per scimmiottare la strada: non solo diceva parolacce, ma si sforzava di dirle. «Fanculo a tutti» e «Cazzo, no». Era assurdo. Nella sua autobiografia del 2011, O'Neal ricorda che il nuovo Kobe all'improvviso aveva cominciato a rispondere, durante una riunione della squadra, con «Tutti voi n***i siete miei fratelli». O'Neal scrisse: «Lo guardavo e pensavo, ma cosa diavolo sta dicendo?»

«Andai a trovarlo al secondo anno ed era il migliore» raccontò in seguito Ronnie Zeidel, giornalista di *Slam*. «Si sentiva un privilegiato per essere entrato nell'NBA. Era felicissimo. Tornai nel 2001 e rimasi basito. Sapeva chi ero e parlò con me, ma era distaccato e pieno di presunzione. Quasi rabbioso. Fu come incontrare un'altra persona».

Chi conosceva Bryant attribuì in parte questa metamorfosi a Vanessa Urbieta Cornejo Laine, la diciottenne che avrebbe sposato in aprile. Anche se la sua famiglia ormai era sulla Costa Orientale, Bryant riceveva continui consigli perché firmasse un accordo prematrimoniale, un suggerimento che considerava una messa in dubbio della sua capacità di giudizio.[22] Inoltre Vanessa era tutto ciò che Kobe non era (almeno in pubblico). Era maleducata, presuntuosa, difficile. La parola «grazie» raramente le usciva di bocca. Più tardi gli amici dissero che la celebrità e la ricchezza l'avevano cambiata, e non in meglio. Quando Vanessa e Kobe uscivano, erano accompagnati dalle guardie del corpo. Quando andavano al cinema insistevano perché i loro posti fossero isolati dopo lo spegnimento delle luci. Perché? Shawn Hubler, che ha scritto molto su quella relazione per il *Los Angeles Times*, dice che erano come due bambini persi nel vortice della celebrità. «Quanto sviluppo psicologico ha potuto avere Kobe, crescendo?» si chiese Hubler. «Era nato per fare l'atleta e i ragazzi come lui non hanno tempo per vivere. Capire chi sei richiede un processo per prove ed errori. Se non puoi averlo e ti resta una sola abilità, chi sei davvero? Sei una persona incompleta».

Una cosa in cui la fidanzata di Bryant eccelleva era dirgli che era il migliore. Mentre Joe Bryant spesso si concentrava sui difetti e le mancanze, Vanessa vedeva solo il talento. Come Kobe, con-

22 Lo era.

siderava O'Neal sovrappeso e menefreghista, e Jackson come un allenatore che non apprezzava in pieno la fortuna che aveva. Ciò che Kobe Bryant riceveva da Vanessa era l'ultima cosa di cui aveva bisogno: un incoraggiamento a rimanere ostinato e irremovibile.

E quindi rimase ostinato e irremovibile.

Il 22 gennaio 2001 la faccia di Bryant apparve sulla copertina della rivista *ESPN The Magazine* insieme al titolo L'UNICO E SOLO e al sottotitolo *Kobe dice che non è secondo a nessuno (sì, compreso Shaq)*. Il numero arrivò in edicola più di una settimana prima della data di pubblicazione e l'articolo di accompagnamento – scritto da Bucher in seguito a un'intervista condotta nei primi giorni dell'anno – non era certo la cosa migliore che potesse capitare a una squadra che cercava di difendere il titolo.

Bucher scriveva:

> «Parliamo di chi cattura la vostra attenzione, la vostra immaginazione e, sì, anche il vostro rispetto, per quanto concesso malvolentieri. Parliamo di un giocatore che si vedeva in vetta all'universo del basket e che non accetterà niente di meno di questo. È la squadra di Kobe, anzi è la Lega di Kobe. Se e quando Shaq e il resto dei Lakers riusciranno a capirlo determinerà se riusciranno a mantenere il titolo».

Ma c'era di peggio. Alla domanda se dovesse lasciare che l'attacco fosse gestito da O'Neal, Bryant aveva risposto: «Tirarmi indietro? Io devo farmi avanti. Sono migliorato. Perché dovreste soffocarmi? Starei meglio se giocassi in un altro posto». Quando gli chiese che cosa ne pensasse della squadra in generale, disse: «Mi fido della squadra. Solo che mi fido di più di me stesso. È vero, l'anno scorso abbiamo vinto con l'attacco gestito da Shaq. Ma invece di vincere le serie in cinque o sette partite, quest'anno le vinceremo senza concedere neanche una vittoria agli avversari».

Brian Shaw, il playmaker veterano rispettato sia da O'Neal che da Bryant, cercò di spiegare al ragazzo che le sue parole erano poco sagge. Anche Fox, ascoltato da entrambi, fece lo stesso. Ma non servì a nulla. Jackson era furente e nel corso di una riunione a porte chiuse disse ai Lakers che aveva sbagliato a concedere loro troppe libertà. «Ho cercato di lasciare che ci arrivaste da soli, ma adesso dovrò imporre una maggiore disciplina. Non capite che essere campioni richiede rispetto». Ma che cosa intendeva dire? Jackson avrebbe introdotto dei veri cambiamenti? Modificato il suo approccio? Risposta: in realtà no.

Nel frattempo O'Neal era stato informato del contenuto dell'articolo e decise che era stufo di porgere l'altra guancia. Si sarebbe sempre preso cura di uomini come Fox, Horry, Penberthy e Madsen. Erano i suoi giocatori. Ma Kobe? Fanculo a Kobe. Quando i media si radunarono dopo l'allenamento, O'Neal parlò a voce volutamente alta con Jerome Crawford, la sua guardia del corpo.

«Lo sapevi che in Canada si pagano più tasse?» gli chiese.

«Come a Vancouver?» rispose Crawford.

«Mhmm... Vancouver» disse O'Neal. «Non è là che verrà mandato Kobe quando faranno lo scambio?»

Pochi istanti dopo, circondato dai giornalisti, O'Nel fece chiarezza: «Non so perché qualcuno pensi che dovremmo cambiare, se non per motivi egoistici. L'anno scorso abbiamo vinto sessantacinque partite perdendone quindici e abbiamo giocato con entusiasmo. La città era in festa. Abbiamo fatto una parata e tutto. Adesso siamo a ventitré vittorie e undici sconfitte. Fatevi due conti».

Fecero i conti.

In realtà non li fecero i giornalisti.

Li fece *lui*.

A sessantadue partite dall'inizio della stagione, il record dei Lakers era di quarantuno vittorie e ventuno sconfitte, il quinto migliore della Western Conference. Peggio ancora, non si era risolto niente. O'Neal odiava Bryant. Bryant odiava O'Neal. Jackson parlava di pace e amore ma doveva gestire ostilità e rabbia. Esasperato da quello che considerava un trattamento ingiusto, O'Neal arrivò a due settimane di boicottaggio dei media, iniziativa molto insolita per lui. Nella serrata sequenza di partite contro i Raptors e gli Spurs, Bryant fece 67 tiri in stile 'ubriaco che lancia tappi di bottiglia in un secchio': 34 contro Toronto, 33 contro San Antonio. Ne segnò il 40%. «Era difficile per Phil arginarmi» ammise anni dopo. «Perché per natura io sono un numero uno». La sconfitta contro gli Spurs fu particolarmente irritante perché O'Neal ebbe soltanto quattro occasioni di tiro nel quarto quarto e nel tempo supplementare, mentre Bryant ne ebbe undici. «Kobe ha superato il limite, venerdì» si lamentò Jackson. «Decisamente».

E poi – *un miracolo.*

Be', forse non proprio un miracolo. I miracoli tendono ad arrivare all'improvviso, dal nulla, mentre Derek Fisher, come Bryant, era alla quinta stagione con i Lakers. Ma a differenza di Bryant, era stato ampiamente relegato nelle retrovie, un playmaker che doveva dare la precedenza ai passaggi piuttosto che ai tiri e che, con un'altezza di un metro e ottantacinque e un peso di novantacinque chili, non era eccezionale né per altezza né per bravura. Quando Los Angeles lo aveva preso dall'università di Arkansas-Little Rock con la ventiquattresima scelta in assoluto nel draft del 1996, le aspettative su di lui erano molto basse e all'inizio della carriera lui le aveva rispettate in pieno. Non aveva mai alzato la sua media di 6,3 punti a partita né quella dei 23,1 minuti di gioco e quando dovette saltare le prime sessantadue partite della stagione 2000-01 dopo un'operazione chirurgica per frattura da stress al piede destro, nessuno fece una piega. Jackson aveva Ron Harper, Brian Shaw, Mike Penberthy e Tyronn Lue, tutti giocatori capaci di palleggiare in modo efficace.

Invece, con grande sorpresa di Jackson e compagnia, l'assenza di Fisher fu drammatica. Non era il più rapido, il più forte o il più agile. Ma Harper e Shaw erano malconci, la difesa di Penberthy era atroce e Lue era piccolo e fragile. Fisher, invece, era una roccia.

«Penso a lui come alla spina dorsale dei Lakers» disse Travis Best, il playmaker veterano dei Pacers. «Era un giocatore molto forte e fisico, con notevoli doti di leadership. Per vincere in NBA c'è bisogno di Derek Fisher».

Fisher inaugurò la sua stagione il 13 marzo contro Boston e l'impatto fu istantaneo. Quel giorno Bryant era fermo per un'infezione virale e Fisher entrò da playmaker nel quintetto iniziale e totalizzò 26 punti e 8 assist. Il movimento del pallone ricordava i Lakers degli anni Ottanta, quando la priorità di Magic Johnson era quella di portare palla a Kareem Abdul-Jabbar sotto canestro. Questa volta O'Neal segnò 28 punti, Fox 21 e Horace Grant ne aggiunse 16. Nessuno dovette starsene a guardare Bryant che palleggiava, nessuno arrivò all'esasperazione. La priorità di Fisher era quella di passare. Anche la seconda priorità era di passare. E la terza priorità era di giocare in difesa, cosa che faceva molto bene. (Randy Brown, il playmaker dei Celtics, rimase a 3 punti e 1 assist in ventitré minuti). «A essere sinceri, senza di lui ci mancava una leadership» commentò Jackson più tardi. «È stata una partita incredibile. Davvero notevole».

Era arrivata al momento giusto. I Lakers avevano un disperato bisogno di una guida ragionevole e Fisher era l'incarnazione del buon senso. Gli piacevano sia O'Neal che Bryant e come paciere era perfetto. Shaw, Harper, Fox e Horry erano tutti eccellenti diplomatici da spogliatoio, ma erano più anziani. Fisher era come Bryant e O'Neal. Un coetaneo. Tre anni prima lui e Bryant avevano partecipato insieme al programma televisivo di LL Cool J, *In the House*, e avevamo passato un sacco di tempo a chiacchierare e a commiserarsi. O'Neal, poi, apprezzava molto il desiderio di Fisher di passare il pallone sotto canestro. Era un playmaker che comprendeva il valore di un lungo fisicamente dominante. Come si poteva non apprezzarlo?

Con Fisher a gestire l'attacco, Los Angeles vinse tredici delle ultime diciotto partite. E per quanto sia un azzardo dire che Bryant avesse cambiato atteggiamento, almeno lo modificò temporaneamente, abbassando la media di tiri da 29,6 senza Fisher a 21,4 accanto a lui.

Uno dei fattori fu la salute. Fu uno dei rari momenti della sua vita in cui Bryant era malconcio e affaticato. Nel corso della stagione si era slogato la caviglia destra e aveva avuto dolori all'anca, alla spalla destra e al mignolo destro. Si slogò di nuovo la caviglia destra durante la partita del 21 marzo contro i Bucks e dovette saltare nove partite: Los Angeles ne vinse sette. «Questo lo costrinse ad affrontare la propria vulnerabilità» commentò Jackson.

O'Neal definì l'assenza di Bryant «La cosa migliore che ci sia capitata». Perché? «È una persona intelligente» ricordò poi. «Ci vide vincere 8 partite su 9 e si accorse che quando il pallone si muoveva liberamente e lo toccavano tutti, eravamo una squadra migliore. Bisogna riconoscergli questo merito. Quando è rientrato dopo l'infortunio, era un uomo diverso».

I Lakers erano la stessa corazzata della stagione precedente? No. Conclusero la regular season con un record di cinquantasei vittorie e ventisei sconfitte ed entrarono nei playoff al secondo posto, con la fama di essere una squadra ostacolata da discordie interne e scontri imbarazzanti.

Di certo quella che li aspettava era una sfida difficile.

«Dovendo scommettere, non credo che avreste puntato su di noi» disse Fox.

Mike Penberthy era Allen Iverson.

Sembra abbastanza assurdo, vero? Penberthy: il ragazzino bianco del Master's College che non era passato dal draft. Iverson: la prima scelta in assoluto dall'università di Georgetown, con le treccine *cornrows*, l'hip-hop e l'infanzia trascorsa ad Hampton, in Virginia.

Mike Penberthy era Allen Iverson? Non ha senso.

Eppure nel periodo precedente alle finali NBA del 2001, con la squadra in procinto di affrontare un missile teleguidato da un metro e ottantatré per settantacinque chili di peso, Penberthy fu il massimo che Phil Jackson riuscì a mettere insieme.

Nonostante le turbolenze di una stagione deragliata, i Lakers dominarono i playoff, spazzando via un'annichilita Portland in tre partite, poi spazzando via un'annichilita Sacramento in quattro partite e infine spazzando via un'annichilita San Antonio in quattro partite. E ora, dopo aver concluso anche la serie contro gli Spurs il 27 maggio, dovevano aspettare dieci giorni per scoprire chi fra Philadelphia e Milwaukee sarebbe stata la squadra campione della Eastern Conference.

Secondo le previsioni – che poi si rivelarono corrette – i Lakers avrebbero dovuto scontrarsi con i 76ers, una squadra con cinquantasei vittorie alle spalle, al primo posto nei playoff della deludente Eastern Conference. In generale, la squadra dell'allenatore Larry Brown era più o meno a metà fra solida e accettabile. La rosa era una specie di ode ai bravi mestieranti di fascia media e ai futuri bravi mestieranti di fascia media. Aaron McKie, la guardia tiratrice che aveva vinto il premio NBA per il Sesto Uomo dell'Anno, in regular season aveva segnato la media migliore della sua carriera di 11,6 punti e Jumaine Jones, l'ala piccola, garantiva 4,7 punti a partita. Tyrone Hill, ala grande, abile rimbalzista e difensore, segnava 9,6 punti a partita e la panchina poggiava principalmente sui contributi di Eric Snow, Raja Bell, Kevin Ollie e Matt Geiger, nessuno dei quali veniva riconosciuto nei centri commerciali.

Il centro titolare di Philadelphia era Dikembe Mutombo, due metri e diciotto e una carriera che stava cominciando a declinare. Era un giocatore solido ed eccelleva nelle stoppate, il Difensore dell'Anno dell'NBA. Ma poteva creare problemi a O'Neal? No.

Però avevano Iverson (che Phil Taylor di *Sports Illustrated* aveva descritto come «un metro e ottantatré di cicatrici»).

In settantuno presenze il playmaker aveva realizzato la migliore media NBA con 31,1 punti a partita. Deteneva anche la migliore media della Lega di palle rubate, 2,5, ed era considerato quasi universalmente come il giocatore più veloce che si fosse mai visto. Definizione che presa in sé e per sé non rende giustizia all'MVP dell'NBA. «Era davvero speciale» disse di lui Brown, l'allenatore di lungo corso. «Il giocatore più speciale che abbia mai avuto in squadra».

Iverson era inafferrabile: pensavi di averlo visto e poi *(whoosh!)* non c'era più. Pensavi di averlo messo alle strette e poi (palleggio, palleggio) era sparito. Anche se era uno dei giocatori più bassi della Lega, in qualche modo riusciva a superare avversari come Bryant e O'Neal. «Poteva giocare per quaranta minuti estenuanti e poi saltarti alla gola» disse di lui una guardia molto esperta, Tony Delk «Cercava i tuoi punti deboli e poi ci affondava la lama».

I Sixers sconfissero i Bucks in sette partite e la serie contro i Lakers cominciò il 6 giugno a Los Angeles. Con l'avvicinarsi della postseason, Jackson aveva preso da parte Penberthy e gli aveva detto senza mezzi termini: «Io non uso i rookie nei playoff, quindi ti terrò fuori». Lui ci restò malissimo, ma si adattò in fretta. Durante le partite in allenamento impersonava sempre il playmaker di riferimento della squadra avversaria: Damon Stoudamire di Portland, Jason Williams di Sacramento, Avery Johnson di San Antonio. Imitare Iverson era senza dubbio la parte più divertente.

Gli sembrava di avere di nuovo ventun anni e di essere la stella della squadra del Master's College, che tirava da qualsiasi punto del campo. Jackson pretendeva che Penberthy *diventasse* Allen Iverson, e lui lo fece. «Mike» disse Jackson il primo giorno di allenamenti mirati su Iverson, «hai carta bianca. Vai là fuori e comincia a sparare». Penberthy divenne un derviscio rotante di energia ed emozione. Tutta la disciplina del triangolo si poteva – si *doveva* – mettere da parte. Giorno dopo giorno batté Fisher, batté Lue, riuscì a segnare anche davanti a Kobe. «I compagni mi dicevano 'Mike, sei un giocatore fantastico!'. Fu bellissimo emergere, finalmente» ricordò poi.

Quando arrivò il giorno di Gara Uno, Los Angeles si sentiva pronta. E in più i Sixers erano danneggiati. George Lynch, ex Lakers, era l'ala piccola titolare di Philadelphia ma si era rotto il piede destro giocando contro Toronto. Geiger, la riserva di Mutombo, aveva a tendinite alle ginocchia.[23] La tendinite cronica alla spalla di McKie era tornata a farsi sentire. Snow giocava con una caviglia rotta. Mutombo aveva un dito della mano rotto. Un dolore al coccige aveva impedito a Iverson di giocare Gara Tre contro Milwaukee. Bell, la guardia rookie proveniente da Florida International, era stato preso da free agent in aprile da un YMCA di Miami. Quando Philadelphia lo aveva chiamato per offrirgli un posto da titolare stava mangiando da Denny's a Sioux Falls, in South Dakota. Due mesi più tardi si trovava a giocare minuti fondamentali nella finale NBA. «Avevamo un sacco di giocatori sconosciuti, ma pensavo di poterli battere» commentò Brown. «Bastava che le cose andassero per il verso giusto».

23 Anni dopo Brown disse a Kent Babb, il famoso biografo di Iverson, che l'infortunio di Geiger era 'una stronzata'. Riteneva che il problema fosse più che altro la pigrizia.

Una folla di 18.997 persone (tutto esaurito) si riversò allo Staples Center e quindici minuti prima della palla a due cominciò a intonare «Spazzateli via! Spazzateli via!», facendo rimbombare il palazzetto. Pochi minuti prima un pagliaccio con la divisa di Bryant aveva attraversato Figueroa Street dirigendosi verso il palazzetto con una scopa in mano. Era un'aspettativa comprensibile: sulla carta i Lakers erano Golia e i 76ers il mignolo del piede di Davide. Gli allibratori davano Los Angeles favorita per diciotto a uno e il vantaggio atteso per la prima partita era di undici punti e mezzo «contro una squadra [i Lakers] che viene da diciannove vittorie consecutive e porta nella partita inaugurale vagonate di sicurezza in se stessa» scrisse Chris Sheridan dell'Associated Press.

Iverson fu ben felice di sentire tanta arroganza e presunzione. Il grido «Spazzateli via!» era musica per le orecchie di un uomo che il giorno precedente aveva detto ai media: «Immagino che ci si aspetti che veniamo spazzati via e che poi ce ne torniamo a casa per l'estate. Questo ci toglie molta pressione». Era anche contento di sapere che secondo Harper probabilmente l'uomo più veloce in campo era Lue, il playmaker di riserva di Los Angeles, che avrebbe tentato di ostacolare la star di Philadelphia per gran parte della serie. *Tyronn Lue?* E chi diavolo era Tyronn Lue? Iverson aveva letto i virgolettati sul *Philadelphia Enquirer* mentre era in bagno e ne era uscito furente. «Era davvero pronto a dare tutto» disse McKie.

Nel primo quarto Los Angeles andò in vantaggio per 16 a 5 e sembrò che le previsioni dovessero avverarsi. Ma a Iverson non importava. Si spostò a destra, si girò a sinistra, sibilò insulti contro Fisher e Bryant, mise tiri disumani. I 30 punti che segnò entro la prima metà della partita vennero da 11/23 al tiro, e ancora non gli bastava. I tiri continui di Bryant rischiarono di rovinare i Lakers, i tiri continui di Iverson sostennero i 76ers. A metà gara Philadelphia conduceva per 56 a 50 e arrivò a 73 a 58 con 5:23 da giocare nel terzo quarto. «Ti stanno superando!» gridò Tex Winter a Jackson attraverso la panchina. «Ti stanno superando!» Alla fine Los Angeles si riprese e Lue – inserito al posto di Fisher con la squadra in grave svantaggio – fece un lavoro superbo. Un uomo che in regular season aveva giocato una media di 12,3 minuti a partita si trasformò in Super Attak. Kent Babb scrisse: «Lue, con quelle mani sempre in movimento, con il suo modo di mettersi in mezzo e tenere Iverson lontano dalla palla, era come un moscerino molesto davanti alla faccia di Iverson». Nei ventidue minuti in cui Lue giocò, Iverson riuscì a segnare soltanto 10 punti. Alla fine dei tempi regolamentari il punteggio era in parità sui 94 e nei tempi supplementari Los Angeles andò subito in vantaggio di 5 punti. «Pensavo davvero che avremmo vinto» disse Pat Croce, il proprietario dei 76ers, che sedeva a bordocampo. «E dover vedere svanire quel sogno...»

Il giocatore dell'anno prese in mano la situazione. Con i Lakers in vantaggio di 1 punto e 1:19 da giocare, Iverson segnò un tiro da tre punti e portò la propria squadra in vantaggio per 101 a 99. Pochi attimi più tardi, grazie a un passaggio sbagliato di Fox a O'Neal, Iverson ricevette la palla da Bell sul lato destro dell'area dei tre secondi. Lue gli stava alle calcagna, come un topo su una scia di burro di noccioline, e Iverson fece un palleggio verso la linea di fondo, poi tornò indietro e piazzò un tiro in sospensione da cinque metri. Mentre il pallone si infilava nella retina, Lue inciampò sui piedi di Iverson e cadde sul pavimento sbattendo il sedere. In un momento fissato nel tempo ed entrato nella leggenda sportiva di Philadelphia, Iverson guardò verso la panchina dei Lakers e scavalcò in modo teatrale l'avversario, sollevando bene i piedi e portando quasi le ginocchia al petto. Un gesto che gridava: *Che cosa avete da dire adesso?* «Per tutta la partita le persone sedute accanto a me avevano detto un sacco di schifezze» disse Croce. «Quando Allen scavalcò Lue io mi alzai e mi voltai verso Sharon Stone [l'attrice era fanatica dei Lakers], che era fra i più arrabbiati ed era vicino a me, e dissi: «Alla faccia tua, Sharon! Alla faccia tua!»

I Sixers vinsero 107 a 101 e i 48 punti di Iverson in diciotto con 18/41 al tiro furono un'ode alla resilienza, al rifiuto di arrendersi, a una banda di monelli cenciosi che batteva un branco di superstar.

«Per tutta la stagione abbiamo combattuto una serie di guerre» disse poi Iverson. «Abbiamo cuore, ed è soprattutto con quello che giocheremo. Il talento verrà dopo».

Traduzione: i Philadelphia 76ers erano lì per vincere.

Realtà: i Philadelphia 76ers non avevano nessuna possibilità di vincere.

Infatti non lo fecero, e nelle successive quattro partite i Lakers riuscirono a trovare l'approccio giusto per affrontare quegli avversari temibili ma comunque inferiori. Ovvero lasciar segnare a Iverson i suoi 100 punti e impedire a chiunque altro di toccare il pallone. Anni dopo Brown lamentò l'assenza di Lynch, sostenendo che con lui Philadelphia sarebbe stata una squadra diversa. Ma erano pie illusioni: non si può fermare una dinastia in ascesa con un bravo impiegato da 8,4 punti a partita. I Lakers vinsero in casa Gara Due per 98 a 89, grazie ai 31 punti e ai 20 rimbalzi di O'Neal, poi andarono a Philadelphia dove la terza e la quarta partita si trasformarono in facili trionfi. «Sto cominciando a pensare che per avere una possibilità di battere quei ragazzi bisogna davvero distruggerli» commentò Iverson dopo la sconfitta in Gara 4 per 100 a 86. «Ma per come stanno andando le cose non credo che possa succedere».

Aveva ragione.

Il 15 giugno, sul campo del First Union Center di Philadelphia, i Lakers conclusero la serie con una pesante vittoria per 108 a 96. Iverson non si arrese senza combattere e segnò più punti di tutti (37). Ma il risultato fu una tragedia annunciata.

Poco dopo il suono della sirena, Iverson si fece un punto d'onore di andare ad abbracciare tutti gli avversari (perfino Lue), e O'Neal si ritrovò a percorrere un corridoio secondario con il secondo trofeo NBA consecutivo fra le braccia. L'aria era impregnata di un odore dolce, che proveniva dalle bottiglie di Dom Pérignon stappate e versate nello spogliatoio. Nei playoff i Lakers avevano totalizzato quindici vittorie e una sconfitta. *Un record di quindici a uno.*

«Lo sentite?» disse O'Neal, che nelle cinque partite della serie aveva messo a referto una media di 33 punti e 15,8 rimbalzi. «Questo è l'odore della vittoria».

In una saletta privata Jackson e i suoi quattro assistenti si stavano godendo un momento di gioiosa tranquillità fumando dei sigari. All'improvviso la porta si spalancò ed entrò J.R. Rider, la superstar dimenticata (e perennemente in ritardo). Nella postseason era stato disattivato ed era rimasto incollato alla panchina con il suo completo elegante. Adesso, circondato dagli eccessi dei festeggiamenti, cercava un posto tranquillo per piangere. Invece si trovò davanti l'uomo che lo aveva messo da parte.

«Mi congratulai con Phil e me ne andai» ricordò Rider nel 2018. «Uno dei miei sogni era quello di vincere un campionato, e si era rivelato il momento più brutto della mia carriera, forse della mia vita. I ragazzi cercarono di dirmi che avevo contribuito anch'io, ma sapevo che non era vero. Kobe era stato immenso, Shaq era stato immenso. Io che cosa avevo fatto? Ero rimasto lì seduto come un perdente».

Dopo tutti quegli anni, aveva mai indossato l'anello?

«Mai» rispose. «Mai, mai, mai. Non è quasi neanche mio».

11
Il mestiere dell'allenatore

«Kobe Bryant è un maledetto psicopatico».

Queste accorate parole risalgono al 2018, diciassette anni dopo l'ultima volta che Paul Murphy Shirley, l'ala di due metri e otto centimetri per centoquattro chili di peso uscita da Iowa State, indossò la divisa dei Los Angeles Lakers. Anche dopo tutto quel tempo, però, e con alle spalle una carriera nel basket professionistico che lo aveva portato da (fate un bel respiro) Panionios a Yakima ad Atlanta, da Joventut a Kansas City, da Chicago a Kazan, da Phoenix a Pechino, da Minorca a Unicaja, il ricordo delle tre settimane in ritiro con i difensori del doppio titolo rimaneva vivido.

«Eravamo alle Hawaii» disse Shirley. «Ed era meraviglioso, perché chi non ama le Hawaii? Ma Kobe Bryant...»

Pausa.

«Voglio dire, ho scelto la parola 'psicopatico' intenzionalmente».

Esiste una spiegazione, ci assicura. «Una spiegazione molto valida». Dopo una pausa di due anni, la squadra di Phil Jackson era tornata a tenere il ritiro in paradiso, in una palestra della University of Hawaii. Come sempre c'era stato qualche aggiustamento alla rosa, ma niente di esagerato. J.R. Rider se ne era andato (grazie a Dio), e così Horace Grant, Ron Harper e Tyronn Lue. Era stato aggiunto Mitch Richmond, una guardia tiratrice convocata sei volte all'All-Star e arrivata alla quattordicesima stagione, per dare sostanza alla panchina, e inoltre erano stati presi l'ex centro di Seattle, Jelani McCoy, l'ex ala degli Spurs Samaki Walker e la guardia veterana Lindsey Hunter. In generale, però, c'erano le solite facce, mescolate con qualche invitato che aveva poche possibilità di restare: Dennis Scott, il veterano tiratore dalla lunga e amico di Shaquille O'Neal; Isaac Fontaine, la guardia uscita da Washington State (che Jackson continuava a chamare 'Isaiah', e non è mai un buon segno); Dickey Simpkins, un panchinaro marginale dei Chicago Bulls; Peter Cornell, che un tempo era stato centro del Loyola Marymount.

E Paul Shirley.

Dei venti uomini in campo era quello che aveva meno possibilità di restare. Eppure per Bryant, ventitreenne appena sposato e tre volte convocato all'All-Star, Shirley rappresentava una minaccia. Perché, nel mondo di Kobe Bryant, qualsiasi giocatore di basket rappresentava una minaccia. Che cercava di portargli via ciò che era suo. Che cercava di minare la sua posizione. Che cercava di vanificare la sua eredità.

«Onestamente» ricordò Shirley, «io volevo soltanto riuscire a entrare in quella maledetta squadra».

Un pomeriggio, durante una partitella di allenamento fra cinque giocatori con le canotte viola e cinque con le canotte oro, Shirley si portò a canestro e tentò un debole layup che svolazzò verso il cerchio. Bryant si librò alle sue spalle e – *pop!* – deviò il pallone verso la linea di fondo. Shirley, sbilanciato, si schiantò al suolo e Bryant restò in piedi a cavalcioni del suo corpo fissandogli le parti basse e indicandole con entrambe le mani. «Porta queste stronzate via di qui!» gridò. «Finocchio del cazzo!»

Shirley non si spaventò e non si offese, semplicemente si stupì di quel trattamento. «Kobe era davvero prepotente» raccontò poi. «E in modo sadico, anormale. Quasi come se stesse impersonando il ruolo del bullo. Ricordo che una volta ero sulla linea dei tiri liberi e lui cercò di chiamarmi 'French Lick', come Larry Bird. Ma non aveva alcun senso: io non vengo dall'Indiana, vengo dal Kansas. Era completamente fasullo, non aveva nessun tipo di autenticità. Era come se si vedesse come protagonista di un film di cui scriveva i dialoghi da solo. Aveva un talento incredibile, ma preferisco essere me che lui. Era imbarazzante».

Shirley non fu l'unico a rimanere perplesso davanti al comportamento di Bryant. McCoy, che veniva direttamente da tre stagioni a Seattle, disse di aver avuto l'impressione che il nuovo compagno di squadra venisse «da un posto vendicativo. Certa gente dovrebbe soltanto andare a casa e fumarsi un maledetto spinello». Cornell si era laureato nel 1998 e nelle tre stagioni successive era rimbalzato in alcuni ritiri NBA e aveva giocato per brevi periodi nelle leghe minori. La sera prima del primo allenamento alle Hawaii, i Lakers offrirono una cena elegante a tutti i giocatori e agli allenatori. A un certo punto ai rookie fu chiesto di alzarsi e presentarsi, quindi Shirley disse ciao, Fontaine disse ciao...

«Per me era il terzo ritiro e quindi non dissi nulla» raccontò poi Cornell. «E Kobe disse: 'E quel ragazzone laggiù? Tu sei un rookie.' Voleva soltanto umiliarmi. Era proprio uno stronzo. Uno stronzo assoluto».

In un'altra occasione Jackson interruppe un allenamento e disse ai giocatori di idratarsi. Bryant si diresse verso la linea di fondo e Cornell andò al frigorifero per prendere una bottiglietta di Gatorade.

«Ehi, rook!» gridò Bryant per farsi sentire da tutti. «Rook, sai, ho bisogno di un Gatorade! Prendimene uno!»

Cornell prese una bottiglietta da trentacinque centilitri di Gatorade rosso e la tese a Bryant.

«E dai, rook! Me ne serve una più grande!» disse lui.

Cornell tornò al frigorifero e prese una bottiglia da un litro. Sempre di Gatorade rosso.

«Rook!» strillò Bryant. «Rook! Probabilmente non hai ancora capito che io bevo soltanto Gatorade arancione!»

O'Neal, il difensore dei più deboli, ne ebbe abbastanza.

«Yo, Kobe! E rilassati, cazzo!» gridò.

La cosa si chiuse lì.

Bryant era arrivato al ritiro con le guardie del corpo. Varie guardie del corpo. Una doveva stare nel salone dell'albergo, vicino agli ascensori. Un'altra accanto agli ascensori al suo piano. Una terza davanti alla porta della sua camera. «A volte ne metteva una sul tetto» disse Fontaine. «Io non sono un esperto di sicurezza, ma non credo che ci fossero cecchini appostati per abbattere Kobe Bryant». O'Neal lo trovava uno splendido esempio di megalomania. «Kobe» gli chiese un giorno durante un viaggio in autobus di mattina presto, «Perché cazzo hai bisogno di tre guardie del corpo? O anche di una sola? Chi è che vuole ucciderti?»

«Era completamente matto» disse Cornell. «Eravamo alle Hawaii. Chi aveva bisogno di una guardia del corpo?»

Era questa la vita dei Lakers nella stagione 2001-2002, una stagione diversa da tutte le altre. L'ego di Bryant era più fuori controllo di quanto non fosse mai stato e lo avrebbe portato alla famigerata rissa con Samaki Walker sull'autobus per Cleveland. O'Neal, che si avvicinava ai trent'anni e che come sempre era ben lieto di dedicare la pausa estiva ai biscotti, ai cocktail tropicali e ai pisolini, era rientrato più simile all'omino Michelin che a un centro superstar. «Aveva detto che sarebbe rientrato con un peso di centotrentacinque chili» raccontò Mark Heisler del *Los Angeles Times*, «ma quando tornò ne pesava letteralmente quasi centoottanta». Tre giocatori chiave riconfermati – Rick Fox (32), Robert Horry (31) e Brain Shaw (35) – guardavano i trenta dalla parte sbagliata e il draft aveva portato una somma totale di nuovi giocatori uguale a zero

Quella squadra sarebbe stata la sfida più grande della carriera di Phil Jackson.

E sarebbe stato anche il suo più grande successo.

L'ombra sui primi undici anni della carriera di Jackson da capo allenatore erano stati discorsi come: «Be', e chi avrebbe potuto perdere con giocatori come quelli?», che potevano espandersi a «Avevi Michael Jordan, Scottie Pippen e Dennis Rodman a Chicago, e a Los Angeles Shaquille O'Neal e Kobe Bryant. *Era ovvio che avresti vinto...*»

In effetti Jackson poteva vantare una schiera di futuri occupanti della Hall of Fame. Ma qualsiasi allenatore degno o degna di questo nome potrà dirvi che il talento è solo una piccola parte di ciò che fa funzionare una squadra. Fin dai tempi di Albany, nella Continental Basket Association, il dono di Jackson era stato quello di riuscire a convincere i suoi uomini, in un modo o nell'altro, a lottare per un obiettivo comune. Anche quando si odiavano a vicenda. Anche nei momenti più duri. Sì, gli andava riconosciuto il merito di aver permesso a Tex Winter di mettere in atto l'attacco a triangolo. E sì, aveva un modo di fare accomodante e tranquillizzante. Ma i Lakers funzionavano come una cosa sola anche quando la logica suggeriva che non avrebbero dovuto funzionare come una cosa sola, quando le due superstar si detestavano, quando i giocatori di supporto erano vecchi, quando le tentazioni di Hollywood avevano rovinato gruppi con molto meno talento. «Era un maestro assoluto nell'arte di aggiustare e punzecchiare» disse Fox. «Ogni giorno aveva qualcuno da punzecchiare, da rimettere in riga. C'era sempre un significato più grande dietro il suo metodo. Ma bisognava starci attenti». In particolare Fox ricordava le rituali 'corse in fila indiana': i giocatori si mettevano in fila e correvano intorno al campo e l'uomo in fondo alla fila doveva rimontare e mettersi in testa. «Eravamo tutti competitivi e quindi correvamo come forsennati e una volta in testa continuavamo ad accelerare. Ma alla fine capimmo che dovevamo collaborare, darci un ritmo, essere uniti. Non era certo complicato, ma era tipico dell'approccio di Phil».

Jackson non ci mise molto a capire che quella stagione – e quella squadra – avrebbe rappresentato una sfida più grande rispetto alle due precedenti. Il problema più ovvio era O'Neal, il quale (con grande disappunto della squadra) aveva aspettato fino al 29 agosto per sottoporsi all'operazione chirurgica che avrebbe alleviato il dolore all'alluce sinistro, e avrebbe quindi trascorso gran parte della stagione a riprendersi (alla fine avrebbe giocato soltanto sessantasette partite). Ma c'era di più. L'acquisto più sensazionale era stato Richmond, con il suo occhio da cecchino per i tiri dalla lunga distanza e la media in carriera di 22,2 punti a partita. Convocato sei volte all'All Star Game, Richmond aveva però già trentasei anni e nella stagione 2000-01, con Washington, aveva giocato sole trentasette partite a causa di uno stiramento ai legamenti del ginocchio. «Sapevo di poter dare il mio contributo» ricordò poi Richmond. «Mi presentai al ritiro in gran forma, sapevo ancora giocare. Ero pronto».

Ma in breve divenne chiaro che il Richmond che si era guadagnato fama e fortuna ai tempi d'oro di Golden State insieme a Tim Hardaway e Chris Mullin, era ormai l'ombra di se stesso. Era sempre un bravo tiratore, ma non come prima. Era sempre agile ma non così scattante. «Aveva le gambe robuste» ricordò Jackson, «e gli ci volevano quattro o cinque minuti per entrare in partita, mentre Kobe doveva fermarsi per permettergli di riscaldarsi. Non sapevo che cosa potevo fare con lui».

Fu costretto a cercare altrove. Nel corso delle due stagioni precedenti i tifosi di Los Angeles potevano guardare la panchina e sapere che tutto andava bene se ci stava seduto Devean George. Era un giocatore che si vedeva sul campo soltanto se (a) il punteggio era sbilanciato oppure (b) un sacco di Lakers avevano problemi di falli.

Nel 1999, quando i Lakers avevano usato la ventitreesima scelta al primo giro del draft per prendere un'ala della Terza Divisione di cui nessuno aveva mai sentito parlare, la reazione era stata di moderato ottimismo. Jerry West, dopotutto, meritava il beneficio del dubbio e quindi se diceva che Devean George sarebbe stato qualcosa di speciale, chi erano i fedelissimi della squadra per discutere con lui?

Solo che, ecco, Devean George non era qualcosa di speciale. O almeno non lo sembrava. Non molto tempo prima era stato un'insignificante guardia di un metro e ottantotto all'ultimo anno del liceo Benilde-St.Margaret di St. Louis Park, un sobborgo di Minneapolis. Anche se aveva totalizzato una media di 25 punti e 8 rimbalzi a partita, gli avversari erano ridicoli ed era stato ignorato da tutte le università più grandi e da quasi tutte quelle piccole.

Aveva assistito da poco alla morte del migliore amico del fratello, un ragazzo di nome Byron Phillips, per una sparatoria da una macchina e non desiderava altro che fuggire da quel quartiere malfamato. Ma come si fa a fuggire, se nessuno sa della tua esistenza?

Dave Johnson, il suo allenatore del liceo, cominciò a fare telefonate per piazzare il giocatore e si mise in contatto con l'Augsburg College, la sua alma mater, dove la squadra di basket era gestita da un uomo di nome Brian Ammann. «Mi disse che aveva un ragazzo che dovevo assolutamente reclutare» ricordò poi Ammann. «Ricevo telefonate del genere ogni giorno e la maggior parte sono inutili. Ma lui fu molto insistente». Una frase in particolare lo prese in contropiede: «Brian» gli aveva detto Johnson, «è alto solo un metro e ottantotto, ma sta per guadagnare dieci centimetri»

Come?

«Sul serio, ha un fratello maggiore che ha avuto un picco di crescita. Fidati, ne varrà la pena».

Ammann offrì un posto a George, e se ne pentì immediatamente. Il suo nuovo giocatore – «che forse poteva raggiungere i sessantatré chili quando era bagnato fradicio» ricordò poi Ammann – era ostinato, odioso e troppo sicuro di sé per il poco talento che aveva. Comunque gli diede la divisa della prima squadra e poi restò a guardare mentre George segnava 40 punti in ognuna delle sue due prime partite.

Dato che le scuole della Terza Divisione non hanno borse di studio per meriti sportivi, i genitori di George dovevano pagare la maggior parte della retta annuale di ventimila dollari. La madre Carol possedeva un salone di bellezza e trovò un secondo lavoro come addetta alle pulizie di un aeroporto. Il padre Eddie lavorava in un locale notturno della zona, il Cato's Shrine, e faceva anche il camionista per una ditta di costruzioni.

Il primo anno di università di George fu dimenticabile e la seconda stagione migliorò di poco. La squadra fece un viaggio in Germania per una serie di amichevoli e George venne malmenato fisicamente da avversari più grossi e duri di lui. Gli davano gomitate nelle costole, pugni sulla testa, spintoni sui blocchi. George sgattaiolava fuori dal campo verso l'allenatore che sbraitava. «Dov'è il tuo cuore?» gli diceva Ammann. «Conosci almeno la differenza fra una botta e il dolore? Vuoi davvero tutto questo?»

Poi, come Johnson aveva promesso, ci fu il picco di crescita.

In un batter d'occhio l'Augsburg College si trovò a ospitare un fenomeno atletico di un metro e novantotto con un'apertura alare di centosedici centimetri. All'improvviso squadre della Prima Divisione si interessarono a lui, offrendogli quel futuro in NBA che dalla Terza Divisione non sarebbe stato possibile ottenere. *Se ti trasferisci realizzeremo i tuoi sogni. Trasferisciti e lascia le leghe campagnole.* Dopo lunghe discussioni George rimase dov'era e concluse l'ultimo anno al terzo posto della Terza Divisione per la media di punti segnati (27,5) e al settimo per i rimbalzi (11,3), portando gli Aggies al titolo della Minnesota Intercollegiate Athletic Conference.

Gli allenatori dell'Augsburg cercarono di far invitare la loro stella ai vari eventi di valutazione, ma senza successo. Finalmente, quando un giocatore dovette rinunciare a partecipare all'annuale Portsmouth Invitation, un evento pre draft di tre giorni per giocatori esordienti che volevano essere presi in considerazione, George ottenne uno dei sessantaquattro posti. Nelle prime tre partite fece sempre doppia doppia, e alla fine della sessione si ritrovò assediato da una serie di agenti che volevano averlo come cliente. Nel giro di sette giorni fece provini presso le strutture di otto diverse squadre NBA. Uno degli ultimi fu a Los Angeles, con i Lakers. Jackson aveva accettato di allenare la squadra soltanto pochi giorni prima e uno dei suoi primi compiti fu quello di osservare George insieme a Leon Smith, un rampollo allevato per il professionismo uscito dal liceo Martin Luther King di Chicago.

Davanti a Mitch Kupchak e a Jackson, seduti uno accanto all'altro, George centrò i primi quindici tiri in sospensione e distrusse Smith.

«Pensavo avessi detto che questo ragazzo non aveva elevazione» disse Jackson al general manager.

«Phil, avevo avuto questa impressione» rispose Kupchak.

Senza dire una parola a George o a Smith, Jackson si alzò, prese le sue cose e lasciò l'edificio. «Fu molto strano» ricordò poi George. Qualche settimana più tardi i Lakers chiamarono per invitare George a un secondo provino. Continuò a centrare tiri finché non intervenne Jackson. «Perché non la smettiamo, questa è tutta fortuna».

«Mister Jackson» rispose George. «Non è fortuna. Sono bravo a tirare, e posso fare altri esercizi se vuole».

«No, no» rispose Jackson. «È tutta fortuna. Non ho bisogno di vedere queste cose».

Alla fine del provino Ammann ricevette una telefonata da Jerry West (in seguito ricordò: «Sono uno stupido allenatore della Terza Divisione e c'è Jerry West al telefono!»)

WEST: Coach, come ti è arrivato questo ragazzo? È un teppista?
AMMANN: No.
WEST: Ha precedenti penali?
AMMANN: No.
WEST: Deve pur esserci qualcosa...

Non c'era. Devean George era semplicemente maturato tardi ed era sfuggito ai radar.

Purtroppo per West e per i Lakers, i rischi di scegliere un giocatore proveniente dalle serie più basse furono presto evidenti. La prima Summer League di George fu un completo disastro, tanto che la squadra pensò di scambiarlo prima che le altre scoprissero che non era un giocatore. Non aveva idea delle posizioni, del tempismo, delle spaziature. «Pensavo troppo, su ogni cosa» ricordò George. «Ero davvero convinto di poter fare il salto dalle scuole di provincia agli scontri con giocatori come Shaq e Kobe. Ma non era solo una differenza di livello. Era proprio un altro pianeta».

George non era pronto. Nel corso della prima stagione giocò soltanto sette minuti a partita e la seconda fu quasi identica. La straordinaria atleticità che lo aveva fatto brillare nella Terza Divisione non sembrava più così straordinaria. E in più gli venne affibbiato il peggior aggettivo che si possa affibbiare a un giocatore dell'NBA: *moscio*.

Fox, che occupava la posizione alla quale presumibilmente avrebbe dovuto aspirare George in futuro, anni dopo ammise di non aver voluto aiutare il nuovo arrivato: «Ero molto duro con lui. Ricordate che io ero cresciuto giocando con i Celtics. Avevo Xavier McDaniel come compagno di squadra. Ci eravamo scontrati per tre anni e mi aveva insegnato a giocare con rabbia. Devean era troppo gentile. Noi eravamo un branco di squali e lui era un pesciolino».

Era andata così fin dai primi tempi dell'esordio di George

quando, durante una trasferta ad Ames, in Iowa, per un'amichevole, O'Neal gli aveva chiesto di fermarsi dopo il riscaldamento per fare due chiacchiere. «Disse che volevano mostrarmi qualcosa» ricordò poi George. «Ero un rookie, dovevo ascoltarli». Uno alla volta, i veterani circondarono George, lo spogliarono, gli misero del nastro adesivo sulla bocca e intorno ai polsi, lo spinsero a terra e fissarono il suo corpo al pavimento con il nastro adesivo. Poi salirono sul pulmino e se ne andarono. Di solito i Lakers non praticavano il nonnismo. O comunque non in modo pesante. Ma quella era una circostanza speciale. L'arrendevolezza di George non lo rendeva semplicemente un bersaglio designato ma una persona che, per i Lakers veterani, aveva *bisogno* di essere maltrattata e indurita. «Phil era molto severo sul fatto che nessuno doveva assistere agli allenamenti, quindi restai là per molto tempo» raccontò in seguito George. «Nessuno sapeva nemmeno che la sessione era finita». Finalmente, dopo un bel pezzo, entrò un addetto alle pulizie e trovò – sconvolto – un esemplare alto un metro e novantotto appiccicato al pavimento. «Mi liberò e mi diedero un passaggio fino all'albergo della squadra» disse George. «Ero nudo come un verme».

Per una squadra che praticava il nonnismo in modo molto blando, era uno scherzo davvero pesante. Ma mentre Bryant avrebbe resistito a suon di pugni, e Derek Fisher avrebbe resistito a suon di pugni, e Mike Penberthy avrebbe resistito a suon di pugni, George si limitò ad accettare il suo destino.

«Era fragile» disse O'Neal. «Ripensandoci adesso, era terrorizzato da me e da Kobe, perché entrambi gli stavamo addosso. Vorrei averlo capito all'epoca, ma lo interpretai male e temo di aver danneggiato il suo sviluppo. Non era abbastanza forte e giocava in preda alla paura».

In quel momento, però, Jackson aveva bisogno che George emergesse. Fisher, che durante la postseason del 2001 era finalmente diventato un rispettabile playmaker NBA, avrebbe saltato tre settimane in seguito all'intervento chirurgico per sistemare una frattura da stress al piede destro e la rosa era ridotta ai minimi termini. Quando la squadra aprì in casa la stagione in difesa del titolo contro Portland, il 30 ottobre, il quintetto inziale comprendeva O'Neal, Bryant, il trentaduenne Fox e due sconosciuti mestieranti (Hunter come playmaker e Walker come ala grande). In panchina c'erano George, McCoy e una banda di ospiti della vicina casa di riposo. «L'unico modo in cui avremmo potuto superare la stagione 2001–02 era improvvisando» commentò più tardi Jackson. «Nulla di quello che successe andò nel modo in cui avevo visto andare le cose in precedenza».

Con un O'Neal zoppicante e un Bryant più egoista che mai, Los Angeles riuscì in qualche modo a battere i Blazers per 98 a 87, poi vinse altre sei partite consecutive (con un distacco medio di 11,5 punti) prima di arrivare a Phoenix per una partita contro i Suns. Anche se la stagione era iniziata da soli diciotto giorni, Jackson non aveva percepito il linguaggio del corpo dei suoi giocatori nel corso del trionfo della sera precedente contro Houston per 98 a 97. Sembrava tutto piatto e sbiadito. Jackson sapeva che i Lakers avevano molto più talento dei Suns, ma sapeva anche che qualsiasi squadra dell'NBA poteva battere una qualsiasi altra squadra dell'NBA in una determinata sera. E quindi, quando i Lakers nel secondo quarto andarono sotto per 32 a 19, e poi per 32 a 21 nel terzo... restò a guardare. Non li rimproverò. Non chiese time out. Non ringhiò, non si agitò, non si lamentò e non si avvilì. Joe Crispin, una guardia rookie uscita da Penn State che si era aggiudicata l'ultimo posto nella rosa, era in panchina accanto a Hunter ed era sbalordito. Dov'era il panico da sconfitta? «Lindsey» chiese a Hunter. «Phil vuole lasciarci perdere?»

Hunter annuì, come fanno i veterani. «Sì, può essere».

Quando la partita finì con un trionfo dei Suns per 95 a 83, Jackson si alzò nello spogliatoio e disse: «Non abbiamo portato la giusta energia. Questo ci ha fatto bene. Ne avevamo bisogno».

Crispin, che nel 2016 sarebbe stato nominato capo allenatore della squadra maschile di basket alla Rowan University, nella Terza Divisione, non dimenticò mai quella lezione. «A volte una squadra vince perdendo» commentò.

Due giorni dopo i Lakers inaugurarono una serie di nove vittorie, portando la squadra di Jackson al record migliore dell'NBA (sedici vittorie, una sconfitta), il 5 dicembre. Per la maggior parte dagli appassionati di basket quei successi furono quasi scontati, i risultati di una squadra vincente che (sbadiglio) non fa altro che vincere. Ma in realtà stava succedendo qualcosa di magistrale. Walker, appena arrivato dopo due stagioni sotto Gregg Popovich a San Antonio, non fece troppa fatica a imparare il triangolo. Ma il modo in cui Jackson allenò quel gruppo di giocatori fu incredibile. «C'erano tanti ego ingombranti, e lui li gestiva tutti» ricordò poi Walker. «Non che i giocatori mettessero da parte il loro ego per Phil. Non lo facevano di certo. Ma lui capiva come ragionavano e come funzionavano e li metteva in condizioni di vincere con piccoli aggiustamenti. Pop si scagliava contro i giocatori, Phil invece no, era sempre rilassato. Era più sottile, ma geniale».

George, che per la prima volta nella sua carriera riusciva a giocare per un numero significativo di minuti, si stava trasformando in un difensore molto forte, degno di calcare il campo accanto a Bryant. Walker, che era stato una delusione fin da quando aveva lasciato l'università di Louisville in anticipo per partecipare al draft del 1996, era grosso e veniva impiegato in modo ideale quando i Lakers avevano bisogno di affrontare squadre fisicamente più forti. In assenza di Fisher, Lindsey Hunter gestì l'attacco con perfetta efficienza, lasciando senza parole perfino lo staff. Tanto tempo prima, nell'estate del 1993, la guardia tiratrice di Jackson State era una grande promessa venuta dal nulla che si presentava al draft. Era alto solo uno e ottantotto e aveva dovuto passare a fare il playmaker, inoltre il salto da una piccola università al professionismo sarebbe stato molto impegnativo. Però quando i Pistons lo avevano preso con la decima scelta in assoluto, si pensava che la squadra avesse trovato l'erede di Isiah Thomas. «Tutto questo è fantastico» aveva detto Hunter alla conferenza stampa di presentazione. «Mi sembra di sognare. E questo è solo l'inizio».

Era stato l'inizio di una carriera come tante, che lo aveva visto trascorrere sette anni con i Pistons in quella che forse era stata l'esperienza meno interessante nella storia della squadra. Come molti compagni di squadra, Hunter era piacevolmente mediocre. Si impegnava molto, era ostinato in difesa, si sforzava di mantenere la media dei tiri sopra il 40%, ma non aveva mai davvero imparato a passare. Nelle parole di Helene St. James del *Detroit Free Press,* veniva «evitato come un vero playmaker», e lo scambio con Milwaukee avvenuto nel 2000 era stato salutato con uno sbadiglio a Motown. Quando i Lakers avevano mandato ai Bucks l'ala di riserva Greg Foster per avere Hunter, il 28 giugno del 2001, l'operazione era stata considerata un semplice scambio di avanzi. Forse Hunter sarebbe rimasto, o forse no.

Invece divenne un giocatore eccellente. Qualche mese prima, in estate, il fratello minore di Hunter era rimasto ucciso dopo aver perso il controllo dell'auto ed essere finito contro un albero. Aveva diciannove anni e stava per entrare all'università di Jackson State. In quel momento Lindsey era a casa a Raymond, nel Mississippi, e quando aveva ricevuto la telefonata era corso in ospedale, ma purtroppo il fratello era già morto. Quando lo seppe Lindsey cominciò a vomitare. Poche ore prima erano andati insieme a comprare un regalo per Lindsey Senior, per la festa del papà, e poi avevano corso sulla scalinata dello State Memorial Stadium. Quella sera, quando Tommie era uscito per andare dalla sua ragazza, indossava la camicia del fratello. Non era semplicemente la morte di un parente. Tommie era stato come un figlio, e aspirava a seguire le orme di Lindsey.

Il risultato di quel lutto fu un Lindsey Hunter più oscuro e più serio. Arrivò a Los Angeles non con un desiderio di rivalsa, ma con un peso sul cuore. «Sono diverso [adesso]» disse al *Los Angeles Times.* «Non perché voglio esserlo, ma è una fatica. Alla fine starò meglio. Ma non c'è niente che possa fare. Certo, ho parlato con altre persone, con dei professionisti, ho cercato di mettere le cose in prospettiva. Ma non riesco a capirlo. È un piccolo aiuto, ma tutti mi dicono la stessa cosa, che ci sono cose che devi attraversare».

Nessuno sapeva che cosa aspettarsi, soprattutto quando Hunter divenne titolare. Ma il suo approccio professionale, a testa bassa, da 'c'è altro nella vita oltre al basket', fu assolutamente perfetto per la squadra. Era ben felice di passare a Bryant, a O'Neal, di vincere o perdere (preferibilmente vincere, naturalmente) e poi di tornare a casa dalla moglie Ivy e dai tre figli. Quando, nella quarta e quinta partita della stagione, segnò 16 punti meravigliosi nelle vittorie contro Utah e Memphis, non mostrò particolare gioia. Quando, poche settimane più tardi, gli venne concesso un solo canestro in un disfatta contro i Clippers, non mostrò disperazione. La sua azione tipica – una finta di tiro alla 'Grandpa Stan all'YMCA' che funzionava tutte le volte – era geniale nella sua semplicità. Non se ne faceva niente di Hollywood e delle palme. E di certo non gli interessava se quella era la squadra di Shaq o di Kobe. «Era un grande uomo» disse Crispin. «Lindsey si prese molta cura di me quando ero un rookie. Era un leader che non faceva i capricci e non aveva un ego smisurato».

Questi Lakers, imperfetti e destinati alla delusione dopo due titoli consecutivi, erano più grintosi di prima, più apprezzabili. Nonostante quello che si leggeva sulla rivista *ESPN The Magazine*, da sempre innamorata di Bryant (un titolo particolarmente esilarante: KOBE SI È APERTO: COME SHAQ, PHIL, VANESSA E I LAKERS LO HANNO RAGGIUNTO), questo cambiamento non aveva niente a che vedere con la maturazione della guardia superstar, che era più insopportabile ed egoista che mai. Quando Kobe e Vanessa si erano sposati, il 18 aprile del 2001, nella chiesa cattolica di St. Edward the Confessor a Dana Point, nessuno dei giocatori o degli allenatori dei Lakers era stato invitato. Cosa che non aveva sorpreso nessuno e anzi aveva suscitato sollievo («Pensate che i ragazzi avrebbero voluto andarci?» commentò Walker). Lo vennero a sapere soltanto il giorno successivo, agli allenamenti. Bryant era fatto così.

In quella stessa stagione, quando Los Angeles andò in trasferta nella Città dell'Amore Fraterno per affrontare i 76ers, il liceo di Bryant – il Lower Merion – annunciò che avrebbe ospitato una cerimonia per il ritiro del numero di maglia del giocatore migliore della sua storia. Fin da quando si era trasferito nella California del Sud nel 1996, il rapporto di Bryant con la sua città natale era stato difficile. Veniva considerato come una specie di venduto alla pubblicità, un prodotto dei quartieri bene cresciuto in Italia e privo di autenticità, che non avrebbe mai potuto uguagliare il campione adottivo Allen Iverson per grinta e dinamismo. Dopo

Gara Tre delle finali NBA del 2001 a Philadelphia, Bryant aveva detto a un tifoso: «Gli strapperemo il cuore», e il commento era stato molto criticato («Che cosa avrebbe dovuto dire?» chiese Anthony Gilbert, giornalista della rivista *Hoop*. «'Sono cresciuto qui, quindi ci andrò leggero?'»). Otto mesi più tardi, all'All-Star Game del 2002, che si svolse anch'esso a Philadelphia, quando ritirò il trofeo MVP per il miglior giocatore dell'anno, venne fischiato, e questo gli bruciò molto. Uscendo dal campo Bryant fu salutato da Scoop Jackson, un giornalista della rivista *Slam* le cui calorose relazioni con i giocatori spesso erano qualcosa di più di un semplice rapporto tra atleta e giornalista. «Scoop, non capisco» disse Bryant con le guance rigate di lacrime.

Jackson gli offrì un abbraccio. «Era la prima volta che lo vedevo così colpito da qualcosa» disse poi Jackson. «Quell'episodio lo aveva ferito davvero. Restammo lì per cinque minuti buoni, finché si riprese. Gli diedi un colpo sul petto e gli dissi: 'Fanculo, non ti capiscono. Ma prima o poi ci arriveranno'».

Come l'All-Star Game, la cerimonia al liceo fu un momento significativo. Bryant arrivò a invitare i compagni di squadra, gli stessi che non aveva invitato al matrimonio. Quelli che ci andarono restarono sbalorditi dall'atmosfera di generale imbarazzo. Brian Shaw, la guardia veterana, sedette sugli spalti della palestra accanto a Samaki Walker e gli disse: «Adesso vedrai una vera merda».

«Che cosa intendi?» chiese Walker.

«Stai a vedere» rispose Shaw.

Joe e Pam Bryant entrarono nell'edificio e si sedettero alla destra del figlio. Vanessa Bryant entrò nell'edificio e si sedette di fronte al marito. Fra loro passarono occhiate gelide. L'evento fu imbarazzante dall'inizio alla fine, un gruppo di persone che rendeva omaggio a un uomo di cui non gli importava un granché. «Fu piuttosto triste» raccontò poi Walker. «Kobe mi disse che un gruppo di ex compagni del liceo lo aveva contattato prima del viaggio per invitarlo a uscire con loro. Kobe mi aveva detto: 'Ma sono stupidi? Sono idioti? Perché pensano che voglia uscire con loro?' Questo vi dice tutto».

Ma niente di tutto questo era importante, sul serio. O'Neal era padre di tre bambini e con l'età e la maturità aveva cominciato a interessarsi di meno alle minuzie interne della squadra. Nel corso delle sue due prime stagioni Jackson era stato spesso duro con Bryant, ma quell'anno sembrava che fosse avvenuta una crescita sorprendente, sul campo. «Non dico che sia cambiato a centottanta gradi» commentò Jackson a dicembre, «ma senz'altro c'è stato un cambiamento diciamo di almeno novanta gradi dal punto di vista caratteriale». Anche se la media di Richmond era soltanto di undici minuti e 4,1 punti a partita, la sua presenza era importante. Aveva capito quasi subito che avrebbe passato la maggior parte del tempo in panchina, eppure continuò a impegnarsi a fondo negli allenamenti, a mostrare entusiasmo, a incoraggiare ed educare i compagni. Dimostrò il proprio valore durante una trasferta a New York in febbraio, quando Jelani McCoy, esasperato dall'inattività e dai pochi minuti di gioco (una media di cinque minuti in ventuno apparizioni), decise di sfogarsi durante un allenamento in una palestra di Manhattan. McCoy era un ragazzo californiano che all'UCLA era stato una star, e che si era unito ai Lakers aspettandosi gloria e splendore. Invece aveva ottenuto l'umiliazione di sentirsi dire dagli amici: «Ehi, ma che fine hai fatto?»

«Insomma, ci stavamo allenando nella Grande Mela e ne avevo abbastanza» raccontò poi McCoy. «La sera prima ero uscito ed ero ancora su di giri per la festa. Cominciai ad abbandonare il triangolo. Soltanto, fanculo a quel tipo di attacco. Fanculo. Aggredivo chiunque minacciasse la mia posizione. Madsen. Slava Medvedenko. Insultavo tutti, andavo su e giù per il campo, stoppavo i tiri degli altri, difendevo il canestro.

In altre parole, McCoy si comportava da idiota.

«Già» disse anni dopo, «come un vero idiota».

Richmond, che era in squadra con McCoy durante l'allenamento, si chinò verso il compagno nella pausa per bere. «Giovanotto» gli disse, «ti devi calmare».

«Vaffanculo!» gridò McCoy. «Non è colpa mia! Non c'è niente che non va in me! Mi hanno inculato, mi hanno relegato in panchina, come se non sapessi giocare a questo cazzo di gioco!» Rientrò in campo e continuò a comportarsi come un pazzo. Fu uno dei momenti in cui Jackson, invece di intervenire o di spedire McCoy in albergo, decise di restare in disparte e vedere come si sarebbe evoluta la situazione. Non appena l'allenamento si concluse, Richmond fece sedere McCoy in un angolo. Non sarebbe stata una chiacchierata amichevole. Era come un preside con un allievo sfaticato. «Senti» gli disse, «hai fatto un casino. E non un casino piccolo. Ha fatto un *vero* casino. Phil ti sta solo mettendo alla prova...»

«Bene, che mi metta alla prova perché io sono stu...» rispose McCoy.

«No» lo interruppe Richmond. «Tu sei più furbo di così. Se ti viene voglia di sfogarti, vieni da me. Ma non comportarti più in questo modo davanti a tutti. Ti fa solo sembrare un idiota».

Anni dopo, McCoy riconobbe che quella era stata la lezione più importante della sua carriera.

«Le grandi squadre hanno bisogno di leader» commentò, «e Mitch era il leader migliore».

12
Re senza corona

Nell stagione 2001-02 i Los Angeles Lakers vinsero cinquantotto volte e sembrava che andasse tutto bene sia da un punto di vista statistico che clinico. La ferita all'alluce di O'Neal guarì e il centro totalizzò una media di 27,2 punti e 10,7 rimbalzi a partita. Bryant giocò meglio che mai e i suoi 25,2 punti e 5,5 assit a partita, quest'ultimo il risultato migliore della sua carriera, stavano lì a dimostrarlo. Fisher saltò dodici incontri ma tornò per segnare la seconda media punti migliore della sua carriera (11,2 a partita) e confermarsi come uno dei migliori playmaker della Western Conference. Jackson ricorse a tutti i suoi trucchi per tenere unita la squadra e in generale ci riuscì.

Erano una buona squadra.

Una squadra forte.

Una squadra collaudata.

Però – se vogliamo essere onesti – i Sacramento Kings, forti di sessantuno vittorie, erano migliori.

E la differenza non era neanche tanto piccola.

Anche se l'idea stessa sembrava assurda. Oppure, detto in altre parole: se un tifoso dei Kings della prima metà degli anni Novanta si fosse risvegliato dal coma e si fosse sentito dire che la sua squadra era migliore dei Los Angeles Lakers si sarebbe messo a ridere, o a piangere, oppure si sarebbe chiesto quali droghe avessero dato a Mike Peploswki e a Duane Causwell per farli diventare superstar dell'NBA. «Quella squadra era caratterizzata dall'instabilità» disse Mitch Richmond, che aveva giocato nei Kings dal 1991 al 1998. «Eravamo lo zimbello disfunzionale della Lega».

Fin da quando si erano trasferiti da Kansas City nel 1985, i Kings avevano incarnato il buco nero dello sport professionistico. In diciassette stagioni erano arrivati ad aggiudicarsi più vittorie che sconfitte soltanto quattro volte e la squadra non vinceva un titolo dal 1951, quando ancora aveva sede a Rochester, nello stato di New York. Se non era colpa delle pessime scelte al draft (nel 1989 la squadra aveva usato la prima scelta in assoluto per il centro di Louisville Pevis Ellison) era colpa dei pessimi scambi (quello di Otis Thorpe ai Rockets per Rodney McCray e Jim Petersen nel 1988 brucia ancora oggi). Il punto più basso (in una serie di punti più bassi) fu raggiunto durante la stagione 1996-97, caratterizzata da sole trentaquattro vittorie, quando la squadra era pronta a trasferirsi a Nashville ma aveva ricevuto all'ultimo minuto una boccata di ossigeno: un prestito da 70 milioni di dollari da parte della città.

«A volte c'era da chiedersi se facevamo davvero parte dell'NBA» commentò Walt Williams, che aveva giocato come ala piccola di Sacramento agli inizi degli anni Novanta. «Non ce ne andava mai bene una».

Quasi mai. Nel 1994 la squadra assunse come general manager Geoff Petrie, l'accademica ex stella di Princeton che in passato aveva brillato per sei stagioni con i Trail Blazers. La squadra aveva fatto di tutto per convincerlo ad assumersi l'incarico e quando Petrie aveva detto a Jim Thomas, il proprietario, che era necessario mettere in atto una potente revisione della rosa («Voglio dire potente, Jim. *Potente*».) l'altro annuì solennemente e aprì il libretto degli assegni.

Nel corso degli anni successivi Petrie fece riemergere la squadra dalle rovine dell'inferno cestistico. Il suo primo draft portò un'eccellente giovane ala grande, Brian Grant da Xavier, e l'anno successivo i Kings si accaparrarono Corliss Williamson, un'ala grande ancora migliore proveniente dall'università di Arkansas. La vera svolta cominciò nel 1998, prima con lo scambio di Richmond (e Thorpe) che andarono a Washington per un'ala/centro di due metri e otto centimetri di nome Chris Webber, poi con l'assunzione di Rick Adelman come capo allenatore. Nelle sue cinque stagioni in NBA, una con Golden State e altre quattro con i Bullets/Wizards, Webber si era guadagnato la fama di atleta tendente alle scenate, il cui carattere lunatico, meschino e incoerente avrebbe potuto rovinare una squadra. La sua esibizione più famigerata era avvenuta quando era andato a lamentarsi con i media del Distretto di Columbia del cibo servito sui voli charter della squadra («Ti trovi questa cosina qui con sopra del manzo. Io non mangio il manzo») e quel reclamo sincero, anche se malaccorto, si era trasformato in un'insegna al neon che lo qualificava come esempio di viziato giocatore moderno. Ripensandoci adesso, però, quello non era niente. Nel periodo trascorso a Washington, Webber era stato arrestato per possesso di marijuana e aggressione e aveva subito un'indagine separata del gran giurì per un'accusa di violenza sessuale. Nel commentare la transazione, un articolo dell'Associated Press apriva così: «Ieri i Washington Wizards hanno scambiato un ragazzino problematico con due gentiluomini veterani».

Petrie però era disposto a correre il rischio. Webber aveva venticinque anni, aveva talento ed era il tipo di star di cui una squadra senza star aveva bisogno, ma che non riusciva a ottenere. A mali estremi, estremi rimedi.

«In realtà Chris aveva delle riserve importanti sul trasferimento a Sacramento» disse Petrie. «Venivamo da una stagione di sole ventisette vittorie e non sapeva se saremmo mai riusciti a risollevarci. Dovetti usare tutta la mia capacità persuasiva per convincerlo a darci una possibilità».

Webber si rivelò immediatamente la montagna di muscoli più talentuosa che la squadra avesse mai avuto e poco dopo Petrie fece un grande favore a se stesso prendendo Vlade Divac, l'ex centro dei Lakers, con un contratto di sei anni per 62,5 milioni di dollari. Con i suoi due metri e diciassette centimetri per centodiciotto chili, Divac era una solida presenza in campo e – elemento altrettanto importante – spiccava come miglior leader da spogliatoio della Lega. Con le prime due stagioni della sua carriera passate al fianco di Magic Johnson a Los Angeles, Divac aveva un master in coesione di squadra, insieme alla particolare imprevedibilità di un uomo che fumava mezzo pacchetto di sigarette al giorno (sul serio, fumava *mezzo pacchetto* di sigarette al giorno). «Vlade era il giocatore più amato che abbia mai seguito» disse Ailene Voisin, editorialista di lungo corso del *Sacramento Bee*. «Non aveva ego. Non aveva bisogno di segnare, non aveva bisogno di attirare l'attenzione. Voleva soltanto vincere. Non credo che ci sia stato qualcuno più importante di Vlade per aiutare Chris a maturare».

Pezzo dopo pezzo, Petrie mise insieme una squadra ad altissimo potenziale. Mandò ai Grizzlies Jason Williams, appariscente ma limitato playmaker, soprannominato 'Cioccolato bianco', in cambio del solido e produttivo Mike Bibby e aggiunse la miglior guardia tiratrice difensiva della Lega, Doug Christie, attraverso un accordo con Toronto. Peja Stojaković, ala piccola proveniente dalla Croazia, fu scelto al draft senza tanto clamore nel 1996 (la scelta successiva a quella con cui gli Hornets presero Kobe Bryant) e nel 2000 arrivò a diventare un cecchino di grande precisione che segnava una media di 20 punti a partita.

«Stavamo diventando qualcosa di speciale» ricordò poi Bibby. «Si vedeva chiaramente. C'era stato un periodo in cui nessuno in NBA voleva andare a Sacramento, ma quando il mio agente mi chiese dove avrei voluto andare, in caso di scambio, fu il primo posto che nominai. Avevano tutti quei pezzi che si incastravano nel modo giusto. Era il paradiso del basket».

Nella stagione 1998-99, la prima di Adelman a Sacramento, i Kings raggiunsero un record di ventisette vittorie e ventitré sconfitte, un salto notevole per una squadra che vinceva raramente. L'anno successivo il record arrivò a quarantaquattro vittorie e trentotto sconfitte e poi a cinquantacinque e ventisette. Adesso, con il record migliore della Lega di sessantuno vittorie, Sacramento (407.018 abitanti, un Target e un Walmart) era diventata il centro dell'universo cestistico. I Kings comparivano sulle copertine di *Sports Illustrated, ESPN The Magazine, Slam*. I giocatori ottenevano ricche sponsorizzazioni e in una nazione che odiava i *fottutissimi* (parole loro) Los Angeles Lakers, erano considerati salvatori dello sport. A Sacramento i Lakers erano considerati peggio ancora dei Cowboys o degli Yankees. Erano la squadra che possedeva lo Stato e sminuiva i Kings quanto un maremoto sminuiva una pozzanghera. Per troppo tempo i Lakers erano stati Magic e Kareem, mentre i Kings erano Jim Les e Wayman Tisdale. I Lakers erano filari di palme e il Beverly Wilshire. I Kings erano centri commerciali e Wendy's. «Los Angeles aveva Jerry West, Kirk Gibson, Magic Johnson» scrisse Laura Loh sul *Los Angeles Times*. «Sacramento aveva soltanto i ricordi di seconda mano di altre città». Quando, due anni prima, Phil Jackson aveva liquidato Sacramento definendola 'una città di vacche' i cittadini della capitale dello stato si erano risentiti: in parte perché aveva ragione. Quando aveva aggiunto un'altra battutaccia («Ho allenato a Portorico, dove quando vincevi in trasferta ti tagliavano le gomme e potevano inseguirti lanciandoti sassi contro i finestrini dell'auto. Voglio dire, è un ambiente completamente diverso. Stiamo parlando degli abitanti di Sacramento, che sono semicivilizzati. Quelli sono un branco di bifolchi») fu ancora peggio.

«La nostra era pura e semplice invidia» commentò Sean Cunningham, personaggio di spicco del panorama radiofonico sportivo di Sacramento. «Loro avevano tutto e noi non avevamo niente. Era uno schifo».

«Dio, Phil Jackson era un tale stronzo» disse Marcos Bretón del *Sacramento Bee*. «Un tale stramaledetto stronzo».

Ed era arrivato il momento della rivalsa.

Al primo turno dei playoff i Lakers superarono in scioltezza Portland, così come i Kings superarono in scioltezza Utah. Anche le semifinali furono poco emozionanti: Los Angeles schiacciò San Antonio per 4-1 e anche Sacramento massacrò Dallas in cinque partite. Erano due pesi massimi che si preparavano allo scontro del secolo. Per arrivare all'epica battaglia del 1971 al Madison Square Garden, Muhammad Ali aveva massacrato Oscar Bonavena e Joe Frazier aveva distrutto Bob Foster. Erano queste le reminiscenze in attesa del monumentale evento.

Scrisse John Nadel dell'Associated Press:

«Per quanto possa suonare assurdo, i Los Angeles Lakers, campioni uscenti e difensori di due titoli, si considerano sfavoriti rispetto ai Sacramento Kings nelle finali della Western Conference.

Almeno questo è ciò che dicono diversi di loro.

Ma non credeteci, perché non è vero. Sono solo parole.

E tenendo conto che i Lakers nei playoff hanno messo insieme un record di undici vittorie consecutive in trasferta, che hanno vinto ventitré delle ultime venticinque partite giocate in postseason e diciannove delle ultime venti giocate allo Staples Center negli ultimi tre mesi, probabilmente considerano addirittura offensivo che chiunque possa considerarli sfavoriti.

Subito dopo il suo terzo salvataggio spettacolare al quarto quarto, quello di martedì sera contro San Antonio che ha contribuito a eliminare gli Spurs dalla serie in cinque partite, Kobe Bryant ha detto che i Lakers erano sfavoriti contro i Kings.

Poi però, quando gli hanno chiesto se ne era davvero convinto, Bryant ha risposto dopo una pausa: 'Io non mi sento mai sfavorito. È irrilevante. Importa soltanto come ci sentiamo come unità, come ci sentiamo come squadra e il legame che c'è fra noi'».

La serie doveva cominciare il 18 maggio a Sacramento e un paio di giorni prima Jackson ritagliò una fotografia di Divac e la appiccicò a un virgolettato attribuito al centro dei Kings nel corso della stagione appena trascorsa. Diceva: «Se [i Lakers] non avranno il vantaggio del campo, quest'anno non vinceranno».

L'allenatore di Los Angeles si era offeso? Niente affatto. Quelle parole erano state dette con cattiveria? In tono vendicativo? Con un briciolo di... qualsiasi cosa? No. Erano soltanto parole, estrapolate da un contesto più ampio. La stagione NBA era lunga e le varie dichiarazioni dei giocatori facevano parte dello spettacolo. Jackson stesso, quando giocava come ala dei Knicks, non aveva certo fatto mistero dei suoi sentimenti nei confronti degli avversari. Non era mai niente di personale, erano tutte chiacchiere. Ma l'allenatore sapeva riconoscere un'esca motivazionale quando la vedeva. E quella era stellare.

Jackson appese il foglio di carta nell'armadietto di O'Neal, senza altri commenti. Quando la montagna di muscoli di Los Angeles lo vide, fece un grande sorriso. Ultimamente si era attribuito un nuovo soprannome – 'the Big Deporter' – per il trattamento che riservava ai centri di origine straniera come Divac. Allora si voltò verso un giornalista che si trovava nelle vicinanze e disse: «Io vedo e sento tutto. Sono la polizia».

Traduzione: *La sfida è cominciata.*

Nonostante il secondo posto nella Western Conference, i Lakers erano più presuntuosi che mai. O'Neal in particolare era certo che la sua squadra fosse destinata alla tripletta. I playoff erano un periodo particolare per Shaq, che solitamente metteva da parte l'atteggiamento gioviale della regular season per assumere un'identità più seria e determinata. I giornalisti locali sapevano che O'Neal era un tipo generalmente disponibile, che però era soggetto a momenti di umore nero. La postseason accentuava quell'aspetto. Durante la serie contro gli Spurs, per esempio, O'Neal si era scagliato contro Devean George dopo un errore di disattenzione a fine partita. Non si era placato neanche nello spogliatoio e – davanti agli altri Lakers – aveva apertamente messo in dubbio la virilità di George. Brian Shaw era intervenuto gridando: «Se avessi impegnato tante energie a stoppare sotto canestro, ti saresti guadagnato un rimbalzo!» O'Neal non era dell'umore giusto e aveva aggredito Shaw, afferrandolo e trascinandolo per tutto lo spogliatoio fino a fargli sanguinare le ginocchia. Era stato un momento spaventoso, che aveva scosso tutti i presenti. «Shaq era come un grosso cucciolo» ricordò poi Richmond. «Finché le partite non diventavano importanti».

A quel punto i giocatori dei Lakers padroneggiavano il triangolo alla perfezione. I ruoli difensivi erano ben definiti. Nessuno di quegli aspetti andava rivisto, affilato, messo a fuoco. Ma Jackson considerava vitale che i suoi giocatori si convincessero che i Kings erano fatti di carta igienica e che sotto pressione avrebbero ceduto.

Per tutto l'anno precedente Sacramento era stata la squadra prediletta dai media americani e aveva accumulato una serie di facili vittorie. La storia era sciocca e banale: finalmente una squadra costruita per schiacciare i Lakers.

Dieci anni prima Jackson aveva guidato i Chicago Bulls in una serie vincente da sei partite nelle finali contro i Portland Trail Blazers allenati da Adelman e sapeva (lo sapeva davvero) che il rivale non era alla sua altezza. Le sue rotazioni erano strane, i criteri di sostituzione – che avevano sempre una portata limitata – spesso avevano poco senso. Per lunghi periodi sembrava proprio che si dimenticasse della presenza di determinati giocatori in panchina. I suoi schemi offensivi (copiati dalle strategie di attacco del vecchio assistente allenatore di Princeton, Pete Carrill) erano prevedibili. I Kings di solito schieravano tre guardie su un lato del campo, con Divac e Webber sull'altro («Ci affidavamo completamente a Chris e Vlade» raccontò poi Stojaković. «In pratica quei due erano i nostri playmaker»). Partita dopo partita dopo partita. Sempre la stessa roba. Adelman non era un cattivo allenatore, ma era ordinario, mentre Jackson era un genio. «Rick aveva dei momenti buoni» disse Lawrence Funderburke, un'ala dei Kings. «Ma le sue capacità di comunicazione erano limitate». Se eri fra i titolari, Aldeman era il tuo migliore amico. Se stavi in panchina smettevi di esistere. Jim Cleamons, l'assistente dei Lakers, aveva tenuto d'occhio i Kings per tutta la regular season («Erano la *mia* squadra» ricordò in seguito) e la sua conclusione principale fu semplice e diretta: «Erano avversari solidi, ma non credo fossero convinti di poterci battere. Sapevano che eravamo la squadra migliore. Ero arrivato a sapere tutto di Sacramento, avrei potuto dire quello che mangiavano la mattina a colazione. Erano bravi e li rispettavo. Ma potevano batterci? No».

Detto questo, Jackson sapeva che quelli non erano i vecchi Kings. Certo, Shaq era decisamente superiore a Divac, e Bryant avrebbe segnato i suoi punti contro l'allampanato Christie, che si affidava ai gomiti aguzzi e all'elasticità degli arti per bloccare gli avversari. Ma Sacramento sapeva andare a canestro come poche squadre del basket moderno. Ben sette elementi della rosa segnavano una media a due cifre, primi fra tutti Webber (24,5) e Stojaković (21,2), ma anche riserve come le guardie Bobby Jackson (11,1) e Hedo Türkoğlu (10.1). Sulla carta Sacramento (anche senza Stojaković, limitato da una distorsione alla caviglia destra e fermo per le prime quattro partite) aveva più talento. «Volevamo usare i nostri cinque giocatori per battere i loro due» disse Carrill, riferendosi a O'Neal e Bryant. «Avevamo la profondità. La domanda era se la profondità potesse battere due superstar».

Per Gara Uno l'Arco Arena si riempì di una folla di 17.317 tifosi rumorosi, arrabbiati, fastidiosi e muniti di campanacci, a lungo digiuni e disperatamente in cerca di rivalsa su un odiato avversario. Non vedevano l'ora di assistere all'inizio dell'inevitabile distruzione dei Lakers. Il livello di decibel registrato all'interno di un palazzetto altrimenti dimenticabile (Marcos Bretón del *Sacramento Bee* lo definì «un vecchio, brutto granaio») arrivò a 112, l'equivalente del motore di un jet. Il rumore non accennò mai a diminuire.

Quello a cui assistettero i tifosi dei Kings, però, fu una resa senza condizioni. I Lakers segnarono il primo – e anche l'ultimo canestro di una netta vittoria per 106 a 99. O'Neal e Bryant realizzarono 56 punti complessivi, ma la stella più brillante fu quella di Horry, che arrivò a 18 punti segnati e 8 rimbalzi in quarantadue minuti di gioco. L'ala grande, al suo decimo anno in NBA, si infilò con disinvoltura nel punto debole della strategia di Adelman. I Kings, aveva deciso l'allenatore, avrebbero sfidato Los Angeles a batterli con qualcuno di diverso dalle due superstar. Dovevano circondare O'Neal sotto canestro, intrappolare Bryant quando andava in attacco e poi, ehm, sperare che gli altri arrancassero. E quindi Horry – libero come l'aria, ben lieto di tirare e sicuro più che mai – mise 6 su 12 dal campo. Sacramento non seppe come reagire. «Quel frastuono nel granaio dell'Arco non erano campanacci» scrisse Bill Plaschke del *Los Angeles Times*, «erano le sirene della scorta di polizia».

Se si vuole mangiare un boccone a Sacramento, c'è ben di peggio della Dawson's Steakhouse, istituzione della ristorazione locale fin dal 1988.

Insignita dei prestigiosi 'quattro diamanti' dall'American Automobile Association, Dawson's offre leccornie favolose come capesante scottate, cotoletta di maiale, ravioli ai funghi e bisque di aragosta.

E offre anche un hamburger da venti dollari.

Ma non è un semplice hamburger.

Il 'Dawson's Burger' è fatto con manzo SunFed, lattuga di prima scelta, pomodori biologici, cipolle rosse, cetriolini, una salsa segreta e una fetta di cheddar Fiscalini.

È succoso, fantastico e delizioso, e dopo averne mangiato uno nella sua camera all'Hyatt Regency Sacramento la sera del 19 maggio 2002 (il Dawson's si trova nel salone dell'albergo e fornisce il servizio in camera) Kobe Bryant soffrì di vomito e diarrea per ore.

E ore.

Per questo, quando arrivò all'Arco Arena per Gara Due, la carnagione di Bryant era di una sfumatura verde oliva marcia. Aveva la fronte imperlata di sudore. Teneva un cestino della spazzatura sempre a portata di mano, nel... caso... che...

Bleah!

...gli venisse ancora da vomitare.

Quando Bryant raccontò ai compagni del suo malessere e dell'hamburger, si drizzarono molte antenne. Era stato pianificato? Era un vecchio trucco alla Red Auerbach? Mettere un po' di sciroppo Ipecac nel ketchup ed eliminare Kobe Bryant? «Ero sconvolto e arrabbiato» disse Devean George, convinto che ci fosse un complotto. «E allo stesso tempo avevo paura. Pensavo 'Questa gente prende la partita così sul serio da arrivare a mettere qualcosa nel cibo di Kobe?' Ricordo benissimo l'aspetto che aveva. Stava malissimo».

Con tutti i suoi difetti, Bryant era un combattente. Circa trenta minuti prima della palla a due si staccò la flebo sistemata nella stanza dove la squadra si allenava e si trascinò in campo. Giocò quaranta minuti, più di tutti gli altri, e anche se il risultato di 9/21 al tiro non fu il massimo, i suoi 22 punti e 6 rimbalzi gridarono «Non riuscirete ad abbattermi!» sia a Sacramento che alla distribuzione americana degli hamburger.

I Kings vinsero per 96 a 90, con 21 punti di Webber e altri 20 di Bibby, che superarono i 35 di O'Neal. Ma nessuno dei difensori del titolo si preoccupò sul serio. Tutti pensavano che se Bryant fosse stato bene avrebbero vinto. I Lakers avevano perso soltanto due partite dei playoff in casa negli ultimi due anni e i Kings erano stati sconfitti sei volte su sei in postseason a La La Land. «Sinceramente attribuimmo la sconfitta al malessere di Kobe» disse Fox, che aveva segnato 10 punti nella partita persa. «Li rispettavamo, perché si rispettano gli altri giocatori dell'NBA. Ma non avevamo abbastanza paura di loro. Avevamo vinto due campionati e pensavamo 'Ma sì, è tutto sotto controllo. No problem'».

***

Le due squadre si riposarono per tre giorni interi prima di passare allo Staples Center e Divac – decano dei Kings che durante la regular season aveva segnato una media di soli 11,1 punti a partita – era più importante che mai. Era stato un giovane e stupido membro dei Lakers che avevano perso le finali del 1991 contro Chicago e l'esperienza gli aveva insegnato quanto fosse sottile la linea fra vittoria e sconfitta. Nonostante la presenza di Michael Jordan fra gli avversari, Divac era convinto (sinceramente) che Los Angeles fosse destinata a detronizzare i Bulls. Quando la serie si era conclusa in sole cinque partite era rimasto devastato.

Adesso a trentaquattro anni, con qualche filo grigio nella barba e tredici stagioni in NBA sulle spalle, Divac aveva guadagnato la prospettiva di un vecchio saggio del basket. Poteva guardare ragazzi come Webber e Bibby, con il loro ego e le loro cricche, e ricordare a tutti loro quanto fosse tutto molto effimero. Incoraggiava i compagni più giovani a cogliere le opportunità quando si presentavano, prima che svanissero. Divac sapeva che i Lakers non avrebbero ceduto facilmente. «Se perdiamo [Gara Tre]» disse ai giornalisti, «abbiamo l'uno per cento di possibilità di vincere la serie».

In quella che ancora oggi è considerata forse la partita più grandiosa nella storia della squadra, i Kings annichilirono i Lakers, guadagnandosi un vantaggio di 32 a 15 alla fine del primo quarto e trasformando i 18.997 spettatori in altrettante mummie. A metà partita il punteggio era di 52 a 40 e a 9:21 dalla fine i Kings avevano un vantaggio di 26 punti. A un certo punto, dopo aver rubato un passaggio di rimessa e centrato un tiro in sospensione, Bibby lanciò un grido barbarico che si sentì fino alle gradinate più alte. La sua squadra conquistò uno sconvolgente trionfo 103 a 90 e un vantaggio di 2-1 nella serie. «Non riesco a spiegarmelo» disse poi Bibby. «Ci sentivamo davvero forti sul campo, come se il nostro piano di gioco si svolgesse in modo perfetto».

«Ci hanno surclassato» disse Samaki Walker. «Non ci sono se, ma, e, a questo proposito».

Era il momento del panico. Solo che non era il momento del panico. Perché se c'era una cosa che Phil Jackson non faceva mai, era andare nel panico. Il giorno dopo la sconfitta si presentò al lavoro con un cappellino da basket con la scritta 'Blah, Blah, Blah' e quando gli chiesero di fare una valutazione del rovescio di fortuna della sua squadra sorrise, si rivolse a John Nadel dell'Associated Press e disse: «Pensiamo che sia tutto okay». Ed era la verità, pensava che per i Lakers fosse tutto okay. Avevano già vissuto quei momenti. Forse non in circostanze così gravi, ma c'erano stati periodi di fatica, in cui avevano annaspato. Per tutto il periodo della faida Shaq-Kobe, quando i giornalisti gli ponevano diecimila variazioni della stessa domanda: «La tua squadra sopravvivrà a tutto questo?», Jackson si era rifiutato di angosciarsi. E non lo avrebbe fatto neanche adesso. E nemmeno i suoi giocatori lo avrebbero fatto, peraltro. «Bene» disse Bryant. «Adesso non ci stiamo annoiando».

«Siete nei guai?» chiese un giornalista a un incredulo Fox.

«Siamo nei guai?» rispose lui. «Mi viene subito in mente la scuola, come se fossimo in punizione. Saremo nei guai se continuiamo a fare quello che abbiamo fatto nelle ultime due partite».

Anche se non lo dissero apertamente, i veterani dei Lakers – Fox e Horry, Bryant e O'Neal – dubitavano della determinazione dei Kings. Divac era un giocatore esperto che sapeva come affrontare i momenti duri. Ma Bibby aveva trascorso la maggior parte della carriera a Vancouver, terra di perdenti. Webber era un bamboccio lagnoso e viziato. Stojaković, che avrebbe dovuto rientrare più avanti nella serie, non era mai riuscito a segnare nei momenti cruciali. Durante Gara Tre Adelman si era ripetutamente lamentato con gli arbitri perché O'Neal superava la linea troppo presto dopo aver eseguito i tiri liberi. La superstar aveva risposto: prima liquidandolo con un commento: «Rick Adelman è lì a farsi ridere in faccia...», poi scrivendogli qualche rima hip-hop: «Don't cry / Dry your eyes / Here comes Shaq / With those four little guys».[24]

«Credo che tutti noi avessimo dei dubbi sulla loro determinazione» disse Fox. «Non pensavamo che avessero la forza di reggere fino in fondo».

Gara Quattro sembrò rispondere a questi dubbi.

Giocando ancora davanti a una folla ostile, in una città ostile, i Kings balzarono (attenzione: non è un errore di stampa) a un vantaggio di 40 a 20 nel primo quarto. Fu una dimostrazione di forza bruta cestistica: Webber che schiacciava con violenza su Fox, Bibby che si lanciava a canestro, Hedo Türkoğlu (titolare al posto di Stojaković) che si piazzava nell'angolo e centrava due tiri da tre punti. A un certo punto Grant Napear, il commentatore di Sacramento, si chinò sul microfono, ascoltò il silenzio del palazzetto e disse: «Sembra la biblioteca pubblica di Los Angeles». Chiunque avesse guardato abbastanza basket poteva riconoscere il linguaggio del corpo dei giocatori di Sacramento. Grondava sicurezza. Una sicurezza decisa, presuntuosa, arrogante. «Eravamo la squadra migliore, non c'erano dubbi» disse Bibby. «Eravamo noi i migliori».

Con 10:18 da giocare nel secondo quarto, un tiro da tre punti di Christie portò Sacramento a un vantaggio di 46 a 22 e quando Lindsey Hunter sbagliò la sua occasione da tre al possesso di palla successivo, tutto sembrò perduto. I Kings stavano per aggiudicarsi un vantaggio di tre partite a una nella serie, con due partite ancora da giocare in casa. Era finita, per quanto poteva esserlo una partita di NBA a metà tempo. Il pubblico era caduto

24 «Non piangere/asciugati gli occhi/Adesso arriva Shaq/coi suoi quattro amichetti» [N.d.T.]

nel silenzio. La squadra era morta. «Pensavamo 'Oh merda, sta succedendo sul serio'» ricordò poi Fox. «'Dobbiamo veramente riprenderci'».

Poi...

Come spiegarlo?

Nel terzo quarto i Lakers iniziarono la rimonta. Segnarono 22 punti contri i 15 dei Kings ed entrarono nel quarto quarto con il punteggio di 80 a 73. Quello che era stato discusso fino alla nausea sembrava essere sul punto di avverarsi. Essere un giocatore dei Lakers significava percepire il panico nella panchina di Sacramento. I Kings non facevano più battutacce, risate e sghignazzi erano stati sostituiti da facce scure. Adelman incito/implorò/pregò i suoi uomini di restare calmi e composti: «Fate come facciamo sempre!» Ma loro non si erano mai trovati in una situazione come quella. Con tutti i suoi successi nel basket, Webber, il più importante dei Kings, era famoso soprattutto perché non reggeva la pressione. Questa fama derivava da un episodio del 1993, quando quella che allora era la stella dell'università del Michigan aveva richiesto un ultimo time-out che la sua squadra non aveva in una partita del campionato nazionale che la sua squadra aveva perso contro North Carolina. Quello scivolone gli si era appiccicato addosso come una striscia di carta igienica alla suola della scarpa e lo seguiva ancora nei playoff del 2002. Chris Webber era un vincente? Nessuno lo sapeva, ma quando Bill Simmons di ESPN scrisse che «guardare C-Webb escogitare modi per sfuggire ai possessi di palla nei momenti critici è stata la sottotrama più interessante dei playoff» poche voci si alzarono in sua difesa.

Christie, la guardia tiratrice, non era meglio di lui. Una volta era stato una promessa dei Lakers, una scelta di Seattle al primo giro del draft del 1992 scambiata con Los Angeles a metà della stagione da rookie. Ma dopo la seconda stagione i Lakers si erano stancati. Nonostante le doti atletiche, Christie era di un'incostanza esasperante: «pensa alle riprese video dei canali sportivi invece che alle statistiche di gioco» aveva scritto Scott Howard-Cooper sul *Los Angeles Times*. Quindi era stato spedito ai Knicks e poi era finito a Sacramento. In stagione era andato bene, un *trash talker* acrobatico che faceva scattare una rissa a ogni minima occasione. Ma nei momenti chiave svaniva. Quando i Kings avevano bisogno di un tiratore, si ritirava nell'ombra. E questo era un problema. Perché nessuno dei Lakers si ritirava nell'ombra.

Quelli del quarto quarto furono, dal punto di vista della tensione drammatica, i dodici minuti più fantastici dello sport moderno. Con 6:33 da giocare Horry ricevette un passaggio da Hunter e infilò un tiro da tre da sette metri, riducendo il vantaggio dei Kings a soli 4 punti. Webber rispose con un tiro in sospensione che pochi secondi dopo fu pareggiato da Bryant. Non era facile capire dove sarebbe andata a parare la partita, soprattutto quando, nei successivi due minuti e mezzo, Los Angeles perse palla due volte per colpa di Bryant e una per colpa di George e O'Neal sbagliò un tiro, mentre Sacramento aumentò il vantaggio portando il punteggio sul 94 a 86. Türkoğlu, un ventitreenne di Istanbul che era solo alla seconda stagione, ricevette un passaggio da Christie, palleggiò due volte e centrò un tiro in sospensione sulla testa di Bryant con 1:52 da giocare. Il vantaggio dei Kings per 96 a 90 sembrava abbastanza sicuro.

Mentre Fisher palleggiava riportandosi nella metà campo avversaria, Marv Albert e Bob Costas, i due commentatori della NBC, cominciarono a sperticarsi sull'attacco di Sacramento, dimenticando momentaneamente l'azione che avevano sotto gli occhi. A quel punto Fisher si portò nell'area dei tre secondi e lanciò la palla a Fox, che si trovava dietro la linea dei tre punti. Il passaggio era leggermente alto e mentre Türkoğlu si avvicinava Fox – in un unico gesto fluido – lo prese, girò il torso e lo spedì a Horry, che era solo nell'angolo.

Con tutto il tempo a disposizione per allacciarsi le scarpe, studiare i vantaggi dell'energia solare, stringere la mano a Jack Nicholson e ascoltare per intero i quarantadue minuti e quarantasei secondi di *Music from 'The Elder'* dei Kiss, il miglior tiratore dalla distanza dei Lakers piegò le ginocchia, si librò nell'aria e infilò un tiro da sette metri, facendo vibrare il ferro. Il punteggio ora era 96 a 93. Il palazzetto, che meno di un'ora prima era immerso nel silenzio, rimbombava come una tempesta, e mentre Bibby costruiva metodicamente l'attacco di Sacramento nessuno osò sedersi.

Nel successivo minuto e ventiquattro secondi le squadre si scambiarono colpi: un tiro in sospensione di Bryant, qualche tiro libero di O'Neal, qualche tiro libero di Divac. Con 11 secondi da giocare Los Angeles chiamò un time out, mentre era in svantaggio per 99 a 97 e in possesso di palla. Quando il gioco riprese Fox fece una rimessa per O'Neal, che scattò dall'area dei tre secondi alla linea dei tre punti. Passò rapidamente a Horry, che girò la palla a Bryant, marcato stretto dal molesto Christie, il cui corpo sembrava sempre cambiare forma. L'orologio segnava 9 secondi ancora da giocare. Bryant piegò il torso, arretrò di un passo e mezzo, poi palleggiò a sinistra di Christie puntando al canestro. Mentre Divac si avvicinava a braccia tese, Bryant rilasciò uno di quei tiri sbilanciati, su un piede solo, *non hai proprio imparato niente?* che spingeva i compagni all'alcolismo. O'Neal recuperò il pallone e tirò a sua volta, colpendo il bordo del cerchio. Divac, il più saggio e svelto dei Kings, avrebbe potuto prendere il pallone. Avrebbe *dovuto* prendere il pallone. Invece, ripensando alle finali della Western Conference del 1991 contro Portland, quando Magic Johnson aveva recuperato un rimbalzo dell'ultimo minuto e aveva lanciato il pallone in fondo al campo per far finire il tempo, lo spinse fuori dalla pittura, verso la punta. Era esattamente dove Horry stava in attesa, dietro la linea dei tiri da tre. Il pallone rimbalzò fra le sue mani e, con meno di un secondo da giocare, lanciò una freccia diritta che...

«Horry per la vittoria!» gridò Marv Albert.

Rallentatore.

Rallentatore.

Rallentatore.

Rallentatore.

...si infilò nella retina.

Albert di certo disse qualcosa. Probabilmente «Sì!», o forse «Dov'è il mio furetto?» Qualsiasi cosa disse, l'esplosione di gioia incontenibile nel palazzetto relegò le sue parole nelle segrete dell'insignificanza. Horry fu inglobato dai compagni, Bryant lo prese fra le braccia, Walker gli sfregò i capelli corti. Aveva segnato 11 dei suoi 18 punti nel quarto quarto, quando la squadra ne aveva più bisogno. Horry non era un Chris Webber o un Doug Christie. Dopo ogni allenamento lui e Richmond restavano a lanciare dai duecento ai trecento tiri da tre. Avrebbe tirato in qualsiasi circostanza: «Nel caso peggiore, avrei sbagliato» commentò più tardi. «E allora?»

«Grazie a Dio la madre di Robert ha incontrato suo padre» disse O'Neal ridendo, poi. «Altrimenti non saremmo qui».

Bibby e i compagni, esterrefatti, uscirono dal campo e si infilarono nel tunnel, silenziosi e sconvolti. Il playmaker aveva dato tutto quello che aveva, totalizzando 21 punti, 4 assist e un cuore infranto in quarantasei estenuanti minuti. «Ho fatto un buon passaggio» commentò Divac più tardi, ironicamente. «A Robert Horry». Quando aggiunse che quel tiro era stato «fortunato», Horry fu pronto a ribattere.

«Lo faccio da sempre. Quindi [Vlade] lo dovrebbe sapere: potrebbe magari leggersi un giornale».

Se i Kings avessero vinto, la serie sarebbe stata loro, e lo sapevano.

Se i Lakers avessero perso, la serie sarebbe stata persa, e lo sapevano.

«È stato un finale miracoloso» disse poi Phil Jackson. «A volte ti chiedi se hai fatto tutte le cose giuste, e la fortuna sta dalla tua parte. Questa è una vittoria strappata dalle fauci della sconfitta. Una conclusione incredibile. Io non l'avevo pensata così, quindi non chiedetelo».

Marcos Bretón, del *Sacramento Bee*, stava all'Holiday Inn vicino allo Staples Center. Si svegliò nel cuore della notte, intontito e disorientato. «Mi sono sognato tutto?» si chiese. «Oppure i Kings hanno perso davvero?»

Che cosa sarebbe successo poi?

Nessuno poteva saperlo per certo, in effetti. Era possibile che le due squadre sarebbero tornate a Sacramento per Gara Cinque e che i Kings, traumatizzati, si sarebbero accasciati per esalare l'ultimo respiro. Era anche possibile che i Lakers – malconci, esausti, più vecchi degli avversari – si schiantassero a terra riducendosi a un mucchietto di pelle e capelli.

A quel punto della stagione (di qualsiasi stagione) le gambe e le braccia di O'Neal era ricoperte di graffi e lividi. I piedi gli facevano male, la testa gli pulsava e le mani si gonfiavano. Era l'uomo fisicamente più dominante della Lega, ma anche quello che prendeva più botte. Aveva sempre degli impacchi di ghiaccio e dei cuscinetti riscaldanti a portata di mano. «Ogni sera le prendeva di santa ragione» disse poi George.

Secondo i pronostici, Gara Cinque sarebbe stata sbilanciata, con una squadra che sfruttava le ferite infette dell'altra. In ogni serie c'erano una o due partite sballate, no? Ma non fu questo il caso. Los Angeles balzò in vantaggio per 33 a 27 ma O'Neal commise troppi falli e con 3:22 da giocare nel quarto quarto, e i Lakers in vantaggio per 85 a 84, fece la sua sesta infrazione. Bibby, il giocatore migliore dei Kings nella serie, infilò un tiro da sei metri e mezzo a 8,2 secondi dalla fine e la vittoria al cardiopalma di Sacramento per 92 a 91 la portò a una sola partita dalle Finals.

Più tardi Jackson e i suoi giocatori si scatenarono contro gli arbitri, che secondo loro avevano favorito Sacramento. Alcuni dei falli attribuiti a O'Neal sembravano inesistenti. Il gioco molto fisico di Webber non era stato sanzionato. Sull'ultimo possesso di palla, Bryant aveva sbagliato un tiro mentre la guardia dei Kings, Bobby Jackson, gli tirava la maglia fuori dai pantaloncini.

«Sono sicuro che fosse fallo» ammise lui stesso dieci anni dopo.

«Non puoi tirare fuori la maglia di un avversario senza fare fallo» commentò Fox più tardi. «Ma nella Lega un sacco di queste cose si lasciano correre».

Quelle parole si sarebbero rivelate una condanna.

La sesta partita era fissata per il 31 maggio a Los Angeles e i Kings erano di nuovo entusiasti. Avevano due possibilità per detronizzare un campione ferito ed erano certi che sarebbe successo al più presto. «Pensavo che la serie fosse finita, in base al loro modo di giocare e all'inerzia della situazione» ricordò poi Bibby. «Affrontammo Gara Sei sentendoci invincibili, davvero».

Quella notte, il telefono di casa O'Neal suonò alle due e mezza del mattino. Lui dormiva profondamente, con la figlia neonata Amirah sdraiata sul petto, e il rumore lo fece riscuotere. Una telefonata alle due e mezza del mattino significa che c'è un'emergenza. *Qualcuno stava male? Qualcuno era morto? C'era stato un incidente? La mamma? Le sorelle?*

«Pronto?» disse intontito O'Neal.

«Yo, Shaq. Sono io, Kobe».

Uhm...

«Grand'uomo» disse Bryant.

«Sì, che cosa c'è?» chiese O'Neal.

«Ho bisogno di te, domani» rispose Bryant. «Andiamo a fare la storia».

O'Neal non era il tipo di persona che avesse bisogno di discorsi motivazionali. Soprattutto da Kobe Bryant. E – in circostanze normali – sarebbe stato decisamente bizzarro che il giovane compagno di squadra lo chiamasse nel cuore della notte. O, per la verità, a qualsiasi ora del giorno. Ma quell'occasione era diversa. Era più pesante. La stagione era stata molto dura e adesso i Kings – che all'improvviso si erano fatti spavaldi, arroganti, irrispettosi – erano pronti a far fuori Los Angeles. Non era giusto.

Il pomeriggio successivo lo Shaquille O'Neal che arrivò allo Staples Center era lucido e determinato. Disse a Phil Jackson di dargli la palla, e poi di dargliela ancora. Era stufo marcio delle simulazioni di Divac. Ed era stufo di Scot Pollard, il centro di riserva, che prendeva dei tiri inaccettabili quando gli arbitri non guardavano. «Dammi la palla» gli disse. «Fammi correre».

Più o meno come nello scontro precedente, Los Angeles aprì Gara Sei con O'Neal (11 punti) e Bryant (9 punti) che univano le forze per portare i Lakers in vantaggio 28 a 26 nel primo quarto. E come nel precedente incontro, i giocatori di Sacramento non diedero gran peso alla cosa. E neanche al rumore dei tifosi. Le battutacce di Bryant non li toccarono. Lottarono per strappare un vantaggio di 56 a 51 a metà partita e alla fine del terzo quarto le squadre erano in parità a 75 punti.

E poi emersero sulla scena tre nuove star dell'NBA. Si chiamavano:

Dick Bavetta
Ted Bernhardt
Bob Delaney

Erano gli arbitri della serata.

Anni dopo, quando il sudore e il sangue della serata erano ormai evaporati, un ex arbitro NBA in disgrazia di nome Tim Donaghy fu accusato di aver truccato alcune partite che aveva diretto. Il 10 giugno 2008 il suo avvocato presentò un documento che spiegava come Donaghy avesse scoperto, fra le altre cose, che due degli arbitri avevano cercato di indirizzare Gara Sei per favorire Los Angeles, un tentativo segreto di fornire all'NBA un'altra serata di guadagni. Secondo questo documento: «Tim sapeva che gli arbitri A ed F erano 'uomini dell'azienda', che agivano sempre nell'interesse dell'NBA, e che quella sera era nell'interesse dell'NBA fare in modo che alla serie fosse aggiunta un'altra partita».

«Sacramento aveva la squadra migliore della Lega» dichiarò Donaghy nel 2017. «Ma gli arbitri e la Lega non permisero che vincesse il migliore».

Donaghy, un uomo affidabile quanto uno che fa il gioco delle tre carte su un marciapiede, diceva la verità? Improbabile. Ma il fatto che molti gli abbiano creduto dimostra quanto è ingrato il mestiere dell'arbitro. Quello che accadde negli ultimi dodici minuti della partita fu l'arbitraggio più sballato che si fosse mai visto. Per prima cosa, dopo aver giocato appena undici minuti Pollard uscì per falli. Poi, verso la fine dei tempi regolamentari, anche Divac uscì per falli. Con tre minuti da giocare e i Kings in vantaggio per 92 a 90, Webber prese la palla sul gomito sinistro e, guardando il canestro, superò Horry. Il suo tiro andò a canestro ma fu annullato perché la star di Sacramento fu accusata di aver spinto Horry con la spalla destra. Era assurdo: una piuma che colpiva un mattone. «Questa è una chiamata arbitrale terribile» disse Bill Walton della NBC.

Dopo qualche altro possesso di palla Bryant andò a fondocampo superando Christie e si vide deviare il tiro da un salto di Webber. Invece di assegnare il possesso di palla ai Kings, a Christie fu imputato un fallo fantasma.

L'errore peggiore si verificò a 12,6 secondi dalla fine, quando i Lakers andarono in vantaggio per 103 a 102 e batterono la rimessa. Mentre Horry era fermo a fondocampo e si guardava intorno per fare il passaggio, Bryant partì dalla linea dei tiri liberi e aggredì Bibby, colpendolo sul naso con il gomito destro. Delaney era a pochi centimetri. Non avrebbe potuto essere più chiaro neanche se Bryant si fosse presentato vestito da football americano come Mark Gastineau, ma il fallo *fu attribuito a Bibby.* «Mike viene colpito in faccia da Kobe» disse poi Pollard «ed è fallo di Mike Bibby. E tu stai seduto lì e cerchi di riderci su». Dal naso di Bibby scorreva il sangue. Si era accasciato a terra per il dolore. Era stato un placcaggio degno della NFL, violento e messo in atto con le peggiori intenzioni. «Kobe Bryant» disse un incredulo Walton «*ha calpestato* Mike Bibby per prendere la palla».

Pochi attimi più tardi, mentre la panchina dei Kings implorava Bavetta e Bibby veniva medicato, Bryant piazzò due tiri liberi garantendo ai Lakers una controversa vittoria per 106 a 102. Nel quarto quarto Los Angeles aveva avuto ventisette tiri liberi e Sacramento soltanto nove. Con Pollard e Divac ammanettati e spediti in panchina, O'Neal totalizzò 41 punti e 17 rimbalzi. Scrisse Simmons di ESPN: «Le voci secondo cui David Stern voleva imitare Vince McMahon e dichiararsi 'arbitro ospite speciale' per questa partita si sono rivelate infondate».

Nessuno dei Kings ebbe la forza di ridere.

***

Ci fu una settima partita.

Si tende a dimenticarlo, soprattutto dopo qualche anno, per quanto era stata tempestosa la partita conclusasi con *Lakers 106, Kings 102.* Ma dopo una sola giornata di riposo le squadre tornarono all'Arco Arena per il capitolo finale di uno scontro affascinante che, scrisse Chris Dufresne sul *Los Angeles Times*, «potrebbe essere la serie più appassionante dopo *I Sopranos*».

Usciti dall'improbabile trionfo di Gara Sei, i giocatori dei Lakers trasudavano sicurezza.

Usciti dalla devastante sconfitta di Gara Sei, i giocatori di Sacramento erano... terrorizzati.

Attenzione, non tutti. Divac e Bibby erano pronti a scendere in campo, così come Bobby Jackson e Scot Pollard. Ma mentre i Lakers erano tranquilli e rilassati nel loro spogliatoio, in quello dei padroni di casa la situazione era molto tesa. I giocatori di Los Angeles avevano trascorso le ultime ventiquattro ore a cantare come fringuelli, dicendo ai giornalisti vicini e lontani che i Kings stavano per esalare l'ultimo respiro. Faceva tutto parte del grande piano di Jackson. «Sapevamo che tutti loro leggevano i giornali e volevamo che sapessero quanto poco ci importava di loro» disse Fox. «Sapevamo che avremmo creato tensione. Non avevano la resistenza mentale». I media restarono colpiti dalla differenza dei toni che venivano usati, così come dal rifiuto di alcuni del Kings di superare l'arbitraggio di Gara Sei. «Continuavano a frignare e lamentarsi per come erano stati trattati» disse Voisin, l'editorialista del *Sacramento Bee*. «Io li capivo, perché era stato indegno. Però forza, ragazzi. C'è una partita da giocare». All'inizio del primo quarto, durante una pausa, un gruppo di bambini che ballavano la break dance occupò il campo per un'esibizione di un minuto. I giocatori dei Kings, che stavano ascoltando attentamente le istruzioni di Adelman, non se ne accorsero neanche. I giocatori dei Lakers, tranquilli e rilassati, guardarono il numero ridacchiando. «Erano molto calmi» disse Voisin, «e i giocatori di Sacramento erano tesissimi».

La partita fu estenuante. Estenuante da giocare e perfino da guardare. Un palazzetto gremito e rumoreggiante pregò, addirittura implorò i Kings di vincere. Los Angeles voleva vincere, ma Sacramento *aveva bisogno* di vincere. Tutti quegli anni a vagare nel deserto. Tutto quel senso di impotenza.

Per poco non funzionò. Dopo essere andati sedici volte in parità e dopo che la squadra in vantaggio era cambiata diciannove volte, i Kings aveano tenuto duro e a 13 secondi da giocare nel quarto quarto avevano davanti lo scenario perfetto. I Lakers erano in vantaggio per 99 a 98, ma quando Türkoğlu superò Brian Shaw palleggiando ed entrò nell'area dei tre secondi, Fox fece lo stupidissimo errore di lasciare il suo uomo libero nell'angolo, appena oltre la linea dei tre punti («Chiamavamo Rick 'Blondie'» raccontò in seguito Jackson, «perché a volte non usava il cervello».)

Quell'uomo era Peja Stojaković.

Anche con una caviglia destra malandata era il miglior tiratore in campo, un cecchino dalla lunga distanza che avrebbe giocato in tre All-Star Game e sarebbe stato fra i primi venti tiratori da tre punti in sette diverse stagioni. «Non era il numero uno dei Kings» disse Fox, «ma era un giocatore che non volevi lasciar tirare da quella posizione».

Türkoğlu trovò il compagno tutto solo e il passaggio fu perfetto. Non appena Stojaković ricevette il pallone, l'Arco cominciò a rumoreggiare. Era tutto perfetto. La flessione del ginocchio. L'angolazione. La spinta. Il rilascio.

La palla salì...

E salì...

E salì...

E colpì... il nulla. Troppo a destra.

«Air ball!» gridò Albert, sconvolto. «Peja Stojaković ha tirato un air ball!»

Pochi secondi dopo, i due tiri liberi di Bibby mandarono la partita ai tempi supplementari, ma Sacramento era sfinita. Erano soldati alla fine della prima battaglia, senza più munizioni. Nel periodo aggiuntivo Webber non volle più avere niente a che fare con il basket e Bobby Jackson – sicuro come qualsiasi altro Kings – fu lasciato in panchina da Adelman. Il problema maggiore fu Christie, che totalizzò 2/11 al tiro e si comportò in modo goffo, nervoso e indeciso. I Kings si trascinavano sul punteggio di 108 a 106 con 24 secondi da giocare quando Bibby lo trovò tutto solo dietro la linea dei tre punti. Christie («Non vuole saperne di questo tiro!» disse Walton) lanciò il mattone di tutti i mattoni, un missile che rimbalzò sul tabellone e finì fra le braccia di Horry. Sarebbe stato divertente, se non fosse stato così patetico.

«Sapevo che alcuni di loro erano nervosi» raccontò poi Fox. «Forse lo si dice troppo spesso, ma l'esperienza conta. E loro non avevano molta esperienza».

Alla fine i Lakers se ne uscirono con una vittoria per 112 a 106 e un biglietto per la terza finale NBA consecutiva. Il sentimento collettivo fu di sollievo, ma non di beatitudine. Certo, se l'erano cavata. Però, parafrasando Rocky Balboa che descriveva l'incontro con Ivan Drago, dentro di loro si erano rotte cose che non sarebbero mai state aggiustate. I giocatori di Los Angeles erano sollevati, sfiniti, prosciugati. «Quella serie» raccontò poi Mitch Richmond, «fu puro dolore. Avevo giocato sette anni a Sacramento e avevamo sempre fatto schifo. E adesso riesco ad arrivare ai Lakers e i Kings ci battono? No, no, no. Probabilmente giocai cinque minuti in tutto, ma la mia canotta restò impregnata di sudore per tutto il tempo. Fu spaventoso, ma alla fine vincemmo. Avrebbe potuto andare peggio».

Non c'è dubbio.

Diciassette anni dopo, i Kings non sono ancora riusciti ad aggiudicarsi un biglietto per le finali NBA.

Tre giorni dopo aver eliminato Sacramento, i Lakers ospitarono New Jersey nella prima gara delle finali NBA.

Yawn.

Già, c'era da sbadigliare.

Era come mangiare al Burger King dopo un banchetto di nove portate in un ristorante stellato. I Nets erano una squadra da cinquantadue vittorie in stagione regolare con una superstar, il playmaker Jason Kidd, e un mucchio di *mah* che nelle rotazioni di Jackson sarebbero stati il sesto o il settimo uomo. Il miglior marcatore, l'ala grande Kenyon Martin, segnava una media di 14,9 punti a partita e il secondo marcatore migliore, l'ala Keith Van Horn, ne segnava 14,8. Un solo occupante del pianeta Terra, Charles Barkley di TNT, pronosticò che i Lakers avrebbero avuto dei problemi. Nessun altro (letteralmente, neanche un'anima) pensava che i Nets avessero una possibilità di vittoria. Diamine, nemmeno i Nets pensavano che i Nets avessero una possibilità di vittoria.

«Eravamo davvero convinti di poter vincere?» si chiese Kerry Kittles, la guardia tiratrice veterana, qualche anno dopo. «Non lo so. Probabilmente no».

Per Brian Scalabrine, un rookie che giocò da ala di riserva uscito dalla Southern Cal, la triste realtà della situazione si dimostrò durante Gara Tre, giocata alla Continental Airlines Arena di East Rutherford, in New Jersey. A metà del terzo quarto, i Nets – che nella serie erano in svantaggio per due partite a zero – si ritrovarono sotto 70 a 59 quando (*bam!*) tutto sembrò andare a posto. Kidd cominciò a centrare tiri in sospensione e a spingere il pallone oltre le difese di Los Angeles. Kenyon Martin mise in atto tutta una serie di azioni in post basso. Richard Jefferson schiacciò, e poi schacciò ancora. «Stavamo invadendo tutto il campo» raccontò poi Scalabrine. «Era il miglior basket che avessimo mai giocato, al massimo livello. Poi guardai il tabellone dei punti».

Con 8:48 ancora da giocare, i Nets conducevano per 90 a 83.

«Allora mi resi conto che non li avremmo battuti. Giocavamo al meglio delle nostre possibilità, gli impedivamo di fare il loro gioco, e non era neanche lontanamente abbastanza. Mi sembrava che avremmo dovuto essere in vantaggio di trenta punti. Erano proprio di un altro livello».

Scalabrine aveva ragione. I Nets persero per 106 a 103, e alla partita successiva i Lakers conclusero la più dimenticabile delle finali con una vittoria schiacciante. O'Neal, con una media di 36,3 punti e 12, 3 rimbalzi a partita, la migliore della squadra, massacrò per tutto il tempo i tre giocatori più grossi dei Nets (Jason Collins, Aaron Williams e Todd MacCulloch) che non poterono fare altro che stare a guardare, con un'alzata di spalle, mentre lui vinceva il premio MVP delle Finals.

«A volte non sei abbastanza bravo» commentò Collins. «E noi eravamo così, non abbastanza bravi».

I Lakers furono la prima squadra a vincere tre titoli NBA consecutivi dopo i Chicago Bulls di Jackson fra il 1996 e il 1998.

L'obiettivo adesso era il quarto.

13
Ci stiamo annoiando

Il 25 giugno 2002 Will Smith (detto anche The Fresh Prince) lanciò il suo terzo album in studio da solista, dall'umile titolo *Born to Reign.* Nella prima settimana vendette sessantamila copie e raggiunse il tredicesimo posto nella classifica americana di *Billboard 200.* Alla Columbia Records erano abbastanza soddisfatti.

Poi (*puf!*) svanì nel nulla.

C'erano vari di motivi. Il singolo di apertura, *Black Suits Comin'* (Nod Ya Head), era probabilmente la peggiore canzone hip-hop nella storia delle canzoni hip-hop. Il secondo singolo, *1.000 Kisses* è un frullato di escrementi di cane messo in musica. Il cd era uscito soltanto un mese dopo che Eminem aveva pubblicato il fantastico *The Eminem Show,* e l'interesse nei confronti dei messaggi ottimistici e delle annacquate rime di Smith era ai minimi storici.

Ma soprattutto, il pubblico era semplicemente esausto.

Negli ultimi quindici anni Smith era stato dappertutto come rapper, come attore e come ospite delle trasmissioni in tarda serata. Lo avevamo visto come membro del duo *DJ Jazzy Jeff and the Fresh Prince,* lo avevamo visto in *Independence Day* e *Bad Boys* e *Wild Wild West,* avevamo ascoltato *Gettin' Jiggy wit It* almeno diciassette milioni di volte in uno spietato loop radiofonico. Dopo un po' lo spettacolo divenne stantio perché qualunque spettacolo dopo un po' diventa stantio, inevitabilmente.

Nell'estate del 2002, proprio mentre *Born to Reign* veniva schernito e definito spazzatura, ci si stufò anche dei Los Angeles Lakers.

Era troppo, come le assurdità di Will Smith. I tre titoli consecutivi. Le parate. Lo scontro Shaq-Kobe. I discorsi da maestro Zen di Phil Jackson. L'inflazionata *I Love L.A.* di Randy Newman sparata a tutto volume nello Staples Center dopo ogni vittoria dei Lakers. Jack Nicholson seduto a bordocampo. Dyan Cannon seduto a bordocampo. Leonardo DiCaprio seduto a bordocampo.

Certo, a La La Land funzionava bene. Ma all'NBA stavano perdendo la pazienza. Pochi avversari avevano qualcosa di buono da dire su Bryant. E ancora meno allenatori avversari apprezzavano Jackson. E per quanto O'Neal fosse un orsacchiottone adorato da tutti, anche lui era cambiato. Il 5 agosto 2002 Chick Hearn, l'iconico speaker dei Lakers, morì all'età di ottantacinque anni e O'Neal, che di solito era così attento, non si presentò a rendere omaggio. La sua scusa («emergenza familiare») fu liquidata come crudele e priva di tatto. Da Kareem Abdul-Jabbar a Magic Johnson, da James Worthy a Byron Scott a Pat Riley, praticamente ogni membro dell'universo dei Lakers si preoccupò di stare vicino alla famiglia di Hearn. Ma non Shaq. Bill Plaschke scrisse sul *Los Angeles Times*: «Pochi dei partecipanti al funerale [di Hearn] dimenticheranno tanto presto che Kobe Bryant c'era, ma O'Neal era assente».

Come se non bastasse, O'Neal aveva aspettato più di tre mesi dopo la conclusione della stagione 2001-02 prima di programmare il necessario intervento chirurgico all'alluce destro, artritico. Questo fece infuriare Mitch Kupchak, Phil Jackson e Bryant, nessuno dei quali riusciva a capire perché il fulcro della squadra avesse volontariamente deciso di saltare una parte della stagione successiva, quando avrebbe potuto evitarlo. Come la giustificazione per aver disertato il funerale, anche in questo caso le spiegazioni di O'Neal («Abbiamo dovuto sentire tre opinioni diverse perché c'è in gioco il mio futuro, la mia vita») erano fesserie. Detto in parole semplici, era un uomo che dava valore alla pausa estiva e non voleva passare l'estate col piede ingessato. E quindi – al diavolo lo stipendio da 23,5 milioni di dollari – aveva aspettato e insistito per gestire il problema «nel tempo in cui era pagato».

«Quale tipo di atleta direbbe mai una cosa del genere?» commentò Peter Cornell, il centro di medio livello che aveva partecipato al ritiro del 2001 con la squadra. «Nessun vero giocatore lo direbbe mai. Ma Shaq aveva un approccio diverso».

«Prima disse che voleva sentire un altro parere medico» ricordò poi Jackson. «Ma poi confessò che in vacanza si stava divertendo troppo».

Secondo diversi compagni di squadra e allenatori, la fame che in passato aveva motivato O'Neal portandolo ai tre titoli consecutivi era scivolata via. I commenti che Bryant aveva sempre fatto sull'indifferenza dell'altra superstar della squadra erano stati sempre accartocciati e buttati nel cestino da tutti gli altri, ma all'apertura del training camp alle Hawaii quell'anno fu difficile ignorarli. Non solo O'Neal restò fermo per nove settimane dopo l'operazione – ma era anche grasso e goffo, chiaramente non pronto per giocare. Le sue vacanze estive erano dedicate a mangiare, bere, gestire sponsorizzazioni, registrare album hip-hop, inaugurare locali notturni, assistere a prime cinematografiche, vivere notti brave e fare viaggi stravaganti. Non appena suonava l'ultima sirena della stagione del basket, sospendeva la sua identità di giocatore dei Lakers e assumeva quella di Shaq Fu, esuberante personaggio da cartoni animati. Era Kazaam in carne e ossa.

«Shaq era con la squadra per rimettersi in forma» raccontò poi A.J. Guyton, una guardia al ritiro. «Ma faceva sollevamento pesi? No». Mentre i Lakers si aspettavano che camminasse sul *tapis roulant,* facesse stretching o si dedicasse ad altri esercizi poco divertenti, lui era completamente inaffidabile. A volte ascoltava i consigli di Gary Vitti, il preparatore atletico, altre lo ignorava come se fosse un tifoso molesto in cerca di un autografo.

Quando c'era da divertirsi, O'Neal era sempre il primo, piede dolorante o no. Un giorno, a metà del ritiro, i Lakers portarono i giocatori in autobus a una vicina base militare per una battaglia a paintball. Bryant e O'Neal vennero eletti capitani e formarono le proprie squadre. Ne seguì uno scontro militare all'ultimo sangue. «Io ero nella squadra di Kobe, e lui e Shaq erano veramente accaniti» raccontò poi Jannero Pargo, una guardia rookie dei Lakers uscita dall'università dell'Arkansas. «Erano soltanto proiettili di vernice, ma a un certo punto Kobe mi ha guardato dritto negli occhi, ha puntato due dita verso i propri e ha gridato: 'Vai! Vai!' Era un capo militare senza alcun riguardo per la mia vita. Shaq era uguale. Avevano bisogno di vincere».

A partire dal 2002 O'Neal trovò uno sponsor che lo pagava per partecipare a una festa in ogni città visitata dalla squadra. Anche quando non giocava, lui faceva in modo di esserci sempre. «Era un turbine» disse Pargo. «Arrivavamo in albergo, lui buttava i bagagli in camera, aveva un taxi ad aspettarlo per andare alla festa, stava lì trenta minuti, veniva pagato e se ne andava. Si chiamavano SHAQ'S PARTY o qualcosa del genere, alle persone bastava essere vicino a lui. Un periodo assurdo».

O'Neal si divertiva come un matto. Ma le altre squadre cominciavano a sentire l'odore del sangue. Dal punto di vista cronologico O'Neal era al culmine della carriera. Certo, i centri si logorano più in fretta delle guardie e delle ali. Ma per un lungo così dominante il trentesimo compleanno non era certo il rintocco della campana a morto. Anzi, se mai era l'apice della parabola. A trent'anni gli specialisti dei canestri in post erano al massimo della forma. A trent'anni Bill Russell aveva una media di 14,1 punti e 24,1 rimbalzi per i Boston Celtics, campioni del mondo nella stagione 1964-65. A trent'anni Wilt Chamberlain aveva totalizzato una media di 24,1 punti e 24,2 rimbalzi per i Philadelphia 76ers, campioni del mondo nella stagione 1966-67. A trent'anni Kareem Abdul-Jabbar aveva una media di 25,8 punti e 12,9 rimbalzi per i Lakers della stagione 1977-78.

O'Neal però non si prendeva cura di se stesso e lo sapevano tutti. A ogni stagione con i Lakers sembrava un po' più lento, un po' meno atletico, un po' più incline agli infortuni, sempre straordinario per l'ottantacinque per cento del tempo, ma non per il cento per cento come era stato in passato.

C'era un motivo serio per cui il 6 agosto 2002 i New Jersey Nets – da poco distrutti da Los Angeles – avevano scambiato l'ala Keith Van Horn e il centro Todd MacCulloch con il giocatore dei 76ers Dikembe Mutombo, quattro volte Difensore dell'Anno dell'NBA. Il titolo dell'*Asbury Park Press* diceva I NETS SVELANO IL DISPOSITIVO ANTI-SHAQ. Nel concludere la transazione il general manager di New Jersey, Rod Thorn, disse ai giornalisti che il nuovo centro poteva fare la differenza fra un'apparizione alle Finals e un trionfo: «Abbiamo la possibilità di diventare la miglior squadra difensiva dell'NBA».

Circa una settimana dopo i Sacramento Kings assunsero Keon Clark, il centro free agent da due metri e undici centimetri per cento chili, con un contratto da 4,5 milioni di dollari per un anno: «Un'altra montagna di muscoli per arginare Shaquille O'Neal dei Lakers» recitava un articolo dell'Associated Press.

La più notevole acquisizione anti-Shaq avvenne il 26 giugno del 2002 quando gli Houston Rockets usarono la prima scelta del draft per prendere Yao Ming, il centro alto due metri e ventinove centimetri per centoquarantuno chili che di recente aveva messo a referto una media di 38,9 punti e 20,2 rimbalzi a partita nei playoff della Chinese Basketball Association con gli Shangai Sharks. Anche se aveva soltanto ventun anni e non era abituato alle competizioni ad alto livello, l'arrivo di Yao fu considerato una sfida diretta al trono di O'Neal come giocatore fisicamente più potente dell'NBA. Certo, Shaq era alto. Ma non *così alto*. Nel giro di qualche settimana, nelle radio di Houston cominciò a circolare una canzone intitolata semplicemente *Yao Ming* e Steve Francis, la guardia superstar dei Rockets, cominciò a essere presentato al pubblico come «compagno di squadra di Yao Ming». Si parlava – scherzando solo in parte – di una dinastia Ming.

In poche parole, le altre ventotto squadre dell'NBA stavano facendo di tutto per scalzare i Lakers. Se questo significava copiare alcuni elementi del triangolo (come molte squadre cercarono di fare), benissimo. Se significava acquistare Mutombo o Clark, benissimo. Se significava importare il miglior centro cinese, benissimo. E se significava mettersi a picchiare duro, erano pronti.

La sera del 23 ottobre 2002, sei giorni prima delle partite inaugurali di entrambe le squadre, i Kings e i Lakers si incontrarono per un'amichevole allo Staples Center. Non doveva essere nulla più che un innocuo riscaldamento, un'ultima opportunità di mettere a punto le rotazioni, far fare un po' di esperienza ai rookie, permettere a Phil Jackson e Rick Adelman di abituarsi agli elementi messi a disposizione dai general manager.

Invece si trasformò nella Terza guerra mondiale.

La partita cominciò con Doug Christie, la guardia tiratrice di Sacramento, che si fece avanti contro Rick Fox, l'ala piccola di Los Angeles. E anche se quella serata non contava nulla, Christie si rifiutò di nascondere il suo odio inveterato verso i Lakers e tutto ciò che rappresentavano. Erano passati soltanto cinque mesi da quando i Kings erano stati eliminati nel peggiore dei modi e la ferita era ancora aperta. Christie, in particolare, ai playoff era stato uno dei peggiori, e aveva tirato malissimo. E quindi, affamato di rivalsa in territorio ostile, si incollò a Fox come se quella fosse Gara Otto delle finali della Western Conference. Fox non lo apprezzò. «Mi stava adosso come la merda» raccontò poi. «Io pensavo 'Ugh, amico, e dai, fatti più in là. È solo la preseason. Rilassati'».

Christie non la smetteva di assillarlo e Fox si rese conto che l'avversario stava cercando di impostare il tono della stagione che stava per cominciare. «L'ultima cosa che volevo» spiegò in seguito, «era che Doug Christie pensasse di avere un vantaggio su di me». Di conseguenza, dopo poco più di due minuti dall'inizio della partita, Fox raccolse un pallone vagante e piantò il gomito destro nel petto di Christie. Il giocatore dei Kings cadde all'indietro, si rialzò e andò verso il rivale, che lo colpì al mento con un diretto sinistro. Christie rispose a sua volta con un sinistro e Clark – nel momento più significativo di tutta la sua stagione successiva – intervenne per fermarli.

Entrambi i giocatori furono espulsi e Fox pensò fra sé «È arrivato il momento di ucciderlo». Soprattutto quando vide Christie che festeggiava con i compagni e si godeva la gloria di aver aggredito il nemico. Solo che, be', Fox non poteva uccidere quel tizio sul campo, sotto gli occhi di tre arbitri. Quindi aspettò. Christie uscì dal campo attraverso un tunnel, e Fox attraverso l'altro. Continuò a camminare senza fretta, quasi passeggiando, addentrandosi nelle viscere buie dello Staples Center. Poi, lo scatto. Fox sfrecciò attraverso il corridoio e verso l'altro tunnel, dove individuò Christie che se la rideva con gli addetti alla sicurezza dei Kings. Senza pensarci due volte si lanciò su Christie, saltando per piazzare un calcio volante alla Bruce Lee. Ma non andò come previsto. «Quando lo colpii al petto, Doug mi afferrò il piede» raccontò poi Fox. «E così mi ritrovai a saltellare su un piede solo, gli addetti alla sicurezza dei Kings mi afferrarono e la moglie di Doug [Jackie] cominciò a roteare la borsetta. Doug iniziò a picchiarmi e io lo presi alla gola, mentre le guardie di sicurezza dello Staples Center arrivarono e cercarono di separarci. Ma quando mi presero lasciarono Doug libero di colpirmi. Mi stavo ritirando dietro le tribune, andava tutto male quando sbucò dal nulla...»

...Shaquille O'Neal.

Ancora convalescente dall'operazione chirurgica, era stato seduto a bordocampo per tutta la partita, con un vestito floscio a quadri blu e beige che ricordava il pigiama del nonno degli anni Settanta. Quando Fox si era infilato nel tunnel, Jerome Crawford, la sua guardia del corpo, gli aveva battuto sulla spalla per sussurrargli: «Rick sta per darci dentro».

O'Neal era partito a razzo verso il fondo del palazzetto. Non appena aveva visto la rissa fra Christie e Fox, aveva ripescato la sua voce più profonda e aveva gridato: «Che cosa succede qui?!» Sembrava André the Giant che andava a salvare Bob Backlund ai bei tempi della World Wrestling Federation. Lo scontro si fermò immediatamente. Christie arretrò. La moglie di Christie arretrò. Fox, dopo un'ultima spinta, andò a raggiungere O'Neal, che lo accompagnò fino allo spogliatoio dei Lakers.

«Amico, ma sei matto?» gli disse O'Neal. «Che cosa pensavi di fare?»

Fox non battè ciglio.

«Pensavo che dobbiamo difendere chi siamo».

Non sarebbe stato facile.

A eccezione di due trascurabili rookie, Pargo e Kareem Rush, e dell'acquisto di un'esperta ala piccola di nome Tracy Murray, i Lakers del 2002-03 erano praticamente gli stessi della stagione 2001-02. Il che significava che una rosa già piuttosto attempata era soltanto un po' più attempata. Ormai cinque membri della squadra avevan trent'anni o più ed era una preoccupazione legittima. Il basket è uno sport per giovani, inadatto a gambe vecchie.

La stagione cominciò il 29 ottobre contro San Antonio allo Staples Center, con O'Neal in panchina vestito in modo sportivo e un quintetto iniziale composto dalle guardie Derek Fisher e Kobe Bryant, dalle ali Robert Horry e Devean George e dal centro Soumalia Samake.

Un attimo.

Uuuun attimo.

Soumalia Samake?

Già, Soumalia Samake. Da non confondersi con Saylac, in Somalia, o con Nakajima Sakae, o con un centro che legittimamente gioca dell'NBA. Nato e cresciuto in una fattoria della piccola città di Bougouni, in Mali, Samake era stato scoperto dai talent scout americani nel 1997 quando Joby Wright, il capo allenatore dell'università del Wyoming, cercava talenti internazionali sconosciuti per i Cowboys. Invece di andare negli Stati Uniti però Samake era andato al Geoplin Slovan, una squadra professionistica slovena, per guadagnare dei soldi da inviare alla famiglia. Un anno dopo Scott Spinelli, assistente allenatore dell'American University, assisteva agli African Games quando vide un ragazzo alto e simile a Manute Bol che giocava in un campetto all'aperto, con migliaia di pipistrelli che volavano intorno. Gli animali sfrecciavano in tutte le direzioni ma Samake – alto due metri e tredici centimetri per novanta chili di peso – sembrava non accorgersene neanche e deviava ogni tentativo di tiro degli avversari, completamente sopraffatti. Nel giro di diciotto mesi Spinelli diventò assistente allenatore dei Cincinnati Stuff in una lega minore, la International Basketball League, e Samake – selezionato al dodicesimo giro del draft – divenne il suo centro titolare.

Giocando contro avversari piuttosto scarsi, Samake fu nominato Difensore dell'Anno della IBL nel 2000, con una media di 2,7 stoppate, 9,7 punti e 7,6 rimbalzi a partita. Nel draft NBA di giugno fu selezionato da New Jersey con la trentaseiesima scelta in assoluto e il general manager dei Nets John Nash gli offrì uno dei migliori non-complimenti nella storia dello sport moderno dichiarando alla stampa che «non ha una gran varietà di movimenti, ma ha delle mani decenti».

L'anno in New Jersey di Samake, caratterizzato da trentaquattro partite con una media di 1,4 punti segnati, fu sintetizzato al meglio da Steve Adamek di *The Record*, che gli assegnò un due in pagella alla fine della stagione con i Nets: «La differenza fra lui e Manute Bol, un altro progetto a lungo termine? Quindici centimetri».

Trascorse la stagione successiva in Italia, poi partecipò alla Summer Pro League dell'NBA nel 2002, a Long Beach, con la squadra dei Lakers. Anche se totalizzò soltanto 3,8 punti e 6 rimbalzi a partita, era... ehm... molto alto. E con O'Neal in naftalina, un giocatore alto era meglio che un giocatore non alto. «Andrà bene» disse O'Neal. «È giovane. Quindi andrà bene».

Come i tifosi dei Lakers scoprirono quasi subito, Soumalia Samake non andava affatto bene. Gli Spurs balzarono in vantaggio nel primo quarto per 24 a 18 con David Robinson e Tim Duncan, le torri gemelle superstar in post basso, sempre attaccati al canestro. Samake intanto giocava come se avesse le ginocchia incollate fra loro. Il primo tentativo di tiro dal campo con la divisa dei Lakers fu un tiro in sospensione da tre metri: un mattone. Il suo istinto per il gioco era inesistente: una serie di salti fuori tempo e passaggi imprevedibili. Per Samake il pick and roll era qualcosa che si guardava da lontano.

Quando fu pietosamente sostituito da Tracy Murray a quattro minuti dalla fine del primo quarto, i 18.997 spettatori gli offrirono un applauso di scherno. Quando la polvere si posò e la partità si chiuse con un trionfo di San Antonio per 87 a 82, Samake uscì dal palazzetto con tredici minuti giocati, 2 punti e 6 rimbalzi. Il numero della sua canotta, lo zero, sembrava decisamente appropriato.

La sera successiva Los Angeles perse ancora, questa volta per 102 a 90 a Portland, poi vinse due partite prima di perderne quattro consecutive che diventarono sette sconfitte su otto partite. Il 20 novembre, dopo una sconfitta a San Antonio per 95 a 88, il record di Los Angeles era di tre vittorie e nove sconfitte e la squadra era in fondo alla classifica della Pacific Division, con cinque partite e mezza di distacco da Seattle. I quattro principali colpevoli erano (1) O'Neal, che era fermo per un'operazione chirurgica che avrebbe dovuto fissare mesi prima; (2) Samake, un John Shasky dei poveri la cui ignobile carriera presso i Lakers terminò a fine novembre, quando il giocatore del peso di centoquattro chili fu sospeso perché trovato positivo agli steroidi (fra tutte le cose possibili); (3) Bryant, che aveva interpretato l'assenza di O'Neal come un'occasione d'oro per tirare senza criterio; (4) Jackson, che non aveva fatto nulla per fermarlo.

L'improvvisa impotenza del capo allenatore era irritante. Nei suoi tredici anni di gestione a Chicago e Los Angeles, non aveva mai evitato lo scontro con un giocatore. Se doveva rimproverare Michael Jordan perché non passava il pallone, lo faceva. Se doveva fare la ramanzina a O'Neal perché si tenesse in forma, lo faceva. Adesso invece, con il centro immobilizzato e la squadra alle corde, Jackson restava in silenzio. Aveva una sola speranza, ed era Kobe Bryant. L'imperfetto, seccante, ostinato Kobe Bryant.

Era convinto che le squadre in certe occasioni dovessero cavarsela da sole. Però i Lakers non ci stavano riuscendo. Murray, appena arrivato dopo due stagioni a Toronto sotto Larry Wilkens, era sbalordito dal fatto che il nuovo allenatore non si facesse avanti per dire la sua. Nel corso delle prime difficili partite Murray aveva chiesto a Jackson se potevano discutere del suo posto nelle rotazioni.

«Quando avrò tempo parlerò con te» gli aveva risposto Jackson bruscamente.

Mhmm...

«Era stata una conversazione di due minuti e non venne mai ripresa» raccontò poi Murray. «Phil non parlò mai con me. O con un sacco di altri giocatori. Non era quello che mi aspettavo al mio arrivo».

Quello che stupiva Murray più di tutto non era tanto il proprio ruolo limitato (giocava soltanto 6,2 minuti a partita) ma il fatto che la squadra si affidasse ossessivamente a Bryant per ogni cosa. Horry aveva dimostrato di saper segnare. Fox lo stesso. Devean George era molto atletico e Samaki Walker sapeva muoversi in post. Derek Fisher, il playmaker, senza dubbio sapeva andare a canestro. C'erano elementi che potevano supplire alla mancanza di O'Neal.

Invece... no. Jackson sapeva che Bryant, alla settima stagione e ormai ventiquattrenne, voleva il pallone, e glielo regalava. Era la realizzazione del suo sogno, l'occasione di dimostrare che i Los Angeles Lakers potevano prosperare senza O'Neal che ingombrava il centro del campo. Ma quello che ne uscì fu avvilente. Un titolo di *USA Today* recitava SENZA SHAQ I LAKERS SONO DEI PERDENTI, ed era indiscutibile. Un sistema creato per allargarsi dal centro si era orientato invece sul perimetro. Gli altri giocatori perdevano un sacco di tempo in campo, annoiati e poco coinvolti. Bryant fece 8/24 al tiro in una sconfitta contro Washington e Jackson non proferì verbo. Fece 8/22 al tiro in una partita persa ad Atlanta e Jackson non proferì verbo. Fece 18/40 al tiro in una vittoria contro Golden State e Jackson non proferì verbo. La circolazione della palla, che doveva essere uno dei cardini dell'attacco a triangolo, non esisteva praticamente più. «Un sacco di palleggi e pochissimi passaggi» disse Murray. Nessuna partita gridò *Qualcuno faccia qualcosa, per favore!* quanto la trasferta del 7 novembre a Boston. Dato che era cresciuto nel mito di Magic Johnson e che possedeva una conoscenza enciclopedica della storia della rivalità fra i Lakers e i Celtics, Bryant era sempre molto carico quando si trovava a Beantown. Sei ore prima della palla a due al Fleet Center, O'Neal fu visto nel salone del Four Seasons Hotel di Boston con una maglietta e un paio di pantaloncini. Scivolava sul corrimano della scalinata e gridava «Aaaaaaaarrivaaaaaa Shaaaaaq!» Era assurdo, l'ultima cosa che un uomo reduce da un'operazione all'alluce avrebbe dovuto fare, la cosa più elettrizzante che un uomo reduce da un'operazione all'alluce avrebbe dovuto fare. Quando gli raccontarono della bravata di O'Neal, Bryant sospirò. È per questo che sono io il *Capo qui*, pensò.

Quella sera il *Capo* tirò quarantasette volte, centrando solo diciassette canestri, perdendo palla cinque volte e segnando 41 punti in una sconfitta per 98 a 95 ai tempi supplementari. Fu tipico di Bryant, che vedeva Paul Pierce di Boston più o meno come Allen

Iverson di Philadelphia e Kevin Garnett di Minnesota, non come semplici avversari, ma come ostacoli, I GIOCATORI PIÙ ELETTRIZZANTI DELLA PARTITA che andavano battuti. Quindi continuò a tirare e poi sussurrò a Pierce: «È stato divertente. Proprio come ai vecchi tempi».

Soltanto che non era stato altrettanto divertente per gli altri quattro pali della luce piantati sul campo. I Lakers facevano schifo e Jackson sembrava congelato. A dire la verità, era vittima della stessa malattia che aveva contagiato altre persone rimaste a lungo a contatto con Bryant, la resa inevitabile alla forza incessante che si identificava come «*Dammi la palla. Dammi la palla. Dammi la palla. Dammi la palla*». Bryant era entrato nell'NBA convinto di essere il più grande talento al mondo e quella sensazione si era amplificata di cento volte. «Quello che aveva Kobe è molto raro da trovare» commentò Rush, la guardia rookie. «Io amo il basket. Ma Kobe era a un altro livello e senza dubbio poteva essere un sentimento soverchiante». Jackson, come Del Harris prima di lui, era stato reso praticamente muto e inutile. Guardava Bryant che dominava il pallone e poi – quando i giornalisti gliene chiedevano conto – si limitava a sospirare e spiegare che era «parte del processo». Solo che non c'era alcun processo. Jackson si sentiva intorpidito e distaccato. Come molti degli altri occupanti dello spogliatoio, era un 'amico di Shaq', e Bryant lo sapeva. Jackson faceva commenti, offriva suggerimenti, studiava schemi, ma senza grande convinzione. E non aiutava il fatto che Tex Winter, l'architetto del triangolo e compagno di Jackson per oltre dieci anni, fosse stato marginalizzato e ormai venisse praticamente ignorato dal capo allenatore. Il segreto non tanto segreto del successo dei Lakers era in gran parte la geniale strategia offensiva di Winter. Jackson – il cui ego «non avrebbe potuto essere più grande» secondo un veterano come Larry Brown – di certo era consapevole che sul suo successo pendeva un asterisco, ovvero il generale riconoscimento che, senza il triangolo, probabilmente sarebbe stato soltanto l'allenatore più vincente nella storia degli Albany Patroons. Quindi, man mano che gli elogi si accumulavano e la divinizzazione cresceva,

Jackson aveva messo Winter da parte e gli aveva chiesto di non sedersi più accanto a lui durante le partite, ma in un posto arretrato e lontano. Roland Lazenby scrisse: «Jackson motivò la decisione con l'età di Winter, il quale invece non poté evitare di chiedersi se Jackson non volesse assicurarsi di ricevere tutto il merito dei successi dei Lakers».

Adesso, senza O'Neal, i Lakers erano ridotti a un infimo 'one man show' con il record peggiore degli ultimi trentasei anni.

La sera del 19 novembre, dopo che la squadra che giocava in casa, i Dallas Mavericks, arrivarono a undici vittorie e zero sconfitte massacrando Los Angeles per 98 a 72, Bryant si infuriò: «Mi guardo intorno nello spogliatoio e non vedo il fuoco negli sguardi. Sono tutti mezzi addormentati. Non so se stiano aspettando il ritorno di Shaq, o cos'altro. Non lo so. Ma non c'è nessuna intensità».

Un'assoluta incapacità di comprendere gli altri. Bryant aveva tirato ventuno volte contro i Mavs, centrando soltanto sette canestri e perdendo palla cinque volte. Non riusciva a vedere l'agitazione sulle facce dei compagni, gli sguardi esasperati rivolti alla panchina. «Quando Kobe ignorava gli altri giocatori poteva diventare davvero difficile da sopportare» commentò Fox, che aveva segnato 11 punti nella partita persa. «A volte ci veniva voglia di dirgli 'Kobe, lo sai che siamo tutti qui, vero?'».

Shaquille O'Neal tornò in campo il 22 novembre, alzandosi dalla panchina per sostituire Samaki Walker con 5:43 da giocare nel primo quarto in una gara in casa contro i Chicago Bulls. I tifosi accolsero il salvatore con una standing ovation dedicata all'eroe risalito dagli abissi e pronto ad aiutare Los Angeles – che con quattro vittorie e otto sconfitte era ancora nel sottoscala della Pacific Division – a riguadagnare il posto che le spettava.

O almeno questa era la speranza.

L'O'Neal che scese sul campo dello Staples Center, però, era una copia sbiadita di se stesso. Sembrava lui, con la canotta numero 34 e il sorriso da un orecchio all'altro. Ma pur segnando 17 punti nella vittoria per 86 a 73, giocò in modo rallentato. Due volte i suoi tiri furono stoppati da Doynell Marshall, un'ala di basso livello alta due metri e sei centimetri (J.A. Adande scrisse sul *Times*: «Una è stata una stoppata bella e buona, su un tiro in sospensione di Shaq da fondocampo, una cosa che non avevo mai visto prima»). Quand Fox gli servì un perfetto alley-oop alla fine del quarto quarto, O'Neal faticò a superare il ferro con la mano destra e riuscì a malapena a infilare la palla nella retina. Da qualche parte Soumaila Samake, che presto sarebbe diventato il centro di riserva del Greenville Groove, ridacchiò.[25]

L'idea che i Lakers riprendessero il dominio dell'NBA sembrava sempre più fantasiosa. L'egoismo di Bryant rimaneva un problema. La salute malferma di O'Neal era un altro problema. A trentatré anni, le doti atletiche di Fox stavano scemando e il trentaseienne Brian Shaw era più un aiuto allenatore che un vero playmaker. Ma soprattutto la squadra sembrava non metterci abbastanza cuore. Devean George, che ormai giocava gran parte dei minuti, era considerato moscio dai compagni. Horry, alto due metri e otto centimetri ma amante della vita oltre la linea del tre punti, raramente scendeva sotto canestro. Il giocatore più lanciato era Pargo, playmaker di un metro e ottantacinque per ottantaquattro chili di peso che era entrato in squadra per il rotto della cuffia e considerava ogni allenamento come un'occasione per dimostrare quanto valeva. Quando era arrivato a Los Angeles, Pargo aveva preso in affitto un appartamento a Marina del Rey e aveva invitato un compagno di squadra dell'università di Arkansas, Teddy Gipson, a condividerlo. Per tutta la stagione i due si erano svegliati il sabato mattina per andare a Venice Beach e giocare partitelle sui campetti di cemento all'aperto. Nessuno dei Lakers ne aveva la più pallida idea. Era un'attività che violava almeno trenta clausole del contratto. «Non mettevo mai niente che avesse il logo della squadra» raccontò poi Pargo. «Avevo una bandana e dei normali pantaloncini della Nike. Era soltanto amore per il gioco. Volevo l'azione».

25 Già, il Greenville Grove, orgoglio della NDBL (National Basketball Develompent League).

Pargo era un'eccezione. Sotto molti aspetti il miglior rappresentante dei Lakers del 2002-03 era Walker, l'ala grande che, nella stagione precedente, era stato colpito in testa da Bryant sull'autobus per Cleveland. Nell'estate del 2001 la squadra gli aveva fatto un contratto da free agent per 3 milioni di dollari in due anni, nella convinzione che quel giocatore da due metri e sei centimetri per centonove chili avrebbe portato un po' di grinta e durezza. Ma Walker non era un duro e non aveva grinta. Era pigro, svogliato e incostante, l'equivalente cestistico di un deodorante Charmin. Quando i Lakers inserirono Walker sulla lista degli atleti infortunati, per uno strappo ai muscoli lombari, Bryant espresse giustamente una certa incredulità. «Quello sta male quanto me, e io sto là fuori a farmi il culo ogni stramaledetta sera. E lui dovrebbe fare altrettanto». Era uno dei pochi argomenti sui quali lui e O'Neal erano d'accordo. «Parlate con gli stronzi che non fanno niente» commentò dopo una sconfitta. «Non parlate con me».

Gli stronzi erano in realtà un unico stronzo, e cioè Walker.

Anni dopo, Walker ammise che entrambi i compagni di squadra avevano ragione. In quel periodo aveva ventisei anni, era single e viveva a Santa Monica come giocatore dei Lakers. «Era incredibile, c'erano un sacco di distrazioni» disse. Un giorno, durante la stagione da rookie a Dallas, Walker era arrivato in palestra con addosso l'odore dell'alcol e i postumi della sbronza della serata precedente. Non era un comportamento insolito, per lui. Tornava spesso a casa alle sei del mattino, faceva un breve pisolino, dimenticava di lavarsi i denti e poi si precipitava agli allenamenti con un alito aromatizzato al profumo di Budweiser e Bar Hag IV. Quella volta A.C. Green, l'ala grande titolare, lo aveva preso da parte e gli aveva fatto una ramanzina sui dettagli delle responsabilità dei giocatori NBA. «Tu non sei speciale qui, e neanche io lo sono» gli aveva detto. «Devi dare tutto al gioco, se hai intenzione di restare». Walker lo aveva ascoltato, più o meno. Aveva cominciato a bere di meno e dormire di più. Ma la devozione al gioco non arrivò mai. Era la conseguenza di essere nato con un talento atletico che non lo aveva mai fatto sentire obbligato a impegnarsi. Al liceo e poi a Lousiville, Walker non aveva mai dovuto dimostrare qualcosa. Il suo sessanta per cento equivaleva al cento per cento di un altro giocatore. Quindi perché sprecarsi?

«Non mi prendevo cura del mio corpo e potevo essere moscio» disse. «Avevo le capacità di una superstar, ma senza la determinazione. Quando marcavo Shaq, in allenamento, me la cavavo bene. Avevo un'abilità naturale. Ma guardandomi indietro, avrei dovuto impegnarmi di più. È stata colpa mia».

Bryant e O'Neal cercarono di comportarsi come se la pigrizia dell'ala grande fosse una specie di malattia gestibile. Solo che non era così. Mentre Walker restava inattivo, o poltriva in panchina oppure contava le farfalle immaginarie che volavano sopra la sua testa (la sua media era di soli 4,4 punti a partita), Jackson si rivolse a Mark Madsen, la scelta al primo giro uscita da Stanford.

Anche questa soluzione presentava le sue complicazioni.

In un mondo di 6,36 miliardi di persone, non c'era nessuno a cui Madsen non piacesse. Era educato, divertente, bizzarro, quasi tenero: un mormone devoto che aveva concluso il servizio missionario obbligatorio sulla Costa del Sol, in Spagna, ma che non si era mai sentito a suo agio nel cercare di convertire i compagni di squadra alla sua fede. Bryant – un uomo che considerava pochissimi esemplari di *homo sapiens* degni della sua presenza – apprezzava a tal punto Madsen che, quando arrivò il momento del regalo di Natale segreto dei Lakers, superò il tetto prestabilito di 100 dollari e regalò all'ala due completi. Per gran parte delle sue prime due stagioni in NBA il compito principale di Madsen fu quello di dedicarsi a O'Neal come parnter di allenamento, e lo fece con grande entusiasmo. «Mi impegnavo al cento per cento ogni giorno» raccontò poi. «Shaq doveva risparmiarsi per Hakeem e Alonzo Mourning. Dovevo trovare un compromesso fra costringerlo a impegnarsi ed evitare di stancarlo prima delle partite». Ma il rispetto nel mondo allargato della Lega non era facile da guadagnare. Madsen era stato soprannominato 'Mad Dog' e veniva sempre paragonato alla lunga fila di giocatori rigidi, alti, bianchi e poco atletici che avevano occupato tante panchine dell'NBA negli anni Ottanta, uomini come Greg Dreiling, Stuart Gray, Uwe Blab e Paul Mokeski. Addirittura, all'inizio della stagione 2001-02 *Sports*

Illustrated aveva definito Madsen il peggior giocatore dell'NBA, ferendolo profondamente, soprattutto dopo che il *Los Angeles Times* aveva ripreso la notizia sulla prima pagina della sezione sportiva e dedicato un articolo alla sua insipienza. «Fu davvero doloroso» raccontò poi. «C'era una fotografia in cui ero seduto in panchina con le mani sulla faccia e un'aria triste. Non ne fui certo contento. Ma sono un ragazzo forte e i media dovevano fare il loro lavoro».

Molti dei compagni difesero Madsen ripetendo che di certo non era il peggior giocatore dell'NBA. E in effetti (grazie, Lavor Postell) non lo era. Ma giocava raramente e due stagioni consecutive con una media di 2,0 e 2,8 punti a partita non ispiravano una grande fiducia. Adesso però Jackson aveva deciso che era ora di mettere da parte Walker, che aveva molto più talento, e di dare una possibilità a Madsen. Alla peggio, sarebbe durato una partita o due prima di andare a dividere una stanza con Soumalia al Greenville Motel 6. Nel migliore dei casi, avrebbe acceso un fuoco sotto una squadra seduta sulla legna umida.

Il 18 febbraio, con i Lakers nel bel mezzo di una serie di due sconfitte che li aveva fatti scivolare a ventisei vittorie e venticinque sconfitte, otto partite e mezza sotto Sacramento nella Pacific Division, Madsen giocò ventotto minuti contro Houston, contribuendo con 9 punti e 5 rimbalzi, da riserva, al trionfo per 106 a 99. La sera successiva, con O'Neal a casa a Beverly Hills a riposare il piede malato e Walker infortunatosi all'inizio della partita (distorsione alla caviglia destra), Madsen segnò sette punti in ventidue minuti nella partita vinta contro Utah per 93 a 87. In quello che fu considerato il più grande trionfo della stagione, il 21 febbraio, i Lakers ospitarono i Portland Trail Blazers (che avevano al loro attivo trentacinque vittorie, diciotto sconfitte ed erano due partite sotto di loro) e i 6 punti di Madsen, insieme ai 4 rimbalzi e a una tignosa difesa sotto canestro su Rasheed Wallace, fecero una notevole differenza nella vittoria 92 a 84.

Già, i titoli giustamente furono dedicati a Bryant, che aveva iniziato una fenomenale striscia di nove partite consecutive in cui segnò 40 o più punti (fra cui 51 contro Denver e 52 contro i Rockets). Ma Bryant era già noto per essere una risorsa preziosa:

con O'Neal che ancora non si era ripreso del tutto, ci si aspettava che tirasse e segnasse con entusiasmo. Il contributo di Madsen fu molto meno tangibile: durezza, intensità, spirito, altruismo. Il 23 febbraio Jackson lo inserì nel quintetto iniziale e quella sera, nella vittoria contro Seattle per 106 a 101, giocò ventidue minuti, segnando 5 punti e recuperando 6 rimbalzi. Il suo nome non comparve nelle sintesi giornalistiche del giorno successivo (Bryant aveva segnato 41 punti e O'Neal 27), ma il suo impatto fu rilevante. «Sapevamo che avrebbe dato tutto, ogni sera» disse Adande. «E non era una cosa che si potesse dire di tutti gli altri giocatori della squadra».

Madsen finì per giocare ventidue partite da titolare, ottenendo i risultati migliori della sua carriera in termini di minuti giocati (una media di 14,5 a partita), punti segnati (3,2 a partita) e rimbalzi (2,9 a partita). Nessuno lo avrebbe definito il fulcro della squadra, e nemmeno un elemento fondamentale. Ma Los Angeles vinse diciassette delle partite che giocò da titolare e concluse una stagione tormentata con un record di cinquanta vittorie e trentadue sconfitte, al quinto posto nella Western Conference.

Erano un campione ferito, difensore di tre titoli...

...contro il quale nessuno voleva giocare.

Erano tutti spariti. Shaquille O'Neal non aveva mai avuto dubbi, ma il resto della Lega sicuramente sì. All'inizo della stagione 2002-03 diverse squadre, osservando il centro dei Lakers, vedevano un giocatore grasso, pigro, infortunato e vulnerabile. Così i Nets avevano cercato Mutombo, Sacramento aveva fatto un contratto a Keon Clark e Yao era arrivato a Houston. Erano tutti giocatori che avrebbero dovuto modificare gli equilibri del potere, sparare una pallottola d'argento nel cuore del vampiro delle schiacciate.

Ma ahimé, niente aveva funzionato davvero. Anche se O'Neal aveva giocato soltanto sessantasette partite in stagione regolare, e se era ormai chiaro che non era più esplosivo come nella stagione precedente, lui era ben consapevole di quello che stava succedendo e si rifutava di arrendersi. Per questo, durante il primo scontro con Yao, O'Neal segnò 31 punti contro i 10 dell'avversario e si fece vanto di punire fisicamente il rookie («La Lega appartiene ancora a O'Neal, senza alcun dubbio» scrisse Howard Beck del *Los Angeles Daily News* subito dopo). Per questo massacrò ripetutamente Clark, il cui arrivo tanto strombazzato era stato minato da capacità scarsissime, da un poco noto problema con l'alcol («Non ho mai giocato una partita da sobrio» ammise tempo dopo) e da una media di 6,7 punti segnati a partita. Per questo rise quando Mutombo saltò entrambe le partite contro i Lakers a causa di un infortunio al polso, ed ebbe comunque un impatto minimo su New Jersey.

Rovesciare O'Neal era come rovesciare una montagna, e quando Los Angeles cominciò a inseguire il quarto titolo consecutivo, stravincendo la prima serie contro i Timberwolves per quattro partite a due, si cominciò a pensare che la dinastia sarebbe inevitabilmente continuata. I Timberwolves avevano lanciato contro O'Neal una gragnola di corpi, compreso un blocco di virilità da due metri e tredici per centosedici chili di peso di nome Rasho Nesterović, e lui non aveva fatto una piega. Totalizzò una media di 28,7 punti e 15,3 rimbalzi nella serie vincente contro Minnesota e dopo aver recuperato il numero strabiliante di 17 rimbalzi nella decisiva Gara Sei, vinta per 101 a 85, O'Neal si girò verso i giornalisti riuniti e fece un sorriso enorme. Era sempre il Diesel.

«Passava tutto dal mostro» disse di O'Neal l'ala Kevin Garnett, stella dei Timberwolves. «E non c'era niente da fare».

Dopo la fine della partita, quando i giocatori ebbero fatto la doccia, ebbero mangiato e festeggiato il traguardo raggiunto, Jackson si avvicinò alla lavagna bianca dello spogliatoio, prese un pennarello nero e scrisse: IL # È 12.

Sembrava così semplice. Soltanto dodici vittorie e Los Angeles avrebbe potuto diventare la più grande dinastia del basket di tutti i tempi. Certo, i Chicago Bulls con Jackson avevano vinto sei anelli, ma mai più di tre consecutivi. E per quanto Boston ne avesse conquistati otto consecutivi fra il 1959 e il 1966, la Lega di allora era l'ombra di quella odierna. Quei Celtics – piccoli, lenti, meccanici – non avrebbero vinto nemmeno una partita nell'NBA moderna.

E quindi sì, i Lakers erano sul punto di fare la storia.

Ma era così semplice come scrivere IL # È 12? No.

Li aspettavano i San Antonio Spurs, una corazzata da sessanta vittorie e ventidue sconfitte in regular season, e fu una delle rare occasioni nel corso del mandato di Jackson in cui i Lakers partirono sfavoriti. Los Angeles avrebbe giocato senza Rick Fox, che aveva dovuto saltare la postseason per la lacerazione di un tendine nel piede sinistro. San Antonio avrebbe giocato per David Robinson, il centro dieci volte convocato all'All-Star, che si sarebbe ritirato alla fine della stagione. Los Angeles, che era più in basso nella classifica, non avrebbe avuto il vantaggio del campo e San Antonio aveva vinto tutti e quattro gli scontri in regular season.

E soprattutto, gli Spurs potevano vantare un'arma nucleare di nome Tim Duncan.

Era facile sottovalutarlo, ma difficile ignorarlo. Fin dal suo esordio nella Lega, come prima scelta in assoluto al draft del 1997, Duncan si era affermato come una forza sotto canestro impossibile da fermare. Fisicamente non aveva nulla di più o di meno di altre ali grandi dell'NBA: alto, braccia lunghe, era addirittura un po' gobbo. Inoltre parlava con la voce sommessa di un bibliotecario di provincia. Non faceva mai vanterie o pronostici sballati. Però Duncan era stato convocato cinque volte all'All-Star, era stato nominato Rookie dell'Anno nella stagione 1997-98 ed MVP delle Finali del 1999, MVP dell'All-Star Game del 2000 e MVP dell'NBA per la stagione 2001-02. Non era mai sceso sotto la media di 21,1 punti e 11,4 rimbalzi a partita e il suo repertorio di movimenti in post sembrava un mistro tra il meglio di Kevin McHale e Adrian Dantley. «Era il miglior giocatore che avessimo affrontato» disse Devean George, «e quello che parlava di meno di se stesso».

Gran parte dei discorsi pre partita riguardarono Duncan e Bryant, due delle trascendentali giovani star del basket. Molti riguardarono però anche O'Neal e Robinson: per anni il centro dei Lakers aveva espresso disprezzo per la propria controparte di San Antonio, ripetendo che l'Ammiraglio (come era stato soprannominato per il periodo trascorso all'Accademia Navale) aveva trasformato in un incubo la sua infantile richiesta di una semplice firma. O'Neal scrisse: «Una volta gli chiesi un autografo. Lui scrisse il suo nome in tutta fretta, come dire 'Su, dai, sbrighiamoci'. Fu una specie di insulto. Era il mio giocatore preferito. Ma va bene così. Dissi a me stesso 'Quando ti vedrò te la farò pagare'».

Era una storia vera? Neanche lontanamente. Robinson era un uomo buono e gentile, che faceva donazioni e partecipava a eventi di beneficienza più di chiunque altro in NBA. Ma O'Neal aveva bisogno di un motivo per darsi la carica e quindi aveva creato la leggenda di quello sgarbo. «Era un'esagerazione?» disse anni dopo, con una risatina. «Sì».

Al di là dei titoli e della confusione, Gregg Popovich, l'esperto allenatore di San Antonio, chiamato scherzosamente 'Popobitch' (Popostronzo) da Jackson, aveva un piano basato su due principi fondamentali. Primo, dato che la panchina dei Lakers era già decimata dall'infortunio di Fox, voleva che le riserve di Los Angeles tirassero il più possibile. Mark Madsen? Spara! Kareem Rush? Il campo è tutto tuo. Non era mancanza di rispetto per le riserve, era... sì, era mancanza di rispetto per le riserve. Erano giocatori limitati e poco esperti e Popovich pensava che la palla dovesse finire nelle loro mani.

Secondo, dato che gli Spurs erano pieni di star affermate (Duncan, Robinson) e di star in ascesa (il playmaker Tony Parker, la guardia tiratrice Manu Ginóbili) era facile sottovalutare una delle armi segrete della squadra. Eppure seduta in panchina, con la canotta numero 31 e l'aria di un idrante con le gambe, c'era la chiave per tenere sotto controllo O'Neal. Era (secondo la registrazione) un'ala grande alta due metri e quattro centimetri che pesava centoquindici chili, anche se in realtà era probabilmente più vicino al metro e novantacinque. Il suo nome, Malik Jabari Rose, non era famoso e novantanove americani su cento non avevano mai sentito parlare della piccola università da cui proveniva, la Drexel University. Da quando era stato preso da Charlotte con la quarantaquattresima scelta in assoluto nel draft del 1996, Rose aveva totalizzato una banalissima media di 7 punti e 5 rimbalzi a partita.

Era, sotto tutti gli aspetti, un giocatore qualsiasi.

Però, mentre la stragrande maggioranza dei centri dell'NBA si sforzava di capire quale fosse il modo migliore di arginare O'Neal, discutendo se andasse approcciato di fronte o alle spalle, se usare le gambe o le braccia, i gomiti o le ginocchia, Malik Rose conosceva un segreto, non poi tanto segreto.

«Bisogna arrivare da sotto e restargli sotto» spiegò Rose anni dopo.

Ammetteva però che c'erano delle condizioni da rispettare: ci voleva una forza sovrumana. E una determinazione sovrumana. E bisognava accettare – con certezza incrollabile – che avrebbe comportato un dolore piuttosto acuto. Che la mattina successiva avrebbe portato schiena rotta, mal di testa pulsante, rotule devastate e una dose extra di antidolorifici. «Ero disposto a fare qualsiasi cosa. Quando ero in campo, il mio compito era quello di tenere Shaq sotto controllo».

La serie iniziò il 5 maggio a San Antonio e gli Spurs – a differenza di Minnesota – non erano in soggezione. Non tanto tempo prima erano stati degni del campionato, avevano sicurezza da vendere e i Lakers erano bulli fastidiosi che meritavano un bel pugno in faccia. Trascinati dai 28 punti di Duncan, e con l'esuberante vitalità di Rose che contribuì a limitare O'Neal a 24 punti con 10/20 al tiro, la squadra di Popovich vinse 87 a 82 e due sere dopo si aggiudicò la seconda gara con un trionfo da 114 a 95. DISASTRO IMMINENTE titolò il *Los Angeles Times,* e l'articolo di accompagnamento sosteneva che il resto dell'NBA (e dei tifosi dell'NBA) aveva ormai liquidato i Lakers. Erano andati. Bolliti. Storia vecchia. «Certa gente ci vede come cani feriti, accasciati a terra in attesa di morire» disse Bryant. «Ma noi non ci sentiamo così. Non pensiamo che sia la realtà».

I Lakers rimontarono con due vittorie allo Staples Center. Particolarmente notevole fu la seconda, conquistata senza Jackson. A metà della serie contro i Tmberwolves aveva sentito un'oppressione e un dolore al petto. All'inizio l'aveva ignorato, perché Jackson faceva così. Non si può chiedere ai giocatori di sacrificare il proprio corpo (e il proprio ego) se non si è disposti a fare lo stesso. Ma quando il disagio aumentò e arrivarono fitte lancinanti, Jackson cominciò a preoccuparsi. Aveva cinque figli ed era nonno di otto nipoti. Aveva tanto per cui vivere. Quindi andò dal dottor John Moe, internista della squadra e cardiologo al Centinela Hospital Medical Center, che dopo un attento esame concluse che una delle arterie coronariche di Jackson era ostruita al novanta per cento.

Fu immediatamente programmato un intervento chirurgico e la mattina del 10 maggio, poco più di ventiquattr'ore prima di Gara Quattro, Jackson venne anestetizzato e gli fu inserito un palloncino nell'arteria ostruita. Il blocco fu rimosso e venne inserito uno stent per prevenire problemi futuri. Fu dimesso la domenica mattina ma il dottor Phillip Frankel, che aveva eseguito l'operazione con il dottor Vern Hattori, dichiarò con decisione che andare in panchina il giorno stesso era fuori questione.

Jim Cleamons, assistente di lungo corso, parlò con Jackson prima della palla a due poi guidò i Lakers a una vittoria per 99 a 95. Con la serie in parità, la storia cambiò tono. «Non sottovalutate i campioni» scrisse Mickey Herskowitz dello *Houston Chronicle*. «Hanno l'aria di saper fare miracoli».

Era un'illusione.

In Gara Cinque, a San Antonio, i Lakers guidati nuovamente da Jackson scivolarono in svantaggio di 25 punti, per poi riprendersi con un parziale di 41-18 trainata da Kobe. Con 14,7 secondi da giocare e la squadra di casa in vantaggio per 96 a 94, il pallone finì nelle mani di Horry. Mentre il tempo scorreva, il più grande esperto di tiri disperati del decennio si parò sull'arco sinstro, poco dietro la linea dei tre punti. Il suo tiro si librò nell'aria, perfetto come una colomba poi, *clang!* Colpì il ferro e rimbalzò fuori. Fine della partita. «È stata un'immensa delusione» disse poi Horry. «Mi sarei messo a piangere».

Due giorni dopo, di nuovo in Calfornia, il sogno della quarta corona venne infranto bruscamente. Alla conclusione del terzo quarto gli Spurs conducevano per 78 a 69, ma Jackson insisteva che i suoi uomini erano ancora in gara. «Quei ragazzi sono stanchi» disse riferendosi a San Antonio. «Vi assicuro che noi possiamo farcela». Voleva vedere l'emozione, il dinamismo. Invece, dovette ammettere più tardi, aveva visto soltanto sguardi spenti e corpi sfiniti. Difendere un titolo è estenuante. Difendere due titoli è straziante. Difendere tre titoli – quando il mondo è stanco della tua esistenza e tutti anelano alla tua rovina e la tua fame di un tempo è stata saziata da aragoste e caviale – è praticamente impossibile. Smetti di volerlo come lo volevi un tempo. Se qualcuno ti tira un pugno, non hai la forza di scansarti. Sei come Mike Tyson contro Buster Douglas. Lo sfidante ha il vantaggio competitivo, perché è davvero più competitivo. Le lodi continue finiscono per ammosciarti. I pasti gratis ti fanno ingrassare. La dichiarazione di Jackson era una pia illusione, non sorretta da una vera determinazione.

Spinti dagli 8 punti di Tony Parker e dalla difesa martellante di Rose, gli Spurs nel quarto quarto superarono Los Angeles per 32 a 13, portandosi a casa un trionfo da 110 a 82. Quando le sorti della partita erano ormai segnate, Jackson chiamò Samaki Walker dalla panchina per fargli giocare gli ultimi minuti superflui. «Io non ci vado, cazzo» abbaiò Walker. «Fanculo a questa merda».

Più tardi, nell'imbarazzo dello spogliatoio dei Lakers, O'Neal fulminò i giornalisti con lo sguardo, Bryant tenne gli occhi incollati al pavimento e Fisher pianse apertamente.

«Chiunque vinca questo campionato» – sarebbero stati gli Spurs – «potrà provare quello che abbiamo provato noi per tre anni, e faranno meglio a godersela» commentò O'Neal, «perché non dura per sempre».

14
Stanza 35

Il pomeriggio del 4 febbraio 2003 Geoff Wong era seduto a una scrivania del suo ufficio di Sacramento quando aprì una lettera da parte dell'avvocato di Kobe Bryant.

Qualche giorno prima Wong era stato citato in un articolo del *Sacramento Bee* dedicato all'intossicazione alimentare di Bryant durante la serie dei playoff dell'anno precedente disputata fra i Kings e i Lakers. L'articolo riportava che Wong – comproprietario di un ristorante chiamato *Chanterelle* – aveva visto Bryant bere dei cocktail all'interno del suo locale e aveva dichiarato che «chiaramente era stato in giro a divertirsi».

Anche se era passato un bel po' di tempo da quella storia, Bryant non aveva mai superato la rabbia. Nonostante quello che era stato detto, quella sera non aveva bevuto. Non era nemmeno uscito dalla sua stanza all'Hyatt. Quelle informazioni erano completamente inventate. Più tardi Wong ammise che aveva soltanto sentito dei pettegolezzi da una fonte inattendibile.

E dunque quando Timothy J. Hoy, avvocato dell'SFX Basketball Group, si sedette per redigere la sua missiva per Wong, non usò mezzi termini...

> «Se ha fatto queste dichiarazioni palesemente false a scopo di pubblicazione, ha commesso un reato di diffamazione a mezzo stampa ai danni di Mister Bryant.
> Menzogne di questo tipo hanno delle conseguenze, Mister Wong. Mister Bryant prende molto seriamente la propria

posizione presso i Lakers e la propria reputazione nella comunità. È noto per essere una persona responsabile, che non consuma alcol e conduce uno stile di vita pulito e orientato alla famiglia».

Geoffrey Wong adora quella lettera.

Avrebbero potuto pernottare in un altro albergo.

È il primo fatto di cui bisogna tenere conto, perché cambia *assolutamente tutto* riguardo a questa storia e alle sue centomila ramificazioni.

Quindi ripetiamo: avrebbero potuto pernottare in un altro albergo.

Il pomeriggio del 30 giugno 2003, Kobe Bryant e tre delle sue guardie del corpo (Michael Ortiz, Jose Ravilla e un agente della polizia di Los Angeles fuori servizio di nome Troy Laster) noleggiarono un aereo privato per andare dalla California del Sud all'Eagle County Regional Airport, vicino a Vail, Colorado. Lì il giorno successivo Bryant avrebbe dovuto sottoporsi a un intervento in artroscopia al ginocchio destro presso la Steadman-Hawkins Clinic. Esasperato da una stagione lunga e infruttuosa, Bryant non comunicò a nessuno dei Lakers questo programma. Prenotò l'aereo e la procedura medica (che sembrava poco rilevante). Erano affari suoi, non della squadra.

Il volo, come previsto, durò circa due ore e quando l'aereo atterrò i passeggeri salirono a bordo di un SUV che li aspettava per portarli tutti e quattro all'ingresso del Lodge at Vail.

Esattamente quattro anni dopo, Apple avrebbe messo in commercio il primo iPhone e un pianeta di viaggiatori sperduti avrebbe smesso di vagare nel nulla. Quella sera, però, qualcuno evidentemente aveva scritto le indicazioni sbagliate, oppure l'autista era un impiegato estivo impreparato, che non conosceva la zona. In ogni caso, il Lodge at Vail – un edificio spettacolare, che forniva lussuosi accappatoi a ogni ospite e offriva una vista mozzafiato sulle montagne – non era il posto dove Bryant e compagnia avevano prenotato. Questo insignificante dettaglio venne alla luce quando Bryant cercò di registrarsi alla reception e si sentì dire: «Signore, non abbiamo una prenotazione a suo nome».

Quella era la cattiva notizia.

La buona notizia, comunque, era che Kobe Bryant – il solo e unico Kobe Bryant, cinque volte convocato all'All-Star e conosciuto nei sette continenti – era il benvenuto al Lodge at Vail. C'erano sicuramente stanze disponibili per lui e i suoi accompagnatori. E quando una celebrità di quel calibro varca la soglia di un resort, il suddetto resort trova una soluzione.

«Possiamo trovare una soluzione» disse l'addetto alla ricezione.

Questo è un momento.

Un attimo come questo, come da tradizione di *Sliding Doors*, fa un'eternità di differenza. Se Kobe Bryant annuisce e risponde: «Ok, mi sembra ottimo», quasi certamente trascorrerà una notte di noia e riposo. Rimane al Lodge at Vail, ordina il servizio in camera, si butta sul letto e cerca un film da guardare. Magari il film è *Che aria tira lassù?*, oppure è un porno come *Apartment Wife: Moans from Next Door*. In ogni caso, la mattina successiva si sveglia, fa una rapida colazione e va a fare il suo intevento, senza nessun problema.[26]

Invece Bryant e compagnia capirono che l'agenzia di viaggi aveva prenotato al Lodge & Spa at Cordillera di Edwards, venti miglia a ovest. Ortiz chiamò l'albergo giusto per avvertire la reception che i quattro ospiti stavano arrivando e che Bryant preferiva trovare pronte le chiavi della stanza, in modo da potersi ritirare saltando la procedura di registrazione.

I quattro risalirono in auto, completarono il tragitto ed entrarono dall'ingresso principale verso le dieci di sera. Come fanno spesso le celebrità, Bryant non si registrava mai con il suo vero nome. C'è una lunga tradizione in merito. L'attore Tom Hanks era

26 Secondo Bill Zwecker del *Chicago Sun-Times*, esisteva un altro scenario potenziale per cui Bryant avrebbe potuto non essere in albergo. Diversi mesi prima gli avevano offerto un cameo nel film di Snoop Dogg *Soul Plane – Pazzi in aeroplano*. Aveva rinunciato perché il giorno delle riprese coincideva con quello fissato per l'intervento al ginocchio. Ironicamente, la presenza di Bryant si sente comunque nel film: in una scena in cui la figlia cinematografica di Tom Arnold viene infastidita da un uomo più vecchio, Arnold abbaia: «Ha solo diciassette anni! Stai indietro, Kobe!»

'Harry Lauder'. Il lanciatore dei Red Sox Roger Clemens era 'Red Glare'. Michael Jackson era 'il dottor Doolittle'. Il chitarrista dei Guns N' Roses Slash era 'I.P.Freely'. E Bryant, almeno in questo caso, fu 'Javier Rodriguez'.

Il Lodge & Spa at Cordillera era un resort da cinquantasei camere che ospitava i ricchi, i famosi, e i ricchi e famosi. I settemila acri circostanti comprendevano quattro campi da golf, due rifugi per sciatori, piscine coperte e scoperte, trattamenti benessere mirati, una spa a cinque stelle e la vista sulle montagne da ogni finestra. La stanza più economica costava 300 dollari a notte, ed era un affare. La più costosa arrivava a 700 dollari e anche quello era un affare. «Ogni dettaglio di quel posto era incredibile» disse Doug Winters, un investigatore della Eagle County. «Se non ci siete stati, dovete andarci».

A Javier Rodriguez fu assegnata la camera numero 35, una suite di lusso al piano terra situata in fondo a un lungo corridoio, accanto a una camera vuota (su richiesta). Due camere per le guardie del corpo – le numero 18 e 20 – vennero registrate a nome Ortiz. Come previsto, la chiave era pronta in reception.

Ed era pronto anche un facchino di nome Bob Pietrack.

E un'addetta alla reception di nome Jessica Mathison.[27]

Era una ragazza del posto, diplomata nel 2002 al liceo Eagle Valley. Era stata cheerleader, aveva cantato nel coro della scuola e aveva un posto speciale nel suo cuore dedicato al musical *I Miserabili*. Nel novembre del 2002 la Mathison, insieme a un'amica di nome Lindsey McKinney, si era presa una pausa dal primo anno alla University of Northern Colorado per fare un viaggio in auto di quattordici ore e mezza fino ad Austin, in Texas, e partecipare con altre tremila persone alle audizioni del programma tv *American Idol*. Davanti ai giudici regionali, la Mathison aveva cantato a squarciagola *Forgive*, di Lynn Howard. Non aveva superato la selezione.

In quel momento viveva con i genitori e aveva cominciato quel lavoro estivo da un mese e mezzo. Si ritrovò, bardata con la divisa

27 Non è il suo vero nome.

del resort composta da un vestito nero, una giacca nera e la targhetta bianca col nome, a fissare Kobe Bryant (detto anche Mister Rodriguez), la prima celebrità che avesse mai incontrato. Qualche settimana prima Bryant era stato intervistato da Lisa Guerrero di Fox Sports Net, che gli aveva chiesto come facesse a non mettersi mai nei guai.

«Be'» aveva risposto Bryant, «ho un senso di ragno per queste cose. Mi tengo alla larga dalle situazioni problematiche».

Insomma, Ortiz chiese alla Mathison (e specificamente *non* a Pietrack) di accompagnare gli ospiti alla stanza 35. Nel mondo dei resort di lusso, non era una richiesta insolita. E quindi lei lo fece: prese la chiave e fece strada lungo il corridoio. Era una giovane ragazza molto attraente, alta circa uno e settantacinque, snella, bionda, con gli occhi castano chiaro. Era un po' nervosa, ma soltanto perché si trovava al cospetto di una celebrità. Aprì la porta e i quattro uomini entrarono. Ortiz e Ravilla fecero quello che fanno le guardie del corpo: controllarono sotto il letto, nell'armadio, dentro il bagno, e intanto Bryant guardò la Mathison e le chiese, a bassa voce: «C'è qualche possibilità che mi accompagni a fare un giro dell'albergo, fra un quarto d'ora?»

«Certo, posso farlo» rispose lei.

Più o meno verso le dieci e mezza di sera la Mathison passò dal retro per raggiungere la stanza 35: uscì dall'ingresso del salone, girò a sinistra entrando nella mensa dei dipendenti, girò ancora a sinistra per salire una rampa di scale fino al primo piano, raggiunse l'ascensore più vicino e tornò al piano terra. Le era stato detto di bussare, e bussò. Ne seguì un normalissimo giro dell'albergo. La Mathison mostrò all'ospite la spa, la palestra, la piscina esterna, la Jacuzzi a cielo aperto. Lo riaccompagnò nel salone d'ingresso per ammirare la terrazza, dove si trovava Pietrack e dove erano seduti i Chipowski, un'anziana coppia che frequentava la struttura. Il tutto durò circa quindici minuti e al termine Bryant chiese educatamente alla Mathison se poteva riaccompagnarlo in camera.

«Naturalmente» rispose lei.

Tornarono indietro per la via più breve e, fatti un paio di passi nel corridoio, Bryant le chiese: «Allora, ce l'hai un ragazzo?»

Silenzio.

«Sai» aggiuse lui, «una bella ragazza come te dovrebbe proprio avere un ragazzo».

Quando arrivarono alla stanza 35 Bryant la invitò a entrare, chiuse la porta e le chiese di sedersi su un divano. Indossava una maglietta bianca e un paio di pantaloni della tuta di nylon blu. Si sistemò su una poltrona lì accanto e, secondo la testimonianza della Mathison, ammirò il tatuaggio con le note musicali che aveva sulla schiena. Le chiese di accendere la Jacuzzi per usarla quella sera. Lei rispose che il suo turno era finito e che doveva andarsene. Bryant allora la invitò a smontare e poi a tornare dopo un quarto d'ora. Lei accettò, ma più tardi disse: «Gli dissi che l'avrei fatto soltanto per congedarmi e che poi non sarei tornata indietro».

Secondo la Mathison, quando si alzò Bryant si alzò con lei e le chiese un abbraccio. Lei accettò e in quel momento quella stella del basket sposata, padre di una bambina di cinque mesi, che conduceva una vita 'pulita e orientata alla famiglia', cominciò a baciarla. La Mathison ricambiò il bacio.

«[Poi] si tolse i pantaloni» riferì in seguito la Mathison. «E fu allora che cercai di andarmene. E fu allora che mi prese alla gola».

La violenza sessuale fu denunciata la mattina del primo luglio, circa dodici ore dopo che, secondo l'accusa, era avvenuta.

Jessica Mathison era molto legata alla madre, Lori Mathison, e quando si confidò con lei la donna insistette perché chiamasse l'ufficio dello sceriffo della Eagle County.

Per questo, più o meno all'una di pomeriggio, l'agente Marsha Rich e l'investigatore Doug Winters svoltarono in un'anonima strada di un quartiere residenziale e bussarono alla porta di una villetta di legno a due piani. Dopo quindici anni, Winters non ricordava chi gli avesse aperto o che cosa fosse stato detto in quei primi momenti. Lui e la Rich avevano ricevuto pochissime informazioni dal capo, soltanto che si trattava di una presunta violenza sessuale e che la vittima voleva parlare. «Non sapevo chi fosse coinvolto o altri dettagli» raccontò poi Winters. «Quindi le spiegai la procedura: saremmo andati nell'ufficio dello sceriffo per registrare una testimonianza video e, insomma, per fare l'accertamento. E quindi ci stavamo preparando a uscire, avevamo stabilito tutto e ho chiesto: 'Ok, chi è la persona di cui stiamo parlando?' Fu allora che lei fece il nome di Kobe Bryant».

Winters disse che il suo primo pensiero fu «Porca vacca!», e il secondo: «Non importa chi sia coinvolto. Dobbiamo gestirlo come un qualsiasi altro caso di violenza sessuale».

Dopo una conversazione di quarantacinque minuti nel soggiorno della Mathison, Winters e la Rich chiesero a Jessica di prendere gli abiti che aveva indossato in presenza di Bryant. Poi la accompagnarono in auto all'ufficio dello sceriffo dove – in presenza di una rappresentante della vittima di nome Nicole Shanor – si tenne un interrogatorio che durò un'ora. Si svolse in una piccola stanza con un tavolo e alcune sedie. Una videocamera registrò ogni cosa e Winters – «il rumore dell'aria condizionata è un po' troppo forte» – chiese alla Mathison di scandire bene le parole.

E lei lo fece...

WINTERS: Mi può spiegare, ehm, perché siamo qui e che cosa è successo ieri notte?
MATHISON: Ieri notte ero al lavoro e sono stata aggredita sessualmente.

Segue una meticolosa disamina di ogni minimo dettaglio: una raccolta di frammenti di informazioni apparentemente insignificanti che portò a quello che per Winters era il momento topico.

WINTERS: Ehm, dopo che gli ha detto che sì, sarebbe ritornata, che cosa successe, si è alzata o è rimasta seduta o che cosa ha fatto...
MATHISON: Mi sono alzata per andarmene.
WINTERS: Ok.
MATHISON: E lui si è alzato. Ehm, mi ha chiesto di abbracciarlo.
WINTERS: E lei lo ha fatto?
MATHISON: E l'ho fatto, sì.

WINTERS: Ed è stato consensuale?
MATHISON: Sì.
WINTERS: Ehm, e in quel momento che cosa pensava?
MATHISON: Pensavo che il tutto stava diventando un po' troppo fisico e che volevo uscire da quella stanza.
WINTERS: Ok. Dopo l'abbraccio ha detto che l'ha baciata?
MATHISON: Sì.
WINTERS: Ed è stato consensuale?
MATHISON: Sì.
WINTERS: E che cosa intende con, insomma, credo che adesso sia necessaria una descrizione come, come intendeva dire, in che modo l'ha baciata?
MATHISON: Ehm, ci stavamo ancora abbracciando e io ho alzato la testa e lui ha cominciato a baciarmi.
WINTERS: E questo quanto è durato?
MATHISON: Direi circa cinque minuti.
WINTERS: Dove l'ha baciata?
MATHISON: Sulla bocca, sul collo.
WINTERS: Ok. E lei che cosa faceva, in quel momento?
MATHISON: Lasciavo che mi baciasse, ricambiavo i baci.
WINTERS: Ok, quindi anche questo è stato del tutto consensuale?
MATHISON: Sì, consensuale.
WINTERS: Ed è durato circa cinque minuti?
MATHISON: Sì.
WINTERS: A questo punto della situazione, che ore erano?
MATHISON: Credo circa le undici.
WINTERS: Ok.
MATHISON: Forse un po' prima.
WINTERS: E quando si riferisce alla notte scorsa si riferisce al 30 giugno?
MATHISON: Sì.
WINTERS: Del 2003?
WINTERS: Ok. Ehm, allora che cosa è successo dopo i baci?
MATHISON: Lui ha cominciato, ehm, a palpeggiarmi, penso si possa dire.

WINTERS: Che cosa intende con palpeggiare?
MATHISON: Mi ha messo le mani addosso, mi ha stretto il sedere, il petto. Cercava di alzarmi la gonna. Poi si è tolto i pantaloni. Ha cercato di prendermi la mano e di farsi toccare.
WINTERS: Ok. Ehm, per tutto questo periodo lei era vestita?
MATHISON: Sì.
WINTERS: Ok. Quando dice che le toccava il sedere e il petto, insomma, lo stava facendo davvero, la stava afferrando? E lei che cosa gli diceva, intanto?
MATHISON: Che dovevo...
WINTERS: O gli ha detto qualcosa?
MATHISON: Gli ho detto una volta che dovevo andarmene.
WINTERS: E lui che cosa, qual è stata la sua risposta?
MATHISON: Lui non ha detto niente.
WINTERS: Aveva sentito?
MATHISON: Se aveva sentito, non ha fatto nessun gesto né altro per farmi capire che aveva sentito.
WINTERS: Ok. E lei gli ha detto qualcos'altro?
MATHISON: No, perché quando si è tolto i pantaloni è stato quando io ho cominciato a tirarmi indietro, per così dire, e a cercare di togliermi le sue mani di dosso ed è allora che mi ha preso alla gola. Non mi soffocava al punto da non lasciarmi respirare, però mi ha spaventato.
WINTERS: Ok. Uhm, quando le toccava il sedere e il petto e la palpeggiava, lei ha detto che era vestita?
MATHISON: Mm hmm.
WINTERS: Come si svolgeva tutto questo? Sopra i vestiti, sotto i vestiti?
MATHISON: Sopra, e continuava a cercare di infilarmi le mani sotto la gonna.
WINTERS: E l'ha fatto?
MATHISON: Sì.
WINTERS: E poi che cosa è successo?
MATHISON: Ha continuato a toccarmi.

WINTERS: Dove l'ha toccata?
MATHISON: Dappertutto, dove riusciva ad arrivare.

Dopo diversi altri minuti di interrogatorio, Winters cercò di capire la successione dei fatti del presunto stupro...

WINTERS: Ok allora dopo i palpeggiamenti. Insomma a un certo punto la stava soffocando e poi l'ha lasciata andare?
MATHISON: Mi stava palpeggiando, io ho provato ad andarmene, a staccarmi, ed è allora che mi ha preso alla gola.
WINTERS: Ok.
MATHISON: E a quel punto io potevo solo guardarlo, non sapevo cosa fare, non sapevo cosa dire.
WINTERS: Ok.
MATHISON: Poi mi ha preso alla gola e mi ha forzato verso il lato del divano o verso il lato delle due poltrone ed è stato allora che mi ha girato di spalle e...
WINTERS: Quando ha detto che lui, lui la stava soffocando e aveva le mani intorno al suo collo, giusto per capire, magari mi confondo. Quando lei cercava di andare da un lato all'altro, lui a quel punto la stava ancora soffocando?
MATHISON: Non potrei dire che mi soffocava, riuscivo a respirare, ma mi stringeva il collo con le mani e quindi pensavo che mi avrebbe soffocato.
WINTERS: Ok. Quindi controllava i suoi movimenti?
MATHISON: Sì.
WINTERS: Ok. E allora poi che cosa è successo?
MATHISON: Allora lui mi ha tenuto una mano al collo e con l'altra mi ha spinto sul lato delle due poltrone e mi ha girato e mi ha piegato in avanti e mi ha tirato su la gonna.
WINTERS: Ok. Quindi adesso lei è, è dove si trovano le poltrone.
MATHISON: Ancora nel soggiorno, dal lato delle poltrone. Lontano dal tavolo.
WINTERS: A quel punto gli diceva qualcosa?
MATHISON: A quel punto ero piuttosto spaventata e ho detto qualche volta di no.

WINTERS: Ok, allora, ha detto di no, era piegata in avanti quando ha detto di no?
MATHISON: Sì quando mi ha tirato su la gonna ho detto di no quando mi ha tolto le mutandine.
WINTERS: Quanto era forte quel no?
MATHISON: Più o meno con lo stesso tono che ho adesso.
WINTERS: E lui ha sentito?
MATHISON: Sì. Sì ha sentito.
WINTERS: Come fa a sapere che ha sentito?
MATHISON: Perché ogni volta che dicevo di no mi stringeva più forte al collo.
WINTERS: Ok. Ma se l'ha fatta piegare in avanti, come faceva a tenerla al collo?
MATHISON: Così. E poi ha avvicinato la faccia alla mia e mi ha fatto delle domande.
WINTERS: Che cosa le ha chiesto?
MATHISON: Non lo dirai a nessuno, vero?
WINTERS: E lei che cosa ha detto?
MATHISON: Ho detto di no. E lui non ha sentito, oppure voleva che lo dicessi più forte. Voleva che mi girassi e lo guardassi mentre lo dicevo.
WINTERS: Quante volte glielo ha chiesto?
MATHISON: Tre o quattro.
WINTERS: E lei che cosa rispondeva, ogni volta?
MATHISON: No.
WINTERS: Perché diceva di no?
MATHISON: Avevo paura che se dicevo sì, lo dirò a qualcuno, adesso me ne vado, avevo paura che sarebbe diventato più violento.
WINTERS: Ok.
MATHISON: Oppure avrebbe cercato di trattenermi con più forza.
WINTERS: E poi che cosa è successo?
MATHISON: E poi mi ha tirato su la gonna, mi ha tolto le mutandine e, ed è entrato dentro di me.
WINTERS: Quindi le ha tolto le mutandine?

MATHISON: *[Annuisce]*
WINTERS: Ok, e poi che cosa è successo?
MATHISON: Allora ha continuato a entrare dentro di me e poi si è chinato per avvicinare la faccia alla mia e mi ha chiesto se mi piaceva quando un ragazzo mi eiaculava in faccia e io ho detto di no. E poi ha chiesto che cosa hai detto. Mi ha afferrato e ha stretto la mano alla gola e io ho detto no. Ha detto che lo avrebbe fatto lo stesso. E allora a quel punto io sono diventata un po' più aggressiva con lui e ho cercato di staccargli la mano dal mio collo. E lui era dietro di me e mi stava ancora soffocando. Io non stavo usando tutte le mie forze per divincolarmi, ma comunque ci provavo...
WINTERS: Ok. Ok. Quando, quando dice che veniva da dietro, che cosa intende?
MATHISON: Lui, lui ha eiaculato dentro di me.
WINTERS: Ok e quindi presumo che il suo pene fosse nella sua vagina.
MATHISON: Sì.

Alla fine dell'interrogatorio, Winters era convinto – con certezza quasi assoluta – che Jessica Mathison dicesse la verità. I dettagli. La sincerità. La mancanza di esitazione. La convinzione. In quattro anni da detective, aveva ascoltato centinaia di vittime di abusi sessuali. «Gran parte del mio lavoro consisteva in casi del genere» disse anni dopo.

Armato delle dichiarazoni della Mathison, Winters comprese qual era il prossimo passo che lui e il suo collega, Dan Loya, dovevano compiere. Più o meno nello stesso momento in cui l'investigatore era arrivato a casa Mathison, Bryant era sotto i ferri del dottor Richard Hawkins alla Steadman-Hawkins Clinic. L'intervento durò circa un'ora e alle due del pomeriggio Bryant fu visto zoppicare nel salone del Lodge & Spa di Cordillera. Alle 20:50 Bryant fece un ordine di 39,01 dollari al servizio in camera. Poi, circa due ore più tardi, un altro ordine da 20,66 dollari.

Alle 23:30 arrivarono Winters e Loya. Entrarono nella struttura, pensando di entrare nel salone d'ingresso e di andare a bussare alla porta della camera di Bryant. In base alla sua lunga esperienza, Winters sapeva come probabilmente sarebbero andate le cose: *Bryant non dice niente, si rifiuta di parlare in assenza di un avvocato, bla bla bla.*

No.

Con loro grande stupore, quando raggiunsero il parcheggio del resort videro Bryant, con le stampelle. «Era quasi mezzanotte e lui è lì ad aspettarci quando arriviamo» raccontò poi Winters. «Mi è sempre sembrato molto strano. Era stato avvertito? Lo sapeva? Non ne ho idea».

Winters e Loya uscirono dall'auto, accertandosi di registrare tutto senza farsi notare, e si presentarono al famoso giocatore di basket.

Non fu uno dei momenti più felici nella vita di Kobe Bryant.

Dopo i convenevoli di rito, i detective spiegarono il motivo della loro presenza e ciò che stavano cercando.

Il dialogo fu registrato...

WINTERS: Abbiamo ricevuto una chiamata e verbalizzato una denuncia di possibile aggressione sessuale, quindi vorremmo parlare con lei e capire, sì, sentire la sua versione della storia e scoprire che cosa è successo.

BRYANT: Che cosa succede adesso?

WINTERS: Che cosa succede adesso?

BRYANT: Sì.

WINTERS: Be', in questo preciso momento non succede niente. Vogliamo soltanto sentire la sua versione della storia e capire che cosa sta succedendo, ok. Vogliamo, vogliamo sentire la sua, insomma la nostra politica è, ehm, sentire le versioni di tutte le parti in causa. Ehm...

LOYA: Insomma è per questo che vogliamo parlare con lei e sentire la sua versione della storia.

WINTERS: Sì, sentire la sua versione della storia e scoprire che cosa sta succedendo.

LOYA: Ma non vogliamo farlo davanti a tutti, ok? Per questo volevamo tornare a...

WINTERS: Non vogliamo crearle imbarazzo, perché comprendiamo la situazione.
BRYANT: Va bene, perché è personale. Non capisco che cosa succede. Quale versione della storia seguirete? Esattamente?
LOYA: Vuole parlare davanti a tutti preferisce andare in una stanza?
WINTERS: Questa, questa è la sua...
BRYANT: Questa è la mia carriera.

A questo punto il novantanove per cento delle celebrità, davanti a due poliziotti e a un'accusa di violenza sessuale, smettono di parlare. Chiamano un amico, un coniuge, un avvocato. Chiamano le guardie del corpo. Esercitano il diritto di restare in silenzio. Bryant però era troppo ingenuo oppure troppo spaventato per fare appello alla logica. E non si accorse nemmeno che Winters e Loya stavano facendo di tutto per indurlo ad accompagnarli sulla scena del presunto crimine.

Quando erano ancora nel parcheggio, gli investigatori chiesero a Bryant se la notte precedente fosse stato in compagnia di una donna. Lui disse di sì, che lei gli aveva fatto fare il giro dell'albergo e che poi era tornata in camera sua per parlare e mostrargli i suoi tautaggi.

LOYA: Ehm, e vi siete baciati?
WINTERS: Baciati o abbracciati?
BRYANT: No.
WINTERS: Non è successo niente del genere?
BRYANT: No.
WINTERS: Oh, ehm, glielo chiederò in modo diretto. Ha avuto rapporti sessuali con lei?
BRYANT: No.

Con quell'unica parola Bryant si mise in un mare di guai. Entrambi i detective sapevano che lui e la Mathison avevano fatto sesso. Bryant stesso sapeva che lui e la Mathison avevano fatto sesso. Aveva mentito, preso dal panico. Qualche minuto dopo, sempre nel parcheggio, Bryant chiese: «Esiste un modo qualsiasi per sistemare questa faccenda, di qualsiasi cosa si tratti?» e poi aggiunse: «Se mia moglie, se mia moglie scoprisse che qualcuno, chiunque, ha fatto una qualsiasi accusa nei miei confronti si infurierebbe...»

LOYA: Kobe...
BRYANT: A me importa soltanto questo.
WINTERS: E io lo capisco.

Winters lo capiva davvero. In qualsiasi modo si fossero svolti gli eventi, per Bryant non sarebbe finita bene. Era già difficile essere accusati di stupro se si era innocenti. Ma Bryant non era innocente. Di questo Winters era convinto.

LOYA: Ascolti, ascolti, ascolti. Lasci che le spieghi una cosa. Questo è quello che è successo, Ok. E questo è quello che succederà. Dovremo andare a fondo della faccenda, in un modo o nell'altro, che sia vero oppure no.
BRYANT: Ok. Ok.
LOYA: Lei ha accettato di sottoporsi a un accertamento.
BRYANT: Ok.
LOYA: Ok. Abbiamo ricevuto campioni di sangue, peli pubblici...
BRYANT: Ok.
LOYA: Sperma.
BRYANT: Ok.
LOYA: Tutto quanto.
WINTERS: Abbiamo le prove materiali.

Poi, pochi secondi dopo...

LOYA: Ci dica solo la verità. Non lo diremo a sua moglie, niente del genere. Ha avuto rapporti sessuali con lei?
BRYANT: Ehm, questo è quello che avevo bisogno di sapere perché, uh, ho avuto rapporti sessuali con lei.

Bingo.

Nei minuti successivi Bryant raccontò la sua versione della storia. Che era praticamente uguale alla versione della storia della Mathison. Si erano incontrati. Avevano flirtato. Avevano flirtato ancora un po'. Si erano baciati. Quando il racconto si addentrò nei meandri del rapporto sessuale, però, la situazione si fece imbarazzante. Bryant ammise di aver messo una mano intorno al collo della Mathison e quando Loya gli chiese quanta forza avesse messo nella presa, Bryant disse «Le mie mani sono forti. Non lo so».

Peggiorò ancora.

Ci fu anche questo:

LOYA: La ragazza, lei si è ritrovato del sangue addosso o qualcosa di simile?
BRYANT: Lei non ha sanguinato, vero?
LOYA: Sì, ha sanguinato, ha sanguinato parecchio.
BRYANT: Cosa, ma state scherzando. Da dove?
LOYA: Dall'area vaginale.
BRYANT: Si è ferita, o qualcosa del genere? Non ho sangue addosso, amico. Per la precisione, ho ancora i boxer. Sono completamente bianchi, sono completamente bianchi, non ci sono macchie.

E questo:

LOYA: Le ha chiesto se voleva, se poteva eiacularle in faccia?
BRYANT: Sì. È quando ha detto di no. È quando ha detto di no. È quando ha detto di no.
LOYA: E allora lei, lei che cosa le ha risposto?
WINTERS: Che cosa le ha detto, come sono andate, come sono andate le cose?
BRYANT: Uhm, sapete, è quando le ho chiesto se potevo eiacularle in faccia. E lei ha detto di no.
LOYA: Quindi a lei piace eiaculare in faccia alla sua partner?
BRYANT: Sì, lo faccio, non sempre. Voglio dire, allora mi sono fermato. Gesù Cristo, amico.

E questo:

> WINTERS: Uhm, le ha praticato del sesso orale o qualcosa del genere?
> BRYANT: Sì, lo ha fatto.
> WINTERS: Lo ha fatto?
> BRYANT: Lo ha fatto.
> WINTERS: Per quanto... quando è successo?
> BRYANT: Per circa cinque secondi. Le ho detto, ehm, fammi un pompino, ehm, e poi bacialo. E lei mi ha fatto un pompino.
> LOYA: Quindi il pompino è durato circa cinque secondi?
> BRYANT: Sì, è stato rapido.
> LOYA: Poi che cosa è successo?
> BRYANT: No aspetti... voglio dire lei, lei stava andando avanti, sono io che le ho detto di alzarsi. Lei non sapeva quello che faceva.

E questo:

> BRYANT: Probabilmente vuole cercare di farsi dare dei soldi o roba simile.
> LOYA: Lei sarebbe disposto a pagare, nel caso lo chiedesse?
> BRYANT: Devo farlo. Devo farlo. Devo farlo. Sono nella situazione peggiore possibile.

E questo:

> LOYA: Quando l'ha penetrata, è stato semplice? Ci sono state delle difficoltà?
> BRYANT: No, è stato... è stato semplice. È semplicemente scivolato dentro.

Mentre l'interrogatorio proseguiva, i due poliziotti astutamente accompagnarono Bryant verso la sua camera. Non potevano trascinarlo ma lo guidarono, lo instradarono, lo incoraggiarono. Quando furono vicini alla porta, Loya disse: «Può dire alle sue guardie del corpo che sta bene e che non ha bisogno di loro?», che si può tradurre come *L'ultima cosa che vogliamo è che le sue guardie del corpo le consiglino di restare in silenzio.*

All'interno della camera Bryant indicò a Winters e Loya la biancheria e la maglietta che aveva indossato. Giurò («Lo giuro sulla mia vita») che non aveva commesso violenza sessuale, che si sarebbe sottoposto volentieri alla macchina della verità, si guardò le mani e vide che tremavano.

Winters aveva qualcosa da dire...

> «Apprezziamo la sua collaborazione e il fatto che ci ha permesso di entrare nella sua stanza e, insomma, il fatto che ha cooperato con noi e ha parlato di questa faccenda. Sono questioni spinose. In questo momento le dirò, ok. Sono questioni molto spinose. Ci sono delle accuse molto serie e la ragazza è pienamente consapevole delle conseguenze delle accuse che sono state fatte, ok. Ehm, però immagino che siamo, insomma, è questo il mio problema, Mister Bryant. Tanto per cominciare, non so se lei mi sta dicendo la verità oppure no. Ok. Voglio essere completamente onesto con lei e mi lasci finire, ok. Voglio dirle il perché, va bene. Io sono il tipo di persona che le dice questo... le dirò le cose come stanno, ok. Non voglio tirarla in lungo.
>
> Primo, lei all'inizio ci ha mentito. Ok. E questo non aiuta. Secondo, poi le abbiamo presentato la questione ed è sembrato un po' dubbioso sui dettagli di come era andato esattamente l'intero incidente. Io non sto dicendo che lei sia una persona che farebbe una cosa del genere, ok. Io sono d'accordo con lei. Sono d'accordo con lei sul fatto che si è lasciato trascinare dal momento. Ok. Non ci sono dubbi su questo, lo sa, non c'è nessun dubbio. Io penso che lei si sia anche fatto trascinare, Mister Bryant, e sono d'accordo, sono completamente d'accordo con lei, è stato consensule fino al momento degli abbracci e dei baci. Sono d'accordo, completamente consensuale. Non ho nessun problema con questo. Quello, quello sul quale sono più dubbioso e che non

> so quanto sia stato consensuale il rapporto sessuale. Ok, io non, io non, immagino di dover essere onesto con lei e non sono sicuro, non sono sono sicuro che i fatti ci siano stati presentati esattamente come si sono svolti. Insomma io la vedo così. Questa, sa, questa è la mia opinione. È una ragazza molto attraente, ok...»

Nei minuti che seguirono, Bryant (il quale, possiamo ripeterlo ancora una volta, avrebbe fatto meglio a tacere e a *chiamare un avvocato immediatamente*) disse a Winters che (a) la Mathison «non era poi così attraente»; (b) che dopo che se ne era andata lui si era masturbato; (c) che aveva ripetutamente tradito la moglie con una donna di nome Michelle e (d) che gli piaceva prendere Michelle alla gola da dietro, e che lei aveva dei lividi a dimostrarlo.

Accettò di permettere ai poliziotti di chiamare un collega per raccogliere le prove dalla stanza in una serie di bustine di plastica, come parte della procedura di accertamento per i casi di violenza sessuale. Più o meno alle 2:30 del mattino, Bryant fu portato in auto, in una volante della polizia, al Glenwood Springs and Valley View Hospital. Una volta lì, si fece prelevare i campioni di DNA e poi si registrò al vicino Hotel Colorado. Quella sera prese un volo per la California del Sud, sperando che il peggio fosse passato.

Era una speranza molto ingenua.

«Sapevo che era colpevole» disse Winters anni dopo. «E ne sono convinto ancora oggi».

15
Stupro

Il 2 marzo 2003 un turista inglese di trentun anni di nome Robert Alexander Wills decise di buttarsi sulle piste del Breckenridge Ski Resort a Breckenridge, in Colorado. Mentre sfrecciava su una discesa, Will perse il controllo, uscì dalla traiettoria che aveva scelto e travolse Richard Henrichs, un venditore di Naperville, in Illinois, che stava cautamente affrontando la pista dei principianti.

L'impatto strappò Henrichs dagli sci e lo sbatté contro un albero vicino. Quando i paramedici finalmente arrivarono, quindici minuti dopo, l'uomo respirava a malapena. Fu portato in elicottero a un ospedale di Denver ma morì la sera stessa. Aveva cinquantasei anni.

Secondo una legge esclusiva dello Stato del Colorado, sciatori e snowboarder devono evitare le persone che si trovano a valle rispetto a loro sulle piste. Chi non lo fa può incorrere nel reato di condotta incauta. Per questo, quando fu dichiarata la morte di Henrichs, Mark Hurlbert, il trentacinquenne procuratore distrettuale della Eagle County, fece arrestare Wills.

Quella che seguì fu pura follia.

«Esplose tutto quanto» raccontò poi Hurlbert. «Ci chiamava la BBC, ci chiamava il *New York Times*. Ci chiamarono Connie Chung e il programma *Today*. Una baraonda assurda. E io pensavo, 'Yup, sarà il caso più grosso della mia carriera'».

Quattro mesi dopo, la sera del primo luglio, Hurlbert era seduto nel suo ufficio quando ricevette una chiamata da Dough Winters, il poliziotto: «Mark, abbiamo un caso di violenza sessuale che riguarda Kobe Bryant».

Hurlbert era un ex sciatore agonistico universitario e conosceva bene gli sport americani. Balbettò la prima parola che gli venne in mente: «*Chi?*»

Poi, dopo aver metabolizzato quel nome, un commento più appropriato alla circostanza: «*Oh merda*».

Winters chiese l'autorizzazione di Hurlbert per procedere a un interrogatorio e poté quindi organizzare quella che diventò una chiacchierata di novanta minuti fra Bryant e i due investigatori della polizia. Il giorno successivo però Hurlbert fu contattato di nuovo, questa volta da Joseph Hoy, lo sceriffo della Eagle County. In forza dei risultati del kit per lo stupro, dell'interrogatorio di Bryant, dell'interrogatori della Mathison, della biancheria intima, della visita alla stanza 35, del giocatore di basket terrorizzato e della studentessa apparentemente attendibile, Hoy chiese a Hurlbert il permesso di effettuare un arresto.

«Sai una cosa, aspettiamo ancora un po'» disse Hurlbert.

Il suo ragionamento non faceva una piega: tanto per cominciare, non sarebbe certo stato difficile trovare Kobe Bryant. Il programma giornaliero dei Lakers era facilmente reperibile. In secondo luogo, in quel momento la notizia della presunta violenza sessuale non era ancora una notizia. Niente di nuovo sul fronte del Colorado. «Ma non appena lo avessimo arrestato le indagini sarebbero finite, perché la stampa sarebbe stata coinvolta e le cose sarebbero andate in direzioni diverse e tutti avrebbero voluto i loro quindici minuti di celebrità» spiegò poi Hurlbert. «Quindi dissi allo sceriffo di aspettare finché non avessimo avuto tutti gli elementi necessari e ogni informazione in perfetto ordine».

Con grande sgomento del procuratore distrettuale, Hoy prese in mano la situazione e (sfruttando un tecnicismo legale poco noto) ottenne il necessario mandato d'arresto da Russell Granger, un giudice distrettuale. La mattina del 4 luglio l'avvocato del Colorado assunto da Bryant, Pamela Mackey, chiamò il suo cliente e gli disse bruscamente: «Deve venire a costituirti. Ora».

Quel pomeriggio Bryant entrò nella struttura detentiva dell'ufficio dello sceriffo della Eagle County, accompagnato dalla moglie Vanessa. Gli vennero prese le impronte. Venne interrogato. Venne fotografato (guardò davanti a sé senza emozione, con occhi lievemente insonnoliti). L'accusa messa a verbale fu quella di sospetta violenza sessuale e sequestro di persona. Pagò la cauzione di 25.000 dollari e fu rilasciato rapidamente. La Mackey, nota per aver difeso il portiere dei Colorado Avalanche Patrick Roy in un caso di violenza domestica nel 2001, non perse tempo e fece il suo lavoro sfruttando un'informazione scomoda (per l'ufficio dello sceriffo). «È sconvolgente che l'ufficio dello sceriffo, che dovrebbe condurre un'indagine imparziale, ignori le disposizioni del procuratore distrettuale e vada a procurarsi un mandato altrove» dichiarò ai media. «Davvero scandaloso».

Negli uffici della dirigenza dei Lakers si diffusero prima l'incredulità (perché ha fissato un intervento chirurgico senza consultare la squadra?) e poi il panico. Jerry Buss, il proprietario della squadra, si rifiutò di crederci. Kobe? Il suo Kobe? «Non è assolutamente possibile» diceva a tutti. Più o meno come un tempo aveva trattato Magic Johnson, un uomo storicamente promiscuo e un giocatore che poteva distruggere gli allenatori, ma che ai suoi occhi non poteva sbagliare neanche quando sbagliava. Kobe Bryant non era un giocatore in prestito. Non era entrato nei Lakers attraverso uno scambio. Era un prodotto originale della squadra. Era nato lì. «Mio padre amava Kobe come un figlio» disse Jeanie Buss. Mitch Kupchak, il general manager, era sulla linea del traguardo di una corsa di dieci chilometri a Pacific Palisades e stava aspettando che la moglie Claire completasse il circuito. Suonò il cellulare e comparve il numero di Arn Tellem, l'agente di Bryant.

«Non crederai a quello che sto per dirti» cominciò Tellem.

Nel giro di qualche ora Kupchak diramò una dichiarazione che diceva, fra le altre cose: «Queste accuse non sono assolutamente compatibili con il Kobe Bryant che conosciamo». Eppure quando chiamò Phil Jackson per dargli la notizia, l'allenatore quasi non batté ciglio. Era seduto nella stanza di un motel a Williston, in North Dakota, e le prime otto parole di Kupchak, ormai familiari, («Non crederai a quello che sto per dirti») in realtà non erano corrette. Anche se Jackson non aveva mai pensato che la sua guardia stellare potesse essere letteralmente uno stupratore, sapeva che era immaturo, emotivamente limitato e agitato da una rabbia malsana. Per l'amor di Dio, era andato in Colorado per sottoporsi a un intervento chirurgico senza il consenso della squadra. Phil Jackson non faceva fatica a crederci. «Kobe a volte era consumato da una rabbia sorprendente» raccontò poi Jackson «che ha riversato contro di me e contro i compagni».

Il 18 luglio Hurlbert accusò formalmente Bryant di un unico episodio di violenza sessuale. In caso di condanna avrebbe dovuto scontare o da quattro anni all'ergastolo in carcere oppure da vent'anni all'ergastolo in libertà vigilata, oltre a una multa di 750.000 dollari. Il giorno successivo ebbe luogo l'intervista di coppia più imbarazzante dopo quella di Mike Tyson e Robin Givens davanti a Barbara Walters nel 1988: i Bryant presenziarono a una conferenza stampa all'interno dello Staples Center, tenendosi per mano e apparentemente sull'orlo delle lacrime. «Sono qui davanti a voi, furioso con me stesso, disgustato con me stesso per aver fatto l'errore di tradire mia moglie» disse Bryant. «In questo momento ho molto da perdere ma non ha niente a che vedere con il gioco del basket e con le sponsorizzazioni. Ha a che vedere con la mia famiglia e con le false accuse che mi sono state rivolte».

Vanessa restò in silenzio, anche quando il marito si rivolse a lei e la implorò (in modo patetico): «Tu sei una benedizione, sei una parte del mio cuore, sei l'aria che respiro». Poco dopo le comprò un diamante viola da otto carati per 4 milioni di dollari da Rafinity, e un gioielliere commentò sul *Los Angeles Times*: «Ha un sacco di soldi ed è in un mare di guai».

In parte grazie al potere del brillante, il matrimonio sopravvisse. Per Kobe Bryant, però, non sarebbe stato altrettanto facile ricucire con i compagni di squadra. Alla maggior parte di loro Bryant non piaceva già *prima* che fossero spinti a credere che avesse stuprato una donna. Adesso ci si aspettava la loro comprensione?

Nei mesi seguenti alla sconfitta al secondo turno dei playoff contro San Antonio, Buss e Kupchak si erano impegnati per ottenere un rapido rimbalzo, non una lenta ricostruzione. Il loro campo era quello del basket, anche con il dramma di Bryant. Erano convinti che Shaquille O'Neal – che aveva ormai trentun anni e ancora tre da giocare a contratto – pur essendo più lento e poco interessato alla forma fisica, rimanesse il giocatore più dominante della Lega sotto canestro. E con Bryant i Lakers si erano assicurati uno che sarebbe sicuramente diventato un recordman di punti segnati. Certo, la guardia aveva detto a Jim Gray di ESPN che meditava di rescindere il contratto alla fine della stagione 2003-04 (significava che poteva considerare le offerte di altre squadre, anche se i Lakers potevano offrire più soldi), ma erano soltanto chiacchiere. Bryant era un giocatore dei Lakers e lo sarebbe sempre stato.

E quindi, con gli occhi puntati al quarto titolo in cinque anni e una rosa un po' assottigliata, Los Angeles si dedicò alla caccia grossa.

Per prima cosa il 9 luglio i Lakers trovarono un accordo con il playmaker free agent Gary Payton, nove volte convocato all'All-Star Game, che aveva trascorso le prime dodici stagioni e mezza della carriera a Seattle prima di giocare le ultime ventotto partite del 2003 con i Milwaukee Bucks. Il trentaquattrenne giocatore originario di Oakland firmò un contratto di un anno per 5 milioni di dollari soprattutto grazie agli sforzi indefessi di O'Neal, che aveva dedicato gli ultimi sei mesi a convincerlo, arrivando quasi a implorarlo di venire a Los Angeles. Payton avrebbe potuto guadagnare molto di più altrove, ma accettò il compenso medio nella speranza di aggiudicarsi un anello. «Per me è un'ottima situazione» commentò. «Tutti i soldi... soldi ne ho. L'opportunità di giocare con Shaq e Kobe, non potevo lasciarmela scappare».

Secondo, nello stesso giorno, qualche ora dopo, Los Angeles acquistò Karl Malone, l'ala grande quarantenne che aveva trascorso la sua intera carriera di diciotto stagioni nella squadra degli Utah Jazz. Il «Postino» firmò per la miseria di un milione e mezzo di dollari (17,75 milioni in meno rispetto alla stagione precedente), sconvolgendo una Lega abituata a giocatori ossessionati dai soldi che cercavano di spremere ogni centesimo dalle squadre. I Jazz di Malone avevano partecipato a due serie consecutive delle finali NBA alla fine degli anni Novanta, perdendo entrambe le volte contro i Chicago Bulls di Michael Jordan. Come Payton, Malone voleva conquistare un anello e se questo significava lasciare Utah per un'odiata rivale, andava bene lo stesso. «Ho quarant'anni e sono onorato che qualcuno mi voglia» disse nel corso della conferenza stampa di presentazione. «Sono onorato di avere l'occasione di giocare con Shaq e Kobe e capisco che questa è la loro squadra».

Era il momento più strano per essere un tifoso dei Lakers, un periodo vertiginoso in cui non si sapeva dove girarsi. Da un lato c'era Kobe Bryant accusato di violenza sessuale, che rischiava decenni di carcere. Dall'altro lato c'era la rutilante costruzione di una squadra di basket competitiva. Malone e Payton salirono a bordo e così fece l'ala grande Horace Grant (rientrato dopo una stagione e mezza a Orlando). Mark Madsen andò ai Timberwolves e Samaki Walker firmò con i Miami Heat. Sulla carta, Los Angeles era chiaramente la franchigia favorita per il dominio dell'NBA. Erano una super squadra, con quattro futuri ospiti della Hall of Fame nel quintetto iniziale e un altro che camminava a bordocampo.

Eppure... come si faceva a entusiasmarsi ancora per il basket?

Il 6 agosto Bryant tornò a Eagle, in Colorado, per comparire in tribunale per la prima volta da quando era stato raggiunto dalle accuse di violenza sessuale. L'evento in sé fu piuttosto irrilevante – scese da una Chevrolet Suburban in uno splendido completo estivo color crema, entrò in aula e quando il giudice Frederick Gannett della Eagle County gli chiese se aveva obiezioni sulla data del 9 ottobre per l'udienza preliminare per determinare se il caso (il numero 03 CR 204 – *Il popolo dello stato del Colorado contro Kobe Bean Bryant*) dovesse andare a processo, rispose «No, signore». Parlò a bassa voce, senza emozione. La giostra che girava intorno, però (definita 'Cirque du Kobe' da *LA Weekly*), sembrava uscita da *Ai confini della realtà*.

Nel periodo di trentasette giorni fra l'arrivo di Bryant a Eagle (come paziente) e il suo ritorno (come presunto stupratore) la storia era esplosa come un moderno dramma alla O.J. Simpson, stracolmo di pettegolezzi, voci, allusioni, assurdità. Il primo della fila era Randy Wyrick, un membro della redazione del *Vail Daily*, composta da due dozzine di giornalisti in tutto, che aveva allungato le mani su tutto ciò che riguardava Kobe e Eagle. Nella sola giornata del 24 luglio Wyrick firmò due articoli intitolati UN AMICO: SEGNI VISIBILI A GIORNI DI DISTANZA (secondo l'amico della Mathison «Quando la giuria vedrà le prove le loro mascelle cadranno a terra») e UNA FONTE: LE VOCI DI ALTRE ACCUSE SONO INFONDATE (si diceva che la Mathison avesse accusato anche un collega di violenza sessuale). Ogni giorno usciva qualcosa di nuovo, scandaloso ed eccitante.

Adesso che Bryant era di nuovo in città, un terreno libero di fronte al Tribunale della Eagle County fu trasformato in parcheggio per i giornalisti. Vennero collegati due dozzine di satelliti per la copertura dei cellulari. Vennero attivate centoventi nuove linee telefoniche per il tribunale. Centinaia di curiosi si assiepavano lungo le strade, come quando passavano le parate. Una ragazzina di tredici anni di nome Yvette Parra si scrisse INNOCENTE sulla fronte. Un ventunenne di Denver di nome Ethan Sahker arrivò con la divisa di Bryant e un cartello di cartone che diceva MI SERVONO DEI BIGLIETTI. Venticinque reporter e fotografi (fra cui tre vincitori del premio Pulitzer) tenevano d'occhio l'Eagle County Regional Airport, tanto per sicurezza. Qualche giorno prima una diciottenne del posto di nome Katie Lovell era stata scambiata per l'accusatrice di Bryant e la sua foto aveva inondato internet insieme alle parole AVVISTAMENTO PUTTANA. «Mi sono sentita violentata» raccontò ai giornalisti. Era comprensibile. Era tutta una follia. Patrick O'Driscoll di *USA Today* scrisse: «I set televisivi all'aperto erano riparati da baldacchini bianchi. Le strade e i marciapiedi erano invasi da curiosi e da bagni chimici. Un chiosco all'angolo vendeva frutta secca per quattro dollari al sacchetto».

Quando non ospitava quello che avrebbe potuto essere il processo del secolo, Eagle era più conosciuta come... be', come una città. Una piccola città proletaria con una popolazione di 3.558 abitanti, una strada principale ravvivata da un paio di ristoranti e dalla presenza di un emporio chiamato 'Quasi Tutto' (che onestamente non vendeva quasi tutto, non ci si avvicinava neanche). Quando il *Los Angeles Times* inviò due giornalisti a Eagle per scoprire che cosa c'era da fare di divertente, quelli finirono nel parcheggio di una stazione di servizio della Texaco a guardare un gruppo di adolescenti che fumavano sigarette e «flirtavano, dicevano parolacce e facevano i fighi». Roxie Deane, il sindaco della città, che era nata lì, accolse la carica di attenzione mediatica come si potrebbe accogliere una carica di alligatori radioattivi ostili. Era terrorizzata. «Quando andai in tribunale e vidi i ragazzini con le divise di Kobe Bryant e altre persone che agitavano cartelli contro Kobe Bryant... non ne fui felice» raccontò poi. «Nelle piccole città vogliamo che le persone vadano d'accordo e instaurino rapporti di buon vicinato. Non ci era mai capitato niente del genere».

Kobe Bryant non avrebbe dovuto tornare a Eagle, in Colorado, fino al 9 ottobre.

Nel frattempo c'era il basket.

Il ritiro doveva cominciare il 30 settembre a Honolulu e se Bryant sperava almeno di avere dalla sua parte il compagno di squadra più importante, si sbagliava.

Nei 75 minuti del suo primo colloquio con Doug Winters e Dan Loya, gli investigatori della Eagle County, Bryant aveva detto molte cose che erano diventate rapidamente di dominio pubblico. Un dettaglio che era rimasto largamente sconosciuto, però, era uscito alla fine della conversazione, dopo che Loya aveva spento il registratore. Winters scrisse in un documento sigillato: «Bryant ci parlò di quello che faceva un altro compagno di squadra in situazioni del genere. Bryant dichiarò che avrebbe dovuto fare come faceva Shaq (Shaquille O'Neal). Bryant dichiarò che Shaq pagava le sue donne perché non dicessero niente. Disse che Shaq aveva già pagato fino a un milione di dollari per situazioni del genere. Disse che lui, Bryant, trattava le donne con rispetto e quindi non avrebbero dovuto dire niente».

Quando O'Neal venne a saperlo, be', non ne fu affatto contento.

Aveva trattato male le donne? Sì. Era ben noto che O'Neal tradiva spesso la moglie, Shaunie, che aveva sposato nel 2002, e che aveva intrecciato una lunga relazione sentimentale con una giornalista sportiva di Los Angeles molto famosa. Nel mondo del basket O'Neal non aveva la fama di essere fedele, ma chi lo era mai stato fra i suoi compagni (a parte Madsen, che comunque se ne era andato)? I Los Angeles Lakers erano come una rock band in tour e i palazzetti e i locali notturni erano pieni di splendide ragazze ansiose di toccare con mano una celebrità. Diamine, le storie delle relazioni sessuali di Rick Fox avrebbero potuto riempire il capitolo di un libro, e in pratica lo fecero, quando l'ex moglie Vanessa Williams pubblicò un'autobiografia a quattro mani intitolata *You have no idea.* Fox era uno dei dongiovanni più leggendari della Lega e quando un tabloid pubblicò alcune sue foto in compagnia di una bionda in un locale notturno delle Hawaii quasi nessuno se ne stupì. Peter Cornell, uno degli invitati al training camp del 2001, non si stancava mai di raccontare la storia di quando era stato svegliato nella sua camera d'albergo alle quattro e mezza del mattino da una telefonata. «Pronto?» aveva risposto.

«Pronto? *Pronto?*» aveva detto una voce femminile. «Smettila di fare l'idiota e dimmi con chi cazzo sei. Figlio di puttana, chi c'è a letto con te?»

«Ehm, ma chi parla?» aveva detto Cornell.

«Sono Vanessa, la moglie di Rick» aveva risposto lei. «Chi è?»

«Pete Cornell. Sto cercando di entrare in squadra».

«Oh, mi dispiace, ho sbagliato camera» aveva detto la Williams, imbarazzata.

Cornell rideva ancora, a ripensarci. «Non posso darle torto. Alle Hawaii Rick stava addosso a tutte le ragazze».

Però adesso non si trattava di Fox. Si trattava di fare la spia su O'Neal e le parole di Bryant erano molto gravi. C'era un codice non scritto fra i compagni di squadra dell'NBA, che diceva (più o meno): 'quello che succede nel club rimane nel club'. Non importava se O'Neal avesse davvero pagato delle donne fino a un milione di dollari. Bryant non aveva il diritto di dire una cosa del genere. «Questo creò una profonda spaccatura» raccontò poi Jackson. «Divulgare fatti personali di Shaq non ci fece bene. La rabbia aprì una crepa molto profonda».

«Non cambiò le dinamiche in campo, ma fuori dal campo sì» raccontò poi O'Neal. «Cambiò decisamente le cose. Non so come sia uscita questa storia, ma che io pagassi le donne per tacere, no, non è mai successo. Mai. Gliel'avevo detto come esempio, gli avevo detto che era successo per aiutarlo ad andare lì, sistemare le cose e liberarsi del problema. Controllate pure tutti i verbali su di me. Ho detto soltanto 'Ehi amico, è molto più facile occuparsene subito e sistemare questa merda. Non so cosa sia successo e non mi importa. Però chiudila qui.' E lui continuava 'Io non l'ho fatto, bla bla bla.' E allora gli ho detto 'Amico, io una volta ho dovuto pagare un milione di dollari.' Solo per fare il fratello maggiore. Perché a volte in questo ruolo devi raccontare delle storie. Non fatti veri. Storie. Paga e vai avanti. 'Ho dovuto pagare un milione di dollari e nessuno ne ha saputo nulla.' Non è vero, ma è la storia che gli ho raccontato. E poi lui ha fatto quello che ha fatto».

Il 2 ottobre l'aereo privato dei Lakers portò a Honolulu giocatori e staff al completo a eccezione di Bryant, i cui rappresentanti contattarono Kupchak per comunicargli che era «malato». Jackson provò a mettersi in contatto con la sua star, ma al telefono della casa a Newport Beach dei Bryant gli rispose una donna informandolo che stava «riposando». L'allenatore era fuori di sé. Se davvero era malato, non sarebbe dovuto andare da un medico? Non aveva nessun senso.

«Non sono informato delle sue condizioni» disse quando gli chiesero di che cosa soffrisse Bryant. «Non mi hanno detto che era malato, mi hanno detto che non si sentiva bene. Sarà la foschia marina che affligge Los Angeles da due settimane? Già, forse è colpa del tempo».

Nel lontano 1998, alla sua prima presenza all'All-Star Game, Bryant aveva fatto infuriare Karl Malone quando gli aveva fatto cenno di farsi da parte per affrontare un difensore uno contro uno. Era stato un brutto momento, che lo mostrava come un giocatore giovane e presuntuoso. Malone però, va detto a suo merito, non era il tipo da covare rancore. Era venuto a Los Angeles per vincere un titolo e se questo significava accettare una star dal carattere volubile accusata di stupro, andava bene lo stesso. E comunque, anche se Malone aveva conservato intatta la sua reputazione fin da quando, uscito da Louisiana Tech, era stato scelto con la tredicesima scelta in assoluto del draft del 1985, anche lui – come Bryant – aveva qualche oscuro segreto.

Nell'autunno del 1983, quando aveva vent'anni ed era al secondo anno di università, Malone era tornato nella città natale di Summerfeld, in Louisiana, e aveva messo incinta una tredicenne di nome Gloria Bell. Quando, il 3 maggio 1984, la ragazza aveva dato alla luce un figlio di nome Demetress, Karl era introvabile. La famiglia Bell evitò di fare causa a Malone per aver fatto sesso con una minorenne perché sapevano che presto avrebbe cominciato a fare soldi nell'NBA e sarebbe stato utile per crescere il bambino. Malone però negò la paternità e quando la famiglia lo portò in tribunale per chiedere 200 dollari alla settimana lui (*puff!*) sparì. Alla fine un giudice lo costrinse a fare un test di paternità e il risultato positivo portò alla sentenza per cui doveva pagare 125 dollari alla settimana – 6500 all'anno – più le spese mediche. Malone, che guadagnava 825.000 dollari con i Jazz, si lamentò che era una cifra troppo alta.

Quella era la seconda esperienza di Malone con i figli illegittimi. Quando aveva diciassette anni aveva messo incinta una ragazza della sua città natale e dopo che lei aveva dato alla luce due gemelli, Malone aveva negato di esserne il padre finché un giornale non aveva reso pubblica la notizia, anni dopo.

Di conseguenza, fosse perché lo capiva o perché avevano un'esperienza in comune, Malone fu l'unico dei Lakers che sembrò mostrare empatia per Bryant, soprattutto quando – lo stesso giorno in cui la squadra volò alle Hawaii – uscì la notizia che un giudice in Colorado aveva decretato che gli avvocati difensori non potevano interrogare la presunta vittima di stupro nell'udienza preliminare. Peggio ancora, un altro giudice aveva respinto la richiesta di tenere fuori la stampa.

Se veniva interpellato Malone sosteneva sempre Bryant, a bassa voce. *La squadra ha bisogno della sua guardia tiratrice. È un ragazzo forte e determinato. Non vinceremo il titolo senza di lui.* Ma il «Postino» era l'unico a provare quei sentimenti.

I Lakers fecero il primo allenamento il venerdì mattina, il giorno dopo l'arrivo, e i media non volevano parlare d'altro che della vita senza Kobe. O'Neal, che sperava in un'estensone del contratto e che si sentiva sottostimato da una squadra che ormai dava chiaramente la priorità all'altra superstar, diede il la a una situazione sempre più assurda accogliendo la prima domanda su Kobe con (sì, proprio così) un miagolio.

«Pensi che la squadra abbia bisogno di Kobe per essere competitiva?»

Miao.

«Hai parlato con Kobe?»

Miao.

«Sei preoccupato per...»

Miao, miao.

Alla fine, quando gli chiesero: «Come ti senti a non avere qui tutta la squadra?» O'Neal smise di imitare Gatto Silvestro e, con il suo tono di voce più profondo, rispose: «Tutta la squadra è qui».

Gli altri Lakers furono entusiasti. O'Neal parlava per il gruppo: riconoscevano il talento di Bryant, ma stavano benissimo anche senza di lui.

Il sabato finalmente Bryant arrivò alle Hawaii con il proprio volo privato, aspettandosi che la squadra pagasse il noleggio (non lo fece). Tim Brown e Steve Henson del *Los Angeles Times* scrissero che «era dimagrito e aveva l'aria stanca. Aveva la carnagione grigiastra, come se non uscisse da mesi». Non diede una vera spiegazione per il ritardo e di certo non si scusò. Kobe Bryant era arrivato più tardi perché Kobe Bryant era arrivato più tardi. Roba forte.

Entrò nella palestra dell'università delle Hawaii e i compagni gli riservarono qualche abbraccio poco convinto (Malone e Payton furono più calorosi), ma soprattutto occhiate imbarazzate e alzate di spalle. Meno di un mese prima, in un breve incontro a fine agosto presso gli uffici dei Lakers, Kupchak aveva detto a Bryant che la squadra teneva al suo benessere e che voleva assicurarsi che se la stesse cavando bene.

Bryant non sentiva quella partecipazione. «Shaq non mi ha mai chiamato quest'estate» aveva detto.

«Kobe, ti ho dato un messaggio da parte sua» aveva risposto il general manager. «Ti ha invitato a Orlando per allontanarti da tutto».

«Non c'era bisogno che passasse attraverso di te» aveva detto Bryant. «Sapeva come contattarmi».

Più tardi, parlando con Jackson, Bryant aveva sbottato: «Non ho intenzione di sopportare le stronzate di Shaq, quest'anno. Se comincia a parlare con la stampa io ribatterò colpo su colpo. Non ho paura di affrontarlo. Ne ho abbastanza».

L'allenamento d'esordio di Bryant non fu piacevole. L'uomo che si era sempre vantato della propria fisicità e si era sempre tenuto nella forma migliore, era logorato dagli eventi. Si era allenato quando poteva, ma la sua routine quotidiana era andata a farsi benedire. Il primo giorno del ritiro lo passò quasi tutto su una ciclette a bordocampo, madido di sudore. A differenza degli anni precedenti, quando il training camp dei Lakers sembrava più una festa hawaiana che un duro sforzo per prepararsi alla battaglia, nel 2003 Malone chiese di chiudere le porte e di spegnere i grandi ventilatori. Di conseguenza la palestra diventò una sauna e le cattive condizioni di Bryant vennero a galla.

Dopo la fine della sessione di allenamento Bryant permise ai media di riunirsi per intervistarlo. Era da sempre una delle sue qualità migliori. Era risaputo che alcune superstar si nascondevano quando le cose andavano storte. Ma Bryant no. In quel momento, guardando dritto in faccia due dozzine di giornalisti, ammise: «Per me il basket è passato in secondo piano». E poi: «Sono terrorizzato. Non tanto per me, quanto per quello che sta passando la mia famiglia. Non avevano niente a che fare con tutto questo, ma i loro nomi sono stati trascinati nel fango e sono preoccupato per loro».

Verso la fine della sessione di domande, Bernie Wilson dell'Associated Press gli chiese se avrebbe discusso del caso con i colleghi. Era una domanda perfettamente legittima, che però ignorava la storia di Kobe Bryant nella squadra. Non aveva parlato a nessuno dei compagni del fidanzamento, non li aveva invitati al matrimonio e non aveva chiamato nessuno di loro quando era stato accusato di stupro. Nessuno dei Lakers era mai stato a casa sua e la maggior parte di loro non aveva mai condiviso con lui più di un pasto o due.

Avrebbe discusso del caso con i colleghi? «Perché? Potrei provare a spiegarlo mille volte ma loro non capirebbero, non ci arriverebbero. Ma non importa. Verremo qui, collaboreremo come squadra e giocheremo a basket. [La mia famiglia] sta affrontando questa cosa. Tutti gli altri stanno solo a guardare».

Alcuni dei Lakers veterani pensavano che Bryant alle Hawaii avrebbe lavorato a testa bassa, con contrizione, senza alzare la voce. Ma per il campione indiscusso di inconsapevolezza della squadra, quel comportamento era impossibile. C'erano diciotto atleti al ritiro e Bryant – come al solito – si sentì in dovere di stabilire il suo predominio. L'unica vera lotta per un posto nella rosa vedeva protagonisti Eric Chenowith (un prodotto dell'università del Kansas da due metri e quindici centimetri per centoventicinque chili) e Jamal Sampson (due metri e undici centimetri per centosette chili dalla Cal) che aspiravano al ruolo di riserva di O'Neal. Fin da subito Bryant decise di avere un problema con Chenowith, o almeno di dover far soffrire il rookie quanto umanamente possibile. Soltanto che Chenowith non era un rookie. Dopo essere stato preso dai Knicks con la quarantatreesima scelta in assoluto nel draft NBA del 2001 e poi tagliato, Chenowith era stato sul libro paga dei Kings, dei SuperSonics e dei Clippers, aveva giocato per i Greenville Groove, gli Huntsville Flight e i Roanoke Dazzle nella National Basketball Development league (NBDL), nonché per il Pau-Orthez nella principale lega francese, la LNB Pro A. Era in circolazione da un po' e gli altri Lakers lo trattavano con rispetto. O'Neal in particolare si era fatto in quattro e aveva invitato Chenowith (ma non Bryant) a una festa estiva nella sua casa di Bel Air per celebrare l'arrivo a Los Angeles di Malone e Payton. Ogni ospite aveva ricevuto un invito personalizzato da 30 x 40 centimetri con un'incisione nel marmo che diceva (in questo caso) ERIC CHENOWITH – SEI CORDIALMENTE INVITATO DA SHAQUILLE O'NEAL A CASA SUA PER DARE IL BENVENUTO AI NUOVI COMPAGNI.

Chenowith era sbalordito ed entrò nell'enorme villa senza sapere che cosa aspettarsi. Quando O'Neal gli venne incontro si presentò e disse: «È un onore essere qui».

Il centro – che indossava una canotta vintage di Julius Erving dei 76ers – si mise a ridere. «No, amico, sono io a essere felice che tu sia qui. Ho sentito molto parlare di te e casa mia è casa tua. Tutto quello che vuoi. Di cosa hai bisogno? Hai bisogno di un sigaro? Vieni con me...»

I due giganti passarono nel giardino sul retro, dove sotto una tenda una squadra di immigrati cubani stava arrotolando dei sigari. «Preparategli il migliore che sapete fare» ordinò O'Neal. Poi si rivolse a Chenowith: «Fratello, fai come se fossi a casa tua».

«Mi trattò come se fossi uno di loro» disse poi Chenowith. «Davvero, mi trattò come se contassi qualcosa».

Per Bryant invece i personaggi come Chenowith non contavano nulla. Erano scarti di grasso fatti per essere masticati dal cane del quartiere. Un giorno, al posto degli allenamenti, Jackson e gli altri allenatori onorarono la tradizione di portare i Lakers a una partita di paintball a sorpresa. Un autobus li prelevò alle dieci del mattino e li portò a quaranta minuti di distanza, sul finto campo di battaglia di Waimānalo, sul lato orientale di Oahu. Una volta arrivati i giocatori trovarono divise militari personalizzate con nomi e numeri ricamati sulle giacche. Per le successive due ore le quattro squadre da cinque uomini si sfidarono in una lotta senza quartiere («Karl e Shaq sono rimasti nascosti per tutto il giorno» raccontò poi Bryant. «Si sono addentrati fra gli alberi. Forse sono andati alla ricerca di Bigfoot o roba del genere») e alla fine i giocatori furono presentati a ventuno piloti dell'aeronautica militare degli Stati Uniti provenienti dalla Bellows Air Force Station, invitati a conoscere i Lakers con le famiglie. Jackson voleva che i Lakers vedessero che cos'erano i veri eroi e non fu deluso dalla reazione generale. «Cose come questa me lo fanno venire duro» disse Malone stringendo la mano di un pilota. «L'occasione di ringraziare questi uomini».

Dopo alcuni minuti dedicati agli autografi e alle fotografie arrivò un camioncino dei gelati fornito di qualsiasi gusto esistente. Payton, un uomo comicamente rumoroso con uno spiccato senso dell'umorismo sghignazzò a voce stentorea: «Voi rookie figli di puttana fareste meglio ad andare a prendermi un gelato!» I due cadetti al primo anno in squadra, le ali Luke Walton e Brian Cook, andarono verso il veicolo.

Chenowith si sentì premere una mano sulla nuca.

«Rook, farai meglio a prendermi un gelato, figlio di puttana. Prendimi un gelato, rook...»

Era Bryant.

Chenowith si alzò. Kobe Bryant era stato convocato cinque volte all'All-Star. Eric Chenowith segnava una media di 9,8 punti a partita nella Development League. Che alternative aveva? Si avviò nella camminata della vergogna, poi sentì Bryant che abbaiava: «Sarà meglio che tu corra, cazzo! Non camminare, corri!»

Chenowith cominciò a trotterellare, solo per sentire il fischio a due dita di Jackson. «Chenowith!» gridò. «Vieni qui! Tu non sei un rookie!» Era stato comunque umiliato e si sentì addosso gli occhi feroci di Bryant mentre tornava a sedersi con gli altri veterani. «Per me sei sempre un maledetto rookie» disse Bryant.

All'improvviso un braccio enorme si posò sul collo di Chenowith. «Ascolta» gli disse O'Neal. «Fanculo a quel tizio. Vaffanculo a lui. Io ti guardo le spalle. Vaffanculo. Tu stai con me. Non sei un maledetto rookie. Va tutto bene. Ti guardo le spalle».

Chenowith non ebbe bisogno di sentire altro.

«Kobe era veramente un cazzone» raccontò anni dopo. «Non solo era uno stronzo, era uno stronzo cazzone. Se sa che può ottenere qualcosa da te ti tratta con rispetto. Se non ci guadagna niente, non gliene frega un cazzo di te».

Con l'eccezione del gelato con i militari, il ritiro fu un disastro epocale. Anche se sembrava impossibile, O'Neal era arrivato nella forma peggiore della sua carriera, un globo di grasso e indifferenza. Come parte dell'accordo di sponsorizzazione con la 24 Hours Fitness, durante la pausa estiva gli era stato assegnato un personal trainer di nome Cory Gilday, un venticinquenne canadese che si era trasferito da Portland, in Oregon, a Orlando, specificamente per lavorare con il centro dei Lakers. Gilday adorava O'Neal, più di chiunque altro avesse mai aiutato a rimettersi in forma: «Voglio dire, la palestra dove ci allenavamo era accanto a un centro abbronzatura» raccontò in seguito. «Un giorno la donna alla reception stava piangendo e lui le chiese che cosa c'era che non andava. Era in ritardo di tre mesi con l'affitto e aveva ricevuto l'avviso di sfratto. Shaq fece immediatamente una telefonata e sistemò tutto. Lui era così». Però O'Neal era di una pigrizia disarmante. Si rifiutava di stare a dieta. Detestava fare sollevamento pesi. Aborriva la corsa. «Era impossibile. Eravamo vicino a un liceo e quindi andammo sul campo da gioco e trovammo dei ragazzi per giocare a flag football. Quello gli andava bene. Avevo letto un articolo che parlava dei suoi 'estenuanti' allenamenti estivi. Mi ero messo a ridere. È una persona fantastica, probabilmente la migliore del mondo. Ma non si impegnava negli allenamenti e si vedeva».

Shaq odiava Kobe. Kobe odiava Shaq. John Black, il responsabile dei rapporti con la stampa della squadra, aveva avuto l'idea di creare per l'annuario dei giornalisti una copertina in stile *Abbey Road,* con le quattro superstar che attraversavano una strada come i Beatles. L'idea era piaciuta a tutti, tranne che a O'Neal. «Non disse neanche 'Ci devo pensare'» ricordò poi Black. «Fu subito 'Cazzo, no. Non ho intenzione di farlo'. Shaq era di pessimo umore. In quel periodo c'era molto disagio».

O'Neal era stufo marcio dell'indisponibilità della squadra a concedergli un'estensione del contratto di altri tre anni, che gli avrebbe portato più di 100 milioni di dollari. Dopo aver stoppato un tiro di Mike Dunleavy in un'amichevole del 7 ottobre contro i Nuggets, si voltò verso la panchina dei Lakers e verso Jerry Buss e gridò: «Adesso mi pagherai?». Più tardi, vedendo dei giornalisti nei corridoi del palazzetto, sfregò le dita e gridò: «Coprimi di soldi! Coprimi di soldi!»

«Fu poco rispettoso» disse Black. «Ricevemmo un sacco di richieste da gente che voleva un nostro commento, un commento del dottor Buss sul comportamento di O'Neal. Il dottor Buss disse pubblicamente che non gli aveva dato alcun fastidio. Noi come società rifiutammo di commentare e cercammo di minimizzare il più possibile. Ma il dottor Buss ci restò male».

Quel giorno era martedì. Il giovedì Bryant tornò a Eagle, questa volta per l'udienza preliminare. La prima pagina del *Val Daily* strillava EMERGONO DETTAGLI ESPLICITI. Ed era vero. Con centinaia di persone nuovamente riunite fuori dall'Eagle County Justice Center, Bryant sedette su una sedia e ascoltò Winters e Gregg Crittenden, il vice procuratore distrettuale, spiegare perché il caso doveva andare a processo. Oltre a una descrizione dettagliata di quella notte, Winters e Crittenden presentarono come prova una maglietta trovata nella camera d'albergo di Bryant macchiata del sangue della Mathison.

Pamela Mackey, costosissimo avvocato difensore, ribatté con un contro interrogatorio minuzioso quanto controverso. Sottolineando che le lesioni vaginali della Mathison non avevano richiesto né punti né unguento vaginale, la Mackey ripeté il nome 'Jessica Mathison' sei volte in meno di dieci minuti, cosa che non si deva mai fare nei casi di violenza sessuale. Dichiarò anche che le lesioni della Mathison avrebbero potuto essere causate dall'aver avuto diversi partner sessuali in un breve lasso di tempo. «Quindi le sue lesioni erano recenti, ma non potrebbe dire quanto recenti?» chiese la Mackey a Winters.

«No, non potrei dirlo» rispose Winters.

«Sono compatibili con qualcuno che avesse fatto sesso con tre uomini in tre giorni?» chiese la Mackey.

Era una domanda sconcertante. Nessuno aveva mai detto che la Mathison avesse avuto tre partner sessuali in tre giorni. Ma, nel mondo della Mackey, nessuno aveva neanche affermato che non avesse avuto tre partner in tre giorni. «Sperava che il pubblico sentisse questa domanda» spiegò il procuratore distrettuale Norm Early, che era presente in qualità di osservatore. «Nessuno pensava che la difesa sarebbe caduta così in basso».

La seduta terminò senza che Fred Gannett, il giudice della Eagle County, decidesse se c'era una giusta causa per rinviare il caso alla corte distrettuale e istruire un processo, quindi alle parti fu chiesto di tornare dopo sei giorni.

Tim Kawakami, l'editorialista del *San Jose Mercury News*, immaginò alla perfezione la nuova esistenza di Bryant: «Solo, con la sua vita un tempo fantastica in rovina, la sua reputazione probabilmente perduta per sempre, il ginocchio traballante dopo l'intervento e la libertà in pericolo per i prossimi decenni. Chi è Kobe Bryant adesso, se non è il fenomeno, il puritano del basket con un unico obiettivo in mente, il sorriso che vende un milione di Big Mac? Chi è se l'immagine è svanita, la reputazione è a brandelli e il gioco del basket non lo può salvare?»

Più o meno mentre Bryant volava in Colorado, il resto dei Lakers concludeva il ritiro di Honolulu e tornava nella California del Sud per finire la preseason con una serie di amichevoli. Mentre i membri della squadra salivano in aereo all'Honolulu International Airport, O'Neal gridò a uno dei facchini: «Aspetta! Aspetta! La valigia! Mi serve quella valigia!»

Un uomo prese il bauletto nero dal carrello e lo consegnò al centro sorridente. Quando l'aereo decollò O'Neal si mise il contenitore in grembo, pigiò un paio di bottoni e ridacchiò quando davanti a lui si aprirono due piatti girevoli. Si mise le cuffie e per una mezz'ora lavorò in silenzio a un progetto. Quando fu pronto strappò il cavetto delle cuffie dal jack e chiese l'attenzione di tutti.

Dalle casse si riversò a tutto volume la melodia familiare di *P.I.M.P.* di 50 Cent (sì, O'Neal viaggiava anche con le casse), solo che le parole erano cambiate. Se fosse stato il testo originale di 50 cent, l'apertura sarebbe stata:

I dont' know what you hear about me
But a bitch can't get a dollar put of me[28]

O'Neal invece aveva scritto dei versi originali...

I dont' know what you hear about me
Kobe's a bitch, everyone can see
But you ain't never gonna see me on TV
Talking about R-A-P to the E.[29]

28 *Non so che cosa hai sentito su di me/ ma nessuna stronza mi ha mai preso dei soldi*
29 *Non so che cosa hai sentito su di me/Kobe è uno stronzo, lo sanno tutti/ma non mi vedrai mai in TV/a parlare di RAP con la E* [gioco di parole intraducibile fra la parola «rap» e la parola «rape», stupro, N.d.T.]

Chenowith era seduto accanto a Luke Walton e i due non credevano alle proprie orecchie. Primo, perché O'Neal si era dimostrato bravissimo nel freestyle. Secondo, però, buon Dio. Era il migliore (e quindi il peggiore) sbudellamento di un compagno di squadra che si fosse mai visto. E tutti i passeggeri dell'aereo (giocatori e allenatori) ridevano di gusto.

«Mi voltai verso Luke» raccontò Chenowith, che pochi giorni dopo sarebbe stato tagliato, «e dissi una cosa tipo 'Porca vacca. Sta succedendo davvero?'

'È questo che significa essere un giocatore dei Lakers?'».

16
L'ultima stagione

Phil Jackson non aveva mai voluto che Gary Payton entrasse nei Lakers.

È la verità, e anche se l'allenatore di Los Angeles accolse la firma dell'esperto playmaker con grandi sorrisi e pollici alzati, era abbastanza navigato da sapere che per quanto un'operazione potesse andare liscia, c'era pur sempre la possibilità di prendersi in casa una mela marcia.

Ma in quest'acquisizione Jackson non aveva avuto voce in capitolo. Shaquille O'Neal voleva formare una supersquadra. Kobe Bryant voleva formare una supersquadra. Karl Malone voleva entrare in una supersquadra, ma non senza Payton, amico e rivale di lungo corso. E quindi, benché l'attacco a triangolo non fosse certo la strategia giusta per un playmaker che pensava innanzitutto a segnare, con un ego notevole e una tendenza a palleggiare in eterno, e benché Jackson considerasse Derek Fisher il candidato ideale a gestire la squadra, Jim Buss – figlio di Jerry Buss e assistente general manager della squadra – insistette perché si facesse firmare Payton. Che adesso era entrato nei Los Angeles Lakers.

Ahia.

Dal mero punto di vista dei risultati Payton era il miglior playmaker in maglia viola e oro dai tempi del ritorno-lampo di Magic Johnson nella stagione 1995-96. Convocato nove volte all'All-Star Game e altrettante volte inserito nel primo, secondo e terzo quintetto dell'All-NBA, aveva una media di 18,2 punti e 7,4 assist a partita. Il suo soprannome, «the Glove», il Guanto, era un omaggio alle sue mani rapide come fulmini e alla sua abilità nel sottrarre la palla agli altri playmaker. Nel pantheon dei migliori organizzatori di gioco dell'NBA di tutti i tempi c'erano Magic Johnson, Oscar Robertson, Bob Cousy, Isiah Thomas, John Stockton. E anche Gary Payton.

Tuttavia le cose erano complicate. Gary, il più piccolo dei cinque figli di Annie e Alfred Owen Payton, era cresciuto a East Oakland, dove aveva visto i suoi amici, uno dopo l'altro, cedere al canto delle sirene delle gang. Era sopravvissuto in gran parte grazie a un padre che lavorava come cuoco, in un ristorante di mattina e in un altro di sera, e che fra un turno e l'altro faceva qualche ora di straordinario in un conservificio della zona. Ex guardia tiratrice di Alcorn State, Al dedicava il tempo libero ad allenare i ragazzini della Oakland Neighborhood Basketball League. Lo chiamavano «Mr. Mean», Signor Cattivo, e il soprannome era calzante. Al Payton non voleva che i suoi giocatori s'impegnassero nello sport per puro piacere, o per scopi ricreativi, o semplicemente per sfuggire alla strada. No, in campo si scendeva per vincere a tutti i costi, e quando si spaccava il cranio a un avversario, lo si faceva notare.

Fu così che Gary passò dalla strada a una carriera da All-American di Oregon State, per poi essere preso con la seconda scelta in assoluto da Seattle nel draft NBA del 1990. Senza mai cedere. Senza tirarsi indietro. Ti spaccava il cranio e te lo faceva notare, proprio come suo padre. «Al ragazzo ho insegnato lo sguardo, l'intimidazione, la cattiveria» raccontava Al. «Quando giocavo, mi piaceva fare del male».

A Gary Payton non interessava tanto fare male all'avversario quanto piuttosto umiliarlo. La sua aggressività verbale si merita un posto al 'Museo delle Assurde Loquele'. O, come disse una volta Michael Cage, l'ala grande veterana della NBA, parlando della sfrontatezza di Payton: «Ti fa venir voglia di chiuderti in biblioteca, o in qualche altro luogo immerso nel silenzio assoluto».

Se eri sposato, Payton si scopava quel cesso di tua moglie. Se eri fidanzato, si scopava quel cesso della tua ragazza. La tua macchina era una chiavica. La tua casa stava andando a fuoco. Il tuo culo puzzava di uccello marcio. Eri un succhiacazzi. I tuoi compagni di squadra erano dei succhiacazzi. I tuoi figli erano dei succhiacazzi. Quando un'ala grande di nome Jamie Feick si mise ad abbaiare cose insensate a Payton, questo gli rispose: «Ehi, tu l'anno prossimo non sarai neanche in questa Lega». Pochi istanti dopo, per la gioia più pura di Payton, un avversario gli chiese di tenere a freno la lingua: aveva ferito i sentimenti di Feick. Quando Sidney Lowe, l'allenatore dei Timberwolves alto un metro e mezzo, si alzò in piedi per dirgli qualcosa, Payton gli gridò dall'alto del suo metro e novanta: «Stai seduto, Puffo!» Quando Scottie Pippen di Chicago giocava senza Michael Jordan, Payton ci sguazzava. «Dov'è finito Mike?», sbraitava. «Non mi fai paura adesso, Scottie. Non sei nei migliori cinquanta di tutti i tempi. Vuoi vedere la mia lista? Ti ho spinto giù al cinquantuno, Scottie. Ti ho spinto al cinquantuno».

Quando Ricky Pierce di Denver si attaccò alle costole di Payton, il «Guanto» gli ringhiò: «Ti ammazzo la famiglia».

Phil Taylor di *Sports Illustrated* ne fece il seguente ritratto:

> «Non vi sorprenderà scoprire che la prima volta che ho incontrato Gary Payton dal vivo, il ragazzo stava parlando. Era nel 1990, quando era all'ultimo anno a Oregon State e io scrivevo per *The National*; ero andato a Corvallis a intervistarlo per un articolo. Un addetto stampa mi portò in palestra e aspettai che Payton concludesse gli esercizi di tiro a canestro, passaggi e tiri in sospensione dalla punta.
>
> Ogni tiro era accompagnato da un commento. 'Metti giù la mano, questa non la puoi fermare. Troppo tardi. Prendi l'autobus dell'alba e vedi di arrivare prima la prossima volta. Non voltarti neanche, lo sai che è entrata. Ooh, un'altra. Come ci si sente?' Tutto questo parlare non era un fatto così strano, Payton aveva già la reputazione del grande chiacchierone. Ma c'era una cosa: in difesa non stava giocando nessuno. Payton stava provocando l'aria.
>
> Dopo l'allenamento gli chiesi se insultava sempre i suoi difensori immaginari. Payton piegò la testa di lato, dandomi quell'occhiata interrogativa che i fan della NBA avrebbero

imparato a conoscere, l'espressione destinata agli arbitri che chiamavano fallo quando la sua difesa a cellophane diventava un filo troppo aggressiva. Per un attimo parve confuso, come se non si fosse reso conto di aver sbraitato senza sosta mentre tirava. Poi mi disse: 'Mi esce e basta. Se mi conosci, sai che non smetterò mai di parlare'».

La gente rideva, perché Payton faceva battute divertenti e aveva una voce acuta e un entusiasmo irrefrenabile. Rideva di lui perché aveva talento, e la dabbenaggine di una superstar dell'NBA è accolta con molto più entusiasmo rispetto a quella di, poniamo, Lucious Harris o Calvin Booth. Ma c'era un lato oscuro in lui e giustamente Phil Jackson era preoccupato. Nel periodo di Seattle, le sue gesta eroiche erano state pari al suo egoismo. Per dirla con Jelani McCoy, suo compagno di squadra per tre anni con i Sonics, «era il peggior cazzo di esempio per qualsiasi giocatore della NBA».

Troppo spesso a Payton capitava di ordinare a un'ala o a un centro dei Sonics di uscire dal post urlando «Muoviti, n***o!» o «Levati dal cazzo, n***o!» Non lo diceva mai a cuor leggero, era sempre una minaccia. «Era veramente offensivo» disse Olden Polynice, l'ex centro di Seattle. «Il fatto è che era il primo a credere al suo stesso imbroglio, e questo aveva un impatto su di lui. Ricordo una volta in cui si presentò all'allenamento in pigiama, dopo aver passato la notte fuori. Stava sdraiato su un tavolo e non voleva allenarsi. Io gli dissi 'Alza il culo, figlio di puttana. Non sei 'il Guanto'. Sei solo una testa di cazzo con un pallone da basket'».

Quando segnava il canestro della vittoria Payton era l'uomo più felice del pianeta. Se lo faceva un suo compagno di squadra, poteva rabbuiarsi e diventare crudele. Una volta, durante la stagione 1999-2000, l'allenatore dei Sonics Paul Westphal fece entrare Shammond Williams, un playmaker del secondo anno uscito da North Carolina, perché prendesse l'ultimo tiro della partita. Williams riuscì a segnare, e quando la palla attraversò la retina i compagni di squadra gli saltarono addosso esultando. Payton, nel frattempo, era andato da Westphal a imprecare. «Non togliere mai la palla dalle mie cazzo di mani!» urlava. «Mai!»

Come Payton, anche McCoy era di Oakland, e come lui aveva la saggezza della strada. Rideva delle battute che il playmaker sparava a raffica, ma si rifiutava di abbassare la cresta quando durante l'allenamento gli insulti erano rivolti a lui. Un giorno Payton superò il limite. «Fottiti» ringhiò McCoy. «Io te lo spacco, il tuo culetto, lo faccio subito. Non mi interessa se sei 'il Guanto'. Stronzate. Vuoi che lo facciamo? Possiamo farlo subito».

McCoy misurava un metro e ottantasei centimetri e pesava centotredici chili.

Payton era alto uno e ottantaquattro per ottantuno chili.

«Fottiti!» urlò Payton. «Faccio venire in città i miei ragazzi per spaccarti il culo. Sarà meglio che tu ti nasconda, troietta».

McCoy ridacchiò. «Intendi i ragazzi di cui parli sempre?» chiese. «Sono anche amici miei. Non faranno un cazzo».

Aveva ragione.

«Gary era un bullo» raccontò in seguito McCoy. «Tutti quei discorsi su il 'Guanto' erano solo una facciata. Distruggeva i compagni di squadra di proposito. Li faceva uscire di testa solo per metterli alla prova e comportarsi da egoista. Se arrivavi con un orologio nuovo, per esempio, era impossibile che fosse gentile. Doveva per forza dirti 'Domani me ne compro dieci, di questi'».

Questo era il nuovo playmaker dei Lakers, e in vista della stagione imminente Jackson e lo staff degli allenatori si prepararono al peggio. E benché Payton fosse decisamente inadatto al triangolo («Era un accostamento sbagliato» raccontò poi l'assistente allenatore Kurt Rambis, «non c'entrava proprio niente con il nostro sistema») era anche – per lo sbalordimento di molti – la faccia nuova più importante dello spogliatoio.

Liberato dalla responsabilità di guidare un'intera squadra, si rimise volontariamente a O'Neal, Malone e Fox riconoscendone il ruolo di leader. La parlantina aggressiva rimase, ma era meno cattiva e molto meno seria. Era anche sensibile alla posizione di Fisher, titolare di tutto rispetto messo in panchina per far posto a un nuovo arrivato, e non disse mai una sola parola di scherno sulla sua condizione di riserva. «Come dico sempre, Gary non era il miglior giocatore che io abbia visto, ma era di gran lunga il miglior leader» disse Jamal Sampson, il centro di riserva. «La sua sicurezza non vacillava mai, a prescindere dalle circostanze. Io lo osservavo per capire come si diventa un professionista».

Fin da subito i Lakers della stagione 2003-04 si rivelarono un disastro. Sembrava un test per verificare se il talento e l'esperienza potessero in qualche modo compensare la totale mancanza di chimica e spirito di squadra e (ah, dimenticavo) l'inconveniente di una superstar nel bel mezzo di un processo per stupro per il quale rischiava la prigione. «Le buone notizie sono sempre più effimere» scriveva J.A. Adande sul *Los Angeles Times* del 21 ottobre. «In questi giorni la felicità sembra durare il tempo di un tramonto, dopodiché l'oscurità cala di nuovo sulla squadra».

La regular season doveva iniziare il 28 ottobre con una partita contro Dallas allo Staples Center, e mentre Payton cantava le lodi della «squadra più talentuosa di cui abbia mai fatto parte», la squadra più talentuosa di cui avesse mai fatto parte stava andando in pezzi. Ancora convalescente dopo l'intervento al ginocchio fatto nella pausa estiva (il motivo per cui era andato in Colorado), Bryant fece il suo debutto cinque giorni prima della partita d'apertura giocando per trentadue minuti e segnando 15 punti nell'amichevole persa contro i Clippers ad Anaheim. Le facce negli spogliatoi erano raggianti («Aveva bisogno di tornare e vedere che i fan lo amano ancora!» dichiarò Payton), ma era solo un miraggio. I Lakers – che arrivarono a proteggere Bryant dalla stampa mettendo una tenda oscurante sopra il suo armadietto – erano furibondi perché aveva rifiutato l'offerta di 74 milioni di dollari per estendere il contratto, per poter diventare free agent al termine della stagione. Che fine aveva fatto l'apprezzamento? La lealtà? La squadra aveva acconsentito a coprire una percentuale delle spese per i suoi voli avanti e indietro dal Colorado per le udienze in tribunale, *e Bryant si lamentava dell'aereo* («Ne voleva uno più lussuoso» disse Jackson. «Dovrebbe ritenersi fortunato a non pagarselo tutto da solo».) I Lakers facevano tutto il possibile per venire incontro a Bryant e questa era la loro ricompensa? «Nello sport» dichiarò Bryant con una punta di sarcasmo, «arriva sempre il momento della fine». A un certo punto, durante la partita con i Clippers, Bryant ebbe la faccia tosta di girarsi verso Mike Dunleavy, l'allenatore dell'altra squadra, durante una rimessa, e dirgli «Portami lì».

L'atteggiamento di O'Neal era altrettanto preoccupante. Immusonito e stizzito per il rifiuto della squadra di estendere il *suo* contratto, sfogava la rabbia sull'allenatore. Senza motivo apparente. Quando qualcuno gli riferì i commenti di Jacskon, innocui e privi di critiche, riguardo agli aggiornamenti sugli infortuni prima di una partita in preseason, O'Neal rispose «Chi?» prima di aggiungere «C'erano due Phil nella mia vita (si riferiva al suo patrigno Phil Harrison). Ora me n'è rimasto uno solo».[30]

Il 25 ottobre Jackson era nel suo ufficio a guardare delle riprese video dei Mavericks quando Bryant spalancò la porta, fuori di sé dalla rabbia.

«Ha sganciato la bomba!» disse Bryant.

Jackson non ebbe bisogno di chiedere chi fosse il soggetto.

«Stai scherzando» rispose Jackson. «Cosa ha detto?»

«Hai letto il giornale?» chiese Bryant. «È uscito sul giornale».

Infatti era così. Il virgolettato di O'Neal era scandaloso e senza precedenti. Aveva dichiarato al *Los Angeles Times* che Bryant (suspence... suspence) avrebbe dovuto fare più affidamento sui suoi compagni di squadra in attesa di rimettersi in forze. Il che era... beh... vero.

«Kobe, cosa c'è che non va in questa dichiarazione?» chiese Jackson. «Shaq ha ragione. È esattamente quello che vogliamo che tu faccia».

«Può darsi» rispose Bryant. «Ma non sta a lui dirlo. Non può parlare del mio gioco, di cosa dovrei o non dovrei fare».

«Non ti sarai offeso per una cosa del genere, vero?» chiese Jackson. «Non ha senso».

«Sì» disse Bryant. «Sono offeso».

Il 27 ottobre Jackson convocò la squadra per una riunione di venti minuti, per distendere l'atmosfera. Entrambe le superstar presero la parola, e poi Malone si alzò in piedi per perorare la causa

30 Nel frattempo Jackson stava negoziando per il suo, di contratto, e i Lakers si stavano intestardendo. Tuttavia l'allenatore fece di tutto per non far trapelare la notizia alla stampa.

della pace e del basket. «Non sono venuto per fare il babysitter» disse. «Sono venuto per vincere un anello. Non mi pagate abbastanza per sopportare queste stronzate».

Un'ora dopo Bryant era tornato a parlare, questa volta al telefono con Jim Gray dell'emittente televisiva ESPN. Disse al navigato cronista che se avesse lasciato la squadra sarebbe stato per «l'invidia di O'Neal e il suo egoismo infantile». Poi andò avanti a parlare di vari argomenti legati a Shaq.

Kobe sulla leadership di O'Neal: «I leader non si mettono a pietire un'estensione del contratto e a negoziare accordi con i media da 30 milioni di dollari e più, quando abbiamo in squadra due futuri ospiti della Hall of Fame che giocano praticamente gratis. Un leader non chiede la palla quando ha tre compagni di squadra al suo fianco, senza parlare di tutti quelli con cui ha litigato negli ultimi tre anni... e già che ci siamo, un leader non minaccia di non giocare in difesa e non prendere rimbalzi solo perché non gli passano sistematicamente la palla».

Kobe su O'Neal che giocava nonostante il dolore: «Non ho bisogno dei consigli di Shaq su come giocare quando sei infortunato. Ho già giocato con la flebo... con una mano fratturata, un caviglia distorta, un dente spaccato, un labbro tagliato e con un ginocchio grosso come un pallone da softball. Io non ho saltato quindici partite per un infortunio all'alluce che, come sanno tutti, non era neanche così grave».

Kobe sul fatto che O'Neal non si facesse sentire: «Non è il mio cosiddetto 'fratello maggiore'. Un fratello maggiore mi avrebbe fatto una telefonata durante l'estate».

La mattina del 28 ottobre, mentre stava andando in macchina allo Staples Center per la partita inaugurale di quella sera, Jackson ricevette una chiamata da John Black, il direttore delle pubbliche relazioni della squadra. I Lakers volevano che un giocatore facesse un saluto di ringraziamento ai tifosi prima della partita e la scelta era caduta su Derek Fisher.

Ma poi i manager di O'Neal, Mike Parris e Perry Rogers, avevano chiesto se non poteva essere piuttosto il loro cliente a parlare. Black voleva sottoporre l'idea a Jackson.

«Perché no?» rispose l'allenatore. «Quale miglior modo di dare il benvenuto alla nuova stagione, se non con qualche parola da parte del nostro grande uomo?»

Black cominciò a balbettare.

«L'ho buttata lì a Kobe» farfugliò. «E non era troppo entusiasta».

Jackson era basito. Perché buttarla lì a Kobe? Perché mai buttare lì *qualsiasi* idea a Kobe? Un uomo-bambino immaturo di venticinque anni accusato di stupro che minacciava di abbandonare la squadra che lo aveva amato e cresciuto. L'allenatore e i suoi assistenti erano sbalorditi dalla disponibilità della famiglia Buss a inginocchiarsi al cospetto di un ragazzino. Più o meno nel periodo in cui fu accusato di violenza sessuale Bryant aveva iniziato a comportarsi in modo strano. C'erano i nuovi tatuaggi sul braccio destro: una corona, il nome di sua moglie Vanessa, un'aureola e ali d'angelo sovrastanti la scritta Psalm XXVII.[31] Il nome di sua figlia – Natalia Diamante – era tatuato sulla parte bassa dell'avambraccio. C'era l'orecchino con un diamante grosso come una biglia, che faceva il paio con l'anello 'Perdonami se ti ho tradita' da 4 milioni di dollari che aveva regalato a Vanessa. Aveva cominciato a girare in motocicletta e aveva assoldato una squadra di guardie del corpo ancora più nutrita del solito per proteggerlo da, mah, qualcuno. Le sue frasi con riferimenti a Dio erano aumentate a dismisura. Com'era mai possibile che i Lakers prendessero sul serio questa persona?

Si trovò un compromesso. Jackson parlò con il pubblico e O'Neal – stufo marcio – iniziò a boicottare i media. Aveva chiuso con i giornalisti. Che si fottessero, i giornalisti.

L'orario d'inizio partita era previsto per le sette e mezza e Gary Vitti, il preparatore atletico dei Lakers, disse che Bryant poteva giocare fino a trenta minuti senza danneggiare il ginocchio. Ma Bryant non era d'accordo. O per essere precisi, non aveva proprio voglia di scendere in campo. Tenendo conto che aveva appena attaccato O'Neal perché faceva solo lo stretto necessario, era scioc-

31 Il Signore è mia luce e mia salvezza, di chi avrò paura?

cante e poco furbo. Ma, con Bryant in abiti civili, i nuovi Lakers furono annunciati: O'Neal al centro, Malone ala grande, Fisher guardia, Payton playmaker e Devean George ala piccola. Prima di scendere in campo i giocatori formarono il consueto cerchio per farsi coraggio, braccia intrecciate, corpi ondeggianti. Bryant non volle farne parte e rimase chiuso in spogliatoio per la maggior parte della partita trionfalmente finita 109 a 93 per la sua squadra. Nella sfida contro i solidi e talentuosi Mavs, Los Angeles aveva in tutto e per tutto l'aspetto del Dream Team. Tutti i giocatori del quintetto iniziale segnarono punteggi a doppia cifra, in testa un Payton graffiante, trainante, verboso più che mai, con i suoi 21 punti e 9 assist. Il movimento della palla fu stupefacente (16 assist su 22 canestri nel primo tempo) e lo spirito insolitamente positivo.

«Non mi monto la testa» disse Jackson in seguito. «Ma abbiamo qualche speranza».

La speranza è un vapore.

Ce l'hai, la inspiri, sogni che non sparisca.

Los Angeles aveva tre giorni vuoti prima di andare a Phoenix ad affrontare i Suns, e per la prima volta da quando Payton e Malone avevano firmato i rispettivi contratti regnava un certo ottimismo. Durante un allenamento mattutino nel periodo di Halloween, Malone e O'Neal si sfidarono in una gara di tiri da tre punti, con Payton a bordocampo che li infastidiva e ululava a ogni mattone. Era il playmaker chiacchierone al suo meglio, buffo, strambo, positivo. «Anche quando le cose si mettevano male, Gary rendeva tutto così divertente» disse in seguito George. «Non potevi prenderlo sul serio, perché era veramente pazzo. Ma pazzo buffo. Non pazzo deficiente». Il silenzio stampa di O'Neal si concluse («In un matrimonio» disse, «se continui a parlare di un problema, quel problema rimane. E io non volevo parlare del 'problema' se c'era un problema») e – dietro insistenza di Jackson – il centro dichiarò di aver fatto pace con Bryant: «Io non la prendo mai sul personale. Lui è lo yin e io lo yang. E gli opposti si attraggono. Lui è diverso, ma finché siamo in campo dobbiamo giocare insieme e fare il meglio per la squadra. Fuori dal campo lui va da una parte, io da un'altra. Ma sul campo continueremo a fare il nostro dovere».[32]

Bryant tornò per la seconda partita, una vittoria per 103 a 99 contro i Suns, il 1° novembre, e se è vero che buona parte del pubblico della America West Arena (tutto esaurito) si divertiva a fischiare il presunto stupratore, è altrettanto innegabile che i Lakers fossero in gran forma. Insieme sul campo per la prima volta in una partita di regular season, O'Neal (24), Payton (19), Bryant (15) e Malone (18) andarono tutti in doppia cifra; il quinto titolare, George, fece la sua parte con 12 punti, 12 rimbalzi e un paio di palle rubate. Per paura di perdere il suo playmaker preferito Jackson concesse a Fisher un sacco di tempo in campo. I suoi 13 punti in ventisei minuti furono inestimabili.

Quello stesso giorno Jerry Buss incontrò Howard Beck del *Daily News* per un'intervista di trenta minuti sullo stato della squadra più talentuosa e disfunzionale in circolazione. Erano passati ventiquattro anni da quando aveva acquistato la squadra da Jack Kent Cooke e nonostante i vari intoppi e incidenti di percorso le cose in generale erano andate bene. E sarebbe andata bene anche questa volta, assicurò il proprietario. O'Neal avrebbe ottenuto l'estensione del contratto, disse Buss. «Sono sicuro che quando firmerà» disse, «sarà il giocatore più pagato della Lega». Anche Jackson sarebbe stato riconfermato, proseguì Buss. «Quando Phil firmerà» disse, «sarà l'allenatore più pagato della Lega. Cos'altro posso dire?»

E Kobe Bryant, be', Kobe Bryant era speciale. Buss lo definiva «mio figlio» e ripeteva che non lo avrebbe mai scambiato, che sarebbe rimasto nella squadra per sempre: «Kobe arriverà a un livello che è stato probabilmente raggiunto solo da uno o due giocatori. E io voglio esserci quando arriverà al culmine, e questo accadrà fra molti anni».

32 La mattina dopo gran parte dei Lakers si fece due risate con la storia di Trevis Taylor, un wide receiver dei Baltimore Ravens che la sera del 31 ottobre era andato a una festa di Halloween con sua moglie Rashidah, vestiti rispettivamente da Bryant e Mathison. «Era una stupidata» dichiarò Taylor. «Ci stavamo solo divertendo. Era per una buona causa. Non ho niente contro Kobe. Se ho offeso qualcuno chiedo scusa».

Le rassicurazioni ebbero un effetto tranquillizzante e Los Angeles iniziò una fruttuosa striscia di tre vittorie consecutive. Della volata fa parte anche la straordinaria, schiacciante vittoria contro San Antonio, in cui Bryant indicò la via, segnando 37 punti (migliore della squadra) con 16/29 al tiro. Gli Spurs nella loro ultima, aggiornata versione potevano vantare la presenza in campo di Robert Horry – che aveva firmato da free agent durante la pausa estiva – e se è vero che i suoi 12 punti in diciassette minuti non risultarono particolarmente incisivi, la sua faccia servì a ricordare ai Lakers i tempi più sereni. Strideva particolarmente il paragone con Payton, il quale – secondo Tim Brown del *Los Angeles Times* – «cominciò a provocare Ginóbili, a inseguirlo per il campo, senza mai smettere di muovere la mascella su e giù per distruggere il gioco e la psiche di Ginóbili, che si sottraeva, sorridendo a denti stretti e arrossendo, ma senza allontanarsi mai del tutto. Alla fine furono entrambi puniti con il fallo tecnico, anche se era stato Payton a parlare per la maggior parte del tempo».

Per molti giocatori dei Lakers, la sequenza di vittorie era un segno di ritorno alla normalità. C'era un campionato in vista e un nuovo anello si sarebbe aggiunto al portagioie. Gran parte di quell'ottimismo però era un miraggio. I Lakers perdettero contro New Orleans per 114 a 95, con Bryant che totalizzò 4/14 al tiro e allo stesso tempo ignorò i compagni di squadra liberi. Tre sere dopo la squadra perse di nuovo miseramente, questa volta per 105 a 95 contro i Grizzlies guidati da Jake Tsakalidis. Perdere contro Memphis non era più una cosa imbarazzante (la squadra, messa insieme da un general manager di nome Jerry West, avrebbe chiuso la stagione con un record di cinquanta vittorie e trentadue sconfitte), ma in quella partita vennero fuori tutti i lati peggiori di Bryant. Los Angeles era sotto di 16 all'inizio dell'ultimo quarto, e la guardia tiratrice tentò 8 tiri sbagliandone 5. In seguito, in uno spogliatoio desolato, i giocatori passarono accanto a Bryant senza dire una parola. Jackson disse alla stampa che le gambe di Kobe sembravano stanche, ma c'era dell'altro. «Niente demotiva un giocatore più della sensazione di essere ignorato» commentò poi Jackson. «Questi sono i migliori giocatori del mondo e non sono abituati a essere ignorati da nessuno. Kobe sa come si gioca a basket nel modo giusto. E allora perché continua a giocare a modo suo?»

Quando gli fu chiesto se l'approccio di Bryant fosse calcolato o istintivo, Jackson scrollò le spalle: «Nessuna delle due, direi. Non era calcolato. Credo che abbia semplicemente sentito che doveva darci dentro con i tiri».

Mentre Bryant continuava a prendere brutti tiri, Payton e Malone stavano a guardare. A Utah, il «Postino» era abituato ai pick-and-roll con John Stockton. A Seattle, il «Guanto» era abituato a perfezionare il dai e vai con Shawn Kemp e Vin Baker. Adesso non erano altro che brillanti ornamenti impacchettati di viola e oro. «[In passato] magari quando Shaq non c'era, Kobe sentiva di dover prendere in mano la situazione» osservò Malone in seguito. «Ma adesso non è più necessario».

A questo punto, qualsiasi esperto del comportamento di Kobe Bryant sapeva che la guardia superstar era attraversata da tutta una serie di contraddizioni e complicazioni. Era egoista, umorale, arrogante, sprezzante, sfrontato, maleducato. In ordine sparso.

Detto questo, aveva una specie di scusante.

Il 13 novembre Bryant tornò a Eagle in Colorado per quello che – dal punto di vista legale – sembrava un gran castello di carte. Quella mattina entrò nell'Aula Uno degli uffici giudiziari della contea di Eagle, accompagnato dall'avvocato Pamela Mackey, e rimase seduto per ben dodici minuti. Il giudice Terry Ruckriegle aveva previsto di elencare a Bryant i suoi diritti, spiegare le accuse a suo carico e rivedere i termini della pena che avrebbe eventualmente dovuto scontare. Ma la difesa rinunciò alla procedura e la cauzione di 25.000 dollari rimase invariata. Ruckriegle mise in agenda un'udienza preprocessuale per il 19 dicembre e un'altra per il 23 gennaio. Bryant sarebbe dovuto tornare a Eagle per entrambi gli appuntamenti.

E questo era quanto.

Ma non del tutto.

In prima fila nell'Aula Uno erano seduti Al e Lori Mathison, i genitori della vittima. C'erano anche i suoi due fratelli e un cugino. Tutti lì, in apparenza impassibili ma traboccanti di ribrezzo nei confronti di Bryant, impeccabile nel suo abito grigio, seduto pochi metri più in là. Non si girò mai dalla loro parte; non ci fu nessuno scambio di sguardi con la madre e il padre della donna che era accusato di aver violentato. «La famiglia si è riunita per esprimere il suo sostegno alla ragazza» dichiarò Krista Flannigan, portavoce dell'ufficio del procuratore distrettuale della contea di Eagle. «Vogliono che la gente capisca che esiste una vittima».

Fuori dagli uffici giudiziari centinaia di cameramen sgomitavano per farsi largo in un tendone riscaldato da generatori elettrici e caloriferi d'emergenza che la contea aveva acquistato quattro anni prima per prepararsi al Millenium Bug. Per 10.000 dollari, era stato anche affittato un parcheggio di fianco a un centro Gallegos Masonry, per consentire ai furgoni della tv di allestire le postazioni. Era pura follia: milioni di dollari spesi in viaggi e diarie per consentire ai giornalisti di rivolgere alla star dell'NBA raffiche di domande senza risposta, urlandogliele in faccia ogni volta che entrava o usciva da un edificio. Per molti giornalisti si trattava di un raduno di esperti di sciacallaggio mediatico. Ce n'era stato un altro alcune settimane prima, all'udienza preliminare per l'omicidio di Scott Peterson, a Modesto, in California. Si erano anche visti all'Hayman Fire, il devastante incendio forestale alle porte di Denver nel 2002. O alla sparatoria di Columbine nel 1999. All'interno del tendone si rideva e ci si abbracciava nel ritrovarsi. Un corrispondente della rivista *People* vide Peggy Lowe di *Rocky Mountain News* e strillò «Ehi, ti sei tagliata i capelli!» Steffan Tubbs, un reporter dell'emittente nazionale ABC, disse a un giornalista del *Vail Daily* che era bellissimo rivedere tutti e poi si lamentò delle giornate piuttosto lunghe. La stessa mattina, i rappresentanti di oltre cento testate mediatiche dovettero litigare per i ventidue posti disponibili in aula alle udienze successive. Ci furono urla e strepiti e colpi bassi di ogni genere («insofferenza» fu l'eufemismo usato da Kathy Heicher dell'*Eagle Valley Enterprise* per descrivere l'atmosfera), e tuttavia un fattore importante fu in qualche modo dimenticato.

Il motivo per cui erano tutti lì era che una donna aveva accusato un uomo di averla presa per il collo e stuprata.

L'unico a portare avanti questa istanza discostandosi da tutto il balletto mediatico collaterale fu Don Rogers, direttore editoriale del *Vail Daily*, che scrisse nella sua rubrica 'Quick Takes' (Impressioni): «Il mondo dorato, i bisticci con il compagno di squadra Shaquille O'Neal, i tifosi ancora in gran parte adoranti, tutto questo si è dissolto di fronte all'ingresso in aula di un potenziale criminale. La procura ha invitato la famiglia a osservare l'imputato con curiosità, al di là dell'ammirazione per il suo talento atletico. È stato un bel modo di ancorare il caso alla realtà e ricordarci che non siamo di fronte all'ennesima storia da tabloid. Stiamo parlando di persone vere. Grazie, ne avevamo bisogno».

Bryant non sarebbe tornato a Eagle per un altro mese, ma non per questo ci fu un calo dell'attenzione. Ovunque andassero i Lakers, i fischi fioccavano e le insinuazioni persistevano. In una memorabile serata a Denver, nella partita contro i Nuggets, si presentarono due tifosi con le tute arancioni dei detenuti contrassegnate con il numero 8. L'ombra di Eagle, in Colorado, oscurava il giocatore, la squadra, l'NBA, la nazione.

Dal 12 novembre in avanti, la squadra di Los Angeles entrò in una fase vincente, conquistando tredici vittorie su quattordici partite, ma questo risultato dovette convivere con l'insaziabile fame di notizie da parte dei giornalisti. Uno studente di ventidue anni dell'Università dell'Iowa lasciò un messaggio pieno di volgarità sulla segreteria telefonica di Jessica Mathison, giurandole che l'avrebbe aggredita con un appendiabiti e uccisa (fu in seguito condannato a quattro mesi di prigione). Il *National Enquirer* seguiva ogni passo della Mathison e diffuse la notizia che fosse tossicodipendente (con ben due presunte overdose nell'anno appena trascorso e conseguente ricovero in clinica). Le trasmissioni radiofoniche ci andavano a nozze – Bryant era uno stupratore! No, la Mathison era un'arrampicatrice! No, Bryant voleva usare fama e ricchezza per nascondere la verità! No, la Mathison era drogata e quindi inaffidabile! «È una mia impressione» scrisse Gideon Rubin in una lettera al *Vail Daily*, «o questo Paese è completamente impazzito?»

Non era una sua impressione.

Bryant giocava bene, con una media di 21,6 punti segnati durante la serie vincente dei Lakers e (con grande sconcerto delle persone sane di mente) in testa alle votazioni della Western Conference per l'All-Star Game. Ma nello spogliatoio era distante e inviso agli altri come non mai. Inoltre – dopo otto anni di carriera da professonista – si sentiva a disagio. All'epoca Jon Finkel, che scriveva per *Men's Fitness*, stava scrivendo un profilo di Malone. Aveva lavorato al pezzo per giorni interi e si era guadagnato un ingresso stampa alla partita del 26 novembre contro Washington allo Staples Center. Vinsero i Lakers per 120 a 99 e subito dopo Finkel andò nello spogliatoio per conoscere il protagonista del suo articolo. «Regnava la tensione più assoluta» raccontò in seguito. «Ognuno per conto suo, davanti al proprio armadietto. Sembrava un ufficio alle cinque del pomeriggio del venerdì, la gente non vedeva l'ora di andarsene». Il giornalista e l'ala grande erano seduti uno accanto all'altro quando di colpo Malone si alzò e disse «Scusami un attimo» avvicinandosi a Bryant.

«Fu abbastanza incredibile» ricordò poi Finkel. «Karl andò da Kobe e lo abbracciò. Lo sentii dire 'Ragazzino...' e poi si chinò, come un padre con un figlio. Kobe lasciò cadere le spalle e guardò Karl come un bambino guarda il papà dopo aver imparato una lezione». Bryant andò da compagno a compagno, mormorando in modo forzato «Buon Giorno del Ringraziamento» a ognuno di loro. Alzò gli occhi su Malone in cerca di approvazione e ottenne in cambio un cenno della testa.

«Questo sì che è stato interessante» disse Finkel quando Malone tornò a sedersi.

«Questo» rispose l'ala grande «non ci sarà nel tuo pezzo».

E non ci fu.

Nell'inverno della stagione 2003-04 era facile – quasi ovvio – odiare Kobe Bryant.

Per molte persone era uno stupratore che usava soldi e fama per cavarsela. Un uomo cattivo che viveva una vita incantata, e c'erano molti aspetti davvero irritanti.

Eppure...

Persino i suoi peggiori detrattori rimasero colpiti, loro malgrado, dal suo modo di gestire le cose (professionalmente).

Il 13 dicembre i Lakers persero a Portland per 112 a 108, con un Bryant che iniziava a logorarsi e che segnò 35 punti in con 10/18 al tiro dal campo. Stava regalando alla squadra una media di 22,1 punti a partita e i Lakers da diciotto vittorie e quattro sconfitte erano al top della Lega. Il mattino seguente però Bryant si svegliò con la testa ovattata e un po' di febbre, e due giorni dopo si mise in malattia, saltando gli allenamenti con sintomi influenzali. La domanda (che si facevano i compagni di squadra e i giornalisti del settore) era se si trattasse di un fisiologico malessere che ti fa stare di merda per un paio di giorni o se la pressione di essere Kobe Bryant non stesse diventando troppo gravosa.

Los Angeles doveva ospitare i Denver Nuggets il 19 dicembre allo Staples Center e quella giornata avrebbe messo Bryant a dura prova: al confronto fare canestro contro Michael Doleac sarebbe parso un gioco da ragazzi.

Quella mattina si svegliò alle 4:30 per prendere il volo charter di due ore per Eagle. Arrivò poco prima delle 8 (fuso orario del Pacifico) e un SUV nero lo condusse dall'aeroporto alla corte distrettuale del Colorado per un'udienza. Seduto accanto ai suoi due avvocati, la Mackey e Hal Haddon, Bryant ascoltò la difesa spiegare alla giuria perché fosse necessario raccontare tutta la storia sessuale della Mathison, oltre ai suoi trascorsi psichiatrici (evidenziati dalla terapia farmacologica antipsicotica) e ai due tentati suicidi. Secondo la tesi della Mackey, la presunta vittima aveva accusato Bryant per «creare un po' di movimento nella sua vita e attirare l'attenzione su di sé».

I procuratori, dal canto loro, replicarono che la storia sessuale della Mathison era irrilevante, e che le sue cartelle cliniche dovevano rimanere riservate in ottemperanza alle leggi del Colorado sulla relazione privilegiata fra medico e paziente. Diffonderne il contenuto, sostenne il viceprocuratore processuale Ingrid Bakke, avrebbe avuto un «significativo impatto a livello globale» nel dissuadere le vittime di aggressione sessuale a venire allo scoperto.

Al termine della giornata il giudice Terry Ruckriegle, stravolto ed esasperato, ritardò le deposizioni di nove testimoni che spedì a casa, rinviando l'udienza al 23 gennaio.

Quello che seguì fu, per quanto riguarda l'NBA, un evento senza precedenti.

Bryant lasciò il tribunale alle 17:30 ora del Pacifico, si infilò nel SUV parcheggiato, si precipitò all'aeroporto, tornò a Los Angeles dove un altro SUV (bianco, questa volta) lo stava aspettando per portarlo di corsa al parcheggio dello Staples Center, dove saltò fuori dalla macchina scortato da due agenti di sicurezza. Il trio attraversò le viscere dello stadio fino a raggiungere gli spogliatoi della squadra. Tutta la scena ricordava da vicino Clark Kent che correva nei vicoli di Metropolis alla ricerca di una cabina telefonica.

La partita era cominciata da ventitré minuti, con Kareem Rush nel ruolo di guardia tiratrice titolare. Bryant passò circa venticinque minuti da solo – per cambiarsi, indossare la familiare divisa con il numero 8 e fare stretching. «Qualcuno gli portò del cibo dal McDonalds» ricordò in seguito Jamal Sampson. «Lo trangugiò in un secondo». All'inizio del secondo quarto, con Los Angeles avanti per 27 a 19, Jackson mandò in campo la sua super guardia e le quasi diciannovemila persone del pubblico accolsero il loro idolo accusato di stupro con una standing ovation (Nicole Richie, la star dei reality, rilasciò un'intervista a metà partita in cui dichiarò entusiasta «Voglio che [Kobe] faccia sesso con me!»). Era la prima volta dal 1999 che Bryant iniziava in panchina.

La partita racchiuse tutto quello che un giocatore di basket poteva amare e detestare di Kobe Bryant. Benché la sua squadra avesse iniziato senza di lui, Bryant – essendo Bryant – si sentì in dovere di prendere in mano la situazione. Ed è per questo che per i successivi tre quarti di partita sbagliò un tiro dopo l'altro e continuò a infilarsi nei raddoppi. Il flusso che era stato stabilito (passala a O'Neal nell'area dei tre secondi, lascia che un sovreccitato Slava Medvedenko si metta a tirare da metà campo) fu rapidamente smontato e a due secondi e mezzo dalla fine i Nuggets, guidati da Carmelo Anthony, conquistarono il pareggio sui 99 punti.

«[Kobe] voleva a tutti i costi dimostrare ai fan che poteva passare una giornata intera in tribunale e la stessa sera comportarsi in campo come al suo solito» raccontò in seguito Jackson. «Ma non era come al suo solito».

I Lakers avevano un'ultima possibilità per evitare i supplementari. Bryant prese la rimessa di George, tagliò a sinistra, fintò davanti a Jon Barry, la guardia di Denver, e segnò il punto della vittoria con un tiro in sospensione da sei metri. Mentre cadeva all'indietro e finiva sul sedere i giocatori di Los Angeles accorsero in campo, tutti attorno al compagno di squadra. La vittoria per 101 a 99 fu esaltante e dopo quel momento gli altri giocatori erano... furibondi.

Nello spogliatoio, qualsiasi tentativo di intonare «Perché [Kobe] è un bravo ragazzo» fu rapidamente soffocato. Los Angeles avrebbe dovuto vincere con uno scarto di 10, 15 punti. I Nuggets erano una squadra di medio livello con un rookie superstar (Anthony, il playmaker venuto da Syracuse) che ovviamente Bryant aveva dovuto attaccare a tutti i costi. Per lui era sempre una questione di virilità, un bisogno sgradevole e malsano di dimostrare la sua forza. Quando, in quella stagione, Los Angeles aveva giocato contro Cleveland e un fenomenale esordiente di nome LeBron James, gli altri Lakers sapevano che Bryant avrebbe dato il peggio di sé. Lo stesso accadde nella trasferta a Miami per la sfida con Dwyane Wade. In quel momento, nonostante la vittoria, nessuno voleva avere niente da spartire con Bryant. Payton se ne andò senza parlare con la stampa e O'Neal fece lo stesso. Persino Malone, solitamente il più chiacchierone del gruppo, si eclissò rapidamente. Quando Ramona Shelburne del *Daily News* lo interrogò sul motivo della sua fuga, Malone rispose: «Stavo solo pensando a quello che mi diceva sempre mia madre... che qualche volta è meglio non dire proprio niente». Quando la giornalista lo incalzò chiedendogli se la scelta di tiro di Bryant fosse stata un problema disse: «Eh, già» alzando gli occhi al cielo. E aggiunse: «Credi che c'entri qualcosa?»

Tuttavia Bryant aveva dato prova di coraggio, era innegabile. Che fosse o meno uno stupratore, nell'arco di una giornata si era svegliato prima dell'alba, era volato in Colorado, aveva assistito a un'udienza a settecentocinquanta miglia da casa, aveva preso il volo di ritorno, si era precipitato allo stadio, era arrivato in ritardo, si era cambiato, aveva fatto stretching, era entrato nel secondo quarto, aveva segnato 13 punti oltre all'ultimo, decisivo canestro. Erano in pochi a sapere che a metà partita si era anche fatto fare una flebo. «Non c'è nulla di paragonabile allo stress [del processo]» disse Bryant in seguito. «Una cosa è la vita, la vita vera, e un'altra cosa è una partita. Non si possono paragonare. Il basket era il mio rifugio, il mio porto sicuro».

Quella sera Bryant ricevette alcune chiamate di amici che gli dissero quanto li aveva ispirati. «Se è quello che ne ricavano, sono contento per loro e mi fa piacere» commentò lui. «Ma per me si tratta solo di andare in campo e giocare».

La vittoria portò Los Angeles al miglior record dell'NBA, diciannove vittorie e cinque sconfitte, e Mitch Kupchak e Phil Jackson cominciarono a cullarsi nell'illusione che tutto potesse filare sorprendentemente liscio. Ma l'NBA può essere tosta, soprattutto se fai affidamento su un gruppo di grandi vecchi che dovrebbero reggere per l'intera stagione. Il 21 dicembre, in una partita vinta per 107 a 101 contro i Suns, Malone giocò per quattro minuti prima di uscire dal campo zoppicando. La risonanza magnetica evidenziò uno strappo al ginocchio destro, e le tre partite saltate diventarono cinque, poi dieci, per arrivare a trentanove. Un incubo. L'infortunio non era stato diagnosticato correttamente. Nei diciotto anni trascorsi a Utah, Malone era stato un iconico uomo di ferro: aveva saltato solo dieci partite in tutto. Ma ormai aveva quarant'anni e il corpo di un quarantenne è diverso da quello di un venticinquenne.

Il giorno dopo la caduta del «Postino», Jackson parlò a lungo con – chi poteva immaginarlo – Dennis Rodman, che adesso aveva quarantadue anni ed era l'ultimo arrivato nei Long Beach Jam della lega minore ABA (American Basketball Association). Dopo il suo breve passaggio ai Lakers nel 1999, Rodman si era visto in dodici partite con i Dallas Mavericks prima di svanire nel nulla. Eppure, nonostante tutte le sigarette, l'alcol, la droga, le feste fino a notte fonda, si rimetteva sempre in piedi. Jackson dichiarò alla stampa di avere chiacchierato per telefono con il suo ex giocatore, ma che non si trattava di niente di serio. E poi, qualche giorno dopo, Tex Winter andò al Pyramid di Long Beach per vedere Rodman giocare con i Jam. Fu un'esperienza memorabile. A metà partita Winter si alzò per andare in bagno e in qualche modo si ritrovò nello spogliatoio dei Jam, dove Rodman era solo, seduto con la testa fra le mani, in lacrime. Non aveva giocato a basket in modo organizzato per i tre anni precedenti e si sentiva prostrato per la deludente prestazione del primo tempo. Winter gli assicurò che il talento c'era ancora tutto e che aveva solo bisogno di rimettersi in sesto. Erano parole di conforto, nient'altro. Rodman non era un potenziale giocatore per la NBA 2003 più di quanto lo fosse Wilt Chamberlain, che era morto.

Il pomeriggio seguente, tuttavia, il management di Rodman diffuse un comunicato stampa che recitava: «Tex Winter ha detto a Dennis Rodman che ha bisogno di una settimana o due per tornare ai livelli del passato e che in poche settimane sarà pronto per giocare nella NBA».

L'idea Rodman ebbe vita breve. Il posto lasciato libero da Malone fu ceduto al coraggioso-ma-anzianotto Horace Grant. Non funzionò mai. C'era qualcosa di non convincente, c'era qualcosa di sbagliato. Non riuscì a integrarsi del tutto. Durante la partita persa a Seattle il 2 gennaio, O'Neal si slogò la caviglia dopo quattordici minuti di gioco e quello che sembrava un lieve infortunio si trasformò in un'assenza di quasi un mese. Benché poche persone fossero disposte ad ammetterlo, O'Neal non era più la potenza dominante arrivata a Los Angeles sette anni prima. Tutto era ormai più lento di un secondo o due. I suoi movimenti. I suoi tempi di recupero. Il suo entusiasmo. «Quand'era giovane saltava con una rapidità sorprendente per un uomo così grosso» scrisse in seguito Jackson. «Adesso doveva chinarsi e caricare prima di saltare. Ero preoccupato per lui». Di colpo l'autoproclamatasi super squadra era ridotta a George, Grant, Medvedenko, un Bryant che c'era e non c'era, e Payton, il cui entusiasmo era svanito rapidamente.

L'esperto playmaker era fantastico quando tutti erano sani e giocavano bene, ma il suo atteggiamento peggiorava via via che la squadra perdeva pezzi. Non si lamentò mai apertamente di Bryant, ma la difesa era un pessimo terreno per un playmaker che aveva bisogno di tirare e una guardia che aveva altrettanto bisogno di tirare. Ovunque andasse la palla, raramente tornava indietro. La comunicazione fra i giocatori era ridotta all'osso. Non c'era nessuna intesa naturale. Nessun flusso. Il 6 gennaio Los Angeles subì la terza sconfitta consecutiva (la quinta su sei) contro Minnesota per 106 a 90, e Payton andò fuori di testa. In piedi accanto al suo armadietto, mezzo nudo, si sfogò con i giornalisti. «Non ho firmato per questa merda. Sono tutte cazzate. Non ho intenzione di raccontarvi storie. Sono molto deluso. Ma sta a me fare il giocatore stabile e cercare di superarla. Io sono quello che non può lasciarsi sconvolgere. *Noi* dobbiamo affrontare la situazione».

Con quel «noi», molti immaginavano che intendesse Jackson, il quale – malgrado la calma apparente – non la stava prendendo particolarmente bene. Le ormai note critiche nei suoi confronti dicevano che quella strepitosa carriera era sempre stata associata a superstar che rendevano la vittoria praticamente automatica. Di colpo i Lakers stavano andando a pezzi e Jackson lasciava che i princìpi da lui concepiti e imposti venissero ignorati. Il 7 gennaio, a metà di una partita poi persa contro Denver, quando un'azione maldestra portò a un canestro dei Nuggets, Jackson fulminò Bryant con gli occhi: «Non puoi fare passaggi di questo genere!» gli abbaiò.

«Be'» rispose Bryant «sarà meglio che tu insegni a quei figli di puttana come si imposta un attacco».

Quella mancanza di rispetto – per l'allenatore, per la squadra – era scandaolsa e Jackson non ne poteva più. Era il quinto anno che faceva da babysitter a Kobe e ormai ne aveva veramente abbastanza. Bryant era aggressivo con i suoi pari grado, aggressivo con i più anziani, aggressivo con... tutti. La squadra aveva fatto di tutto per essergli vicina durante la vicenda dello stupro e Bryant non manifestava il minimo senso di gratitudine. Parlava tanto di vincere ma spesso sembrava più che altro preoccupato di fare i suoi trenta tiri e godersi la gloria post-partita. Un giorno di gennaio, dopo che Bryant si era rifiutato di seguire le sue indicazioni, Jackson chiamò il suo agente Todd Musburger e gli disse che era arrivato il momento di dare le dimissioni da allenatore. «No, no, no» disse Musburger. «Lascia che siano loro a prendere l'iniziativa. Non farlo tu». Jackson lo ascoltò, poi entrò nell'ufficio di Kupchack chiedendo che i Lakers scambiassero la loro giovane punta di diamante. Non stava scherzando. «Io non allenerò questa squadra l'anno prossimo se lui sarà ancora in giro» disse Jackson. «Non ascolta nessuno. Ne ho abbastanza di questo ragazzino». Erano parole simili a quelle di pochi giorni prima, quando aveva detto ai suoi assistenti: «Kobe è diventato impossibile da allenare. Se l'anno prossimo lui rimane, io me ne vado».

Il weekend dell'All-Star si tenne a Los Angeles a metà febbraio, e quello che doveva essere una grande celebrazione dei Lakers si trasformò in un inferno. Jerry Buss fu informato della presa di posizione del suo allenatore e ne fu profondamente irritato. Kobe Bryant era il futuro. Non Shaq, non Phil Jackson. Pochi giorni prima la squadra aveva diffuso un comunicato stampa per spiegare che l'offerta contrattuale fatta a Jackson (che stava chiedendo un aumento da 6 a 12 milioni di dollari annui) era stata sospesa. «E questo» disse J.A. Adande, «era pazzesco». Quando gli fu chiesto di commentare la notizia, Bryant, senza l'ombra di un'emozione, disse «non mi interessa».

Più o meno nello stesso periodo, mentre la squadra si trovava a Miami, Jackson invitò Fox e O'Neal nella sua camera d'albergo per un conciliabolo sullo stato dei Lakers. Per prima cosa chiese se i due veterani pensavano che Bryant dovesse saltare la stagione e concentrarsi unicamente sul processo. Nessuno dei due la ritenne una buona idea. E poi fece una seconda domanda. «Non lo dimenticherò mai» raccontò in seguito Fox. «Ci chiese se pensavamo di poter vincere il campionato con Kobe in squadra».

O'Neal non ebbe neanche bisogno di pensarci: «No. Impossibile».

Fox era d'accordo: «Sinceramente, Phil, io non credo che possiamo vincere il campionato, con Kobe o senza Kobe».

Maledizione.

Nel frattempo molti veterani della squadra inorridivano per come il famoso attacco a triangolo si era trasformato in una pappetta insipida. Per l'inveterato egoismo di Bryant, certo. Ma anche per colpa di Payton. Il sistema si basava su tutte le debolezze di Payton: richiedeva pazienza, umiltà, disponibilità a passare la palla. E date le difficoltà della squadra, Payton cercava sempre più di ritornare al gioco che faceva a Seattle. Al diavolo i passaggi multipli, al diavolo le zone segnate sul campo. Picchiare duro, tagliare, andare a canestro, ecco la tecnica del «Guanto». «A Gary fu chiesto di essere disciplinato, quando tutta la sua carriera faceva leva sull'istinto» commentò poi Rick Fox. «Capivo che la cosa lo facesse sentire in ansia».

«L'attacco era troppo complesso per Gary» disse poi Jackson. «Semplicemente, non sapeva cosa fare».

Con Jackson impotente che osservava da bordocampo, i Lakers erano impantanati in una pozzanghera di fango e confusione. In gennaio e febbraio chiusero con diciassette vittorie e tredici sconfitte, con Bryant (che continuava ad andare e venire dal Colorado per le udienze del processo) assente in tredici partite, per due motivi. Per prima cosa si era slogato la spalla destra durante una partita con Cleveland. Dopodiché si era fatto un brutto taglio all'indice destro, perché aveva (a seconda della persona a cui si chiede cos'era successo):

> Accidentalmente sbattuto il pugno contro una lastra di vetro mentre spostava degli scatoloni a casa (la motivazione presentata dalla squadra).
> *Riempire lo spazio vuoto con l'azione più orrenda che si riesca a immaginare* (la motivazione presentata in internet da detrattori e complottisti).

In ogni caso non stava andando bene quasi niente, e quando gli Utah Jazz ricevettero dall'NBA una multa di 15.000 dollari per aver inscenato in campo uno sketch in cui un imitatore di Karl Malone supplicava il proprietario dei Jazz, Larry Miller, di riprenderlo in squadra (una battuta recitava «Potrebbe andare peggio. Potrei essere Ko-») era chiaro che i grandi e potenti Lakers erano diventati lo zimbello della Lega.

«Niente sembrava funzionare» disse poi Fox. «Ecco cosa ricordo di quella stagione. Persino quando giocavamo bene, niente sembrava funzionare veramente».

L'11 aprile 2004 i Lakers andarono a Sacramento per una partita che – grazie alla storia recente – ebbe il sapore di una guerra all'ultimo sangue.

Nel corso delle sei settimane precedenti, la squadra di Jackson si era (più o meno) rimessa in sesto, perlomeno abbastanza da racimolare un record di cinquantaquattro vittorie e venticinque sconfitte di cui poteva ritenersi relativamente soddisfatta.

Ma non era tutto rose e fiori. Payton fece a pezzi il triangolo. Bryant continuò ad andare in Colorado per le udienze e il pomeriggio del 24 marzo ebbe il piacere di ascoltare per tre ore la Mathison (in una sessione a porte chiuse) che rilasciava la sua dettagliata testimonianza relativa al loro incontro. La squadra interruppe le trattative contrattuali con Jackson. O'Neal fu denunciato da un'azienda secondo la quale il giocatore aveva incassato 63.000 dollari per promuovere un corso intensivo di basket giovanile ma poi non si era presentato. A parte Derek Fisher, la panchina era tristemente sguarnita. Era stata una strada lunga, tortuosa, difficile, fatta di aspettative risorte, poi ridimensionate e infine nuovamente risorte. «Un triste giro di giostra» scrisse Bill Plashke del *Los Angeles Times*.

Tuttavia c'erano dei motivi per essere ottimisti, adesso. Malone e O'Neal erano tornati, e si iniziavano a intravedere i playoff. Dopo aver liquidato i Kings, i Lakers avrebbero potuto concentrarsi sul loro obiettivo principale. E cioè portarsi a casa un altro titolo NBA.

Ma per Los Angeles le cose non erano mai facili.

I Lakers e i Kings iniziarono la partita alle 15:30 all'interno dell'Arco Arena e i tifosi che si aspettavano un pomeriggio di accesa competizione fra rivali giurati dovettero incassare la dura realtà. Sacramento balzò subito in vantaggio per 8 a 0 e alla fine del primo quarto erano 31 a 15. Un risultato così sbilanciato era di per sé stupefacente, ma quello che davvero saltava agli occhi (soprattutto dei giocatori e degli allenatori di Los Angeles) era il gioco di Bryant, che non faceva... assolutamente niente.

Non è un'esagerazione. Un uomo che amava tirare come un cavallo ama il galoppo prese esattamente zero tiri nel primo quarto. Anche quando O'Neal fu messo in panchina dopo due falli in rapida successione. Anche quando gli sforzi congiunti di George, Medvedenko e dell'ala di riserva Bryon Russell portarono a 1/11 al tiro nel primo quarto. Bryant non ci provò nemmeno, a fare canestro, se non a 6:41 dalla fine del primo tempo, con un tentativo di tiro da tre punti che rimbalzò sul ferro. A quel punto i Lakers erano sotto per 40 a 23 in una partita chiave buttata nell'inceneritore da un giocatore che – per citare Plaschke – «Non tirava, non penetrava, non creava... non si interessava granché?»

Il punteggio finale fu 102 a 85, e le statistiche finali di Kobe Bryant (3/13 al tiro, 8 punti, 4 assist) sembravano meno terribili della realtà. Ma nello spogliatoio l'esasperazione era alle stelle. I compagni di squadra e lo staff erano convinti che Bryant stesse mandando un messaggio agli uomini in viola e oro che passavano la vita a criticare le sue scelte di tiro, il suo bisogno di prendere le redini, il suo desiderio di affermarsi come maschio alfa. Appena pochi giorni prima Jackson, contrariato, aveva detto alla stampa che «Kobe sta di nuovo facendo troppo». Adesso, rifiutandosi di tirare, Bryant gliel'avrebbe fatta vedere, a tutti quanti. Era l'estremo «vaffanculo» rivolto ad alcune persone che secondo lui non meritavano la sua presenza. Quando, dopo la sconfitta, dichiarò che i Kings «mi raddoppiavano ogni volta che toccavo la palla», i compagni di squadra iniziarono a ridere per evitare di prendere a pugni il muro.

«Non ho idea di cosa avesse in testa» disse Payton in seguito, anche se sapeva esattamente cosa avesse in testa.

«Credo che stesse mettendo alla prova la squadra, ed è una buona cosa» dichiarò Jackson, ma stava solo proteggendo un giocatore che non se lo meritava.

L'unico commento sincero arrivò il giorno seguente, quando Tim Brown del *Los Angeles Times* si incontrò con un giocatore dopo l'allenamento. Dietro la garanzia dell'anonimato l'atleta disse a Brown «non so come potremo perdonarlo». Un secondo membro della squadra, sempre con la promessa che non venisse fatto il suo nome, disse che Los Angeles non poteva più contare sulla salute mentale di Bryant. Quando la mattina del 13 aprile Bryant lesse le seimila battute del pezzo di Brown in apertura delle pagine sportive, intitolato LAKERS, ARIA PESANTE PER BRYANT, andò fuori di testa.

Entrò come una furia dentro alla palestra di Nash Street a El Segundo, tenendo sottobraccio una copia arrotolata del *Los Angeles Times.* Un compagno dopo l'altro, cominciò a sbatterla in faccia a tutti. «Lo hai detto tu?» urlava.

No.

«Lo hai detto tu?!»

No.

«Lo hai detto tu?!»

No.

La rabbia era palpabile. Anche l'imbarazzo. *Qualcuno* lo aveva detto. In seguito, durante una riunione della squadra, Bryant andò avanti con l'interrogatorio. «Voglio sapere chi ha detto queste stronzate!» disse. «Lo voglio qui e adesso!»

Di nuovo, silenzio.

Spiacevole.

Imbarazzante.

Doloroso.

Silenzio.

Alla fine Malone si schiarì la voce. «Kobe» disse. «Evidentemente nessuno lo ha detto, oppure nessuno vuole ammettere di averlo detto. Lascia stare, non puoi fare altro».

Bryant non era pronto a lasciar correre. Disse a Malone di andare affanculo. Malone suggerì che magari fosse invece Bryant ad andare affanculo. Non fu una discussione, ma un violento scontro verbale che rischiava di passare sul piano fisico. Ricordava vagamente la lite fra Bryant e O'Neal dell'estate 2001, quando la guardia attaccabrighe sembrava non rendersi conto che l'uomo che stava provocando poteva distruggerlo fisicamente.

Finalmente intervenne Jackson. La sua presa sulla squadra – un tempo una vera e propria morsa – era ormai svanita. Il triangolo era un ricordo del passato. Bryant (che di recente aveva detto a John Black che «non gli restava molto tempo da passare con l'armatura dorata») aveva un piede fuori dalla porta e si rifiutò di parlare con la stampa per i successivi undici giorni. O'Neal non era sicuro di tornare. Malone si sarebbe sicuramente ritirato a fine stagione. Payton era a pezzi. Fisher, la sua riserva, era frustrato per i pochi minuti che gli venivano concessi in campo.

I Lakers avrebbero terminato la stagione con un paio di vittorie e – per una volta grazie a un po' di fortuna – l'ingresso nei playoff al secondo posto.

Avevano vinto cinquantasei partite nella peggior maniera possibile e a quel punto molti giocatori volevano soltanto che finisse presto.

In un modo o nell'altro.

17
Sopravvivenza

La sera di venerdì 17 giugno 1994 i New York Knicks e gli Houston Rockets si incontrarono al Madison Square Garden per la quinta partita delle finali NBA. La serie fu un testa a testa e la sfida fra le due grandi stelle – Patrick Ewing di New York e Hakeem Olajuwon di Houston – rendeva la partita un evento sportivo e mediatico imperdibile.

E tuttavia, mentre le squadre andavano su e giù per il campo, gli Stati Uniti erano catturati da un vicenda molto più avvincente. A Los Angeles, O.J. Simpson, giocatore professionista di football e membro della Hall of Fame, lanciatore, attore e giornalista, correva in giro per la città in una Ford Bronco bianca, ricercato dalla polizia per l'omicidio della sua ex moglie Nicole e di un uomo di nome Ron Goldman.

Durante l'inseguimento a bassa velocità da parte delle forze dell'ordine – una caccia durata novanta minuti sull'autostrada 405 – la NBC mandò in onda un doppio schermo. La partita Rockets-Knicks era l'immagine principale, la Ford Bronco era visibile sulla destra.

Fu uno degli eventi più appassionanti della storia della televisione. Peccato che la NBA fosse furibonda. Doveva essere la serata della Lega, ed ecco che un'altra storia le faceva concorrenza. La partita ottenne soltanto il 7,8 di gradimento, il più basso dal 1981 per una finale trasmessa in diretta. La gente voleva O.J., non John Starks.

Dieci anni dopo, la National Basketball Association si trovò nuovamente di fronte a un bivio, basket di qua, tragedia legale di là. Era l'11 maggio 2004 e i Lakers erano sotto per due partite a una contro i San Antonio Spurs nel secondo turno dei playoff della Western Conference. Come previsto, al primo turno la formazione di Phil Jackson aveva distrutto con facilità i Rockets, che erano pieni di difetti, in una serie da cinque partite, ma ora soffriva contro una squadra ben collaudata in postseason, il cui allenatore Gregg Popovich era abituato a vincere partite importanti e la cui ala superstar, Tim Duncan, non si tirava mai indietro quando c'era da prendere un tiro decisivo.

Eppure invece di essere tutta concentrata sulla partita, l'attenzione del pubblico era rivolta altrove. Per la quarta volta nella stagione 2003-2004, Kobe Bryant avrebbe passato la mattinata di un giorno feriale nell'aula di un tribunale. E così, dopo tre ore scarse di sonno, si svegliò nella sua casa di Newport Beach alle 4:30 del mattino, andò di corsa in aeroporto, prese il volo per il Colorado e arrivò al tribunale della Eagle County in tempo per l'udienza preliminare delle dieci. A quel punto Bryant era ormai abituato a tutte le noiose formalità da sbrigare, ma questo non significa che non gli facessero più effetto. Preparandosi ad attraversare il metal detector della struttura, Bryant mise il cellulare in un cestino e si frugò le tasche alla ricerca di un piccolo crocifisso di legno. Fece un respiro profondo e se lo portò alla fronte, alle labbra, al cuore. Fu un istante brevissimo – tre secondi, non di più – ma estremamente eloquente. «Non lo dimenticherò mai» disse Randy Wyrick, che seguiva il processo per il *Vail Daily*. «Sembrava molto vulnerabile».

Durante le successive sei ore e mezzo, Bryant rimase a pochi metri di distanza dai genitori della presunta vittima. Sembrava piccolo e debole. Benché i suoi avvocati avessero rinunciato alla lettura formale, il giudice Terry Ruckriegle illustrò nel dettaglio l'accusa di aggressione sessuale. Disse a tutte le duecento persone sedute all'interno dell'edificio che Bryant rischiava da quattro anni all'ergastolo. L'udienza veniva trasmessa in televisione: centinaia di migliaia di persone la stavano seguendo da casa. Fuori dal tribunale i giornalisti delle testate di mezzo mondo la vedevano dai monitor.

«Lei comprende le accuse a suo carico?» chiese Ruckleridge.

«Sì, signore» rispose Bryant, in piedi davanti al leggio.

«Si dichiara colpevole o non colpevole?» lo incalzò il giudice.

«Non colpevole» disse Bryant.

Poco dopo era a bordo di un jet privato, in volo per Los Angeles dove si giocava Gara Quattro di una serie molto combattuta. A differenza delle occasioni precedenti, che si tramutavano in grandi momenti di suspense costruiti sul 'ci sarà o non ci sarà', Bryant arrivò allo Staples Center circa due ore prima dell'inizio della partita. Fece un pisolino di venti minuti in macchina e raggiunse gli altri Lakers per il riscaldamento pre partita. Proprio come era accaduto ai dirigenti della NFL dieci anni prima durante l'inseguimento di O.J. sulla 405, negli uffici della NBA c'era un grande imbarazzo quando telecronisti o membri della stampa parlavano di stupro o aggressione sessuale o potenziale ergastolo per la superstar. Marv Albert, che seguiva la partita per TNT, iniziò la trasmissione dicendo qualche parola per accompagnare il filmato registrato in cui Bryant veniva accompagnato in spogliatoio su una macchina elettrica da golf: «Questa è una scena di oggi pomeriggio alle 17:19 ora del Pacifico, quando Kobe Bryant è arrivato qui allo Staples di ritorno dall'udienza preliminare a Eagle, in Colorado. Oggi sarà nel quintetto iniziale».

Quella presentazione – presunto stupratore superstar – non era esattamente ciò che l'NBA avrebbe desiderato.

Il dramma – presunto stupratore superstar – era oro puro per i media.

Durante la presentazione dei giocatori Bryant fu accolto con una standing ovation da parte delle 18.997 persone presenti, dopodiché guidò i Lakers, segnando 18 punti nel primo tempo. Uno spettacolo davvero notevole. Bryant era esausto, mentalmente e fisicamente. Il mattino precedente il *Los Angeles Times* aveva pubblicato un pezzo in cui si citava il patrigno di O'Neal, Phil Harrison, che metteva in dubbio l'impegno di Bryant nei confronti della squadra. Aveva passato la prima metà della giornata a spiegare che non aveva violentato una donna in un albergo del Colorado, e adesso metteva tutto da parte nel nome di una partita di basket. A parte forse Michael Jordan, non esisteva un atleta professionista con una migliore capacità di funzionare a compartimenti stagni. Ma nonostante i suoi sforzi, Los Angeles restò sotto per 27 a 21 dopo il primo quarto e per 53 a 43 a metà partita. «Gli Spurs devono sentirsi molto bene» disse Doug Collins, che commentava la partita insieme a Marv Albert. «Sono entrati in campo, hanno mantenuto l'equilibrio e hanno fatto molto bene il loro dovere questa sera».

La NBA è la Lega delle rimonte e i Lakers rimontarono. Superarono gli Spurs segnando 31 punti contro 16 nel terzo quarto, preparando il terreno a un ultimo quarto con un Kobe Bryant da ricordare.

O'Neal sembrava vecchio e fiacco, Malone sembrava vecchio e fiacco, Payton sembrava vecchio e fiacco, e Bryant segnò da ogni angolo concepibile: 15 punti per un totale di 42 in tutta la partita, di cui fu il miglior marcatore. A un certo punto, con i Lakers in vantaggio di 5 punti e 9:04 minuti da giocare, Bryant fece un passaggio basso a O'Neal che venne immediatamente circondato da tre Spurs. Il centro la ripassò e Bryant – che si trovava appena dietro la linea dei tre punti – fu subito marcato da Bruce Bowen, il miglior difensore di San Antonio. Bowen si posizionò a dieci centimetri dalla faccia di Bryant. Quando il giocatore dei Lakers fintò verso destra e verso sinistra, Bowen lo seguì a destra e poi a sinistra. E poi un palleggio a sinistra e (*whoosh*) Bryant sparò un tiro da tre punti da lontanissimo superando il difensore, perfettamente posizionato, che lo marcava come un'ombra. In qualche modo la palla si infilò nella retina e Bowen, sconfitto, abbassò la testa. «È facile dimenticare quanto fosse letale Kobe» commentò Malik Rose, l'ala degli Spurs. «Ti preoccupavi tanto per Shaq, ma il suo compare era inarrestabile».

In seguito, mentre i Lakers festeggiavano un trionfo da 98 a 90 che riportava la serie in parità, Bryant si trovò accanto a Craig Sager di TNT. Aveva un asciugamano bianco intorno alle spalle e la fronte imperlata di sudore. Sembrava sul punto di sbriciolarsi. Come disse in seguito, era stata la miglior partita della sua vita e adesso l'unica cosa che desiderava era un letto.

«Quanto ti senti prosciugato, emotivamente?» gli chiese Sager. «E dove hai trovato l'energia?»

«Era una partita importantissima» rispose Bryant. «E, be', io avevo voglia di entrare e giocare al mio meglio. Sfogare tutto quanto sul campo».

Pochi istanti dopo, un O'Neal in preda all'esaltazione disse ai giornalisti riuniti che il suo compagno di squadra – quello che odiava, quello che gli rendeva la vita impossibile e sgradevole, il cestista più egoista che avesse mai conosciuto – era «il miglior giocatore di tutti i tempi».

In quel momento non era un'opinione che si potesse mettere in discussione.

Due sere dopo i Lakers e gli Spurs si sfidarono in quello che sarebbe diventato un classico dei playoff: uno scontro fra titani, un testa a testa che durò finché un Derek Fisher rassegnato a vivere nell'ombra uscì dalla panchina per segnare un fadeaway da cinque metri a 0,4 secondi dalla fine, regalando a Los Angeles una vittoria in trasferta per 74 a 73. Fu un momento straordinario nella stagione più difficile degli otto anni di carriera della guardia. Un tempo Fisher era stato l'oscuro rookie che viveva nell'ombra di Bryant. Poi con Nick Van Exel al centro dell'attenzione era diventato il sostituto a cui si concedevano pochi minuti. Con l'arrivo di Jackson era stato promosso a playmaker del futuro. Infine, con l'avvento di Payton, era tornato a struggersi, poco considerato ed eternamente frustrato. Fisher, raccontò in seguito Jackson, «fece il sacrificio più grande di tutta la squadra», un sacrificio piacevole quanto uno sciame d'api infilato nelle tasche. Fisher era più adatto alla squadra di quanto non fosse Payton, e lo sapeva. Ma Payton era famoso e strombazzato e aveva sacrificato un sacco di soldi per inseguire un titolo, e Jackson *aveva dovuto* farlo giocare da titolare. Anche se era sbagliato per la squadra. *Aveva dovuto*. Il tiro contro gli Spurs fu quindi la rivalsa di Fisher e dopo la partita fu accolto negli spogliatoi da un Bryant esaltato che strillava «Figlio di puttana! Gli hai fatto il culo!» Fisher fece il modesto con la stampa, ma confidò ad alcuni amici che quella stagione così lunga aveva minato la sua psiche. «Avevo bisogno di quel momento» disse a George. «Per me stesso».

Quando la stampa uscì dallo spogliatoio Bryant – che era in piedi da solo – iniziò ad andare in iperventilazione. Nessuno ci fece particolarmente caso, all'inizio. Kobe era Kobe, probabilmente cercava come sempre di attirare l'attenzione. Ma di colpo, con il sudore che gli colava dalla fronte e le mani che gli tremavano, cadde a terra svenuto, gli occhi castani girati all'indietro. Fu portato di corsa nella stanza del preparatore atletico, dove gli attaccarono subito due flebo al braccio. Tutti urlavano: «Cazzo! Sta bene? Cazzo!»

Riprese conoscenza in fretta, ma gli stessi compagni di squadra che lo avevano maledetto tante volte erano rimasti senza parole. Era mai esistito qualcuno che avesse giocato ai suoi livelli affrontando quella pressione? Persino Jackson, che avrebbe voluto spedire Bryant al confino in Siberia (o a Milwaukee) non riuscì a nascondere lo stupore. «È un ragazzo notevole» scrisse di lui.

La serie – che sembrava persa – fu conclusa in California il 15 maggio quando i 26 punti di Bryant portarono alla convincente vittoria dei Lakers per 88 a 76.

«Se continuano a giocare così» disse Duncan in seguito, «è difficile immaginare che qualcuno li possa raggiungere».

Queste parole furono pronunciate un sabato. Quattro giorni dopo, Los Angeles scoprì che la squadra successiva da sfidare per arrivare alle finali della NBA erano i Minnesota Timberwolves, che avevano battuto Sacramento in una sfiancante serie durata sette partite.

Con un record di stagione di cinquantotto vittorie contro ventiquattro sconfitte, i Wolves erano la prima squadra della Western Conference. La storia tuttavia non era dalla loro parte: nelle precedenti sette stagioni la banda dell'allenatore Flip Saunders si era sempre qualificata per i playoff e poi aveva sempre perso al primo turno. «La specialità dei Wolves» disse Mike Wells, storica penna del *St. Paul Pioneer Press* «era la delusione». Ma c'erano alcuni motivi per pensare che questa volta le cose fossero diverse. Il leader di Minnesota era l'ala ventottenne Kevin Garnett, vincitore dell'MVP, che aveva raggiunto una media a partita di 24,2 punti,

13,9 rimbalzi e 2,2 stoppate ed era ampiamente considerato una delle tre giovani stelle più brillanti del basket (insieme a Bryant e a Duncan). In passato, la compagnia che circondava il giocatore sette volte convocato all'All-Star era stata fin troppo spesso un'accozzaglia di sconosciuti: Sam Mitchell e Dea Garrett, Tom Hammonds e Rasho Nesterović. Per una volta i Wolves, invece, erano pieni di personaggi validi. Altri tre membri della squadra avevano una media a doppia cifra, mentre il duo già rodato ai playoff, composto dal playmaker Sam Cassell e dall'ala piccola Latrell Sprewell, rappresentava per Saunders una coppia che non si sarebbe tirata indietro di fronte ai Lakers. La guardia tiratrice, Trenton Hassell, marcava Bryant come nessuno nella Lega. «I Wolves avevano la squadra migliore, non credo ci siano dubbi a riguardo» disse Steve Aschburner, giornalista specializzato del *Minneapolis Star-Tribune*. «Ma c'erano così tanti fattori oltre al mero talento. Flip doveva superare una serie di ostacoli».

Due, per l'esattezza.

Innanzitutto i Lakers conoscevano perfettamente i punti deboli dei Timberwolves. Nelle sue nove stagioni da professionista, Garnett aveva battuto Los Angeles solo tredici volte su quarantuno. Insomma, solo nella stagione precedente, quando le squadre si erano affrontate al primo turno, Los Angeles aveva sconfitto i Wolves in sei partite senza nemmeno scomporsi più di tanto. Robetta facile, anche se Minnesota aveva vinto tre volte su quattro durante la regular season. «Sinceramente non credo che pensassero di poter battere i Lakers» disse Aschburner. «Avevano in mente i Lakers degli anni dal 2000 al 2003, e questi erano diversi. Non erano una squadra così forte. Ciò nonostante, i Wolves erano intimoriti».

In secondo luogo c'erano le palle di Cassell, le sue *grandissime* palle. Dopo aver messo a segno un tiro particolarmente importante contro Sacramento in Gara Sette delle semifinali della Western Conference, il playmaker di Minnesota aveva esultato con un balletto che sarebbe diventato famoso con il nome *Big Balls*. In pratica saltellava per il campo sollevando le ginocchia, con le braccia tese e le mani a coppa, come stesse cullando due, ehm, pompelmi, sul davanti dei suoi pantaloncini.

I 19.944 tifosi stipati nel Target Center ne erano stati entusiasti. Ma negli spogliatoi, dopo la vittoria, Cassel – che soffriva già di un brutto mal di schiena e si era stirato un flessore dell'anca – era in preda ad atroci dolori. Grazie alla *Big Balls Dance* Cassel si era procurato uno stiramento, o forse una lacerazione, all'inguine. Per rispetto nei confronti del proprio valoroso fuoriclasse l'organizzazione non divulgò mai i dettagli dell'imbarazzante incidente. Ma Saunders era contemporaneamente devastato e furibondo. Aveva allenato giocatori che si rompevano le gambe rincorrendo palloni vaganti, si spaccavano il cranio rovinando a terra. Aveva visto uomini collassare in campo, per stanchezza o problemi al cuore. L'idea che la ridicola imitazione di un paio di testicoli ingrossati potesse costare il campionato alla squadra era davvero troppo pesante da digerire.

Con un Cassell più o meno in salute, Saunders era convinto che Minnesota potesse battere Los Angeles. Senza di lui, era dura. Lo stesso Cassell, che aveva negato a lungo fosse stata la mossa delle *Big Balls* a segnare il destino della squadra, anni dopo dovette ammettere che il suo infortunio era stata la rovina di Minnesota. «Era l'unico modo che avevano per vincere» disse allora. «Non avrebbero saputo come contrastare il pick-and-roll che facevo con Kevin».

La serie iniziò il 21 maggio a Minneapolis e la vittoria dei Lakers per 97 a 88 era un'ottima previsione del futuro. Cassell, che aveva saltato l'allenamento il giorno prima, rimase in panchina per gli ultimi tredici minuti e trenta secondi perché il suo corpo era troppo provato. La speranza svanì. I Wolves portarono a casa una vittoria due sere dopo, ma quando Los Angeles infilò due partite trionfali allo Staples Center (Bill Platschke definì la serie «questa pagliacciata delle finali Western Conference»), fu evidente che per Garnett e compagnia l'annata si sarebbe conclusa con l'ennesima delusione. Cassell fu limitato a sessantaquattro minuti nella serie da sei partite, sostituito dal non-dinamico duo formato da Fred Hoiberg e Darrick Martin. Non era giusto. «Avevamo Fred Hoiberg come playmaker in Gara Sei delle finali della Western Conference» disse Wally Szczerbiak, l'ala piccola di Minnesota.

«*Fred Hoiberg*. Ragazzo fantastico. Ma può farti vincere contro Kobe e Shaq? No».

Quando Los Angeles si assicurò una gita alle Finals NBA con una vittoria per 96 a 90 in casa in Gara Sei, sembrò evidente che la narrazione della stagione avesse preso una piega completamente diversa. C'era una storia da raccontare. Una storia celebrativa. Ecco una squadra che aveva avuto moltissimi problemi ma che adesso aveva imboccato la strada per la vittoria. Era la storia di Shaq e Kobe che mettevano la vittoria della squadra sopra i loro conflitti personali. Era la storia di Malone e di Payton che venivano accolti nella Città degli Angeli. Era la storia di Phil Jackson che in qualche modo portava la calma nel caos. I Los Angeles Lakers sarebbero stati straordinari nella grandezza del loro percorso nel basket, dei risultati raggiunti nel basket.

Invece... no. Durante tutta la serie, le due star principali continuarono a comportarsi come gemelli separati alla nascita. Dopo la quinta partita, una sconfitta per 98 a 96, O'Neal uscì dagli spogliatoi lamentandosi che «la squadra» (cioè Kobe Bryant) era diventata troppo egoista e non gli passava la palla in post. Bryant replicò dicendo che O'Neal era grande e grosso abbastanza per acchiappare la palla tutte le volte che ne sentiva il bisogno. Che tradotto significava: *smettila di essere così maledettamente pigro*.

Quella stessa settimana, O'Neal aveva fatto di nuovo delle storie sui soldi e aveva insistito sul suo bisogno di una bella estensione contrattuale. «Non ho intenzione di farmi svalutare» disse un uomo che guadagnava in media 20.678.530 dollari all'anno per infilare un oggetto rotondo dentro un cerchio rotondo di metallo. «Mai, mai. Non accetterò mai di guadagnare meno di quello che valgo». Poi se la prese con Mitch Kupchak, aggiungendo: «Sono stato io il direttore generale di questa squadra per gli ultimi due anni. E quindi non voglio sentire tutto questo bla bla bla, bla bla bla. Perché sono io a portare i giocatori. Sono io che faccio le telefonate. Tutti vogliono giocare con il Diesel».

Era molto irritante. Ma esprimeva anche la situazione psicologica dei Lakers alle soglie della quarta finale NBA in cinque anni. Era una squadra abituata a considerare le finali della Western Conference come la prova più dura. Con Jackson, O'Neal e Bryant avevano un record di tredici vittorie e una sconfitta nelle Finals NBA. I Pacers, i Sixers e i Nets erano solo cadaveri di animali sul ciglio della strada per una squadra destinata a entrare nella storia, e il 2004 non sembrava diverso dagli altri anni.

«Sarebbe stato facile» disse Devean George. «Credo che ne fossimo tutti convinti».

***

Nel corso del suo regno come uno dei migliori allenatori della NBA di tutti i tempi, non si può dire che Phil Jackson avesse fatto di tutto per farsi voler bene dai colleghi.

Non che fosse odiato, o che qualcuno augurasse del male ai suoi parenti e ai suoi amici. Niente di tutto questo. No, il punto è che Jackson non aspirò mai a essere *uno di loro*. La fratellanza tra allenatori esiste in tutte le leghe dei principali sport professionistici. Nasce dalla consapevolezza condivisa, fra piccoli gruppi di persone, di poter valorizzare e comprendere le rispettive peripezie. Ci sono un sacco di storie di allenatori di squadre rivali che sopravvivono a serie intere da sette gare disputate all'ultimo sangue per poi ritrovarsi pochi giorni dopo davanti a una birra e una bistecca, a riderci su.

Jackson invece si poneva su un altro livello. Sembrava ritenersi migliore, un membro dell'élite, e questo irritava parecchio i suoi colleghi. Pete Babcock, dirigente NBA di lungo corso che era stato general manager degli Atlanta Hawks per tredici anni, chiacchierava spesso con Jackson ai tempi in cui quest'ultimo allenava gli Albany Patroons della CBA. Babcock nel frattempo era diventato responsabile dei giocatori dei Denver Nuggets e Jackson lo chiamava ogni due o tre settimane per cantargli le lodi dei suoi atleti o chiedergli qualche saggio consiglio. «Mi mandava dei report, mi parlava dei ragazzi che allenava» raccontò in seguito Babcock. «Mi sembrava fossimo buoni amici».

Tutto cambiò quando Jackson fu assunto dai Bulls. Babcock ricordava in modo particolare una volta durante le riunioni della

Lega, quando lui stava lavorando a un programma per insegnare il basket ai giovanissimi delle riserve indiane. «Sapevo che Phil si interessava alla cultura dei nativi americani ed ero convinto che l'iniziativa fosse proprio nelle sue corde» disse Babcock. «Andai da lui e iniziai a raccontargli i dettagli del programma. Lui guardava altrove, senza ascoltarmi. Mi sentii insultato, ma in fondo non ero stupito». Nel bel bezzo della conversazione, Babcock si interruppe e disse «Ciao Phil, è stato bello chiacchierare» e se ne andò. Fu l'ultima volta in cui si parlarono.

Che fosse vero o meno, Jackson era noto per essere uno che si candidava per le posizioni occupate dai colleghi, e per essere uno che ti guardava dall'alto in basso, semplicemente convinto di operare su un altro livello di eccellenza.

E a Larry Brown questa cosa non andava giù.

Mentre i Lakers (come era previsto) facevano a pezzi Minnesota, nella Eastern Conference i Detroit Pistons di Brown stavano (come *non* era previsto) avanzando nel tabellone dei playoff. Con un record di cinquantaquattro vittorie e ventotto sconfitte la squadra non aveva nemmeno vinto la Central Division, piazzandosi sette partite dietro Indiana e racimolando un terzo posto. Ma dopo aver legnato Milwaukee al primo turno, Detroit sconfisse i New Jersey Nets, secondi in classifica, in sette partite, poi eliminò i Pacers in una convincente serie di sei gare.

Benché avesse allenato i Kansas Jayhawks di Danny Manning, portandoli al titolo della NCAA nel 1988, nonché i Philadelphia 76ers capitanati da Allen Iverson portandoli alla finale NBA del 2001, il lavoro che Larry Brown stava facendo con i Pistons era il successo più notevole dei suoi trentadue anni di carriera. La rosa di Detroit non comprendeva nessun futuro ospite della Hall of Fame, neanche uno che si sarebbe potuto definire «superstar». Il miglior marcatore, la guardia Richard (Rip) Hamilton, aveva una media di soli 17,6 punti a partita appena, mentre il miglior giocatore in assoluto, l'ala grande Rasheed Wallace, aveva totalizzato la cifra record in NBA di 41 falli tecnici e nelle precedenti tappe della sua carriera, Washington e Portland, era stato giudicato inallenabile. Il centro titolare della squadra, Ben Wallace, era alto due metri e dieci centimetri, pesava centootto chili ed era un'ala grande senza la minima capacità in difesa. Ai draft del 2003 i Pistons detenevano la seconda scelta in assoluto e l'opportunità di aggiungere Carmelo Anthony di Syracuse, Chris Bosh di Georgia Tech o Dwyane Wade di Marquette. Presero invece il diciottenne serbo Darko Miličić, il cui valore aggiunto era inesistente. «Confrontando le due squadre sulla carta, noi eravamo cento volte meglio» commentò in seguito Devean George. «Può darsi che il nostro errore sia stato proprio di pensarlo».

Sicuramente Jackson dava quest'impressione. Nei cinque giorni trascorsi fra la distruzione di 'Indiana da parte di Detroit e la palla a due di Gara Uno a Los Angeles, l'allenatore dei Lakers sembrava molto più preoccupato della sua posizione nella Lega che dei problemi che Detroit poteva presentare. Molte persone vicine ai Pistons (compreso Brown) lessero un pezzo dell'Associated Press del 3 giugno intitolato PHIL JACKSON TIRA LE SOMME SU UN DECIMO CAMPIONATO DA RECORD, stupefatte dall'arroganza e dalla mancanza d'umiltà. Alle soglie della serie più importante dell'anno, l'allenatore dei Lakers definiva il decimo anello «una vera impresa», come se l'avesse avuto già in tasca. Nello stesso articolo O'Neal dichiarava che dopo il trionfo di Los Angeles contro i Pistons, Jackson «sarà probabilmente considerato il più grande allenatore della storia, o uno dei più grandi. Non so cosa direbbe a questo proposito Red Auerbach. Io lo metterei lassù, fra i grandissimi».

Nel frattempo, in un'intervista all'*Orange County Register*, Jackson rispondeva a una domanda sulla carriera itinerante di Brown (che aveva precedentemente allenato nove diverse squadre universitarie e professionistiche) commentando: «La tua voce li logora, alla fine. Quando vedi che sviluppano una certa sordità e che le cose iniziano a cambiare, può darsi che sia venuto il momento di andare altrove».

Quando gli fu chiesta un'opinione sull'allenatore dei Lakers, Brown fu cortese ed educato. Fece l'elogio del suo curriculum e dei suoi risultati. Ma gli piaceva come persona? Apprezzava la sua presenza? Non particolarmente. Tra l'altro Brown aveva fatto un colloquio a Jackson per una posizione da assistente allenatore per i New Jersey Nets, ventitré anni prima. Ma poi aveva assunto Mike Schuler. «Phil si isolava» disse Brown anni dopo. «Gli allenatori sono una comunità. Phil non ha mai voluto farne parte. Non so perché. Dovreste chiederlo a lui».

La rosa dei Lakers rispecchiava la presunzione del loro allenatore. Presi singolarmente i giocatori emanavano sicurezza. Malone e Payton erano venuti a Los Angeles per l'anello, e sapevano che il prezioso gioiello era a una sola settimana di distanza. O'Neal e Bryant avevano portato la squadra a conquistare tre corone, e anche loro sapevano che il prezioso gioiello era a una sola settimana di distanza. I due rookie più importanti, Luke Walton e Brian Cook, supponevano che i veterani sapessero di cosa stavano parlando. «Sembrava abbastanza sicuro» disse poi Cook. «Ero certo che avremmo vinto senza problemi».

L'unico giocatore a esprimere qualche (sincera) preoccupazione era Rick Fox, che aveva trentaquattro anni e stava affrontando l'ultima stagione di una brillante carriera. L'ala piccola aveva potuto disputare appena trentotto partite in regular season a causa di una serie di infortuni, ma anche quand'era fuori studiava con attenzione la squadra e le sue considerevoli lacune. Los Angeles e Detroit avevano vinto una a testa delle due sfide di regular season, ma entrambe le volte i Lakers erano rimasti sotto i cento punti. «Ero l'unico a vederla così, ma non avevo buoni presentimenti» ricordò poi Fox. «Tutti dicevano che avremmo fatto fuori i Pistons. *Tutti quanti.* Sarebbe stata una passeggiata, giusto? Facilissimo. Un giornalista mi chiese cosa ne pensassi e io fui molto sincero. Dissi 'Non li stiamo rispettando abbastanza'».

La serie cominciò il 6 giugno allo Staples Center e la solita passerella di celebrities con gli occhiali da sole e la faccia di plastica fece il suo ingresso nell'edificio con tanto di pubblico in visibilio e apparizioni sul megaschermo. Era bella gente che si aspettava dei bei risultati, e i Detroit Pistons non erano altro che un ostacolo che si frapponeva tra la palla a due e i cocktail del dopo partita al Rose Venice.

Peccato che nessuno avesse avvertito i Pistons. Doc Rivers, che seguiva la partita insieme ad Al Michaels per la ABC, contestò le previsioni di facile vittoria dei Lakers facendo notare che «i Detroit Pistons non vedono i Lakers come li vedono tutti gli altri. Li vedono come una squadra avversaria, e pensano di poterli battere». Nei minuti precedenti alla discesa in campo dei giocatori, Brown riunì i suoi ribadendo che la loro era la *squadra* di gran lunga superiore. Ma di *gran lunga*. Sì, i Lakers avevano Shaq e Kobe. Ma la forza fisica di Detroit era il grande equilibratore. Li avrebbero fatti a pezzi, Shaq e Kobe. Li avrebbero pestati e martoriati, proprio come i Pistons degli anni Ottanta, quelli di Rick Mahorn e Bill Laimbeer, avevano pestato e martoriato gli avversari sulla strada dei loro due titoli consecutivi. Avrebbero rallentato il ritmo del loro gioco d'attacco. Nella finale della Eastern Conference, Detroit aveva tenuto Indiana sotto gli 80 punti per cinque partite su sei. «La gente non mi crede, ma io ero molto più preoccupato per la partita contro Sacramento che per quella contro Los Angeles» disse poi Corliss Williamson, un'ala grande dei Pistons. «Non voglio mancare di rispetto, ma eravamo assolutamente all'altezza dei Lakers. Erano prevedibili, non erano bravi come lo erano stati in passato. Molta sicurezza, ma molti gravi difetti. E poi, il coach Brown ci convinse che stavamo per vincere. Sapevo che sarebbe successo. Davvero».

I Pistons cominciarono a segnare con Rasheed Wallace, che realizzò un tiro da tre punti a dodici secondi dall'inizio, e poi tutto... si... mosse... più... o... meno... in questo... modo. Il gioco era lento e artificioso, un ammasso di argilla umida che scivolava su un tappetino. Los Angeles voleva correre e tirare e mettere il campo a ferro e fuoco. Ma Detroit non glielo permetteva. Brown decise che avrebbe fatto marcare O'Neal da un esercito di tronchi d'albero in perenne rotazione (Williamson, Ben Wallace, Rasheed Wallace, Elden Campbell, Mehmet Okur) e lasciato che la montagna di muscoli segnasse i suoi punti. E così fu: 34 in tutto, con 11 rimbalzi. Nel frattempo gli altri Pistons tennero una lezione da PhD nel pressing difensivo, un'operazione ad alta tensione e intensità destinata a frustrare anche l'attacco più potente. Malone, che lottava ancora contro le conseguenze dell'infortunio al ginocchio, fu limitato a 4 punti con 2/9 al tiro. Payton, che aveva superato da cinque anni la data di scadenza, totalizzò 3 punti con 1/4 al tiro. Ma il capolavoro fu il lavoro svolto da Tayshaun Prince su Bryant. Con i suoi due metri e dieci centimetri per cento chili di elasticità, Prince era stato incaricato di coprire il marcatore principale dei Lakers costringendolo a tentare tiri orrendi su tiri orrendi. Bryant segnò 25 punti, ma con 10/27 al tiro in quarantasette estenuanti minuti.

Il punteggio finale, 87 a 75, diceva tutto. I Pistons avevano passato tutta la stagione 2003-04 a perfezionare l'arte di tenere sotto controllo l'avversario. I Lakers avevano passato tutta la stagione 2003-04 alla ricerca di un'identità. «Sapete, credo che per fermarli a 75 punti ci sia voluta una difesa abbastanza straordinaria» disse Brown in seguito. «Non so se avremmo potuto difendere meglio di così. Abbiamo contrastato tutti i tiri, abbiamo fatto un lavoro incredibile, ma credo che fosse quello che serviva».

Il *Los Angeles Times* del mattino dopo definì la sconfitta un «campanello d'allarme» per i Lakers, come se avessero semplicemente sottovalutato un po' troppo Detroit. Ma i problemi della squadra di Jackson non si sarebbero risolti strappando i giocatori dal loro torpore. I Lakers si ripresero per conquistare Gara Due 99 a 91, dopo aver gettato alle ortiche un vantaggio di 11 punti. Il momento cruciale toccò a Bryant, che tirò da tre punti con 2,1 secondi da giocare nei tempi regolamentari per chiudere in pareggio a 89 e poi andare ai supplementari. «Il più grande canestro dei Lakers di questa epoca» sostenne ammirato Bill Plaschke del *Times*. Ma mentre le 18.997 persone del pubblico esultavano e si univano in coro per cantare la canzone di Randy Newman *I Love L.A*, Jackson era seduto nel suo ufficio a valutare gli ottomila problemi che era costretto ad affrontare. Aveva dato ai giornalisti tutte le risposte che volevano, ma in cuor suo sapeva – lo sapeva davvero – che i Lakers erano in un mare di guai. «Se fossimo arrivati a un vantaggio a doppia cifra» raccontò in seguito, «avremmo potuto seminare qualche dubbio nelle menti dei giocatori di Detroit. Avrebbero lasciato la città con la serie in pareggio, ma anche consapevoli che la loro difesa non era impenetrabile. Invece se ne andarono convinti che avrebbero dovuto vincere entrambe le gare».

La situazione era molto difficile. Innanzitutto c'era Malone. Le condizioni del suo ginocchio erano peggiorate e aveva passato buona parte del pomeriggio a zoppicare su e giù per il campo. A un certo punto della partita, il preparatore atletico Gary Vitti gli aveva detto di tornare in spogliatoio per farsi controllare. Malone si era rifiutato. Sarebbe rimasto in campo con i suoi compagni. «Karl» scrisse in seguito Jackson, «è un vero guerriero». Ma il guerriero sarebbe stato in grado di continuare per il resto della serie? Nessuno lo sapeva.

In secondo luogo, c'era O'Neal: non era mai stato un grande difensore, ma perlomeno ci provava. I Pistons giocavano una sfilza infinita di pick and roll con il playmaker Chauncey Billup se un lungo a rotazione, e nove volte su dieci O'Neal aveva i tempi di reazione di una pianta d'appartamento. Il giocatore che aveva firmato con i Lakers nel 1996 era un uomo agile, forte, potente. Ma questa era una versione imbolsita, lenta e un filo laconica. E la cosa peggiore era la sua apatia. Il giorno dopo la partita Tex Winter guardò le registrazioni senza riuscire a contenere la rabbia. «Quando avrò chiuso con tutto quanto» strillò in faccia a Jackson, «dirò a tutti quanto quest'uomo è sopravvalutato».

Circa un'ora dopo, mentre giocatori e allenatori facevano il punto, Winter criticò apertamente O'Neal. La cosa non fu apprezzata.

«Perché non ti fai gli affari tuoi e basta, vecchio?» urlò il centro.

Jackson invitò il suo assistente a spiegarsi meglio. «Shaq ha scrollato le spalle e alzato le mani quando hai parlato» disse Winter.

«Ti ho detto di chiudere quella cazzo di bocca» sbottò Shaq. «Non abbiamo bisogno del tuo parere su queste stronzate. Fatti gli affari tuoi».

«Questi» replicò Winter «*sono* affari miei».

La tensione si tagliava con il coltello. Il pomeriggio seguente, su richiesta di Jackson, O'Neal si scusò, ma l'universo dei Lakers non aveva niente di particolarmente allegro al suo interno.

In terzo luogo, c'era Payton, che non era mai stato giusto per la squadra, ma adesso era brutalmente sbagliato. Billups, alla sua terza squadra in sette stagioni, non figurava su nessuna lista di grandi registi della NBA. Eppure aveva umiliato Payton durante le prime due partite, segnando 49 punti contro i suoi 5 e facendolo sembrare lento e invecchiato. Nel corso della stagione Payton non aveva voluto adattarsi al triangolo, e adesso – in un momento in cui la disciplina e gli schemi erano fondamentali – il giocatore si rivelava un costoso fallimento.

Un Jackson esasperato aveva mandato in campo Fisher per quarantasei minuti complessivi nelle due partite, ma non era andata molto meglio, con 3/15 al tiro dal campo fatti saltellando su un ginocchio destro contuso.

Basandosi sulla partita vinta e sullo storico dominio della squadra, molti giornalisti assecondarono l'interpretazione dei Lakers secondo la quale sarebbero andati a Detroit e avrebbero sbrigato la faccenda nelle tre gare successive. Ma quando Malone arrivò in campo all'inizio di Gara Tre con una spessa fasciatura intorno alla gamba destra diventò difficile immaginare un'evoluzione a favore di Los Angeles. Era il giocatore più tosto e anche il più orgoglioso, ma riusciva a malapena a muoversi in confronto ai Pistons, più forti e più veloci. Poco prima delle 21, l'orario d'inizio partita, Malone smise per un attimo di esercitarsi con i tiri a canestro per affrontare un tifoso di Detroit che lo aveva importunato e gli aveva sputato in faccia. Il tizio, con una birra in mano, aveva invaso il campo di un bel pezzo. «Dov'era la sicurezza?» chiese Malone in seguito. Fu l'irritante inizio di un'irritante serata. L'ala forte grande giocò per soli diciotto minuti, segnando 5 punti.

Peggio ancora, il gioco d'attacco era semplicemente orrendo. Al colmo dell'esasperazione Payton prese autonomamente la decisione di dimenticare il triangolo (o quello che ne restava) e fare semplicemente quello che gli veniva naturale. E così fu tutto un palleggiare, davanti ai compagni di squadra – abituati a spazi e distanze – che lo osservavano allibiti. I Pistons balzarono sull'8 a 0, per poi arrivare 39 a 32 all'intervallo e poi aumentare il vantaggio a 20 punti segnandone 9 nel quarto quarto, contro l'unico punto dei Lakers. Vinsero per 88 a 68, un risultato ridicolo in cui figuravano i canestri di O'Neal e Bryant, che insieme avevano totalizzato 25 miseri punti. «Palle perse, tiri sbagliati, decisioni sbagliate» commentò poi Jim Cleamons, l'assistente allenatore. «Invece di fare quello che avevamo fatto per tutti quegli anni, eravamo diventati lenti e stupidi».

Dopo la partita, quando i Lakers si erano ritirati nello spogliatoio, Fox convocò una riunione informale in bagno con solamente Bryant, O'Neal, George e Fisher, i cinque membri rimasti delle formazioni che avevano vinto tre campionati. Malridotto e non più di primo pelo, Fox non aveva giocato neanche un minuto dell'umiliante sconfitta. Era comunque disgustato. «Ragazzi, dobbiamo tornare al triangolo» disse, fra gabinetti e lavandini. «Ci ha fatto vincere un bel po' di anelli. Perché lo stiamo abbandonando?»

«Rick aveva ragione» raccontò in seguito George. «Funzionava, e ne avevamo le prove. Perché fare le cose diversamente?»

Fox chiese a Jackson di raggiungere i giocatori nei bagno e i cinque giocatori si sfogarono. Per quanto fosse un allenatore fantastico, Jackson stava abbandonando i princìpi che avevano reso grande la squadra. Dov'era finita la sua meticolosità? E la sua precisione? Fox apprezzava Payton, ma che diavolo stava facendo? E Fisher, il supremo orchestratore del triangolo, incollato alla panchina? «Sai quanto io detesti questo cazzo di attacco» disse Bryant. «Ma mi adeguerò, faremo il triangolo e passeremo la palla a Shaq e li faremo a pezzi».

«Per lo meno facci provare insieme» lo supplicò Fox. «Proviamoci».

Tre sere dopo Jackson ci provò... *un po'*. Rifiutò di inserirli tutti nel quintetto iniziale però mandò in campo Fox per sedici minuti e Fisher per ventuno. Ma l'ottimismo di un vantaggio iniziale (22 a 21 per Los Angeles alla fine del primo quarto) svanì sotto il peso del tremendo sospetto che uno dei giocatori non fosse unicamente concentrato sull'obiettivo di vincere. Nel corso delle prime tre partite della serie Bryant aveva avuto sprazzi di eccellenza alternati a momenti di buffonaggine fuori controllo. Un attimo pareva impegnarsi, quello dopo sembrava un liceale ubriaco che tirava da tre punti completamente a caso, come fosse uscito da una scommessa tra Potsie e Ralph di *Happy Days*. Molti suoi compagni di squadra pensavano – giustamente – che si sentisse in dovere di sfidare Hamilton, la guardia di Detroit che in quanto fenomeno del liceo Coatesville Area della contea di Chester, in Pennsylvania, era spesso citato insieme a Bryant come uno dei più grandi talenti d'America. I due erano stati compagni nella AAU, si erano sfidati in tornei e campi estivi, e Bryant lo considerava un rivale da sconfiggere. Era il suo modo di fare distorto, un desiderio insaziabile di pestare, schiacciare, umiliare. E quindi, con Malone ancora fuori uso (giocò per ventuno inutili minuti prima di lasciare definitivamente la serie a 7:30 dalla fine del terzo quarto) e solo O'Neal che spiccava (segnò 36 punti e prese 20 rimbalzi), Bryant fece nuovamente appello alla parte peggiore di sé, mancando 17 tiri su 25 e segnando 20 punti. Fu particolarmente tragico nel primo tempo, quando tirò quattordici volte, andando a segno solo in tre occasioni. Ignorò sistematicamente O'Neal in post, scegliendo invece di lanciare le sue bombe. Jackson era senza parole. Che cosa diavolo stava succedendo? Perché nessuno era in grado di attenersi a un piano?

Billups spiegò in seguito quale fosse stato il geniale approccio dei Pistons.

> «Il nostro piano di gioco era stato studiato a fondo. Sapevamo di dover marcare Shaq uno contro uno. Sapevamo di non poter fermare Shaq con un solo uomo. E non potevamo neanche fermare Kobe con un solo uomo. Ma se avessimo marcato Shaq con un solo uomo, [i Lakers] avrebbero capito di avere una possibilità e sarebbero stati portati a passare a Shaq in post. Continuavamo a dire a Ben 'Fai pure fallo quando è necessario, l'importante è che non hai problemi di falli. Se devi concedere un layup, va bene, otterremo quello che vogliamo dall'altra parte.' Mister Bryant avrebbe cominciato a scoraggiarsi perché nessuno gli passava la palla e intanto saremmo arrivati a metà gara... e lui avrebbe iniziato a rompere il ritmo dell'attacco. E a questo

punto sarebbe stata fatta, ci avrebbe consegnato la vittoria. Poteva tirare quanto voleva, ma sarebbe stata finita».

Benché Bryant non dovesse tornare in tribunale prima del 21 giugno, Jerry Buss e Jackson immaginavano entrambi (giustamente) che la durezza di una stagione difficile stesse iniziando a farsi sentire. Quando erano in trasferta, Bryant si sentiva abbastanza libero di esistere senza che la gente gli ricordasse la sua situazione. Ma a Detroit, dove i tifosi non avevano peli sulla lingua, il contesto era durissimo. Insulti. Provocazioni. La prima sera in trasferta dei Lakers, un tifoso ventitreenne dei Pistons di nome Dominic Piscopo entrò nel Townsend Hotel, vide Bryant seduto nel salone e picchiò sul vetro della finestra urlando «Hai violentato mia sorella, Kobe! Hai violentato mia sorella!»

Dalla panchina, Kareem Rush aveva una teoria tutta sua. Aveva passato due anni a marcare Bryant durante gli allenamenti e sentiva di capirlo. Intuiva i suoi umori, i suoi desideri, i suoi impulsi. Per lui era tutto chiaro. «Kobe voleva essere l'MVP della serie, poco ma sicuro» spiegò in seguito Rush. «Shaq aveva già vinto il titolo tre volte, e Kobe lo voleva. Ecco perché continuava a tirare, anche se tirare così tanto non aveva senso. Sentiva sempre questo bisogno di conferma. Era egoista. Uccise la squadra».

Quindici anni dopo i fatti, qualcuno chiese a Rush perché il trofeo dell'MVP – una coppa di stagno placcata oro incollata a una base – fosse così importante. «Kobe non stava giocando per un campionato, stava giocando per lasciare un segno» disse Rush. «Michael Jordan aveva intascato un sacco di MVP, Shaq aveva intascato un sacco di MVP. Kobe bruciava d'invidia. Lo voleva».

Alla fine della serata, 22.076 tifosi galvanizzati uscirono dal Palace di Auburn Hills con un punteggio vittorioso di 88 a 80, a una partita di distanza dal titolo. Ancora una volta i Lakers fecero un gran parlare di risurrezione, del cuore da campioni e di vincere per la città di Los Angeles. Ma la speranza era morta. Mike Wise, che seguiva il basket per il *Washington Post* e aveva fatto il ghost writer per il libro *Shaq Talks Back,* andò a trovare il suo coautore dopo la partita. Mentre passeggiavano per i sotterranei dello stadio, Wise fece un discorso motivazionale non richiesto: «Ascolta, tu e Kobe dovete lavorare insieme. Potete ancora vincere, ma i Pistons sono tosti. Penso solo che...»

O'Neal sollevò le mani per fare segno a Wise di tacere. Ilana Nunn, la figlia dell'arbitro veterano Ronnie Nunn, era a pochi metri di distanza con la schiena voltata. «Devo dire» mormorò O'Neal in tono scherzoso «che ha proprio un gran bel sederino».

Ehm...

«È stato allora che ho capito che era finita» raccontò in seguito Wise. «Io gli parlavo dei Lakers che dovevano vincere il campionato e Shaq era più concentrato sul gran bel sederino di una ragazza. Erano fritti».

Infatti erano fritti.

Magic Johnson, che era diventato socio di minoranza e si sentiva a disagio se la stampa si dimenticava di lui per più di ventisette minuti, riunì i giornalisti per dire quanto si sentisse umiliato. Dopo aver fatto a pezzi Payton per il suo gioco scadente tirò le somme sulla squadra in generale. «Io ho otto anelli e ne voglio nove» dichiarò. «Sono furibondo perché in questa serie non ci abbiamo nemmeno provato. Non so cosa stia succedendo. Non so cos'abbiano in testa, ma è inaccettabile».

I Lakers avrebbero giocato Gara Cinque con Slava Medvedenko come ala grande al posto di Malone, e questo significava che il Dream Team che secondo molti avrebbe vinto settanta partite e dominato la postseason era ridotto a un quintetto iniziale con un Bryant egoista, un O'Neal sovrappeso, un Payton confuso, un Devean George mediocre e, nella figura di Medvedenko, un ucraino di venticinque anni sorprendentemente incapace di capire qualsiasi cosa avesse a che fare con il basket. Medvedenko aveva firmato con i Lakers nell'estate del 2000, fresco fresco di una media da 20 punti e 6,1 rimbalzi a partita per il BC Kiev nel campionato della North European Basketball League. Era il primo giocatore d'origine europea che entrava nei Lakers dai tempi di Vlade Divac quindici anni prima e molti erano convinti che potesse diventare un talento alla Vin Baker. Peccato che Medvedenko fosse scemo. O perlomeno lo sembrasse. Sicuramente giocava da scemo. In un articolo del *Los Angeles Times* del 2002, Tim Brown scrisse che «non è raro che i giocatori escano dal campo chiedendosi perché Medvedenko si sia mosso verso destra, ad esempio, e non verso sinistra».

Era un casinista cronico. Ma con Malone fuori gioco e Horace Grant perso già da un pezzo per un infortunio, Medvedenko era – con i suoi due metri e otto centimetri per centoventi chili – l'opzione migliore per contrastare la potenza e la resistenza dei Pistons.

Non buttava bene.

Durante la rifinitura mattutina al liceo Seaholm nei dintorni di Birmingham, in Michigan, mentre i Lakers si scervellavano alla ricerca di soluzioni, O'Neal fissava le tribune e Malone se ne stava seduto a guardare i compagni in abiti civili, Bryant interruppe Jackson di colpo e disse: «Fammi marcare Billups. Fammi vedere se riesco a rallentarlo».

Era una richiesta inaspettata: fino a quel momento Bryant aveva marcato Hamilton facendo tutto sommato un buon lavoro; il miglior attaccante di Detroit aveva una media di 21,5 a partita nella serie.

«Non so» disse Jackson.

Poco dopo, in privato, Bryant confidò all'allenatore di aver fatto quella proposta solo per vedere se Payton si sarebbe difeso chiedendo una seconda possibilità con Billups. Non lo aveva fatto. «Credo che abbia paura» disse Bryant. «Non gliene frega niente se marco Billups o no».

Quella sera Bryant arrivò al palazzetto alle 17:45, un'ora prima della convocazione. Visto che erano con le spalle al muro, si aspettava di trovare in spogliatoio almeno due o tre compagni di squadra. E invece la porta era chiusa e dovette chiedere alla sicurezza di farlo entrare.

Nel suo ultimo, patetico tentativo di risollevarsi, la squadra ridotta ai minimi termini esordì con un vantaggio di 14 a 7 grazie al tiro in sospensione di (incredibile!) Medvedenko, che segnò 8 punti nel primo quarto.

E poi, *whoosh!*

O'Neal commise rapidamente due falli e dovette uscire, sostituito da Cook, il rookie alto due metri e dieci centimetri per centoquindici chili che aveva tutte le qualità di Shaq tranne la forza e l'atletismo. I Pistons segnarono un parziale di 9-0 e all'intervallo erano avanti 55 a 45. Mentre Detroit aumentava il suo vantaggio fino a 28 punti, Bryant fece di tutto per la causa. Tirò ventuno volte segnando soltanto 7 punti. Nessuno si stupì del fatto che raramente alzasse gli occhi per passare la palla. Isolati, O'Neal, Payton e George non potevano far altro che scambiarsi occhiate esasperate. I 24 punti di Bryant furono il risultato migliore della squadra, ma non significavano niente. «Non lo avevo mai visto comportarsi con tanto egoismo» disse Rush, che era entrato in campo e aveva segnato 5 punti. «Forse sentiva di doverci trascinare».

Il punteggio finale, 100 a 87, sembrava un refuso. Il pubblico avrebbe potuto giurare che Detroit avesse vinto con uno scarto di 30 punti. O 40, forse? Billups, con una media di 21 punti e 5,2 assist nella serie, vinse il trofeo MVP che Bryant aveva tanto desiderato. Era anche personalmente responsabile per l'omicidio del giocatore con più parlantina di tutta l'NBA. Dopo la partita, infatti, Gary Payton non aveva letteralmente più niente da dire.

«Non è così che vorresti che finisse, questo è poco ma sicuro» disse Fox interrompendo il tombale silenzio dello spogliatoio dei Lakers. Pochi minuti prima, l'affranto veterano si era chiuso in bagno a singhiozzare. Aveva gli occhi rossi e le guance rigate di lacrime. Era la fine di una cosa bellissima. Lo sapeva. «La squadra è sempre più forte di un gruppo di individui» disse. «Abbiamo scelto il momento sbagliato per essere un gruppo di individui».

E a questo punto Fox si alzò per andare verso le docce e lavarsi via la puzza dell'umiliazione.

E a questo punto sembrava che una dinastia fosse morta.

18
La fine

«Io non ci gioco più con quel figlio di puttana».

Kareem Rush non riusciva a credere al borbottio che aveva sentito. Cosa aveva appena detto Kobe Bryant? Chi era il figlio di puttana?

La guardia di riserva dei Lakers era seduto a un tavolo del ristorante del Townsend Hotel a Birmingham, in Michigan, più o meno due ore dopo la deprimente sconfitta in Gara Cinque alle finali NBA, persa contro i Pistons. Con i suoi ventitré anni Rush era giovane e ingenuo e per sua fortuna all'oscuro di molte dinamiche interne alla squadra. Certo, sapeva che i Lakers avevano i loro problemi. Erano anziani. Erano spesso sconnessi. Le due più grandi star della formazione avevano le loro divergenze. Ma non erano appena entrati nella serie finale del campionato, dopo aver vinto quattro titoli su cinque in una Western Conference piena di talenti? È impossibile che smantellino questa squadra, pensava Rush. *Sarebbe una pazzia.* Nella testa di Rush, lo scarto fra la gloria e l'agonia era stato l'infortunio di Karl Malone. «Se il Postino fosse stato in forma, avremmo vinto» ripeté anni dopo. «Ne sarò sempre convinto».

Ma quando sentì Bryant pronunciare quella frase la realtà gli crollò addosso. Era finita.

«Avevamo chiuso» disse Rush. «Mi si spezzò il cuore».

Come un buon novanta per cento degli impiegati del mondo invitati alle feste aziendali, i Lakers non erano entusiasti all'idea di partecipare alla serata post partita organizzata da Jerry Buss. Ma lui era quello che sborsava milioni di dollari per i loro stipendi e ben presto Rush e Bryant non furono più soli al loro tavolo. Malone arrivò zoppicando, accompagnato da Gary Payton. I due rookie, Luke Walton e Brian Cook, entrarono timidamente. C'era Devean George. C'era Derek Fisher. C'era Slava Medvedenko. C'era Rick Fox.

C'era Shaquille O'Neal, *il figlio di puttana.*

Fece il suo ingresso insieme a Shaunie, che da un anno e mezzo era diventata sua moglie. Un gigante in ghingheri, elegante in camicia e pantaloni sportivi. O'Neal era un maestro dello charme. Sorrideva, scherzava, teneva banco. Si ordinò un drink. Quando pochi minuti dopo arrivò Jerry Buss, O'Neal si preparò a omaggiare il suo capo, e cioè a ringraziarlo per avergli concesso un'altra stagione con la maglia viola e oro.

Ma a questo punto le cose cominciarono a farsi imbarazzanti. Buss andò subito da Bryant, che adesso stava seduto a un tavolino con sua moglie Vanessa. Gli O'Neal erano a tre metri di distanza, ma Buss li ignorò. «Io lo chiamo il regno del *Padrino*» disse O'Neal anni dopo. «C'è questo tizio che è il padrino da tanto tempo. E poi c'è un ragazzo giovane, che fa progetti su progetti su progetti. E poi un bel giorno, a una cena... *bang! bang!* Il padrino viene eliminato. Ecco, quella lì era la sera in cui sono stato eliminato io. Jerry parlò con Kobe e con sua moglie, e se ne andò».

Ferito ed esterrefatto, O'Neal si voltò verso Shaunie e disse: «Oh-oh».

La coppia si alzò e lasciò la festa.

«Era un chiaro segnale di fine corsa» raccontò O'Neal in seguito. «Se avessimo vinto la serie, io avrei avuto un quarto anello e un altro MVP delle finali. Avremmo potuto vincere. Ma Kobe doveva essere l'eroe. Fu colpa sua. Aveva bisogno di essere l'eroe della situazione. Io ero là sotto a fare a pezzi Ben Wallace e Kobe mi ignorava. Ma non fu soltanto lui. Noi giocammo di merda e i Pistons furono fantastici. Ma... poteva andare diversamente. Sentite, abbiamo perso. Era finita. E quando hai due cani – un cane campione che sta invecchiando e un cucciolo che corre dietro al cane vecchio – a chi vuoi bene? Al cucciolo».

Il mattino dopo, giocatori e allenatori dei Lakers salirono a bordo del charter che sarebbe atterrato a Los Angeles quattro ore e mezzo dopo. Ma su quell'aereo mancavano due persone: Malone e Bryant, che erano stati insieme a Buss fino a tarda notte a parlare della situazione (attuale e futura) dei Los Angeles Lakers. Entrambi tornarono in California con il jet privato del capo.

Il propretario aveva iniziato ad apprezzare veramente Malone. La sua disponibilità a giocare nonostante l'infortunio e a dare tutto alla squadra (a un prezzo di favore) smuoveva qualcosa nel profondo di quel *self-made man* multimiliardario. Ma Bryant? Pochi capivano la storia d'amore di Buss con un giocatore che definiva «mio figlio». Suo figlio non era per caso accusato di avere stuprato una ragazza? Suo figlio non aveva insistito perché i Lakers gli pagassero le spese di viaggio per andare in tribunale, salvo poi lamentarsi dell'aereo troppo scadente? Suo figlio non era per caso quello stronzo egoista che per anni aveva fatto infuriare allenatori e compagni? Jackson e Mitch Kupchak non avevano forse avvertito Buss di quanto Bryant fosse immaturo ed egocentrico, ripetutamente, e poi ancora e ancora?

Quando i Lakers avevano usato la prima scelta in assoluto nel draft del 1979 per prendere Earvin «Magic» Johnson da Michigan State, le simpatie di Buss erano comprensibili. Johnson era un faro di allegria con tanto di sorriso solare incorporato, oltre ad avere l'istinto mediatico necessario per risollevare l'immagine di una squadra che arrancava. Era la speranza e l'ottimismo, in un'unica adorabile confezione da due metri e dieci centimetri. Ma che cosa aveva portato Kobe Bryant ai Lakers, esattamente? Non era stato forse O'Neal il principale artefice della rinascita tecnica della squadra? Non era stato Jackson a mettere insieme tutti i pezzi e a farli funzionare?

Quando l'aereo dei Lakers atterrò all'aeroporto internazionale di Los Angeles, Jackson e Fox si infilarono in una Town Car parcheggiata in strada. L'allenatore voleva fare una chiacchieta di fine stagione con ogni giocatore, e questa era la prima. Jackson sapeva che Fox non era interessato a continuare la carriera da giocatore. I due avevano passato cinque anni insieme. L'amicizia era sincera.

«Penso che dovresti prendere in considerazione l'idea di allenare una squadra» gli disse Jackson. «Hai una comprensione del gioco abbastanza rara».

«Nooo» disse Fox. «Ho bisogno di stare lontano dal basket per un anno».

Jackson lo capiva. «È un tritacarne, vero? Nemmeno io so cosa farò. Te lo farò sapere, appena decido».

A questo punto della loro carriera, sia O'Neal che Jackson sentivano di poter controllare il proprio destino. Quando O'Neal si era presentato al draft NBA del 1992 dopo il terzo anno all'LSU, aveva la piena consapevolezza che sarebbe stato la prima scelta in assoluto. Quando aveva deciso di lasciare Orlando da free agent quattro anni dopo, aveva la piena consapevolezza che avrebbe guadagnato più soldi di qualsiasi altro giocatore nella storia del basket. Jackson era arrivato a Los Angeles con alle dita i sei anelli dei Chicago Bulls. Era considerato quasi universalmente la risposta alle preghiere della squadra. I risultati parlavano da soli. Gli esseri umani di questo livello, di solito, non devono rispondere a nessuno.

Ma i tempi erano cambiati. Bryant – free agent e superstar intorno a cui Buss voleva assolutamente costruire qualcosa – era la chiave di volta dei Los Angeles Lakers e la sua felicità era la priorità numero uno per una formazione da ricostruire. La voce di corridoio più insistente in NBA era che Bryant avrebbe/avrebbe potuto/avrebbe voluto lasciare i Lakers per andare alla squadra concittadina, i Clippers, che in pratica voleva dire asportare il cuore di Jerry Buss con un vecchio coltello da burro e servirlo a Donald Sterling per cena. Perdere la mega star ventiseienne sarebbe stata una catastrofe. Perderla a favore di una squadra appena uscita da una stagione da ventotto vittorie e cinquantaquattro sconfitte e che puzzava di vecchio sarebbe stato insopportabile. Ma appena ai free agent fu concesso di cominciare a negoziare, Bryant era già davanti a Elgin Baylor, il general manager dei Clippers, a discutere del suo futuro al fianco di Chris Kaman ed Elton Brand. Bryant era attratto dall'idea di entrare nella squadra cittadina più scalcagnata e portarla al trionfo. I Lakers erano Magic,

Kareem e Worthy. I Clippers erano Benoit Benjamin. «Pensavamo tutti che sarebbe andato da loro» disse Bill Plashke, l'editorialista del *Los Angeles Times.* «Sembrava sicuro al cento per cento».

I Lakers erano alla sua mercé. Kobe non voleva più giocare per Jackson, il cui contratto da 30 milioni di dollari era giunto alla scadenza dei cinque anni. *Ok.* Kobe non voleva sicuramente più giocare al fianco di Shaquille O'Neal, la cui richiesta di estensione del contratto era stata respinta. *Ok.* Appena due giorni dopo la fine della stagione il centro era seduto in cucina a mangiare cereali quando Kupchak annunciò in una conferenza stampa che la squadra era disponibile a considerare offerte di scambio per O'Neal.

Cosa?

Cosa?

O'Neal era fuori di sé. Non per essere stato messo sul mercato, ma perché dopo otto stagioni insieme nessuno dei Lakers gli aveva usato la cortesia di chiamarlo e avvisarlo. Sapeva che dietro alla mossa c'era Bryant. La società stava cedendo ai capricci di un bambino viziato. «Io sono un uomo, cazzo» commentò O'Neal anni dopo. «Volete fare dei cambiamenti? Bene. Però chiamatemi, come si fa con un uomo. Magari nemmeno io voglio stare qui con voi. Magari sono stufo pure io di tutto. Però rispettatemi, almeno. *Almeno ditemelo*».

Quello stesso giorno Jackson si presentò nella palestra della squadra a El Segundo per parlare con alcuni giocatori. Disse che probabilmente si sarebbe ritirato, ma che un cambiamento di programma era sempre possibile. Se Kobe lo avesse voluto, se Shaq lo avesse voluto e se Buss lo avesse voluto: chi poteva dirlo con certezza? Dopo aver salutato fece una tappa nell'ufficio di Jeanie Buss, l'executive vice president of basketball operations oltre che sua fidanzata da cinque anni. La loro relazione era sicuramente fra le più sconcertanti del mondo sportivo; superava tutta una serie di barriere etiche ma allo stesso tempo era sincera e corretta. Jeanie forniva a Phil informazioni che non avrebbe dovuto fornire? La posizione di Phil era più sicura perché lavorava per un uomo che avrebbe potuto (un giorno non lontano) diventare suo suocero? Jeanie si confrontava con Phil su decisioni che non c'entravano niente con l'allenamento? Jeanie raccontava al padre le sue conversazioni fra le lenzuola con Phil? Nessuno lo sapeva con certezza.

Questa volta, però, la ragazza gli rivolse una supplica, seguita da un avvertimento. «Vai a parlare con Mitch, oppure chiama mio padre, e dì loro che puoi allenare Kobe. Dì che avete lavorato insieme negli ultimi tre mesi e che non è più un problema. Ricorda loro come andavate d'accordo alla fine della stagione».

«Ok, Jeanie» disse Jackson. «Che succede?»

Secondo la fidanzata, la società aveva deciso di ingaggiare un altro allenatore. Lo aveva saputo da John Black, il capo delle PR dei Lakers, e sentiva di dover condividere l'informazione con il suo innamorato. Mentre parlava, Jeanie iniziò a singhiozzare. Phil Jackson non sapeva bene come reagire. Stavano parlando di allenare i Lakers o di uscire con la figlia del proprietario della squadra? Di basket o di sentimenti? O di entrambe le cose? Strinse Jeanie fra le braccia per dieci minuti buoni e uscì dall'edificio. «Pensava che se avessi perso il lavoro, lei avrebbe perso me» spiegò in seguito l'allenatore. «Pensava che me ne sarei tornato in Montana e non mi sarei più fatto sentire».

Il giorno dopo, Phil Jackson era ufficialmente disoccupato. Iniziò la giornata tornando in ufficio per vedere Bryant: un colloquio d'addio, ma non nel senso tradizionale. Solitamente gli allenatori indicono riunioni di fine stagione per discutere del futuro con un giocatore. Questa volta nessuna delle due parti sapeva cosa aspettarsi. Bryant sarebbe stato ancora in squadra nella stagione 2004-05? Forse sì, forse no. Jackson avrebbe allenato i Lakers nella stagione 2004-05? Forse sì, forse no. I due uomini sedettero nell'ufficio di Jackson insieme a Rob Pelinka, l'agente di Bryant. Dopo qualche chiacchiera sul basket, il processo per stupro ancora in corso e i piani per l'estate, Jackson si fece serio. «La mia presenza o assenza influenzerà il tuo desiderio di giocare con i Lakers?» chiese.

Bryant parve sbalordito.

«La mia permanenza con i Lakers, oppure il mio ritiro, influenzerebbe il tuo desiderio di restare nella squadra?» ripeté Jackson.

Jackson voleva che Bryant gli dicesse che era necessario. Che era importante. Voleva che Bryant dicesse «Sai, c'è qualcosa di speciale fra di noi. Alimentiamola, questa cosa...»

Voleva anche credere a Babbo Natale.

Bryant disse a Jackson che doveva decidere da solo, e che la decisione dell'allenatore doveva essere indipendente dal suo futuro come giocatore.

«Ho intenzione di ritirarmi» disse Jackson.

«Davvero?» chiese Bryant.

Sì, disse Jackson. Poi gli chiese se il ritorno di O'Neal con Los Angeles sarebbe stato un fattore importante per la sua decisione. Jackson ribadì che il duo Shaq-Kobe poteva andare avanti. Ma Bryant non ne voleva sapere: «L'ho fatto per otto anni, ma adesso sono stufo di essere la sua spalla». Non fu una sorpresa. Bryant era entrato nella Lega da maschio alfa diciottenne e adesso era un maschio alfa venticinquenne. Era ufficiale: quella che era stata forse la più grande accoppiata nella storia dell'NBA stava giungendo alla fine.

Ancora una volta, Jackson uscì dall'edificio. Questa volta era stato convocato a casa di Jerry Buss. Era a dieci minuti di macchina e nel tragitto quello che era ancora l'allenatore dei Los Angeles Lakers cercò di immaginare come avrebbe potuto andare quell'incontro. Probabilmente rifletté anche su una voce che girava da giorni. Secondo O'Neal, nell'esatto istante in cui il mondo del basket aveva deciso che Jackson era arrivato alla fine, Pat Riley aveva detto ai Lakers di volere il suo posto. Il presidente dei Miami Heat aveva giocato per Los Angeles dal 1970 al 1975 e poi aveva allenato la squadra negli anni Ottanta, portandola a conquistare quattro titoli. La California del Sud era sempre stato il suo posto, il suo primo amore. «Sapevamo tutti che Pat lo voleva» disse O'Neal. «Voleva essere 'quello dei Lakers'».

Jackson parcheggiò e suonò al campanello. Dopo aver parlato del più e del meno per qualche minuto, Buss disse «Phil, stiamo andando in un'altra direzione».

«Già, credo di sì» rispose Jackson. «Mi sembra logico».

Poi se ne andò.

Il martedì seguente Jackson e O'Neal si diedero appuntamento al St. Regis di Los Angeles. A questo punto il giocatore aveva messo in vendita la sua casa di Beverly Hills, prendendo atto che stava tutto succedendo davvero. «Volevo solo vederti prima che fosse veramente finita» disse O'Neal, sorseggiando un tè freddo. «È stata una bella avventura».

Nel giro di un mese i Lakers e gli Heat portarono a termine la trattativa più grossa dell'anno. Quando O'Neal aveva detto a Kupchak che avrebbe firmato per un trasferimento a Miami, fu mandato nella Florida del Sud in cambio di tre giocatori (Lamar Odom, Brian Grant e Caron Butler) e un paio di scelte al draft. L'accoppiata O'Neal-Dwyane Wade, l'esplosiva guardia che aveva appena concluso la sua stagione da rookie, fu un colpaccio per Riley, che aveva confidato al suo nuovo centro di non essere più interessato a tornare a Los Angeles. «Pat sapeva di avere fra le mani una miniera d'oro» raccontò poi O'Neal. «Eravamo più vicini all'anello noi a Miami che non i Lakers senza di me».

Il 14 luglio, la grande saga sul ritorno di Bryant ai Lakers si concluse con la firma di un contratto settennale da 136,4 milioni di dollari con i Lakers. La telefonata con Elgin Baylor fu imbarazzante, come spesso accadeva con Bryant. Il general manager dei Clippers era davvero convinto che Bryant andasse da loro. E invece no: «nel cuore sono un giocatore dei Lakers» gli disse Bryant. Il giorno dopo, durante una conferenza stampa nel palazzetto di El Segundo, Bryant si sedette accanto a Mitch Kupchak e fece risuonare un'intera sinfonia di sentimenti che faceva venire in mente un famoso detto di Benjamin Franklin: «Una mezza verità è spesso una grande bugia».

«Non abbiamo il giocatore più dominante in circolazione, quindi le cose per noi cambieranno drasticamente» disse. «Sarà una lotta. E lo sappiamo. Non ci siamo, neanche lontanamente. E lo sappiamo. Sarà tutta in salita».

Gli chiesero se sarebbe stato disponibile a giocare ancora a fianco di O'Neal. La risposta fu negativa. Aveva detto di no a Jackson, a Kupchak, a Jerry Buss. No, non avrebbe mai, mai, mai, mai, mai più giocato con Shaquille O'Neal. Mai, mai più.

Altrimenti...

«Che io c'entri qualcosa con l'uscita di Shaquille è un'idea ridicola» dichiarò. «Mi offende. Mi fa arrabbiare. Se lui avesse firmato di nuovo con noi io ci sarei comunque. Purtroppo non è andata così».

O'Neal, che seguiva la conferenza da casa, non credeva alle sue orecchie. Jackson, che seguiva la conferenza da casa, non credeva alle sue orecchie. Se Jerry Buss avesse prorogato il contratto di O'Neal, Kobe Bryant indosserebbe la maglia dei Los Angeles Clippers in questo preciso istante. O'Neal lo sapeva. Jackson lo sapeva.

«Posso vincere senza Shaq?» disse Bryant, continuando a straparlare. «Non lo so. È stata una bellissima avventura, malgrado gli alti e bassi. Ma bisogna fidarsi della storia di questa squadra. Sono sempre stati in grado di risollevarsi. Io sono solo un pezzo del puzzle».

Pochi giorni dopo il suo arrivo da Miami in seguito allo scambio, Caron Butler decise di contattare Kobe Bryant per chiedergli qualche consiglio sul trasferimento a Los Angeles. Un amico di un amico gli aveva passato il numero di cellulare della superstar. Lo chiamò.

Drin.
Drin.
Drin.

BRYANT: Pronto?
BUTLER: Yo, Kobe. Sono Caron Butler. Il tuo nuovo compagno di squadra.
BRYANT: Come hai avuto il mio numero?
BUTLER: Oh, me l'ha dato (*Inserire il nome*)
BRYANT: Oh... oh. Ok. Che succede?

I due parlarono per un po'. In modo abbastanza amichevole. L'indomani, qualcuno provò a chiamare Bryant. Gli rispose un messaggio della compagnia telefonica AT&T. Bryant aveva cambiato numero.

I Los Angeles Lakers erano la squadra di Kobe Bryant, adesso, senza se e senza ma. Come scrisse J.A. Adande sul *Los Angeles Times*:

«Ok Kobe, adesso che il miglior centro e l'allenatore di maggior successo della storia recente della NBA se ne sono andati in seguito alle tue indicazioni, adesso che i dirigenti della NBA hanno ribaltato il Paese e hanno assecondato ogni tuo capriccio, dicci con precisione quando succederà che i Lakers vinceranno il campionato. Quanto dureranno le finali NBA, quand'è la parata, dove posizioniamo il nuovo stendardo? Sarà meglio che Kobe Bryant abbia delle risposte – o per essere più precisi, i risultati – adesso che ha messo fine a questa lunga farsa confermando, giovedì scorso, quello che sapevamo già da qualche tempo: i Lakers appartengono ufficialmente a lui».

La spensieratezza e l'allegria infantile di O'Neal si erano trasferite a South Beach. Karl Malone aveva deciso di ritirarsi. Derek Fisher aveva firmato come free agent con Golden State. Gary Payton, una specie di catorcio arrugginito travestito da giocatore NBA, era stato mandato a Boston. Rick Fox, inserito nell'accordo con i Celtics per questioni salariali, non avrebbe mai più giocato. Dopo un tentativo fallito di prendere Mike Krzyzewski di Duke per sostituire Jackson, la scelta di Buss e Kupchak ricadde su Rudy Tomjanovich, ex capo allenatore di Houston che aveva portato i Rockets a vincere un titolo dopo l'altro a metà degli anni Novanta. Tomjanovich era un'opzione sicura, ma certamente non dinamica. Si era ritirato dopo la stagione 2002-03, quando gli era stato diagnosticato un cancro alla vescica. Si era curato con la chemioterapia, il tumore era sparito, il tumore era tornato, aveva ricominciato la chemioterapia. Non era la stessa cosa che aver domato Michael Jordan. Era una questione di vita o di morte, era terrificante. Aveva deciso di terminare la carriera e concentrarsi sulla salute, la famiglia e la felicità.

«Un giorno, senza alcun preavviso, mi chiamarono i Lakers» raccontò in seguito Tomjanovich. «Non stavo cercando un lavoro. Ma li ascoltai».

Accettò la posizione, ma il piatto piangeva. Il nuovo centro del quintetto base era Chris Mihm, una scelta al primo giro del draft del 2000 proveniente dall'Università del Texas, la cui miglior dote era l'altezza (due metri e tredici centimetri per centoventi chili). Il playmaker Chucky Atkins era un signor nessuno. La panchina era una collezione di personaggi bizzarri. Bryant aveva ottenuto quello che voleva, O'Neal se n'era andato. Ma con lui se n'era andata anche gran parte del talento. Una squadra arrivata alle finali NBA nel 2004, nella stagione successiva avrebbe finito con trentaquattro vittorie e quarantotto sconfitte, mancando i playoff per la prima volta in undici anni. Tomjanovich riuscì a resistere per quarantatré partite prima di dimettersi per motivi di salute. La media di punti segnati di Bryant (27,6) dava il ritmo alla squadra. Era il suo sogno che si avverava: *tira quanto vuoi, ragazzino. Nessuno ti fermerà.*

Inoltre, anche se le prime pagine dei giornali erano occupate dagli stravolgimenti nel mondo del basket, nell'estate del 2004 restava una storia molto più pressante di cui occuparsi. Sì, i Lakers avevano accettato di dare un sacco di soldi a Bryant per giocare a basket per i successivi sette anni. Ma sarebbe stato libero di farlo, o si sarebbe dovuto allenare nel cortile di una prigione per vent'anni? La selezione della giuria doveva iniziare il 27 agosto, un'oscura minaccia incombeva sulla star dei Lakers.

Circa quindici anni dopo sia Mark Hurlbert, procuratore distrettuale della Eagle County, che Doug Winters, l'investigatore capo, erano ancora convinti che Kobe Bryant avesse violentato Jessica Mathison. Non pensavano che *potesse* essere accaduto, o che *forse* era accaduto. Non c'era nessun malinteso. «Non ho alcun dubbio» disse Winters anni dopo. «L'ha stuprata».

«Ne sono sicuro al cento per cento. L'ha fatto» confermò il procuratore.

È per questo motivo che Hurlbert si infuriò quando, il 10 agosto, ignorando il suo consiglio la Mathison si rivolse a un avvocato esterno, John Clune, e intentò una causa civile chiedendo a Bryant il rimborso di non meglio specificati danni. Fu una mossa devastante per la causa penale, perché incoraggiava la gente a chiedersi se effettivamente la Mathison non fosse solo interessata ai soldi.

«Quando mi chiamò il suo avvocato gli dissi subito 'Dovete fermarvi immediatamente!'» raccontò poi Hurlbert. «State incoraggiando la difesa a fare un altro controinterrogatorio per dimostrare che lei vuole solo guadagnarci». Nello stesso periodo la Mathison scrisse una lettera a Gerry Sandberg, un detective dello Stato, ammettendo che alcuni dettagli inizialmente forniti a Winters potevano essere stati un filino esagerati. Pur ribadendo di essere stata stuprata, la ragazza scrisse «Dissi al detective Winters che Mister Bryant mi aveva costretta a restare nella stanza e a lavarmi la faccia. Mentre è vero che mi costringeva a stare nella stanza contro la mia volontà, non è vero che fui costretta a lavarmi la faccia. Non mi lavai la faccia». Niente sembrava andare bene nella causa contro Bryant. Il dibattito sulla presunta promiscuità e sul presunto comportamento inaffidabile della Mathison stava crescendo. Ci furono minacce violente. I media non la lasciavano in pace: piantonavano la sua casa, la pedinavano in giro per Eagle alla ricerca della minima, succosa notizia. «Un giorno c'era una selva di reporter davanti a casa sua. Li vedevo dalla mia veranda» ricordò Randy Wyrick che seguiva il caso per il *Vail Daily*. «C'era una ragazzina che abitava nella casa accanto, anche lei bionda. Uscì in strada e fu abbordata da decine di giornalisti. Poveretta. Stava andando a lezione di ginnastica o qualcosa del genere. Benvenuti a Eagle, Colorado, il buco del culo del mondo. Non c'è niente da fare qui. Lei diventò *la* grande storia».

Un giorno di fine agosto Hurlbert era nel suo ufficio quando arrivò una chiamata dalla Mathison. La selezione della giuria era in corso. Il processo era ormai vicino. Lui stava riscaldando i motori ed era molto sicuro di vincere.

«Mark» disse lei. «Voglio fermarmi qui».

Cosa?

«È tutto troppo difficile» continuò lei. «Voglio che finisca».

Hurlbert la esortò a prendersi un altro giorno per valutare tutte le conseguenze. Nel frattempo chiamò Bill Ritter, il procuratore distrettuale di Denver, per chiedergli un consiglio. «Mark» disse Ritter, «non hai molta scelta. Puoi citarla in giudizio, trascinarla in tribunale e metterla sul banco dei testimoni. Ma lei non sarà convincente e la giuria lo giudicherà non colpevole. Puoi anche provare ad andare avanti senza di lei, ma non so come possa funzionare una denuncia di stupro senza la vittima. Oppure puoi chiudere il caso».

Il primo settembre, una settimana prima del teorico inizio del processo, un affranto Hurlbert ritirò la causa, con una nota che recitava «la vittima ci ha informato... che non intende procedere con questo processo. Per questa ragione, e soltanto per questa, la causa è archiviata». Come parte dell'accordo, Bryant fece una dichiarazione che la Mackey distribuì alla stampa. Non era un'ammissione di stupro, ma era un'ammissione di stupro.

> «Benché io sia convinto che il nostro incontro sia stato consensuale, riconosco che lei non vede e non vedeva questo incidente al mio stesso modo. Dopo aver passato mesi a leggere gli atti, ad ascoltare il suo avvocato e la sua testimonianza diretta, oggi capisco che lei possa sentire di non aver acconsentito a questo rapporto».

Nel giro di un anno, Bryant trasferì alla Mathison una quantità ignota di denaro e le comprò una casa dalle parti di Denver.

La ragazza svanì nel nulla. Nessuno ne sentì mai più parlare.

Quando, nel 2009, Bryant portò i Los Angeles Lakers a un altro titolo NBA, neanche un membro della stampa, nel raccontare la redenzione di Kobe Bryant, fece riferimento alle accuse per aggressione sessuale.

Era tornato a essere il re di una città affamata di trofei.

Non poteva fare nulla di male.

Epilogo

La mattina del 21 dicembre 2018 alle 9:30 circa accostai di fronte alla casa che pensavo fosse di J.R. Rider, mi asciugai i palmi delle mani sudate sui pantaloncini e – al colmo della trepidazione – suonai il campanello.

Dai tempi della sua ultima partita NBA, diciassette anni prima, l'ex-vincitore della gara di schiacciate dell'All Star Game nonché stravagante giocatore dei Lakers per sessantasette partite era sostanzialmente sparito dalla vita pubblica. Aveva rilasciato una o due interviste che erano finite su YouTube, e una clip del 2011 lo mostrava mentre faceva una schiacciata. Per il resto, niente.

Dopo aver passato la giornata precedente a un tiro di schioppo da casa sua a Chandler, in Arizona, e dopo vari tentativi falliti di recuperare un numero di telefono, avevo deciso di giocarmi la carta della «*Sorpresa! Eccomi qua!*» I libri come questo, in fondo, hanno senso nella misura in cui l'autore riesce a incontrare anche i personaggi più oscuri. Così, mentre aspettavo che qualcuno finalmente venisse ad aprire, presi in considerazione due domande:

Cosa avrei chiesto a J.R. Rider?

Cos'avrei fatto se J.R. Rider avesse tentato di impalarmi con un tubo d'acciaio?

Intanto aspettavo, e aspettavo, e aspettavo e...

«Buongiorno».

Era un bambino. Poteva avere quattro o cinque anni. Aveva solo socchiuso la porta e mi guardava attraverso la fessura.

«Ciao!» dissi producendomi nella mia migliore imitazione di Barney dei Flintstones. «Sto cercando J.R. Rider!»

Il ragazzino sparì e due secondi dopo apparve una donna. Aveva più o meno la mia età, capelli lunghi castani. «Posso aiutarla?» mi chiese.

«Salve» dissi, meno Barney e più Magnum P.I. «Mi chiamo Jeff Pearlman. Sono uno scrittore. Ho scritto questo libro». Le porsi una copia della storia della US Football League che avevo da poco pubblicato. «Sto cercando J.R. per parlare del suo periodo con i Lakers».

Mi disse di aspettare un attimo e richiuse la porta. Ancora una volta, aspettai e aspettai. A un tratto sentii delle voci adulte soffocate che litigavano. La donna sembrava calma. L'uomo sembrava adirato. «*Chi è?*» lo sentii chiedere.

La porta si aprì nuovamente.

Davanti a me c'era J.R. Rider.

Cazzo.

Era familiare, ma diverso. Il pizzetto era sale e pepe. Il suo corpo – un tempo erculeo – sembrava molle, con una parte centrale che ricordava un copertone a terra. La cosa sorprendentemente simile al passato era il suo broncio. E con quel broncio stava fissando *me*.

«E tu chi sei?» disse Rider.

«Sì, be', io sono Jeff Pearlman. Ho tentato di contattarti. Sto scrivendo un libro...»

Il broncio era ancora lì.

«Aspetta» disse da dietro la doppia porta. «Aspetta un attimo. Tu vieni a casa mia! Ti presenti qui e basta?»

«Eh, sì, già» dissi. «Però...»

«No, no, no» disse. «No. Tu ti presenti qui alla mia porta d'ingresso senza preavviso?»

«Il fatto è» dissi. «Io...»

«Non va bene» disse Rider facendo un passo fuori. «Non va bene per niente».

Mi stavo preparando al tubo d'acciaio. Era a pochi centimetri dalla mia faccia. Sentivo le sue goccioline di saliva bagnarmi le guance.

«Cioè tu non chiami prima, ti presenti e basta?» ringhiò. «È *così* che lavori? Cos'è, un cazzo di scherzo?»

«Voglio dire» dissi. «Io ho provato a...»

Pausa.

«Perché sei qui?» chiese Rider. «Cosa stai scrivendo?»

«Un libro» risposi. «Sui Lakers dal 1996 al 2004. L'era Shaq-Kobe-Phil. Ho pensato che sarebbe stato interessante parlare con te».

A un tratto Rider fece un passo indietro. L'espressione del suo volto cambiò leggerissimamente, passando da *Ti spacco il culo* a *Potrei forse spaccarti il culo.*

«Mmm» disse. «Che squadre, eh?»

Annuii.

«Ne ho di storie da raccontare. Cavolo, tante di quelle storie...»

Andò a finire che io e J.R. Rider parlammo per due ore e mezzo.

Se c'è una cosa bella di quella dinastia capace di vincere tre anelli che furono i Lakers fra il 1996 e il 2004, è che (con qualche eccezione) i membri di quella squadra guardano volentieri al passato, amano ricordare e condividere episodi di un'epoca incantata. È un fatto che ho riscontrato con Rider. Con Shaquille O'Neal, che mi concesse un bel po' di tempo all'interno degli Atlanta Turner Studios. L'ho riscontrato con Phil Jackson, che mi accolse burbero davanti ai Montana Coffee Traders a Kalispell, nel Montana («Ti sto parlando perché lo ha detto Jeanie» esordì. «Non perché sei tu»), prima di trascinarmi per otto ore in un tour vorticoso del lago Flathead, di ristorantini locali, della sua veranda e della sua vita di pensionato settantatreenne amante dei gatti. L'ho riscontrato con Nick Van Exel ed Eddie Jones; con Glen Rice e Samaki Walker; con Jeanie Buss, Del Harris, Rick Fox e Mike Penberthy, e con le centinaia di persone collegate in un modo o nell'altro all'avventura dei Lakers.

Ho riscontrato anche un'altra cosa: un'ombra di dispiacere per il fatto che non sia durata più a lungo.

«Quello che stato è stato» mi disse Jackson. «Niente dura per sempre».

Quando i Lakers persero contro Detroit nelle finali NBA del 2004, era evidente che Jerry Buss riteneva impossibile proseguire il percorso. Vedeva un centro svogliato che aveva ormai superato l'apice della carriera e vedeva un capo allenatore che – al diavolo i successi impareggiabili – evidentemente non riusciva più a farsi rispettare dai giocatori. Vedeva anche una guardia tiratrice di ventisei anni appena, al massimo delle sue capacità, che non vedeva l'ora di scappare ed esplorare l'idea di giocare (Gesù, *nooooo*) con i Los Angeles Clippers.

E così Buss aveva fatto quello che riteneva andasse fatto, mandando tutto all'aria.

E per molti aspetti aveva funzionato. O'Neal andò ai Miami Heat, fece coppia con l'astro nascente Dwyane Wade e contribuì a far vincere alla squadra il titolo NBA del 2006. Bryant ebbe un'orrenda stagione 2004-2005 con i coach Rudy Tomjanovich e Frank Hamblen, poi acconsentì al ritorno di Jackson e – dopo aver brevemente richiesto uno scambio nel 2007 – portò i Lakers a vincere altri due stendardi da appendere nel palazzetto. Gli iniziali dissapori dopo il divorzio (nel 2008, com'è noto, O'Neal inserì in un rap freestyle il verso «Kobe, *nigga*, dimmi che sapore ha il mio culo») svanirono con il tempo e quando Bryant giocò la sua ultima partita il 13 aprile 2016, O'Neal, splendente nel suo abito grigio, era seduto a bordocampo dello Staples Center e tifava selvaggiamente per l'uomo che aveva rifiutato di essere Robin e che segnò 60 punti (da Batman) in una vittoria contro Utah. La sua entusiastica presenza, mi disse O'Neal, era una concessione al passare del tempo. Gli piaceva Kobe Bryant? Non particolarmente. Lo rispettava? A malincuore ed entro certi limiti. Quando parlai del soprannome «Black Mamba» che Kobe si era attribuito da solo, e gli ricordai che si definiva «Mamba» con una serietà piuttosto inquietante, O'Neal fece una smorfia. «Adesso capisci cosa ho dovuto sopportare» disse.

Quando Bryant lasciò il campo per l'ultima volta, i 18.997 spettatori si alzarono in piedi: un giusto omaggio a un uomo che dal giorno in cui era arrivato, una ventina d'anni prima, da diciassettenne liceale, aveva garantito alla squadra momenti inestimabili e una forte dose di teatralità. Si ritirava da campione – il più grande giocatore nella storia della squadra – primo assoluto per numero di partite, punti segnati, tiri dal campo, emozioni, esclamazioni e momenti indimenticabili in stile Michael Jordan. «Non ha mai voluto conquistare i nostri cuori» scrisse Bill Plashke il mattino dopo sul *Los Angeles Times*. «Voleva solamente vincere».

Solo dopo – quando ormai i coriandoli erano stati spazzati via dal campo e anche l'ultimo spettatore era rincasato – molti suoi allenatori e compagni di squadra si resero conto che Kobe Bryant aveva fatto *cinquanta* tiri contro i Jazz. Un numero assurdo. Era il record di tentativi in un'unica partita nella storia della NBA. E sembrava giusto.

Kobe Bryant aveva bisogno di un ultimo momento sotto i riflettori.

Ringraziamenti

Sto scrivendo questi ringraziamenti seduto a un tavolino del Pandor Artisan Bakery & Café, un piccolo locale nel cuore di Orange, in California. Davanti a me ci sono un'insalata nizzarda lasciata a metà e una grande tazza di caffè freddo. Ho nelle cuffie *Chinese Dreidels* di MC White Owl a tutto volume. I miei pantaloncini neri da basket sono larghi, la mia maglietta di Spiderman è ampia e logora. C'è il sole e fuori fa caldo. Ci saranno ventiquattro gradi. Ai piedi porto i sandali.

Questa è una cartolina della mia vita.

Questa è la cartolina della vita di un biografo.

E a dire la verità, per l'83,7% è una vita assolutamente fantastica. La libertà che accompagna uno scrittore è un privilegio che non scambierei per nulla al mondo. Ho avuto la fortuna di essere presente alla maggior parte delle attività dei miei figli.[33] Decido io la mia agenda. Non partecipo mai (grazie, Tahweh) a una riunione.[34] Sono un elenco ambulante dei caffè della Contea di Orange.[35] È fantastico e mi considero fortunato.

E tuttavia, la scrittura è un percorso tortuoso nelle profondità dello Sheol, e chiunque ritenga si tratti di un lavoro mentalmente

33 Confesso che avrei preferito essere un contabile seduto alla sua scrivania il giorno in cui mia figlia ha sparato proiettili di vomito su tutte le pareti del bagno della biblioteca per bambini Huguenot.

34 Il miglior consiglio che mi sento di dare ai giovani: sceglietevi una professione senza riunioni. Mai. Neanche una.

35 Da Active Culture a Laguna Beach, ordinate il milkshake al cocco. Dite che vi manda Jeff, quello con i tatuaggi.

rilassante non ha mai passato cinquanta minuti a sudare per la scelta di un vocabolo,[36] né ha mai fissato uno schermo così a lungo che il vetro si fonde come sciroppo d'acero, né si è mai chiesto – ma davvero – se la capacità di attribuire un senso al linguaggio sia misteriosamente scomparsa dalla terra. Spesso scherzo dicendo che questi progetti si portano via due anni *dalla* mia vita e non è perché si prendano – letteralmente – due anni *della* mia vita. No. Se ami la scrittura vuoi che ogni frase sia perfetta. E siccome la perfezione non esiste, noi scrittori tendiamo spesso a ricadere in malsane combinazioni di eccessi. Eccessi di cibo, di alcol, di sesso,[37] di pattumiere prese a calci, di pensieri, di angosce – questo nodulo sarà un sintomo della sclerosi laterale amiotrofica? – di puntate del *Mio amico Arnold* guardate in loop fino a tarda notte.[38]

Ma inevitabilmente andiamo avanti.

Questo è un discorso lungo per dire che il libro che tenete fra le mani (o nel vostro telefonino) è bello, lucido e variopinto, e che questo miraggio ben confezionato è il risultato di due anni di fatica, di sudore, di ansia, di depressione, di alti e bassi, di turbolenze in volo, di chilometri macinati, di pasti tremendi (due parole sull'*Impossible Whopper*: ha il sapore del pelo bagnato del mio cane), di gite famigliari mancate; due anni di pensieri ossessivi sui Los Angeles Lakers fra il 1996 e il 2004.

E ne è valsa la pena.[39]

Posso guadagnarmi da vivere in questo modo soprattutto perché sono supportato da una squadra a casa che non mi dà altro che amore e incoraggiamento. Catherine Pearlman, che ha un solo rene ed è la più grande esperta di educazione e di paddleboarding del mondo, è la mia migliore amica, la mia analista, il mio idolo e la mia spacciatrice di TK. È la persona che non solo deve vivere con questo mostro quando si avvicina la data di consegna, ma anche rassicurarlo sedici volte a settimana che il mondo non sta

36 Mi è appena successo con «Sheol». Stavo per mettere «inferi» ma mi sembrava un po' scontato.

37 Un problema che, sfortunatamente, non ho dovuto affrontare.

38 L'aggiunta di Dixie Carter al cast ha rovinato tutto. Lei e il suo orribile figlio Sam.

39 Più o meno.

finendo, che il libro sarà bello e che lui non sta morendo di fibrodisplasia ossificante progressiva.[40]

I nostri figli, Casey ed Emmett, conoscono entrambi a memoria le parole di *Gin and Juice* di Snoop Dogg, il che fa di loro i figli più fantastici del mondo e del loro padre il peggior esempio possibile. Esagerazioni a parte, vederli crescere è stata la grande gioia della mia vita.

I miei genitori, Stan e Joan Pearlman, mi hanno sempre incoraggiato ad assecondare la mia passione. Come mi ha detto una volta mia madre: «Se sopravvivi ai quartieri malfamati di Mahopac puoi sopravvivere dappertutto».[41] Sono loro eternamente grato.

Benché sulla copertina ci sia il nome Jeff Pearlman, i progetti come questo sono il risultato di un lavoro di squadra. Il mio agente David Black è il Chuck Ramsey dei rappresentanti letterari, e l'altrettanto eccellente Lucy Still è la sua Bruce Harper. Questo è il mio terzo libro con Houghton Mifflin Harcourt ed è anche la terza volta che lavoro con Megan Wilson, la migliore addetta stampa del pianeta a cui perdono le opinioni in materia di baseball. È stato un vero piacere fare squadra con Susan Canavan e sono onorato di aver potuto contare sulla penna magica di David Rosenthal.

Michael J. Lewis, il grande scrittore di tennis/collezionista di ciondoli/versatore di latte/presidente del Marvin Washington Fan Club è un mio grandissimo amico e un inestinguibile patrimonio letterario. Casey Angle ha collaborato con me come editor e revisore fin dai primi tempi; la sua competenza, la sua gentilezza e la sua devozione al rigore sono rimasti invariati. Amy Balmuth e Will Palmer hanno fatto un lavoro straordinario partendo da un canovaccio un po' confuso. Grazie.

Sono così tante le persone che mi hanno dato una mano con *Kobe e la compagnia degli anelli*. Ho avuto la fortuna di lavorare con tantissimi ottimi giornalisti nel corso degli anni e molti di loro si sono resi disponibili ad aiutarmi. Grazie davvero a L. Jon Wertheim, Vincent Bonsignore, Mike Wise, Jonathan Abrams, Mike

40 Questa patologia esiste realmente. È una malattia progressiva che trasforma i tessuti molli in ossei.

41 Non sono così.

Moodian, Mirin Fader, Alex Kennedy, J.A. Adande, Howard Beck, Russ Bengtson, Steve Aschburner, Andy Bernstein, Rick Bonncell, Marcos Bretón, David Brofsky, Tim Brown, Ric Bucher, Cheo Hodari Coker, Bob Condotta, Wendy Cook, Scott Howard-Cooper, Roger Cossack, Sean Cunningham, George Diaz, Kevin Ding, Kerry Eggers, Steve Cannella, Robyn Furman, Adrienne Lewin, Howard Eskin, Jon Finkel, Tony Gervino, Anthony Gilbert, Jim Gray, Lisa Guerrero, Paul (Ferragamo) Gutierrez, Kevin Harlan, Mark Heisler, Jonathan Eig, Seth Davis, Giana Nguyn, Steve Henson, Fred Hickman, Rex Hoggard, Shawn Hubler, John Ireland, Melissa Isaacson, Dwight Jaynes, Elliott Kalb, Tim Kawakami, Elizabeth Kaye, Roland Lazenby, Michael C. Lewis, Arash Markazi, Bobby Marks, Jack McCallum, Geeter McGee, Joel Meyers, Ian O'Connor, Bill Plashke, Shaun Powell, Jeff Proctor, Norma Cockapoo, Ray Richardson, Selena Roberts, Jeremy Schaap, Brian Schmitz, Suzy Shuster, Susan Slusser, John Smallwood, Shelly Smith, Marc Stein, Rick Telander, Brad Turner, Ailene Voisin, Jennifer Weiner, Dick Weiss, Mike Wells e Ronnie Zeidel.

Jeanie Buss e Linda Rambis sono state entrambe una risorsa preziosissima per quasi dieci anni. Il calore, la disponibilità e l'affabilità che hanno dimostrato nei miei confronti non saranno mai dimenticati. Ho avuto l'onore di passare un bel po' di tempo con decine di ex giocatori e allenatori dei Lakers e ne sono molto grato. Phil Jackson mi ha mostrato la bellezza dello Stato in cui vive. Shaq mi ha fatto stare un po' con lui prima di una trasmissione ad Atlanta. Con Jim Cleamons abbiamo chiacchierato mangiando pancake. Con Kurt Rambis ci siamo sdraiati a bordo piscina. Samaki Walker mi ha fatto scoprire un nuovo caffè. Rick Fox mi ha spiegato il mondo degli sport elettronici davanti a uno Starbucks a Los Angeles. Mike Penberthy è sicuramente stufo dei miei incessanti messaggi. John Salley mi ha cantato le virtù della marijuana. Ho fatto la pipì quattro volte nel corso di un pomeriggio incredibile con Del Harris. Paul Shirley è molto più bravo come scrittore che come giocatore NBA. Eric Chenowith ha la fortuna di avere la memoria di un elefante. J.R. Rider mi ha fatto cagare sotto (ma alla fine l'ho adorato).

Grazie a tutti quanti.[42]

Sarebbe un grave errore di negligenza non menzionare l'aiuto che mi hanno offerto Matthew Mickelson della biblioteca pubblica di Eagle, Ryan O'Neil, Dave Robinson, Art Gruwell, Joe Kurrasch, Lauren Abulfetuh, Hannah Harlow, Sally Nation, Ronald Roberts, Ivy Givens, Ramon Maclin. Massimo rispetto per Drew Corbo, il miglior sportivo dei Blue Hens a non avere mai vinto niente. Tanto amore a David Pearlman, Daniel Pearlman, Imma Doeshbahg, Norma (100) Shapiro, Laura Cole, Leah Guggenheimer, Jordan e Isaiah Williams, Jessica e Chris Berman, Richard Guggenheimer, Sandy Glaus, Rosie Widemutt, Lou Marshall, Jasmin Sani, Carolina Valencia, Dayna Li, Mitali Shukla, Luca Evans, Zach Davis, Natalie van Winden, Kate Hoover, Kali Hoffman e Emma Reigh.

Come sanno tutti i lettori di questo libro, Kobe Bryant e sua figlia Gianna sono morti in un incidente in elicottero il 26 gennaio 2020. Insieme a loro hanno perso la vita altre sette persone: John, Keri e Alyssa Altobelli; Sarah e Payton Chester; Christina Mauser; Ara Zobayan. Serberemo il loro ricordo a lungo nei nostri cuori. RIP.

In conclusione, un minuto di silenzio per due persone care che sono decedute nel corso di questo progetto. Bill Fleischman, il mio professore della University of Delaware poi diventato l'amico di una vita, che resta un esempio di professionalità, gentilezza, perseveranza. E mio zio, il dottor Martin Pearlman, che non capiva niente di sport ma sapeva cantare il brano *Had Gadya* a squarciagola in modo ammirevole.

Aveva frequentato un'ottima scuola ebraica.

42 O quasi. L'ufficio relazioni pubbliche dei Lakers ha reso molte cose inutilmente difficili. Non ho ancora del tutto capito perché.

Bibliografia

A History of Eagle County. Autopubblicato, Eagle, Colo., anni Quaranta.

Abrams, Jonathan. *Boys Among Men*. New York: Crown Archetype, 2016.

Amaechi, John, con Chris Bull. *Man in the Middle*. New York: ESPN Books, 2007.

Babb, Kent. *Not a Game: The Incredible Rise and Unthinkable Fall of Allen Iverson*. New York: Atria, 2015.

Bender, Mark. *Trial by Basketball: The Life and Times of Tex Winter*. Lenexa, Kans.: Addax, 2000.

Blatt, Howard. *Gary Payton*. Philadelphia: Chelsea House, 1999.

Bryant, Kobe. *The Mamba Mentality*. New York: Farrar, Straus and Giroux, 2018.

Buss, Jeanie, con Steve Springer. *Laker Girl*. Chicago: Triumph Books, 2010.

Deveney, Sean, ed. *Facing Kobe Bryant: Players, Coaches, and Broadcasters Recall the Greatest Basketball Player of His Generation*. New York: Sports Publishing, 2016.

Eggers, Kerry. *Jail Blazers*. New York: Sports Publishing, 2018.

Fisher, Derek, con Gary Brozek. *Character Driven*. New York: Touchstone and Howard, 2009.

Geoffreys, Clayton. *Karl Malone: The Remarkable Story of One of Basketball's Greatest Power Forwards*. Washington, D.C.: Calvintir Books, 2016.

Grody, Carl W. *Mitch Richmond: Sports Great.* Springfield, N.J.: Enslow Publishers, 1999.

Hareas, John. *Blue Collar Champions: 2004 NBA Champion Detroit Pistons.* Solana Beach, Calif.: Canum, 2004.

Harris, Del. *On Point: Four Steps to Better Life Teams.* Charleston, S.C.: Advantage, 2012.

Heisler, Mark. *Madmen's Ball.* Chicago: Triumph Books, 2004.

Horry, Keva D. *Glamorous Sacrifice.* Amherst, Mass.: White River Press, 2013.

Jackson, Phil. *The Last Season.* New York: Penguin, 2004.

Jackson, Phil, and Hugh Delehanty. *Eleven Rings.* New York: Penguin Press, 2013.

Basket e Zen. Sacred Hoops. Coaching Sport editore, 2020 (seconda edizione).

Jackson, Phil, con Charles Rosen. *Maverick: More than a Game.* Chicago: Playboy Press, 1975.

James, Steve. *Kobe Bryant: A League of His Own.* San Bernardino, Calif.: Steve James, 2016.

Kalb, Elliott. *Who's Better, Who's Best in Basketball?* New York: McGraw-Hill, 2004.

Karl, George, con Curt Sampson. *Furious George.* New York: Harper, 2017.

Kaye, Elizabeth. *Ain't No Tomorrow.* New York: Contemporary Books, 2002.

Krugel, Mitchell. *Jordan: The Man, His Words, His Life.* New York: St. Martin's, 1994.

Layden, Joe. *Kobe: The 'Air' Apparent.* New York: Harper Paperbacks, 1998.

Lazenby, Roland. *Blood on the Horns.* Lenexa, Kans.: Addax, 1998.

Mad Game: The NBA Education of Kobe Bryant. Lincolnwood, Ill.: Masters Press, 2000.

Mindgames: Phil Jackson's Long Strange Journey. Lincoln: University of Nebraska Press, 2001.

Showboat, la vita di Kobe Bryant. 66thand2nd, Roma 2017.

Lewis, Michael C. *To the Brink.* New York: Simon & Schuster, 1998.

O'Neal, Shaquille, con Mike Wise. *Shaq Talks Back.* New York: St. Martin's, 2001.

O'Neal, Shaquille, con Jackie MacMullan. *A tutto Shaq (Shaq Uncut),* Dalai, Milano 2012

O'Neal, Shaquille, con Jack McCallum. *Shaq Attaq!* New York: Hyperion, 1993.

Parr, Ann. *Coach Tex Winter: Triangle Basketball.* Nashville: NDX Press, 2006.

Payton, Gary, con Greg Brown. *Confidence Counts.* Dallas: Taylor, 1999.

Pratt, Larry. *Only the Strong Survive.* New York: Regan Books, 2002.

Reynolds, Jerry, con Don Drysdale. *Reynolds Remembers.* Champaign, Ill.: Sports Publishing, 2005.

Rodman, Dennis, con Jack Isenhour. *I Should Be Dead by Now.* New York: Sports Publishing, 2005.

Rubinstein, Barry e Lyle Spencer. *The Big Title: NBA 2000 Champion Los Angeles Lakers.* New York: Broadway Books, 2000.

Shapiro, Jeffrey Scott, e Jennifer Stevens. *Kobe Bryant: The Game of His Life.* New York: Revolution, 2004.

Shields, David. *Black Planet: Facing Race During an NBA Season.* Lincoln: University of Nebraska Press, 1999.

Smith, Sam. *The Jordan Rules.* New York: Simon & Schuster, 1992.

Thomsen, Ian. *The Soul of Basketball.* Boston: Houghton Mifflin in Harcourt, 2018.

Van Buuren, Andrew. *Between Dynasties.* San Bernardino, Cal.: Fletcher Thomas, 2020.

West, Jerry, e Jonathan Coleman. *West by West.* New York: Back Bay Books, 2011.

Williams, Vanessa, e Helen Williams con Irene Zutell. *You Have No Idea.* New York: Gotham Books, 2012.

Winter, Fred (Tex). *The Triple-Post Offense.* Englewood Cliffs, N.J.: Prentice-Hall, 1962.

Note

1. Magic

«Temo che vedremo morire»: Gary Nuhn, «*Magic Teaches Us All a Lesson, if We'll Listen*», *Dayton Daily News,* 10 febbraio 1992.

«Nove giorni più tardi Ken Peters dell'Associated Press»: Ken Peters, «*Magic Johnson on Comeback: 'I Haven't Decided*», Associated Press, 26 gennaio 1996.

«Stiamo acquistando un pezzo fantastico»: John Nadel, «*Saying 'Now or Never,' Magic Johnson Ends Retirement*», Associated Press, 29 gennaio 1996.

«Abbiamo bisogno di lui»: Ailene Voisin, «*He's Talk of Town in Emotional Return*», *Atlanta Journal and Constitution,* 31 gennaio 1996.

«Con il rientro di Magic» Dan Garcia, «*It's Showtime Again as Johnson Flashes His Old Form for Lakers*», *Newark Star-Ledger,* 31 gennaio 1996.

«Johnson iniziò il suo eroico»: Voisin, «*He's Talk of Town*».

«È fantastico»: John Nadel, «*Lakers Ecstatic About Playing with Magic*», Associated Press, 31 gennaio 1996.

«So che posso andare là fuori e fare il mio gioco»: Wendy E. Lane, «*Magic Johnson Hopes for Olympic Berth*», Associated Press, 31 gennaio 1996.

«Erano accessori»: Mark Heisler, «*It's a Sorry Excuse, but He Didn't Even Say 'Sorry*», *Los Angeles Times,* 31 marzo 1996.

«Alla quarta partita dopo il rientro»: Geno Barabino, «*Johnson Takes Act on Road*», *Chicago Tribune,* 7 febbraio 1996.

«Alla quinta partita, gli avversari»: Dan Shaughnessy, «*We Need to Dig Deeper into Magic's Story*», *Boston Globe,* 11 febbraio 1996.

«Los Angeles cedette a Orlando in un testa a testa»: Scott Howard-Cooper, «*Van Exel Takes a Detour*», *Los Angeles Times,* 18 marzo 1996.

«Aveva segnato una media di 21,7 punti»: Mark Heisler, «*Lakers Drop Anchor Right on His Career*», *Los Angeles Times,* 11 gennaio 1997.

«Mark Heisler, il fantastico esperto del *Los Angeles Times*»: Heisler, 'It's a Sorry Excuse'.

«L'ho appena visto fare sci d'acqua»: Associated Press, «*Ceballos AWOL from Lakers; Agent Says He's Water Skiing*», 23 marzo 1996.

«Dovevo occuparmi di problemi molto personali»: Scott Howard-Cooper, «*Ceballos Returns, Blames Absence on Family Crisis*», *Los Angeles Times,* 25 marzo 1996.

«Tutti i compagni di squadra criticarono la sua sparizione»: Beth Harris, «*Magic Johnson Questions Commitment of Runaway Ceballos*», Associated Press, 25 marzo 1996.

«Era il capitano più improbabile e peggio qualificato»: Scott Howard-Cooper, «*Ceballos Is Back, but Not All the Way*», *Los Angeles Times,* 27 marzo 1996.

«Ira Berkow, il principale editorialista del *New York Times*»: Ira Berkow, «*N.B.A. Lets Magic O Much Too Easy*», *New York Times,* 16 aprile 1996.

«È stata la mia ultima partita?»: W.H. Stickney Jr., «*Lakers Salute 'Clutch City' Performance*», *Houston Chronicle,* 3 maggio 1996.

2. Il Prescelto

«Non appena terminò la stagione 1995-96»: Lazenby, *Showboat,* p. 224.

«Gli studenti presenti andarono in visibilio»: Michael Bamberger, «*Boy II Man*», *Sports Illustrated,* 6 maggio 1996.

«A cinque anni Kobe tirava a canestro»: Nita Lelyveld, «*Kobe Bryant Bound for NBA*», *Philadelphia Inquirer,* 30 aprile 1996.

«All'apparenza non c'era nulla di logico nella mossa di Bryant»: Dick Weiss, «*Bryant Seeks NBA Degree*», *New York Daily News,* 30 aprile 1996.

«Si sta prendendo in giro da solo»*:* Mark Heisler, «*Is Bryant, 17, Ready for This?*», *Los Angeles Times,* 30 aprile 1996.

«Guardando Kobe Bryant non vedi nulla di speciale»*:* Raad Cawthon, «*Scouts Wonder If Bryant's Ready*», *Philadelphia Inquirer,* 30 aprile 1996.

«Credo che sia un grave errore»*:* Bamberger, «*Boy II Man*».

«Il suo abbandono dell'NBA era stato salutato»: Fred Hartman, «*Rockers Release 1983–84 Slate*», *Baytown Sun,* 7 agosto 1983.

«Kobe a quei tempi aveva poco meno di cinque anni»: Lazenby, *Showboat,* pp. 82-84.

«Stava rapidamente procedendo dalla cintura bianca alla cintura gialla»: Lee Jenkins, «*The Last Alpha Dog*», *Sports Illustrated,* 21 ottobre 2013.

«Ho palleggiato fin dal primo giorno»*:* Layden, *Kobe: The 'Air' Apparent,* p. 12.

«Adoravo la sensazione [del pallone] fra le mani»*:* Bryant, *The Mamba Mentality,* p. 8.

«Quando Kobe si presentò il primo giorno di competizioni»: Lazenby, *Mad Game,* p. 44.

«Sembravo il tecnico della tv»*:* Jenkins, 'Last Alpha Dog'.

«Capii immediatamente di avere in mano qualcosa di molto speciale»*:* Deveney, *Facing Kobe Bryant,* p. 7.

«Una volta durante un allenamento Downer gli urlò contro»: Lazenby, *Showboat,* pp. 107-107.

«Durante una gita di classe a Hersheypark»: Martin Rogers, «*Kobe Bryant: 'Lower Merion Made Me Who I Am'*», *USA Today,* 27 marzo 2016.

«Era stato assunto nel 1993 da Speedy Morris»: Dick Jerardi, «*Joe Bryant Returns to La Salle as Assistant*», *Philadelphia Daily News,* 24 giugno 1993.

«Non andò mai a vedere le partite del Lower Merion»: Lazenby, *Showboat,* p.162.

«Sotto la supervisione di Larry Drew, un assistente allenatore dei Lakers»: Abrams, *Boys Among Men,* pp. 56-57.

«I Nets gli pagavano uno stipendio da NBA di tre milioni all'anno»: «*Rebuffed by Pitino, Nets Hire Calipari as Coach*», *Chicago Tribune,* 7 giugno 1996.

3. Kazaam!

«L'11 febbraio 1995»: Blake Harris, «*How Did This Get Made: Kazaam (An Oral History)*», Slashfilm.com, 12 gennaio 2016.

«Era un periodo della mia vita in cui...»: Harris, «*How Did This Get Made*».

«Semplicemente tremendo»: Barry McIlheney, «*Kazaam Review*», *Empire,* 1 gennaio 2000.

«Tutto quello che la squadra doveva fare era pagare a Shaquille O'Neal quello che si meritava»: Joel Corry, «*The Inside Story: How the Magic Let the Lakers Steal Shaquille O'Neal*», CBSSports.com, 21 luglio 2016.

«Quando venne a sapere che era morta»: O'Neal e Wise, *Shaq Talks Back,* p. 45.

«Non possiamo darti più soldi che a Penny»*:* O'Neal e Wise, *Shaq Talks Back,* p. 48.

«Il 30 maggio 1996, O'Neal fu visto pranzare»: «*Shaq's Summer Break Starts with Trip to L.A.*», *Charlotte Observer,* 1 giugno 1996.

«Gabriel chiamò il giornale»: Bob Ryan, «*O'Neal: Lakers Takers*», *Boston Globe,* 9 luglio 1996.

«Qualche ora prima aveva dichiarato a un giornalista dell'*Orlando Sentinel*»: Scott Howard-Cooper, «*Lakers' Price of Poker Reaches $121 Million*», *Los Angeles Times,* 18 luglio 1996.

«È devastante»*:* David Kolberg, «*LA Lakers Lock Up Shaq with $120 Million Deal*», *Chicago Sun-Times,* 18 luglio 1996.

«È stata una decisione molto, molto difficile»: Ryan, «*O'Neal: Lakers Takers*».

4. Formazione

«Durante il tragitto verso l'evento»: Beth Harris, «*Lakers Welcome Teen-ager Kobe Bryant*», Associated Press, 12 luglio 1996.

«Si capiva dal modo baldanzoso in cui si muoveva»*:* Lazenby, *Showboat,* , p. 235.

«Benvenuti nel mondo di Shaq, Lakers»*:* Larry Guest, «*Shaq Craqs the Whip on New Employer*», *Orlando Sentinel,* 3 ottobre 1996.

«Ero un delinquente giovanile di mezza tacca»*:* Mark Anthony Green, «*Talking with Our Mouths Full: Shaquille O'Neal*», *GQ,* 2 aprile 2012.

«A volte era come sentir parlare tuo nonno»: O'Neal e Wise, *Shaq Talks Back*, p. 59.

«Era un tipo da sagre, da passeggiate a cavallo»: Carter Cromwell, «*'Preacher' Harris Has the Rockets Believing*», *Austin American-Statesman*, 4 maggio 1981.

«Trascorse un anno al fianco di Nissalke»: Brian Meyer, «*Del Harris Still in Love with the Game of Basketball*», *The Republic* (Columbus, Ind.), 10 gennaio 1986.

«Ho alzato gli occhi dal pranzo ed era Shaq»: Mike Downey, «*No Bull, Knight a Pivotal Laker*», *Los Angeles Times*, 22 dicembre 1996.

«Non lo tormentammo più di tanto»: Deveney, *Facing Kobe Bryant*, p. 33.

«Con la nuova divisa viola e oro con il numero 34»: Mike Fitzgerald, «*Boom! Shaq a Laker*», *Honolulu Star-Bulletin*, 11 ottobre 1996.

«Harris considerava Bryant una riserva che avrebbe giocato pochissimi minuti»: «*Bryant Gets No Slack from Lakers Coach*», *The Leaf-Chronicle* (Clarksville, Tenn.), 18 ottobre 1996.

5. Nick the Quick

«Fregava le radio e roba del genere»: «*Nick Van Exel*», *Beyond the Glory*, Fox Sports Network, 27 aprile 2003.

«Nick tornava a casa da scuola»: Scott Howard-Cooper, «*A Look Inside at Nick Van Exel*», *Los Angeles Times*, 30 ottobre 1997.

«Quando arrivai là» ricordò Nick. «Non c'era niente»: «*Nick Van Exel*», *Beyond the Glory*.

«Fu uno dei primi ragazzi a scuola»: Pat Stiegman, «*Van Exel Glitters as All-Star*», *Wisconsin State Journal*, 24 giugno 1989.

«Si rasò due linee diagonali sulle sopracciglia»: Scott Howard-Cooper, «*Nick Van Exel's Story: Image, Reality Overlap*», *Philadelphia Inquirer*, 16 gennaio 1994.

«Si dice che avesse preso a calci un compagno»: Don Yaeger, «*Breaking Through*», *Sports Illustrated*, 2 dicembre 1996.

«Nick scoprì di avere due sorellastre»: Kevin Blackistone, «*For Some of the NBA's Stars, Father's Day Means Little*», *Dallas Morning News*, 18 giugno 1995.

«Sembrava che a quel punto avesse un secondo fine»: «*Nick Van Exel*», *Beyond the Glory*.

«A Seattle gli dissero di partire da fondocampo»: Howard-Cooper, 'Nick Van Exel's Story: Image, Reality Overlap'.

«Avevo cominciato a leggere le riviste»: 'Nick Van Exel,' *Beyond the Glory*.

«In occasione del suo arrivo in squadra aveva comprato una Ferrari»: O'Neal e MacMullan, *Shaq Uncut*, p. 117.

«I nuovi Lakers con il volto di Shaq aprirono la stagione»: Scott Howard-Cooper, «*Opener a Hit, Not a Smash*», *Los Angeles Times*, 2 novembre 1996.

«A meno di tre minuti dall'inizio della partita»: Bill Plaschke, «*Supporting Cast Helps Their Leading Man*», *Los Angeles Times*, 2 novembre 1996.

«Due giorni dopo Los Angeles vinse ancora»: Scott Howard-Cooper, «*Lakers Still Kidding Around*». *Los Angeles Times*, 4 novembre 1996.

«Dal rumore sembrava che stesse distruggendo l'intera stanza»: Scott Howard-Cooper, «*Disputed Calls Cause Shaq Attack*», *Los Angeles Times*, 13 novembre 1996.

«Cinque giorni più tardi a Phoenix»: Duane Rankin, «*Kobe Bryant Reveals How Feud with Shaq Showed Itself in 1996 Game Against Phoenix Suns*», *Arizona Republic*, 27 agosto 2019.

«Non c'è nulla che mi stupisca, con l'allenatore che ci ritroviamo»: Scott Howard-Cooper, «*Van Exel Puzzled by Fisher Minutes*», *Los Angeles Times*, 27 novembre 1996.

«Eravamo ritemprati»: Scott Howard-Cooper, «*Lakers Clear Air for New Take-0*», *Los Angeles Times*, 30 novembre 1996.

«In una conversazione privata con un amico dei tempi di Orlando»: Shaun Powell, «*Shaq Guardedly Makes His Point*», *Newsday*, 5 gennaio 1997.

«Durante un allenamento, Harris ebbe l'impressione»: O'Neal e Wise, *Shaq Talks Back*, pp. 60-61.

«All'inizio di dicembre Bryant non comparve»: Scott Howard-Cooper, «*Bryant Learning About Patience*», *Los Angeles Times*, 8 dicembre 1996.

«A 7:12 dalla fine della partita con Boston»: Bob Young, «*Horry Accosts Ainge*», *Arizona Republic*, 6 gennaio 1997.

«Sono nell'NBA da quindici anni»: Bob Young, «*Horry Gets 2-Game Suspension*», *Arizona Republic*, 7 gennaio 1997.

«Con l'allenatore, gli assistenti, con tutti»: Mark Heisler, «*Lakers Drop Anchor Right on His Career*», *Los Angeles Times*, 11 gennaio 1997.

«Quattro anni prima Horry si era attirato il disprezzo di tutta la Lega»: Glenn Nelson, «*Horry Adds More to LA than Temper*», *Seattle Times*, 26 gennaio 1997.

«Il 2 aprile 1994 la moglie Keva»: Broderick Turner, «*Daughter of Former Laker Robert Horry Dies at 17*», *Los Angeles Times*, 14 giugno 2011.

«Dopo aver vinto il primo titolo NBA, nel 1994»: Kay Campbell, «*Keva Horry Reflects on the Special Gifts of Mothering a Special Needs Child*», *Huntsville Times*, 10 maggio 2013.

«Non appena qualcosa andava storto, bum, correvamo là»: Scott Howard-Cooper, «*Through His Switch to Power Forward and Much Criticism, the Laker Has Endured the Numbing Illness of His Daughter*», *Los Angeles Times*, 18 febbraio 1998.

«I Lakers cercarono di rimpinguare la rosa»: David Steele, «*Mullin Won't Turn Up Heat*», *San Francisco Chronicle*, 18 febbraio 1997.

«Se volete divertirvi guardate»: Kevin Modesti, «*Take Stock in Campbell*», *Los Angeles Daily News*, 10 maggio 1997.

«Avevano tutta l'energia»: Marc J. Spears, «*Lakers Are Happy, but Cautious*», *Los Angeles Daily News*, 9 maggio 1997.

«È una sfida»: Jon Wilner, «*Can This Group Regroup?*», *Los Angeles Daily News*, 12 maggio 1997.

«Nelle situazioni difficili si immobilizzava»: O'Neal e MacMullan, *Shaq Uncut*, p. 129.

«Guarda tutte queste persone che ridono di te»: O'Neal e MacMullan, *Shaq Uncut*, p. 126.

6. Caccia alla Volpe

«Terzo, ci fu la partenza di Byron Scott»: «*Scott Takes His Game to Greece*», *Los Angeles Daily News*, 4 luglio 1997.

«Nel 1976 la prima squadra del liceo Rancho Cotate»: George Lauer, «*Uptight Cougars Declawed*», *Daily Independent Journal* (San Rafael, Calif.), 29 gennaio 1976.

«Il 3 dicembre 1982 i New York Knicks»: Harvey Araton, «*Bullets Outmuscle Knicks, 105-98*», *New York Daily News*, 4 dicembre 1982.

«La squadra contava su di me e io non l'ho aiutata»: Kevin Modesti, «*It's No Wild Shot: Kobe Can Step In*», *Los Angeles Daily News*, 14 maggio 1997.

«I Bird Rights, diritti che prendono il nome da Larry Bird»: Frank Urbina, «*What Are Bird Rights in the NBA*», Hoopshype.com, 10 ottobre 2018.

«Come O'Neal, si era già cimentato»: Howard Beck, «*Fox Signs with Lakers*», *Los Angeles Daily News*, 27 agosto 1997.

«Non so dirvi quanto valore la versatilità»: Howard Beck, «*West Sports Fox as Missing Piece*», *Los Angeles Daily News*, 29 agosto 1997.

«Pensavo sempre che se cominciavo presto»: Bryant, *The Mamba Mentality*, p. 26.

«Quando era uscito dal campo di Utah»: Lauren Abulfetuh, «*Bryant Faces Changes, Challenges*», *Los Angeles Daily News*, 2 novembre 1997.

«Eddie passava quasi tutto il tempo a guardarsi alle spalle»: O'Neal e MacMullan, *Shaq Uncut*, p. 124.

«Nei primi giorni del ritiro O'Neal»: O'Neal e Wise, *Shaq Talks Back*, p. 66.

«Nessuno pensa che io abbia fatto qualcosa quest'anno»: Karen Crouse, «*On This Night, Kobe Had Cattain's Class*», *Los Angeles Daily News*, 1 novembre 1997.

«O'Neal ha pubblicizzato bibite»: Rick Bozich, «*Skyrocketing NBA Salaries Should Be Linked with Victories Not Potential*», *Louisville Courier-Journal*, 29 maggio 1997.

«Avesse passato l'estate in rosticceria»: Lewis, *To the Brink*, p. 63.

«È chiaro che preferisco le acque calme»: Crouse, «*On This Night, Kobe Had Captain's Class*».

«West era ancora più furente»: O'Neal e MacMullan, *Shaq Uncut*, p. 127.

«Chiedo scusa a Greg»: Gary Washburn, «*Slapped Back: O'Neal Suspended, Fined $10,000*», *Los Angeles Daily News*, 4 novembre 1997.

«Il 25 novembre Pippen»: Howard Beck, «*Pippen a Laker? Unbelievable*», *Los Angeles Daily News*, 25 novembre 1997.

«I Lakers volevano liberarsi di Jones»: O'Neal e Wise, *Shaq Talks Back*, p. 59.

«O'Neal, che era già fuori per lo strappo agli addominali»: «*Bad Break for O'Neal*», *Los Angeles Daily News*, 23 dicembre 1997.

«Ventisette anni e ancora non ha un passaporto?»: Scott Howard-Cooper, «*Van Exel's Knee Needs a Break*», *Los Angeles Times*, 7 gennaio 1998.

«Per ordine della moglie Ann»: Jeffrey Denberg, «*Web Site Offers Views of Harris*», *Atlanta Journal and Constitution*, 20 maggio 1998.

«Quando i Lakers erano in vantaggio per 5 a 0»: Howard Beck, «*Bulls Put Lakers in Their Place*», *Los Angeles Daily News*, 18 dicembre 1997.

«Nel terzo quarto di quella partita difficile»: Lazenby, *Showboat*, p. 283.

«*USA Today* si prese il tempo di chiedere ai lettori»: David Leon Moore, «*Bryant Puts Hype Behind, Waits Turn*», *USA Today*, 6 maggio 1998.

«Durante un volo per New York»: O'Neal e Wise, *Shaq Talks Back*, pp. 60-61.

«I giocatori non lo sopportavano»: O'Neal e Wise, *Shaq Talks Back*, p. 62.

«L'ho trovato divertente»: Scott Howard-Cooper, «*Bryant Doesn't Approach Malone*», *Los Angeles Times*, 29 marzo 1998.

«In questa squadra ci sono un sacco di aspiranti Rex Champan»: Joseph White, «*Shaq: Heads Will Roll If Refs Don't Whistle*», Associated Press, 3 marzo 1998.

«Il giorno precedente O'Neal e sei compagni»: Jean Godden, «*Shaq Won't Tell This Story to Kids*», *Seattle Times*, 6 maggio 1998.

«A volte sembra un allenatore donna»: «*O'Neal, Karl Engage in War of Words After Sonics' Game 1 Win*», *St. Louis Post-Dispatch*, 6 maggio 1998.

«Ci serve un giocatore grosso»: J.A. Adande, «*In Closing, Karl Keeps His Chin Up*», *Los Angeles Times*, 13 maggio 1998.

«Noi siamo davvero bravi... quando lo dimostriamo»: Bill Plaschke, «*Race Is Going the Lakers' Way*», *Los Angeles Times*, 13 maggio 1998.

«Il resto dei Lakers deve sperare»: J.A. Adande, «*No Showtime? This Was a Real No-Show*», *Los Angeles Times*, 17 maggio 1998.

«Dovremmo vergognarci»: Eddie Sefko, «*Jazz Applies Stranglehold to Lakers*», *Houston Chronicle*, 23 maggio 1998.

«Se fossi stato l'allenatore»: Randy Harvey, «*Laker Future Rests with 1-2 Punch of Shaq, Kobe*», *Los Angeles Times,* 25 maggio 1998.

«Chiunque fosse con me in quello spogliatoio»: Tim Kawakami, «*Famous Last Words*», *Los Angeles Times,* 10 febbraio 1999.

«Avevamo un paio di giocatori che avrebbero dovuto vergognarsi»: J.A. Adande, «*It Simply Wasn't the Team's Banner Day*», *Los Angeles Times,* 25 maggio 1998.

7. Cibo per il Verme

«Dave Fogelson, il portavoce dell'azienda»: Kevin Saunders, «*Sponsor to Give O'Neal the Boot*», *Daily Telegraph* (Sydney, Australia), 6 luglio 1998.

«Non ho ben capito per che cosa stanno litigando»: «*Shaq: What's the Fuss?*», *New York Post,* 25 luglio 1998.

«In questo momento, per gli standard dell'NBA»: Mark Rowland, «*Prince of the City*», *Los Angeles Magazine,* 1 gennaio 1999.

«L'assoluto splendore di Kobe»: Peter Vecsey, «*Worm Turns to Lakers*», *New York Post,* 23 febbraio 1999.

«Sta diventando sempre più in fretta uno strumento della NBA»: Lazenby, *Showboat,* p. 290.

«Non aiutò nemmeno l'articolo»: Mark Asher, «*It's No Secret: Little Progress in NBA Talks*», *Washington Post,* 25 dicembre 1998.

«Agli allenamenti è intoccabile»: O'Neal e Wise, *Shaq Talks Back,* pp. 96-97.

«Penso che siamo tutti in forma»: Ken Peters, «*Lakers' Voluntary Workout Draws Few Volunteers*», Associated Press, 11 gennaio 1999.

«Riemersero le voci su Scottie Pippen»: Mitch Lawrence, «*Lakers Won't Win Scottie Lottery*», *New York Daily News,* 17 gennaio 1999.

«L'Associated Press aveva riportato»: J.A. Adande, «*Bryant Getting a Big Deal*», *Los Angeles Times,* 28 gennaio 1999.

«O'Neal blaterava di un nuovo sondaggio»: Tim Kawakami, «*Lakers Break Camp with Shaq Upset Over an Early Snub*», *Los Angeles Times,* 27 gennaio 1999.

«La storia del giorno era incentrata sull'esordio di Kobe» Tim Kawakami, «*Getting Out of the Blocks*», *Los Angeles Times,* 6 febbraio 1999.

«Dennis Rodman, il più grande rimbalzista»: Mark Heisler, «*Rodman Ready to Join Lakers*», *Los Angeles Times,* 13 febbraio 1999.

«Solo che due giorni dopo l'annuncio del *Los Angeles Times*»: John Nadel, «*Rodman Remains Out of Sight*», Associated Press, 15 febbraio, 1999.

«Questo mandò in agitazione Jerry West che si sfogò»: Lacy J. Banks, «*Worm's Delay of Game Is Irritating Lakers' West*», *Chicago Sun-Times,* 17 febbraio 1999.

«Se arriva con tutte le sue pagliacciate»: «*Van Exel: Lakers Making a Mistake*», *Chicago Tribune,* 24 febbraio 1999.

«Da quanto mi dicono»: Peter Vecsey, «*Lakers One Del of a Mess*», *New York Post,* 19 febbraio 1999.

«Ci sono un sacco di cose che devono succedere»: Sam Smith, «*Hard to Tell Through the Sobs, but Rodman Says He'll Be Laker*», *Chicago Tribune,* 23 febbraio 1999.

«Quello che mi ha fatto tornare»: John Nadel, «*Rambling Rodman Says He's Ready to Join Lakers*», Associated Press, 23 febbraio 1999.

«Io ho giocato in una squadra, dolcezza»: Mark Heisler, «*Lakers Going Hollyweird*», *Los Angeles Times,* 23 febbraio 1999.

«Furono fra i più bizzarri della storia dell'umanità»: Ken Peters, «*Rodman Upstaged on First Day with Lakers*», Associated Press, 24 febbraio 1999.

«Non ho mai giocato in una squadra da sei e sei»: Brad Ziemer, «*Grizzlies Chew Up Lakers*», *Vancouver Sun,* 24 febbraio 1999.

«La comprensione del gioco [di Rodman] mi meraviglia»: Peter Vecsey, «*Rodman Wins the West*», *New York Post,* 26 febbraio 1999.

«Come sono certa che tu sappia»: West e Coleman, *West by West,* pp. 182-83.

«Uno dei primi giocatori ad accoglierlo fu Rodman»: Michael Murphy, «*Lake Show Disintegrates into Soap Opera*», *Houston Chronicle,* 28 febbraio 1999.

«Finalmente comparve, con il suo seguito»: Tim Kawakami, «*L.A. Hooked on the Worm*», *Los Angeles Times,* 27 febbraio 1999.

«I Clippers erano la preda perfetta»: Neil Greenberg, «*The Worst Top-Five Draft Picks in NBA History*», *Washington Post,* 25 giugno 2015.

«Carmen Electra, con un vestitino color crema»: «*Rodman, Rambis Enjoy Opening-Night Victory*», *Springfield News-Leader* (Springfield, Mo.), 27 febbraio 1999.

«Poco dopo deviò un passaggio in difesa»: Kawakami, «*L.A. Hooked on the Worm*».

«È un libero pensatore»: «*Rodman Late to First Practice*», *San Jose Mercury News,* 28 febbraio 1999.

«Qualunque stanza fosse»: Rodman e Isenhour, *I Should Be Dead by Now,* p. 66.

«Girava voce che Rodman avesse debiti di gioco per seicentomila dollari»: «*Dennis Rodman Stacks Up 600,000 Dollars Worth of Gambling Debt*», *Agence France-Presse,* 23 aprile 1999.

«Si diceva che la Electra tradisse Rodman»: «*Rodman in Stalking Mood?*», *Calgary Herald,* 2 aprile 1999.

«Alla fine dei giochi, Dennis Rodman»: «*Am I a Genius?*» *Chicago Tribune,* 5 aprile 1999.

«Da una parte era un ragazzo di provincia»: Rick Bonnell e Leonard Laye, «*Rice Is History*», *Charlotte Observer,* 11 marzo 1999.

«Tre volte convocato all'All-Star»: John Nadel, «*Rice Says He'll Fit In Just Fine with Lakers*», Associated Press, 11 marzo 1999.

«Ci porterà in una dimensione»: Nadel, «Rice *Says He'll Fit In Just Fine*».

«È stata una sensazione fantastica»: Tim Kawakami, «*Steak Served with Big Helping of Rice*», *Los Angeles Times,* 13 marzo 1999.

«Lasciava che Kobe facesse tutto quello che voleva»: O'Neal and Wise, *Shaq Talks Back,* p. 96.

«Prima di una partita contro Sacramento»: O'Neal e MacMullan, *Shaq Uncut,* p. 132.

8. Il ruolo di Phil

«Non c'era la televisione»: Jackson e Rosen, *Maverick,* p. 17.

«Il corpo delle donne mi suscitava curiosità»: Jackson e Rosen, *Maverick,* p. 29.

«Un appendiabiti al contrario»: Sam Smith, «*Jackson Spiritual, Intellectual Type*», *Chicago Tribune,* 11 luglio 1989.

«Prendere delle scorciatoie»: Jackson e Rosen, *Maverick,* p. 26.

«Ogni giorno arrivava qualche lettera nell'ufficio del preside»: Jackson e Rosen, *Maverick,* pp. 33-34.

«Ormai Phil Jackson era alto due metri e tre»: Jackson e Delehanty, *Eleven Rings,* p. 27.

«Non era mai stato nella Grande Mela»: Vic Ziegel, «*What a Long, Strange Trip*», *New York Daily News,* 25 aprile 1993.

«Nelle altre squadre i giocatori vivevano nel terrore di allenatori severi»: Jackson e Delehanty, *Eleven Rings,* p. 32.

«Scoprii che di solito prima delle partite prendeva un Alka-Seltzer»: DeAntae Prince, «*To the Surprise of Some, Phil Jackson Became a Basketball Lifer*», *Los Angeles Times,* 18 ottobre 2010.

«Dopo la stagione del 1978»: Alex Sachare, «*Loughery's Nets No Longer a Laughing Matter to Foes*», *Binghamton Press and Sun-Bulletin,* 30 gennaio 1979.

«Rimasi un po' sorpreso quando lo venni a sapere»: Jackson and Delehanty, *Eleven Rings,* p. 60.

«Il lavoro fu poi assegnato a Stan Albeck»: Bob Sakamoto, «*Pippen Makes Early Impact on Bulls Especially Jordan*», *Chicago Tribune,* 8 ottobre 1987.

«La notizia della sua assunzione non fu quasi neanche una notizia»: «*Phil Jackson Signs as Bulls' Assistant*», *Chicago Tribune,* 11 ottobre 1987.

«Il general manager voleva essere coinvolto nella quotidianità della squadra»: Smith, *The Jordan Rules,* p. 84.

«Il 6 luglio 1989 Collins fu licenziato»: Sam Smith, «*Jackson Gets Bulls Job*», *Chicago Tribune,* 10 luglio 1989.

«Secondo l'ideale di Winter»: Jackson e Delehanty, *Eleven Rings,* pp. 74-75.

«La cosa importante»: Jackson e Delehanty, *Eleven Rings,* p. 83.

«Uno dei brani conteneva le sue riflessioni»: Lazenby, *Mindgames,* p. 354.

«[Jerry] mi aveva detto chiaramente che Phil portava guai»: West e Coleman, *West by West,* p. 177.

«Phil... gli ruppe il naso»: Lazenby, *Mindgames,* pp. 355–56.

«A quanto pare non sappiamo fare le cose»: Lazenby, *Mindgames,* p. 356.

«Uno era Chuck Daly»: O'Neal e Wise, *Shaq Talks Back,* p. 71.

«Tu sei Phil Jackson?»: Jackson e Delehanty, *Eleven Rings,* p. 202.

«Bryant, che prima della conferenza stampa si era presentato»: Heisler, *Madmen's Ball,* p. 171.

«Non vinceranno con quello che hanno»: «*Rodman Says Lakers Still Want Him*», *The Town Talk* (Alexandria, La.), 27 agosto 1999.

«Mentre la barca continuava ad allontanarsi dalla sponda»: O'Neal e Wise, *Shaq Talks Back,* p. 75.

«Abbiamo preso uomini che guardavo giocare»: David Leon Moore, «*Lakers Stars Ready to Follow Jackson*», *USA Today,* 5 ottobre 1999.

«Jackson voleva fortemente un saggio guru del basket»: Mike Freeman, «*Nets Get Benjamin in Swap for Bowie*», *New York Times,* 22 giugno 1993.

«Questa è la tua squadra, Shaq»: O'Neal e Wise, *Shaq Talks Back,* p. 76.

«Lo schema di base del triangolo»: Parr, *Coach Tex Winter: Triangle Basketball,* p. 61.

«Abbastanza ritmico per adattare i suoi colpi sui piatti alla musica del triangolo»: Bill Plaschke, «*Bryant Wins Plaudits Without Losing Style*», *Los Angeles Times,* 2 dicembre 1999.

«Nel cercare un rimbalzo vagante»: Steve Wyche, «*For Starters, Chalk One Up for Wizards*», *Washington Post,* 14 ottobre 1999.

«Cerco di tenere sotto controllo [la mia ansia]»: Tim Kawakami, «*Bryant Getting Antsy for Return*», *Los Angeles Times,* 30 ottobre 1999.

«Il 2 novembre 1999»: Tim Korte, «*The Triangle Needs Polishing Before Lakers Coach Will Be Pleased*», Associated Press, 3 novembre 1999.

«Durante la prima metà della partita l'energia era davvero strana»: Tim Kawakami, «*New Home Has Room for Breather*», *Los Angeles Times,* 4 novembre 1999.

«Quando Bryant fece il suo debutto in stagione, il 1° dicembre»: John Nadel, «*Lakers finally have all their pieces in place*», Associated Press, 2 dicembre 1999.

«Rice disse al suo agente, David Falk»: Barry Jackson, «*Rice's Agent Prods Knicks, Heat for Deal*», *Miami Herald,* 30 dicembre 1999.

«Più tardi Horry disse all'allenatore»: Jackson e Delehanty, *Eleven Rings,* pp. 214-15.

«Uno dei problemi che avevo con Phil era questo»: Ryan Rudnansky, «*Jerry West's Relationship with Lakers' Phil Jackson Was Far from Perfect*», Bleacher Report, 18 ottobre 2001.

«Dopo una partita persa in casa»: Brett Pollako, «*The Time Phil Jackson Asked Then GM Jerry West to Leave the Lakers Locker Room*», NBCSports.com, 17 giugno 2013.

«[Quando Kobe rientrò], l'attacco non fu più così fluido»: Jackson e Delehanty, *Eleven Rings,* p. 215.

«C'era un pozzo d'odio in fondo al suo cuore»: Lazenby, *Showboat,* p. 336.

9. Dietrofront

«La Recessione del 2000 continua per i Lakers»: Tim Kawakami, «*'Lakers' Problems Get Bigger in Texas*», *Los Angeles Times,* 2 febbraio 2000.

«In pratica facemmo quello che dovevamo fare»: Tim Kawakami, «*Lakers Blast Out of a Rut with a Rout*», *Los Angeles Times,* 5 febbraio 2000.

«È stata soltanto una partita»: Ken Peters, «*Lakers Hold Jazz to 21 in First Half*», Associated Press, 5 febbraio 2000.

«Il 6 marzo O'Neal festeggiò il suo ventottesimo compleanno»: Lonnie White, «*Shaq's 61 Light Up Sweet 16 for Lakers*», *Los Angeles Times,* 7 marzo 2000.

«Shaq è in condizioni magnifiche»: Wayne Coffey, «*A Higher Power*», *New York Daily News,* 19 marzo 2000.

«Prodotto della Boise State University»: Curtis Bunn, «*Childs Starts Over-Sober*», *New York Daily News,* 21 gennaio 1995.

«Quando gli chiese di commentare lo scontro»: Marc Berman, «*Chris, Kobe Rage On*», *New York Post,* 3 aprile 2000.

«Quello era il nostro fratellino»: Tim Kawakami, «*A Swing Shift for Kobe*», *Los Angeles Times,* 3 aprile 2000.

«La prima cosa che feci fu chiamare mia madre e mio padre»: John Nadel, «*Shaq Wins MVP Award in a Run- away*», Associated Press, 9 maggio 2000.

«Ho sentito che un tizio alla CNN»: Ken Peters, «*Shaq Thanks All Voters, Even One for Iverson*», Associated Press, 10 maggio 2000.

«Che cosa è successo? Qualche scagnozzo di Allen Iverson»: *Missing MVP Vote Doesn't Upset Shaq*», *Miami Herald,* 11 maggio 2000.

«La vita privata di Bryant invece era puro mistero»: Jennifer Weiner, «*NBA Hopeful, Pop Star Put Cameras in Overdrive*», *Philadelphia Inquirer,* 26 maggio 1996.

«Si diceva che fosse una ballerina»: Shawn Hubler, «*Kobe's Costar Vanessa Laine Was Just Another Sheltered Orange County Teen*», *Los Angeles Times,* 15 febbraio 2005.

«Era figlia di un militare»: Lazenby, *Showboat,* pp. 46-47.

«Bryant mi è sempre sembrato più maturo dei suoi anni»: Dana Parsons, «*Engaging Young Man Meets His Match*», *Los Angeles Times,* 21 maggio 2000.

«Qualsiasi cosa funzioni, per me va bene»: Curtis Bunn, «*Lakers Shatter Record in Win*», *Atlanta Journal and Constitution,* 21 maggio 2000.

«Mi disse che non ero abbastanza aggressivo»: Peter Maggio, «*Lakers Rally to Reject Blazers*», *Boston Globe,* 27 maggio 2000.

«A me sembra piuttosto buffo»: O'Neal e Wise, *Shaq Talks Back,* p. 224.

«Adesso la pressione è tutta su Portland»: Chuck Culpepper, «*Breaking Down Some of the Key Elements of the Lakers-Portland Series*», *Oregonian,* 27 maggio 2000.

«Arrivavano un sacco di colpi e di spinte»: Landon Hall, «*Lakers Blow Another Chance to Close Out Blazers*», Associated Press, 3 giugno 2000.

«La squadra che giocherà per quarantotto minuti sarà quella vincente»: Eggers, *Jail Blazers,* p. 176.

«Ci risiamo»: Jackson e Delehanty, *Eleven Rings,* pp. 224-25.

«Da anni è un giocatore di qualità in questa lega»: Tim Kawakami, «*Brian Shaw Added for Guard Depth*», *Los Angeles Times,* 21 ottobre 1999.

«Sette anni prima, quando giocava con i Miami Heat»: Benjamin Hochman, «*Nuggets Coach Brian Shaw Shows Resiliency After Family Tragedy*», *Denver Post,* 29 giugno 2013.

«La tua mamma è andata a vivere con Dio e ti ha affidato a me»: Tim Brown, «*Finding Peace Through Pain*», *Los Angeles Times,* 20 aprile 2003.

«Eravamo in vantaggio»: Eggers, *Jail Blazers,* p. 181.
«Non eravamo preparati come pensavamo»: Eggers, *Jail Blazers,* pp. 179-80.
«L'attacco arrivava da tutte le direzioni»: Jackson and Delehanty, *Eleven Rings,* p. 225.
«Scontrarsi con i Pacers in finale fu quasi un anti climax»: O'Neal e MacMullan, *Shaq Uncut,* p. 149.
«Non ci avrei neanche provato»: Mark Kiszla, «*Can You Say 'Blowout'?*», *Denver Post,* 8 giugno 2000.
«Non ne vado fiero»: Deveney, *Facing Kobe Bryant,* p. 65.
«Un sacco di gente dice che sono la terza opzione»: John Nadel, «*Rice, Harper Step Up After Bryant Goes Out*», Associated Press, 10 giugno 2000.
«Non sono riuscito a entrare nel flusso dell'attacco»: Greg Beacham, «*Rice Cools on Sidelines*», Associated Press, 11 giugno 2000.
«Sono più che sicuro che avremmo migliori probabilità di vincere con me in campo»: Greg Beacham, «*Rice Steams Over Lack of Playing Time*», Associated Press, 13 giugno 2000.
«Jackson non ha mai voluto Glen»: Bill Plaschke, «*It's Time for Rice, Jackson to Talk*», *Los Angeles Times,* 13 giugno 2000.
«Questa partita potrebbe essere ricordata come La sera della Rivelazione di Kobe Bryant»: Peter May «*Lakers Move Within Sight of Championship*», *Boston Globe,* 15 giugno 2000.
«È stato poco rispettoso verso di noi»: Rubinstein e Spencer, *The Big Title,* p. 98.
«Erano undici anni che trattenevo l'emozione»: Rubinstein and Spencer, *The Big Title,* p. 106.

10. Qualcuno ha sparato a J.R.

«Quando andavo a dormire sognavo soltanto i Lakers»: Bill Plaschke, «*West Wants off the Hook*», *Los Angeles Times,* 22 luglio 2000.
«Subito dopo essere stato preso dall'UNLV con la quinta scelta in assoluto»: «*Lakers Sign Bad Boy Rider*», *Orlando Sentinel,* 26 agosto 2000.
«Nato e cresciuto a Oakland»: Paul Gackle, «*Fallen Rider*», *East Bay Express,* 8 giugno 2011.

«Gli vidi addosso il mio anello e lo affrontai» Eggers, *Jail Blazers,* p. 33.

«Durante l'estate dopo la sua prima stagione»: Gackle, «*Fallen Rider*».

«Il 5 marzo Rider perse il volo charter»: Eggers, *Jail Blazers,* p. 57.

«Giocarono ai dieci. Kobe lo demolì completamente»: Horace Grant, 'How We'll Remember Kobe,' *The Players' Tribune,* 11 aprile 2016.

«Poco dopo aver firmato un'estensione del contratto per tre anni»: Tim Brown, «*O'Neal Figures It's a Good Time to Share*», *Los Angeles Times,* 15 ottobre 2000.

«O'Neal andò in auto a Beverly Hills»: Mark Madsen, «*Shaq Top Ten List of Memories*», markmadsen.com, 4 agosto 2011.

«Ho visto Shaq che chiedeva ad alcune delle ragazze se fossero mormoni»: Madsen, «*Shaq Top Ten List of Memories*».

«Mentre Kobe si esercitava ai tiri in sospensione»: Kaye, *Ain't No Tomorrow,* p. 7.

«Dobbiamo giocare in modo più furbo»: Mark Heisler, «*Duo Dynamics*», *Los Angeles Times,* 12 novembre 2000.

«Prima di ogni partita i giocatori dei Lakers»: Ric Bucher, «The One», *ESPN The Magazine,* 22 gennaio 2001.

«Il 12 dicembre, durante una partita persa in casa contro Milwaukee»: Kaye, *Ain't No Tomorrow,* pp. 105-6.

«In una sconfitta ai tempi supplementari contro Golden State»: Bucher, «*The One*».

«Durante lo scontro con Philadelphia, Jackson rimproverò Bryant»: Peter Vecsey, «*Lakers Playing Bickerball*», *New York Post,* 13 marzo 2001.

«Tutti voi negri siete miei fratelli»: O'Neal e MacMullan, *Shaq Uncut,* p. 147.

«Parliamo di chi cattura la vostra attenzione»: Bucher, «*The One*».

«Era difficile per Phil arginarmi»: Jackson e Delehanty, *Eleven Rings,* p. 241.

«Kobe ha superato il limite, venerdì»: Tim Brown, «*Jackson Says Bryant Was 'Out of Line'*», *Los Angeles Times,* 11 marzo 2001.

«Fisher inaugurò la sua stagione il 13 marzo»: Tim Brown, «*Fisher Makes a Winning Return*», *Los Angeles Times,* 14 marzo 2001.

«Tre anni prima lui e Bryant avevano partecipato»: Fisher e Brozek, *Character Driven*, p. 59.
«Fu uno dei rari momenti della vita di Bryant in cui era malconcio»: Jackson e Delehanty, *Eleven Rings*, p. 241.
«O'Neal definì l'assenza di Bryant»: O'Neal e MacMullan, *Shaq Uncut*, p. 151.
«Un metro e ottantatré di tessuto cicatriziale»: Phil Taylor, «*Allen Wrench*», *Sports Illustrated, 18* giugno 2001.
«Stava mangiando da Denny's»: Kaye, *Ain't No Tomorrow*, p. 215.
«Un pagliaccio con la divisa di Bryant»: John Smallwood, «*A First-Stage Smog Alert for Lakers and Fans*», *Philadelphia Daily News*, 7 giugno 2001.
«Gli allibratori davano Los Angeles favorita per diciotto a uno»: Chris Sheridan, «*NBA Test: Sweep or Struggle*», *Dayton Daily News*, 6 giugno 2001.
«Era anche contento di sapere»: Babb, *Not a Game*, p. 170.
«I tiri continui di Iverson sostennero i 76ers»: Diane Pucin, «*76ers Put End to All the Talk*», *Los Angeles Times*, 7 giugno 2001.
«Lue, con quelle mani sempre in movimento» Babb, *Not a Game*, p. 170.
«Per tutta la stagione abbiamo combattuto una serie di guerre»: Bill Plaschke, «*OT, Then Oh-No*», *Los Angeles Times*, 7 giugno 2001.
«Sto cominciando a pensare che per avere una possibilità»: John Nadel, «*Harper Provides Spark for Lakers*», Associated Press, 14 giugno 2001.
«L'aria era impregnata di un odore dolce»: Phil Taylor, «*Double Dip,'* Sports Illustrated», 24 giugno 2001.

11. Il mestiere dell'allenatore

«Aveva detto che sarebbe rientrato con un peso di centotrentacinque chili»: Jonathan Abrams, «*All the Kings' Men*», *Grantland*, 7 maggio 2014.
«Il problema più ovvio era O'Neal»: Tim Brown, «*Little Toe Might Be Big Laker Problem*», *Los Angeles Times*, 29 settembre 2001.
«Non molto tempo prima era stato un'insignificante guardia di un metro e ottantotto»: «*It's a Better Life for George*», *Inland Valley Daily Bulletin*, 21 aprile 2003.

«Aveva assistito da poco alla morte del migliore amico del fratello»: Marty Burns, «*The Pride of Augsburg*», *Sports Illustrated,* 14 giugno 1999.

«La madre Carol possedeva un salone di bellezza»: Burl Gilyard, «*Ex-NBA Player Plans North Minneapolis Rentals*», *Finance and Commerce,* 27 novembre 2012.

«L'unico modo in cui avremmo potuto superare la stagione 2001-02 era con l'improvvisazione»: Jackson e Delehanty, *Eleven Rings,* p. 255.

«Tanto tempo prima, nell'estate del 1993»: Derrick Mahone, «*JSU's Hunter Gets Attention After Desert Classic*», *Clarion-Ledger* (Jackson, Miss.), 2 maggio 1993.

«Tutto questo è fantastico»: John Nogowski, «*NBA Puts On Quite a Show at the Palace*», *Times Herald* (Port Huron, Mich.), 1 luglio 1993.

«Con le parole di Helene St. James», «*Pistons Deal Hunter for Bucks*», Owens,' *Detroit Free Press,* 23 agosto 2000.

«Scoop, non capisco»: Lazenby, *Showboat,* p. 391.

«Non dico che sia cambiato a centottanta gradi» Lazenby, *Showboat,* p. 390.

12. Re senza corona

«Se non era colpa delle pessime scelte al draft»: Greg Wissinger, «*What's the Worst Trade in Kings History*», *SB Nation,* 3 maggio 2017.

«Il punto più basso (in una serie di punti più bassi)»: Reynolds e Drysdale, *Reynolds Remembers,* p. 125.

«Ti trovi questa cosina qui con sopra del manzo»: Dave McKenna, «*First-Round Pricks*«, *Washington City Paper,* 11 aprile 2008.

«Nel periodo trascorso a Washington»: «*Webber Dealt for Kings*», Richmond,' *Boston Globe,* 15 maggio 1998.

«Los Angeles aveva Jerry West, Kirk Gibson, Magic Johnson»: Geoffrey Mohan, Rone Tempest, e Laura Loh, «*Sacramento Winces as L.A. Roars*», *Los Angeles Times,* 3 giugno 2002.

«Per quanto possa suonare assurdo»: John Nadel, «*Two-Time Champion Lakers Say They're Underdogs*», Associated Press, 15 maggio 2002.

«O'Neal in particolare era certo che la sua squadra»: Jackson e Delehanty, *Eleven Rings,* pp. 253-54.

«Ci affidavamo completamente a Chris e Vlade»*:* Jonathan Abrams, *«All the Kings' Men», Grantland,* 7 maggio 2014.

«Arrivò a 112»: Matt Gallagher, *«The NBA's Greatest, Ugliest Series», Daily Beast,* 13 luglio 2017.

«Quel frastuono nel granaio dell'Arco non erano campanacci»*:* Bill Plaschke, *«Magic Moment Has Arrived, So Start Planning the Parade», Los Angeles Times,* 19 maggio 2002.

«Ero sconvolto e arrabbiato»*:* Abrams, *«All the Kings' Men».*

«Se perdiamo [Gara Tre]» Sam Smith, *«Kings Hold O Lakers' Rally», Chicago Tribune,* 21 maggio 2002.

«Non riesco a spiegarmelo»: Greg Beacham, *«Kings Raising Game in Surprising Conference Final»,* Associated Press, 25 maggio 2002.

«Ci hanno surclassato»*:* John Nadel, *«Lakers Looking Forward, Not Back«,* Associated Press, 25 maggio 2002.

«Bene» disse Bryant. «Adesso non ci stiamo annoiando». Jackson e Delehanty, *Eleven Rings,* p. 258.

«Guardare C-Webb escogitare modi»*:* Bill Simmons, *«Question: Who Was the Undisputed Star of the 2002 Playoffs?»,* ESPN.com, 6 giugno 2002.

«Grazie a Dio la madre di Robert ha incontrato suo padre»: *«Divac Knocks Ball to Wrong Laker», Edmonton Journal,* 27 maggio 2002.

«Ho fatto un buon passaggio»: Abrams, *«All the Kings' Men».*

«È stata una conclusione miracolosa»*:* Leighton Ginn, *«How? Horry!», Desert Sun* (Palm Springs, Calif.), 27 maggio 2002.

«Sono sicuro che fosse fallo»: Abrams, «All *the Kings' Men».*

«Non puoi tirare fuori la maglia di un avversario senza fare fallo» J.A. Adande, *«Series Has Become Officially Interesting», Los Angeles Times,* 29 maggio 2002.

«Pensavo che la serie fosse finita»: Abrams, *«All the Kings' Men».*

«Dammi la palla»: Abrams, *«All the Kings' Men».*

«Sacramento aveva la squadra migliore della Lega»*:* Gallagher, *«The NBA's Greatest, Ugliest Series».*

«Mike viene picchiato in faccia da Kobe»*:* Abrams, *«All the Kings Men».*

«Le voci secondo cui David Stern»: Simmons, «*Question: Who Was the Undisputed Star of the 2002 Playoffs?*».

«Potrebbe essere la serie più appassionante»: Chris Dufresne, «*These Conference Finals Burn Cigar at Both Ends*», *Los Angeles Times*, 3 Giugno 2002.

13. Ci stiamo annoiando

«Pochi dei partecipanti al funerale [di Hearn]»: Bill Plaschke, «*Shaq Becomes Center of Tension*», *Los Angeles Times*, 23 agosto 2002.

«Nel concludere la transazione il general manager di New Jersey, Rod Thorn»: Mike Kerwick, «*Mutombo Plans to Make a Difference*», *Asbury Park Press*, 2 agosto 2002.

«Un'altra montagna di muscoli per arginare»: «*Kings Get Bigger, Deeper by Adding Clark*», Associated Press, 15 agosto 2002.

«Nel giro di qualche settimana, nelle radio di Houston»: Jonathan Feigen, «*NBA 2002-03*», *Houston Chronicle*, 27 ottobre 2002.

«Si parlava, scherzando solo a metà»: Marc J. Spears, «*Counting Down 24 Stories to Follow as the NBA Opens Today*», *Denver Post*, 29 ottobre 2002.

«Nato e cresciuto in una fattoria»: Pete Holtermann, «*A Gem Out of Africa*», *Cincinnati Enquirer*, 10 febbraio 2000.

«Non ha una gran varietà di movimenti»: Robyn Matt, «*New Jersey Selects Stuff Center*», *Cincinnati Enquirer*, 29 giugno 2000.

«La differenza fra lui e Manute Bol»: Steve Adamek, «*No Parent Would Like This Dismal Report Card*», *The Record* (Hackensack, N.J.), 18 aprile 2001.

«Andrà bene»: «*Samake Likely to Start for Shaq*», *Great Falls Tribune*, 2 ottobre 2002.

«Quindi continuò a tirare»: Peter Maggio, «*It's a Return to Glory Days for Storied Rivals*», *Boston Globe*, 8 novembre 2002.

«Jackson motivò la decisione»: Lazenby, *Showboat*.

«Mi guardo intorno nello spogliatoio» Tim Brown, «*It's One of Doze Games*», *Los Angeles Times*, 20 novembre 2002.

«Due volte i suoi tiri furono deviati»: J.A. Adande, «*By Leaps and Bounds, He's a Long Way Peak Form*», *Los Angeles Times*, 23 novembre 2002.

«Quello sta male quanto me»: *«Bryant Wants Walker to Play Hurt», San Bernardino Sun,* 27 novembre 2002.

«Parlate con gli stronzi» Howard Beck, *«Shaq's Complaints Puzzle Teammates», Los Angeles Daily News,* 11 dicembre 2002.

«Bryant, un uomo che considerava pochissimi esemplari di homo sapiens degni della sua presenza»: Bill Plaschke, *«He Makes It His Kind of Mad House», Los Angeles Times,* 28 aprile 2003.

«Addirittura, all'inizio della stagione 2001-02»: Tim Brown, *«A Bad Mark», Los Angeles Times,* 4 dicembre 2001.

«La Lega appartiene ancora a O'Neal»: Howard Beck, *«Rockets Time Is Yao», Inland Valley Daily Bulletin* (Rancho Cucamonga, Calif.), 17 gennaio 2003.

«Non ho mai giocato una partita da sobrio»: *«In Hearing, Ex-NBA Player Clark Says He 'Never Played a Game Sober»*, ESPN.com, 15 dicembre 2007.

«Per questo rise quando Mutombo»: Ohm Youngmisuk, «Dikembe Won't Be Tricked» *New, York Daily News,* 1 ottobre 2003.

«Passava tutto dal mostro»: Tim Brown, *«Lakers Earn Their Spurs», Los Angeles Times,* 2 maggio 2003.

«Dopo la fine della partita»: Howard Beck, *«The Number Is Twelve», San Bernardino Sun,* 2 maggio 2003.

«Fu immediatamente programmato un intervento chirurgico»: Paul Wilborn, *«Lakers Coach Phil Jackson Sidelined Following Angioplasty»*, Associated Press, 11 maggio 2003.

«Il suo tiro si librò nell'aria»: Tim Brown, *«Out on a Rim», Los Angeles Times,* 14 maggio 2003.

14. Stanza 35

«Qualche giorno prima Wong era stato citato»: R.E. Graswich, *«Where Else Did Kobe Eat That Night? The Chanterelle Knows», Sacramento Bee,* 31 maggio 2002.

«C'è una lunga tradizione in merito»: Jessica Marie, *«The Funniest Athlete Aliases Ever», Bleacher Report,* 22 febbraio 2013.

«Michael Jackson era 'il dottor Doolittle'», Cailey Rizzo, *«The Fake Names That Celebrities Use at Hotels«, Travel and Leisure,* 10 agosto 2018.

«Nel novembre del 2002 la Mathison»: Francie Grace, «*D.A. in Kobe Case Calls Timeout*», CBSnews.com, 13 luglio 2003.

«Allora, ce l'hai un ragazzo?»: Shapiro e Stevens, *Kobe Bryant: The Game of His Life*, pp. 4-5.

«Jessica Mathison era molto legata alla madre»: Jana Bommersbach, «*The Kobe Case: From the Perspective of the Valley Man Who Was Hired to Help Send Him to Prison*», *Phoenix Magazine*, Aprile 2005.

«Dopo una conversazione di quarantacinque minuti»: Shapiro e Stevens, *Kobe Bryant: The Game of His Life*, pp. 10-11.

15. Stupro

«Il 2 marzo 2003, un turista inglese di trentun anni»: Andrew Gumbel, «*British Skier Held After American Is Killed in Accident*», *The Independent* (Londra), 5 marzo 2003.

«La Mackey, nota per aver difeso»: Jack McCallum, «*The Dark Side of a Star*», *Sports Illustrated*, 28 luglio 2003.

«È sconvolgente che l'ufficio dello sceriffo» Tim Brown e Richard Marosi, «*Bryant Facing Felony Count*», *Los Angeles Times*, 7 luglio 2003.

«Queste accuse non sono assolutamente compatibili»: Jason Felch e Marc J. Spears, «*Deputies Arrest Kobe Bryant*», *Inland Valley Daily Bulletin* (Rancho Cucamonga, Calif.), 6 luglio 2003.

«Kobe a volte era consumato da una rabbia sorprendente»: Jackson, *The Last Season*, p. 10.

«Il 18 luglio Hurlbert accusò formalmente»: John Marshall, «Bryant Fighting for Family, Image After Sexual Assault Charge», Associated Press, 19 luglio 2003.

«Sono qui davanti a voi» John Nadel, «*Tearful Kobe Bryant Says He's Innocent of Sexual Assault Charge*», Associated Press, 19 luglio 2003.

«Poco dopo le comprò un diamante viola da otto carati»: Beth Moore, «*Bryant Gives His Wife a $4-Million Ring*«, *Los Angeles Times*, 26 luglio 2003.

«Per me è un'ottima situazione»: Tim Brown, «*Happy to Assist*«, *Los Angeles Times*, 10 luglio 2003.

«Ho quarant'anni e sono onorato che qualcuno mi voglia»: Tim Brown, «*They've Got Mailman*«, *Los Angeles Times,* 11 luglio 2003.

«L'evento in sé fu piuttosto irrilevante»: Tom Kenworthy e Patrick O'Driscoll, «*Very Fast Event for So Much Attention*»,' *USA Today,* 7 agosto 2003.

«Quando la giuria vedrà le prove le loro mascelle cadranno a terra» Randy Wyrick, «*Friend: Injuries Visible Days Later*», *Vail Daily,* 24 luglio 2003.

«Venticinque reporter e fotografi»: Chuck Plunkett e George Merritt, «*Spectacle Takes On Air of a Carnival*«, *Denver Post,* 7 agosto 2003.

«Qualche giorno prima una diciottenne del posto»: Jill Lieber e Richard Willing, «*Lives in Eagle, Colo., Turned Upside Down*», *USA Today,* 29 luglio 2003.

«I set televisivi all'aperto erano riparati da baldacchini bianchi»: Patrick O'Driscoll, «*Bryant Media Circus Sets Up All 3 Rings*», *USA Today,* 7 agosto 2003.

«Quando il Los Angeles Times inviò due giornalisti»: Steve Henson e Lance Pugmire, «*A Drowsy Town Now Wide Awake*», *Los Angeles Times,* 21 luglio 2003.

«Bryant ci parlò di quello che faceva un altro compagno di squadra» Jeff Benedict, Tim Brown e Steve Henson, «*Bryant Told Police of O'Neal Payouts*«, *Los Angeles Times,* 29 settembre 2004.

«Non sono informato delle sue condizioni»: Bernie Wilson, «*Lakers: Bryant 'Under the Weather'. Not in Hawaii Yet*», Associated Press, 2 ottobre 2003.

«Quando, il 3 maggio 1984, la ragazza aveva dato alla luce»: Charles Ross, «*Karl Malone: The Scumbag*», *Medium,* 16 dicembre 2015.

«Alla fine un giudice lo costrinse a fare un test di paternità»: Jemele Hill, «*Karl Malone Falls Short, as a Father*», ESPN.com, 12 maggio 2008.

«Di conseguenza, per via della propria esperienza diretta»: Bill Plaschke, «*Already an Ill Wind Blowing in Laker Camp*», *Los Angeles Times,* 3 ottobre 2003.

«Era dimagrito e aveva l'aria stanca»: Tim Brown e Steve Henson, «*Court of Last Resort*», *Los Angeles Times,* 17 maggio 2004.

«Meno di un mese prima, in un breve incontro»: Jackson, *The Last Season*, pp. 16-17.

«Perché?»: Kevin Ding, «*Bryant Shows Up*», *Orange County Register*, 5 ottobre 2003.

«Karl e Shaq sono rimasti nascosti per tutto il giorno» Howard Beck, «*Lakers Detour for Little R 'n' R*», *San Bernardino Sun*, 5 ottobre 2003.

«Non disse neanche 'Ci devo pensare'»: Ric Bucher, «*An Oral History of the 2003–04 Los Angeles Lakers, the 1st Super Team*», ESPN.com, 26 maggio 2015.

«Adesso mi pagherai?»: Tim Brown, «*Shaq's Talks Are a Scream*», *Los Angeles Times*, 9 ottobre 2003.

«Più tardi, vedendo dei giornalisti nei corridoi del palazzetto»: Kevin Ding, «*O'Neal Hammers Home His Desire for Extension*», *Orange County Register*, 9 ottobre 2003.

«Fu poco rispettoso»: Bucher, «*An Oral History of the 2003-04 Los Angeles Lakers*».

«Quindi le sue lesioni erano recenti»: Randy Wyrick, «*Bombshell Question Clears Courtroom*», *Vail Daily*, 10 ottobre 2003.

«Solo, con la sua vita un tempo fantastica in rovina», Tim Kawakami, «*In Bryant, Shades of Mike Tyson*», *San Jose Mercury News*, 9 ottobre 2003.

16. L'ultima stagione

«Ex guardia tiratrice di Alcorn State»: Blatt, *Gary Payton*, pp. 20-21.

«Al ragazzo ho insegnato lo sguardo»: Curry Kirkpatrick, "Gary Talks It, Gary Walks It," *Sports Illustrated*, 5 marzo 1990.

«Ti fa venir voglia di chiuderti in biblioteca»: Karl e Sampson, *Furious George*, p. 119.

«Le buone notizie hanno una forza di permanenza in costante calo»: J.A. Adande, 'Four on the Floor, but No Shift in Mood,' *Los Angeles Times*, 21 ottobre 2003.

«Aveva bisogno di tornare e vedere che i fan lo amano ancora!»: Ken Peters, 'Bryant Plays in First Exhibition Game; Lakers Lose,' Associated Press, 24 ottobre 2003.

«I Lakers – che arrivarono a proteggere Bryant dalla stampa»: Doug

Krikorian, 'No Tear If Kobe Leaves,' *Pasadena Star-News,* 22 ottobre 2003.

«Ne voleva uno più lussuoso»*:* Jackson, *The Last Season,* p. 32.

«Quando qualcuno gli riferì i commenti di Jacskon»: Howard Beck, «*O'Neal Knocks Jackson*», *San Bernardino Sun,* 17 ottobre 2003.

«Il 25 ottobre Jackson era nel suo ufficio»: Jackson, *The Last Season,* pp. 35-36.

«I leader non si mettono a pietire un'estensione del contratto»: Tim Brown, «*Bryant Is Talking It Up*», *Los Angeles Times,* 28 ottobre 2003.

«L'ho buttata lì a Kobe»: Jackson, *The Last Season,* p. 44.

«C'erano i nuovi tatuaggi sul braccio destro»: «*Bryant Persona Takes On New Look*», *Denver Post,* 6 novembre 2003.

«Non mi monto la testa»: Howard Beck, «*From Feudalism to Optimism*», *Inland Valley Daily Bulletin* (Rancho Cucamonga, Calif.), 29 ottobre 2003.

«In un matrimonio»: Mike Terry, «*O'Neal Is Conciliatory in Ending His Silence*», *Los Angeles Times,* 1 novembre 2003.

«Sono sicuro che quando firmerà»: Howard Beck, «*Buss Won't Trade 'My Son*», *Inland Valley Daily Bulletin* (Rancho Cucamonga, Calif.), 2 novembre 2003.

«Cominciò a provocare Ginóbili»: Tim Brown, «*5-0 Doesn't Come Easily for Lakers*», *Los Angeles Times,* 7 novembre 2003.

«Niente demotiva un giocatore più della sensazione di essere ignorato»: Jackson, *The Last Season,* p. 49.

«[In passato] magari quando Shaq non c'era»: Kevin Ding, «*Bryant Must Share the Load*», *Orange County Register,* 12 novembre 2003.

«Il 13 novembre Bryant tornò a Eagle»: Jon Sarche, «*Kobe Bryant Makes First Appearance Before Trial Judge*», *Glenwood Springs Post Independent,* 14-15 novembre 2003.

«In prima fila nell'Aula Uno erano seduti»: Veronica Whitney, «*Kobe Bryant's Accuser's Family Appears in Court*», *Vail Daily,* 14 novembre 2003.

«Fuori dagli uffici giudiziari centinaia di cameramen»: Kathy Heicher, «*Media Tent Up Again for Bryant*», *Eagle Valley Enterprise* (Gypsum, Colo.), 13 novembre 2003.

«All'interno della tenda si rideva e ci si abbracciava»: Veronica Whitney, «On the Road for the Kobe Bryant Case», *Vail Daily,* 14 novembre 2003.

«Ci furono urla e strepiti e colpi bassi di ogni genere»: Kathy Heicher, «*Media Vies for Seats in Bryant Courtroom*», *Eagle Valley Enterprise* (Gypsum, Colo.), 20 novembre 2003.

«Il mondo dorato, i bisticci con il compagno di squadra Shaquille O'Neal»: Don Rogers, «*Landing in Reality*», *Vail Daily,* 15 novembre 2003.

«In una memorabile serata a Denver, nella partita contro i Nuggets»: Tim Brown e Steve Henson, «*Court of Last Resort*», *Los Angeles Times,* 17 maggio 2004.

«Uno studente di ventidue anni dell'Università dell'Iowa»: Teresa Taylor-Fresco, «*Man Gets Jail for Threatening Kobe's Accuser*», Associated Press, 16 luglio 2004.

«Il *National Enquirer* seguiva ogni passo della Mathison»: Randy Wyrick, «*Bryant Accuser Checks into Center*», *Vail Daily,* 26 novembre 2003.

«È una mia impressione»: Gideon Rubin, lettera all'editore, *Vail Daily,* 30 novembre 2003.

«Il mattino seguente però Bryant si svegliò con la testa ovattata»: Tim Brown, «*Uncertainty Surrounds Bryant*», *Los Angeles Times,* 19 dicembre 2003.

«Secondo la tesi della Mackey, la presunta vittima aveva accusato Bryant»: T.R. Reid, «*Bryant Defense to Target His Accuser*», *Washington Post,* 19 dicembre 2003.

«Diffonderne il contenuto, sostenne il viceprocuratore processuale Ingrid Bakke»: Marcia C. Smith, «*Bryant Hearing Placed on Hold*», *Orange County Register,* 20 dicembre 2003.

«[Kobe] voleva a tutti i costi dimostrare ai fan»: Jackson, *The Last Season,* p. 70.

«La vittoria per 101 a 99 fu esaltante»: Beth Harris, «*Lakers Defeat Nuggets*», *Fort Collins Coloradoan,* 20 dicembre 2003.

«Stavo solo pensando a quello che mi diceva sempre mia madre...»: Ramona Shelburne, «*Bryant's Teammates Irked by His Shot Selection*», *Pasadena Star-News,* 20 dicembre 2003.

«Lo stress [del processo] non è paragonabile a niente»: Ric Bucher, «*An Oral History of the 2003-04 Los Angeles Lakers, the 1st Super Team*», ESPN.com, 26 maggio 2015.

«Quella sera Bryant ricevette alcune chiamate di amici»: Larry Stewart, «*Bryant Says He Owed Team One*»; *Los Angeles Times,* 21 dicembre 2003.

«Tex Winter andò al Pyramid di Long Beach per vedere Rodman giocare con i Jam»: Tim Brown, «*Winter, Rodman Reunite*», *Los Angeles Times,* 20 gennaio 2004.

«Quand'era giovane saltava con una rapidità sorprendente per un uomo così grosso»: Jackson, *The Last Season,* p. 76.

«Non ho firmato per questa merda»: Howard Beck, «*Payton Sounds Off After Defeat*», *Inland Valley Daily Bulletin* (Rancho Cucamonga, Calif.), 6 gennaio 2004.

«Il 7 gennaio, a metà di una partita poi persa contro Denver»: Jackson, *The Last Season,* p. 79.

«Un triste giro di giostra»: Bill Plaschke, «*If Bryant Is an Empty Vessel, Their Ship Will Never Come In*», *Los Angeles Times,* 13 aprile 2004.

«A quel punto i Lakers erano sotto per 40 a 23»: Plaschke, «*If Bryant Is an Empty Vessel*».

«Era l'estremo «vaffanculo»: J.A. Adande, «*When Bryant Doesn't Shoot First, Questions Asked Later*», *Los Angeles Times,* 12 aprile 2004.

«Dietro la garanzia dell'anonimato»: Tim Brown, «*Air Is Heavy for Bryant, Lakers*», *Los Angeles Times,* 13 aprile 2004.

«Lo voglio qui e adesso!»: Jackson, *The Last Season,* p. 143.

17. Sopravvivenza

«Durante l'inseguimento a bassa velocità da parte delle forze dell'ordine»: Jack Hatton, «*The O.J. Simpson Chase, 25 Years Ago, Squeezed the Knicks-Rockets NBA Final off and on NBC*», *Sports Broadcast Journal,* 17 giugno 2019.

«Lei comprende le accuse a suo carico?»: Steve Lipsher, «*Bryant Enters Not-Guilty Plea to Rape Count*», *Denver Post,* 12 maggio 2004.

«A differenza delle occasioni precedenti»: Tim Brown, «*Lakers 98, San Antonio 90*», *Los Angeles Times,* 12 maggio 2004.

«O'Neal sembrava vecchio e fiacco»: John Nadel, «*Lakers' Bryant Plays Best on Longest Days*», Associated Press, 13 maggio 2004.

«Figlio di puttana! Gli hai fatto il culo!»: Jackson, *The Last Season,* pp. 194-95.

«Se continuano a giocare così»: John Nadel, «*Lakers Playing Their Best Entering Conference Finals*», Associated Press, 16 maggio 2004.

«Durante tutta la serie, le due star principali»: Sam Smith, «*Something's Gotta Give in L.A.*», *Chicago Tribune,* 31 maggio 2004.

«La tua voce li logora, alla fine»: Kevin Ding, «*Lakers Still Heed Jackson's Message*», *Orange County Register,* 3 giugno 2004.

«I Pistons cominciarono a segnare con Rasheed Wallace»: Frank Isola, «*Shaq Attack Not Enough for L.A.*», *New York Daily News,* 7 giugno 2004.

«Sapete, credo che per fermarli a settantacinque punti»: Mark Heisler, «*Meet the Team That Issued the Wake-up Call*», *Los Angeles Times,* 7 giugno 2004.

«Il più grande tiro dei Lakers di questa epoca»: Bill Plaschke, «*Rising to the Moment*», *Los Angeles Times,* 9 giugno 2004.

«Dov'era la sicurezza?»: Jay Posner, «*Police Probe Incident Involving Malone*», *San Diego Union-Tribune,* 12 giugno 2004.

«Sai quanto io detesti questo cazzo di attacco»: Jackson, *The Last Season,* p. 239.

«Il nostro piano di gioco era stato studiato a fondo»: Ric Bucher, «*An Oral History of the 2003-04 Los Angeles Lakers, the 1st Super Team*», ESPN.com, 26 maggio 2015.

«La prima sera in trasferta dei Lakers»: Mark Koszla, «*Let's Not Go There*», *Denver Post,* 13 giugno 2004.

«Io ho otto anelli e ne voglio nove»: Greg Beckham, «*Jackson Sidesteps Magic's Game 3 Remarks*», Associated Press, 13 giugno 2004.

«Medvedenko aveva firmato con i Lakers»: Tara Tartaglia, «*Lakers Sign Medvedenko*», *Santa Maria Times* (Santa Maria, Calif.), 16 agosto 2000.

«In un articolo del *Los Angeles Times* del 2002»: Tim Brown, «*Medvedenko Isn't Playing the Angles*», *Los Angeles Times,* 19 ottobre 2002.

«Quella sera Bryant arrivò al palazzetto alle 17:45»: T.J. Simers, «*With Everything on the Line, They Just Go Through the Motions*», *Los Angeles Times,* 16 giugno 2004.

«Non è così che vorresti che finisse, questo è poco ma sicuro»: Bill Plaschke, «*Rout of Order*», *Los Angeles Times,* 16 giugno 2004.

18. La fine

«Vai a parlare con Mitch, oppure chiama mio padre»: Jackson, *The Last Season,* pp. 255-66.

«Non abbiamo il giocatore più dominante in circolazione»: Eddie Sefko, «*No Shaq, No Problem for Kobe?*» *Dallas Morning News,* 16 luglio 2004.

«Ok Kobe, adesso che il miglior centro»: J.A. Adande, «*He Loves a Charade, Not a Parade*», *Los Angeles Times,* 17 luglio 2004.

«Benché io sia convinto che il nostro incontro»: Kevin Fallon, «*Kobe Bryant, Accused Rapist, Will Probably Win an Oscar*», *Daily Beast,* Febbraio 20, 2018.

Indice

Nota dell'autore 6
Prologo 9
1 Magic 17
2 Il Prescelto 27
3 Kazaam! 56
4 Formazione 74
5 Nick the Quick 95
6 Caccia alla Volpe 122
7 Cibo per il Verme 151
8 Il ruolo di Phil 181
9 Dietrofront 209
10 Qualcuno ha sparato a J.R. 244
11 Il mestiere dell'allenatore 279
12 Re senza corona 296
13 Ci stiamo annoiando 321
14 Stanza 35 345
15 Stupro 364
16 L'ultima stagione 384
17 Sopravvivenza 412
18 La fine 435
Epilogo 448
Ringraziamenti 453
Bibliografia 458
Note 461

AIR
LA STORIA DI MICHAEL JORDAN
DAVID HALBERSTAM
VINCITORE DEL PREMIO PULITZER

IN LIBRERIA IL GRANDE RACCONTO DI UN UOMO E DELLA SUA EPOCA, DALL'ASCESA DEL MITO FINO ALL''ULTIMO BALLO'

Michael Jordan è stato il protagonista indiscusso di alcuni dei momenti più indimenticabili della storia della pallacanestro. Ha reso l'NBA e lo sport professionistico ciò che sono oggi, a livello globale.
Prima dei contratti milionari, delle dirette televisive e del valzer degli sponsor, in pochi seguivano sui media le partite dell'NBA, soprattutto fuori dagli Stati Uniti.
Poi arrivò lui.
Da quel momento cambiò tutto: fu l'inizio di una nuova era, quella del talento di quel numero 23 – Air, MJ, His Airness, Black Cat, The G.O.A.T. –, della sua volontà e competitività senza eguali. Dietro al suo mito si nascondeva però un leader complesso, un vincente nato, un capitano classico e moderno allo stesso tempo.

Con *Air*, il Premio Pulitzer David Halberstam realizza il miglior ritratto di Michael Jordan, raccontando l'uomo dietro la leggenda, seguendo la storia del suo ultimo, mitico anno ai Chicago Bulls: 'l'Ultimo Ballo', come lo definì il coach Phil Jackson.
Attraverso un racconto appassionato e ricco di dettagli e curiosità, l'autore descrive con autenticità e maestria un'epoca di eroi, protagonisti, antagonisti e controfigure, che rimarrà per sempre nel cuore di milioni di persone.

MAGAZZINI SALANI

Fotocomposizione: Alessio Scordamaglia

Finito di stampare
nel mese di maggio 2021
per conto della Adriano Salani Editore s.u.r.l.
da Grafica Veneta S.p.A. di Trebaseleghe (PD)
Printed in Italy